第 **16** 辑

（2013年·秋）

中文社会科学引文索引(CSSCI)来源集刊

文化研究

南京大学人文社会科学高级研究院
首都师范大学文化研究院　主　办

周　宪（执行）　陶东风　主　编
周计武　　　　　胡疆锋　副主编

社会科学文献出版社
SOCIAL SCIENCES ACADEMIC PRESS (CHINA)

目 录

专题一　学术话语的文化研究

专题二　跨文化研究

专题三　空间阅读

专题四　数字人文

台湾来稿

其　他

Contents

Special Topic Three   Reading Space

Special Topic Four   Digital Humanities

Articles From Taiwan

Other Discussions

主编的话

周　宪

《文化研究》第 16 辑和大家见面了。像外出旅行老友又回到朋友中间一样，这一期诸位作者带着一些新的见闻和想法，又回到我们文化研究的咖啡馆，和大家一边品尝咖啡，一边谈天说地式地聊天。

本期内容丰富，有四个专题讨论和另外两个部分。

"学术话语的文化研究"专题着重于讨论当代知识生产中话语问题。话语作为晚近使用频率极高的一个术语，用福柯的话来说就是学术活动中的种种陈述，它们通过概念和命题来运作。话语其实就是知识构成的基本单元，离开了话语，知识也就不复存在。这一单元通过对种族、性别、南北差异等专题讨论，在学术话语历史还原的基础上，揭示了当下文化研究中一些重要学术话语的演变、混杂和新的生成。

"跨文化研究"专题聚焦于自我与他者的复杂交错关系上。在当今日益全球化的历史语境中，跨文化已经成为俯拾即是的日常现象。专题讨论的组织者强调一个很重要的想法，那就是跨文化研究乃是一种关注他者智慧的思想方法，力避二元对立非此即彼的陈旧思路。三篇文章分别论述了侨易学方法论、跨文化形象学个案以及跨文化研究中的中国主体性建构问题。这些讨论打开了跨文化研究的一些通道，把我们带入充满了文化政治抵牾与冲突的领域。

"空间阅读"中的四篇论文围绕着近些年来十分流行的空间研究主题展开。如此一专题的组织者所言："空间是一种社会建构，社会亦是由空间建构的。"不难发现，晚近空间问题在文化研究中的突起，既是当代社会文化发展的产物，也是理论思考重心的迁移。四篇文章依次讨论了当代城市空间演变，热播的美国电视剧"开放而丰富"的文本空间，女性阅读空间，以及康德美学如何再次"嵌入"本土空间。

最后一个专题是"数字人文"，它反映了技术革命对古老的人文学科诸多方面的深刻影响。今天，在中国知识生产迅猛发展的条件下，数字人文的问题日益凸显。诚然，数字人文的概念并不只是人文知识系统的数字化所能解释的，它带来了一系列方法论和观念上的革新与激变。当然，对数字人文充满了争议与怀疑，三篇译文从不同方面折射出争议性所在。而最后一篇综述则对这一领域作了较为全面的总结和分析。

"台湾来稿"约了两位台湾学者的文章，一篇讨论了台湾的文学现代性问题，从历史描述和分析入手，熟练地运用有关现代性和认同的理论，尖锐地提出了台湾文学现代性问题。另一篇解析了"观看之道"，旁征博引地解释了观看这一看似简单的视觉现象所包含的复杂内容。

"其他"部分围绕着文化研究中的不同问题展开，特别是一些青年学子的文章，充满了学术锐气和探索性，既涉及一些新的理论和方法，也触及中国当代文化的问题。

专题一

学术话语的文化研究

主持人语

王晓路

　　本期这一组文章着重讨论学术话语问题。人文社科各分支领域的研究均离不开相关的理论范畴、术语以及业已形成的论域。学术话语本身亦构成理论陈述、问题揭示以及对可能性探讨的重要命题。中国学术在其现代性演进中，学术话语一直伴随其间。其路径既有对自身传统的挖掘和转换，也持续地引自异域。中国学术的推进在一定程度上依赖于学术话语意指实践的有效性。一种话语形态的内在指向总是与其理论生产的外部条件相关，其中一个现象就是在语言转换的情况下会产生非等值的意指差异。因而，人们在采纳这些术语和范畴进行具体的批评实践时，不仅有必要进行历史性还原，还应对其学理性以及在旅行中的轨迹进行审视和反思。

　　王晓路讨论了种族身份与种族话语问题，对长期受到重视的美国非洲裔文学理论进行了分析。作者在质疑其命名以及理论语言双重悖论的基础上，指出了目前研究中对种族文本的静态理解、道德预设以及同一性解读的缺陷。刘岩集中论述了女性主义批评的话语问题。作者通过自己的研读，列举了重要的互文实例，揭示了女性话语的生产源于（男性）批评传统的"影响的焦虑"。因此，挪用和改写成为该批评挑战现存批评话语固有秩序的策略。相信这一分析将纠正那种单一的性别正义论的研究模式。澳大利亚著名学者瑞文·康奈尔在其文章中指出，在一个相互关联的世界中，现代性的差异性特征将更加明显。所以她反对单一的北方（欧美）理论，而竭力呼吁一种南方理论的出场，使所谓"广义"的理论真正成为复数的理论。张意专门讨论"不经意"之趣味与日常生活的关系。日常生活是常识生产和观念形态的具体呈现，因而是文化研究重要的关注对象。作者通过对感性趣味等级与日常生活之间的关系分析，揭示了其内在的意涵。随着文化空间和心理空间的扩展，身份认同成为重要问题之一。凌海衡在梳理该理论主要形态的基础上，论证其成为显学的成因，并从建构和影响等方面来揭示这一问题的实质。

概言之，学术话语包含着学术路径并呈现着思想本身，学理之思的进程，还需学界持续审视、深入解读，以呈现当代学人的洞察。

种族身份与种族话语之悖论

——对美国非洲裔文学理论建构与解读范式的质疑

王晓路[*]

摘要：美国非洲裔文学理论虽然获得了极大发展，但存在着互为关联的悖论。首先，命名上的限定不仅暗示了种族性高于文学性，也限制了其理论适用性，同时亦否定了广义文学理论的可能；该命名也在一定程度上模糊了黑人群体的多重性以及种族概念在社会与文本之间的差异性。其次，其理论建构以特定文本所拥有的"黑人性"为合法性，但在其理论陈述中却根本不能采用"黑人性"的语言表达方式。最后，该领域学者利用文学艺术形式以及基督教人道主义，即以白人文化传统对群体的道德"规训"方式来实施批评实践，这实际上是借鉴式的文化政治策略，而非黑人美学本身的建构。目前，国内学术界相关研究对种族身份一般加以静态理解，在所谓反霸权的一致性中将自身的立场与所认定的美国黑人立场画等号。作者认为，对种族身份和种族话语的分析不应该简单地以文化政治的同一性来替代文学文化研究的学理性。单一的种族意识形态式的解读反而矮化了美国少数族裔的文化生成力。

关键词：种族　美国非洲裔文学理论　悖论　文学性

Abstract：African American literary theory has gained momentum but there have been several paradoxes within the formation of the theory. Firstly,

---

*　王晓路，四川大学文学与新闻学院、外语学院教授，博士生导师；美国亚利桑那州立大学客座教授。主要研究方向：文化批评，文学理论。

by naming a theory with "African" or "Afro-American" as an ethnic determiner, it suggests that ethnicity is more important than literariness and thus the existing literary theory in general is improper. Consequently, with such a determiner, it denies the possibility of general literary theory; the name is also, to a certain extent, blurs the multiplicity black community and the differences of racial concept between society and text. Secondly, as "blackness" is the kernel factor as the legitimacy for the theory, the theoretical discourse, ironically, can hardly adopt any featured "black" expressions within the given texts. Thirdly, based on the literature and art as well as Christian humanism, such a black aesthetics is a typical borrowing from the Euro-American tradition rather than the real black. And in the mainland China, however, some researches take for granted the ethnic group as the force against the hegemony. The author holds that the identification of cultural politics can not simply replace the research principles in literary and cultural studies. Any mono-reading based on ethnic ideology would underestimate the culture productivity among the American ethnic groups.

Keywords: race　African American Literary Theory　paradox　literariness

种族问题由来已久，毋庸讳言。其最基本的呈现是生物学意义上的体质同一性和社会学意义上的文化他者性。以肤色为主要标志的人种差异在人类历史中长期成为排他性的外部要素之一。种族未能完全解决的问题是，种族群体的外部体质特征连同其习俗特征，本来不能决定族群间智性的差异和社会成员间的优劣等级，但这一偏见依然故我，而法律的平等又与社会现象的不平等形成了特有的张力。问题总是与观念相关。而有关种族中心论或种族偏见，均与历史进程中的观念建构史，尤其是与 17 世纪以来资本主义发展过程中所必须建构的他者观念史密切相关。因而，种族史包括族群自身的历史，同时也包括种族间的想象史。在一种互为排斥与想象的过程中，各类文化表征，包括艺术表现、文学叙事和话语形态，都难以回避种族问题。而与之相关的一些关键词及其意指实践，如文明/野蛮二元对立范畴、族群（ethnic group）、种族主义（racialism）、族群性（ethnicity）等相关词汇，均是近代以来人们在此论域陈述中逐渐形成的专门术语。对这些专门的词汇以及所涉及的相关问题进行考量，不仅可以帮助人们重新看待相关话语和文本的内涵，而且还可以透过其理论的建构，见出在此观念的建构中如何将种族差异演变为常识的过程。而随着全球现代性的蔓延及族群文化间的影响，文化混杂性（hybridity）日益凸显，种族身份连带文化身份由此成为一个更为复杂的全球性问题。因而，"在新千年到来之际，依然使人们再次遭遇杜波依斯所认定的'有色界限的难题'"①。显然，杜波依斯②的命题不仅依然存在，而且种族已成为当代人文社会科学，包括文学艺术研究的关键词之一，国内学界对少数族裔文学文化的研究也已多年，因而有必要依据学理对其基本范畴加以重新审视和深入反思。

这一问题的复杂性表现在几个层面。首先是词汇内涵的多重性。从学术史的角度来看，相关研究首先是在人类学领域得到开展的，因为种族问题是人类群体的基本问题。其中列维·斯特劳斯（Claude Lévi-Strauss）在其《种族的历史·种族的文化》（*Race et Histoire · Race et Culture*）中的观点给各分支领域的研究带来了影响。"最陈腐的观念，可能建立在牢固不破的心理基础之上。因为当我们处在一个意外的环境中时，我们每个人都会持有一种态度，那就是根本地或简单地排斥那些与我们文化形式最为不同的文化形式：伦理的、宗教的、社会的、美学的。"③ 从文化史的角度观察，种族文化的变迁是一种从内向外的转变过程，即，从族群内部的血缘性要素，包括遗传和地理环境等决定性因素，逐步转向外部的制约性要素——当不同的族群处于同样的社会生存方式中，具体的社会条件往往会制约他们的文化呈现方式。以欧美族裔的情况而言，迁移至此的群体在原有生活模式、社会组织形态发生根本性转变的前提下，他们必须作出语言和文化两项调整，以符合法理基础上的社会制约性管理，文化差异性也随之必须服从公共交往理性。于是，文化差异性转而相对集中于服饰、食品、传统节日习俗以及文学艺术等领域之中。

---

① E. San Juan, Jr. , *Racism and Cultural Studies：Critique of Multiculturalist Ideology and the Politics of Differences*, Durham and London：Duke University Press, 2002, p. 1.

② 杜波依斯（W. E. B. Du Bois, 1868 – 1963），美国首位黑人社会学家，后放弃美国国籍。他创立有色人种协进会（NAACP），倡导泛非运动，主张打破种族界限，争取有色人种的解放。

③ 〔法〕列维·斯特劳斯：《种族的历史·种族的文化》，秀英译，中国人民大学出版社，2006，第44~45页。

在学术讨论中，有关种族的学术话语集中反映在术语上，而这些术语的出现与现代社会发展阶段基本同步。正如雷蒙·威廉斯（Raymond Williams）指出，"racialism（种族主义）出现在20世纪的初期；racialist（种族主义的）出现在1930年。……race这个词在现代社会、政治意涵里的暧昧性是导致它产生负面影响的因素之一"①。在基本术语产生并运用之时，一些新的衍生术语也随之出现，形成围绕基本术语的差异性表述。如马丁·麦格（Martin Marger）就认为，"现在人们熟悉的族群（ethnic group）和族群性（ethnicity）事实上是两个相对较新的术语，直到20世纪60年代它们才出现在普通的英语词典里（Gazer and Moynihan，1975）。现在一般被称作族群的群体在以前被认为是种族（race）或民族（nation），但是这几个术语在意义上存在着明显的差异"②。种族研究领域也出现了与其他领域相类似的现象，即一些衍生词往往混杂在一起，尤其当这些术语旅行到其他文化区域时，由于意指实践的语境不同，其指涉变化以及混用的地方很多。斯蒂夫·芬顿（Steve Fenton）就认为，"值得注意的是，对种族、民族和族群的思考，经常被人们当作相当不同的话题来思考：种族和种族主义，民族和民族主义，以及族群与族性"③。概言之，在民族和国家建制的不同阶段中，尽管民族、族群、族性这些词的内涵不尽相同，但是，其内涵的扩延与民族国家及现代性这一政治哲学的表述有关。"民族和民族主义是现代性产品，'民族—国家'作为一种政治形式在19世纪和20世纪所占据的优势，是这个问题形成的关键。"④ 由于种族及相关词汇在概念上的复杂性和潜在的情绪化特征，导致了该词在具体的使用上必须位于具体的语境中，因为对这些词的运用正是问题之所在。

毫无疑问，种族是现代社会最容易误解、滥用和危险的概念之一。……种族概念已经有很长的历史，可以追溯到古代文明。然而，直到现代社会，尤其是近两个世纪，这个概念才具有了真正的意义，并且从根本上影响着人们之间的关系。不幸的是，这个术语从来没有

---

① 〔英〕雷蒙·威廉斯：《关键词：文化与社会的词汇》，三联书店，2005，第377~378页。
② 〔美〕马丁·N.麦格：《族群社会学：美国及全球视角下的种族和族群关系》，祖力亚提·司马义译，华夏出版社，2007，第9页。
③ 〔英〕斯蒂夫·芬顿：《族性》，劳焕强等译，中央民族大学出版社，2009，第22~23页。
④ 〔英〕斯蒂夫·芬顿：《族性》，劳焕强等译，中央民族大学出版社，2009，第26页。

被始终如一地使用，对不同的人群它有不一样的含义。①

　　因而，"种族"与其他舶来的西方学术话语一样，语境化或历史性还原是理解和实践的前提。

　　种族问题的复杂性的第二个原因也源于历史成因和当代混杂性的生存状态，即漫长的奴隶贩卖史和虐待史，又与后来世界范围内的被迫与自愿的移民史交织在一起。在各种族群汇集的区域，奴隶后裔、移民及移民后裔在社会成员中又形成了通婚现象，由此构成了一些区域异常复杂的种族文化和文化身份问题。就现代社会成员的构成性而言，其复杂性还在于，由于社会成员处于社会的不同结构中，其家庭和宗教背景、经济状况、社区环境、受教育程度和就业机会等形成了具有决定性影响的次结构生存条件，导致其处于不同的社会性生存序列中。虽然相关的法律规定以及众多的修正案使得族裔群体在法律文本和社会抽象层面上是平等的，但实际上法律规定性平等与事实中的不平等的深层问题在社会和心理两个层面中均是普遍存在的。概言之，种族问题是随着贩奴史、殖民地扩张、等级制的种族用工制、移民浪潮以及多元社会结构等问题而不断形成的。随着自愿或主动移民的大幅度增加，美国和欧洲等地均出现了多元社会成员构成性景观。多元文化主义（multiculturalism）在这一进程中亦悄然成为一种褒义词，在公共领域和学术论域中混用，因为该词似乎能够反映出多种族的文化身份，也倡导了一种族群平等和文化差异的合法性。但其复杂性在于，欧美社会中一些有色群体人士的成功使普通民众看到了某种依靠体制和个人努力获得从次结构上升至主结构的渠道，并由此产生对体制的信任感。所以，多元文化的倡导也必然成为各个政治党派获取文化领导权的重要策略，这一点在竞选时尤其明显。但是，国内对于多元文化的讨论多停留在对该词的表层含义的过度阐释上。因而，种族问题以及种族文化表征问题值得人们从跨学科的角度认真审视。

　　自20世纪60年代开始，随着美国民权运动的广泛影响，美国各个有色群体开始以不同的方式着力寻求自身的社会正义，包括利用文学样式进行政治文化诉求。其中最为成功的就是美国非洲裔文学理论批评（African

---

① 〔美〕马丁·N. 麦格：《族群社会学：美国及全球视角下的种族和族群关系》，祖力亚提·司马义译，华夏出版社，2007，第15页。

American Literary Theory and Criticism）① 的建构。该理论及批评经过美国文学家和文学理论家的持续努力，已经嵌入到整体的（西方）文学理论的领域中，使其出现了复数形式。这一理论与批评的建构方法主要依据了以后结构主义为主的当代思想资源并运用知识考古理论框架，对美国黑人书写进行历史性挖掘，以黑人书写特质去质疑现存理论的缺陷和解释的有效性；进而在批判现存理论忽略"有色书写"的同时，为自身的理论建构合法性。正如菲利普·戈尔茨坦（Philip Goldstein）对美国非洲裔文学理论家代表性人物盖茨（Henry L. Gates, Jr.）的评论一样，"他成功地揭示了西方传统中根深蒂固的种族主义和黑人文学的修辞力量"②。美国非洲裔文学理论的话语生产引发了学界持续的关注，种族要素在文学和文化研究中已经成为一个不能回避的问题。"最近以来，在文学研究中以种族方式理解族性最为突出的反映，是美国非洲裔文学批评的发展。"③ 早在 1990 年代初，拉尔夫·科恩（Ralph Cohen）在其主编的《文学理论的未来》（*The Future of Literary Theory*）中就预测，性别和黑人理论将是新时期极为重要的两大理论分支。"女权主义和黑人文学理论家反对那些直接或间接地维护那种排斥异己的做法，反对那种蔑视或否认其他可能存在的传统的文学传统而显得极有分量。"④ 当代大多文学理论选集都将美国非洲裔理论与批评纳入其中。⑤ 凭借

---

① 英文的另一表达为 Afro-American Literary Theory and Criticism，二者同义。

② Philip Goldstein, *The Politics of Literary Theory: An Introduction to Marxist Criticism*, Tallahassee: The Florida State University Press, 1990, p. 54.

③ Kwame Anthony Appiah, "Race," in *Critical Terms for Literary Study*, eds. Frank Lentricchia and Thomas McLaughlin, Chicago and London: The University of Chicago Press, 1990, p. 285.

④ 〔美〕拉尔夫·科恩主编《文学理论的未来》，程锡麟、王晓路、伍厚恺、林必果译，中国社会科学出版社，1993，第 2 页。

⑤ 这些重要的文学理论选集包括：Julie Rivkin and Michael Ryan, eds., *Literary Theory: An Anthology*, Blackwell Publishing, 2004（该选集中的第 10 章："种族文学与文化研究，批判性种族理论"，Part Ten, Ethnic Literary and Cultural Theory, Critical Race Theory）；Vincent B. Leitch, et al. eds., *The Norton Anthology of Theory and Criticism*, New York: W. W. Norton & Company, 2001（该选集在其"现代及当代批评流派与运动"分类介绍中专文论述了"美国非洲裔批评与理论"，African American Criticism and Theory, 文集中也选了相关学者的论述）；Irena R. Makaryk, ed., *Encyclopedia of Contemporary Literary Theory: Approaches, Scholars, Terms*, Toronto: University of Toronto Press, 1993（这部当代文学理论百科全书对相关理论、学者和术语均有专文论述）；Michael Groden and Martin Kreiswirth, eds., *The Johns Hopkins Guide to Literary Theory & Criticism*, Baltimore and London: The Johns Hopkins University Press, 1994, 2005（该指南对美国非洲裔文学理论和批评有专文论述。中译本由外语教学与研究出版社 2011 年出版）。

此理论的成功建构以及相关学科的设置，一些理论家早已成为美国学界主流中的领衔人物，如盖茨出任哈佛大学非洲裔研究中心主任，而杜克大学的贝克（Houston A. Baker，Jr.）教授荣任西方重要的学术机构现代语言协会（MLA）的主席以及美国主流文学刊物《美国文学》（*American Literature*）的主编等。该分支就此成为了西方学界持续生产的理论话语。仅进入21世纪十年间，就有一批重要的论著和编著受到学界的高度重视，[①]而获得学界好评的重量级论著则超过了100部。[②]

　　当今天重新进入这一论域之时，人们应当从更多的角度，尤其是社会学和经济学的角度来看待反映在文学文化中的要素。笔者认为，这一理论在建构上存在着一些根本性的悖论。首先是命名问题。以"美国非洲裔（African American）或（Afro-American）"文学和文学理论的命名是力图避免歧视性的"黑色"色彩，而突出族群宽泛的非洲来源，以此体现政治正确性。但问题是，倘若文学理论冠以种族作为限制性成分，那么就意味着，每一族群均可以并应该设置"自己"的文学理论，如美国华裔文学理论（Chinese American Literary Theory）等。它不仅暗示了在文学研究中种族性高于文学性，而且也在一定程度上否定了广义文学理论的可能性。所以问题是，自柏拉图以来的文学理论是否都包含了种族歧视？文学的基本功能是折射出人性的光辉。文学是一个作家在其内心世界和外部世界的感悟中、在孕育其文化传统中采纳了其历史时期的文字编码对人类群体历史境遇进

---

① 如《剑桥美国非洲裔文学史》（Maryemma Graham and Jerry W. Ward，Jr.，*The Cambridge History of African American Literature*，New York：Cambridge UP，2011）；《美国非洲裔文学与文化的萦绕与播散》（Marisa Parham，*Haunting and Displacement in African American Literature and Culture*，New York：Routledge，2009）；《1892–1938年间的新黑人：种族、表征与美国非洲裔文化解读》（Henry Louis Gates Jr. and Gene Andrew Jarrett，eds.，*The New Negro：Readings on Race，Representation，and African American Culture，1892–1938*，Princeton，N. J.：Princeton UP，2007）；《真正的黑鬼：20世纪美国非洲裔文学的真实性问题》（Shelly Eversley，*The Real Negro：the Question of Authenticity in Twentieth-Century African American Literature*，New York：Routledge，2004）；《体系之内：美国非洲裔虚构文学的故事叙述》（Bertram D. Ashe，*From Within the Frame：Storytelling in African-American Fiction*，New York：Routledge，2002）以及《美国奴隶制的后现代故事》（Timothy J. Cox，*Postmodern Tales of Slavery in the America：From Alejo Carpentier to Charles Johnson*，New York：Garland Pub.，2001）等。

② 具体书目参见 http：//www. bestwebbuys. com/books/search. jsp？Ne＝2&Ntt＝African＋American＋literature&Ntk＝All&N＝10000027&isrc＝b–dim–refine，引用日期：2013年6月23日。

行的表征和追问。所以，文学从来都是各文化区域最为丰富多彩的文化形式，但文学性却是文学研究最为重要的合法性。文学研究也只能通过对文本文学性的分析见出包括种族问题在内的人类共同问题。其次，这一以源自非洲种族身份为标志的命名有其模糊性，因为它在一定程度上忽略了美国黑人（实则深色）群体的多重构成性，尤其是来自西印度群岛的黑人群体以及"自由有色人种"① 等族裔群体，因为"只是到了 1900 年，整个黑人民众的识字率才赶上'自由的有色人'在 1850 年所达到的水平。总而言之，在适应美国社会方面，'自由的有色人'的起跑点要比其他黑人民众有利多了"②。所以，这一概念含混了民族和种族概念的差异，将实际处于各个社会阶层的深色群体视为一个整体。今天分布在美国各地的黑人虽然只占美国总人口的 11%，但其来源相当复杂，"美国有色人种区域（American Coloured local race），亦称美国黑人、混血居民群，其遗传基因主要来自西非的诸居民群〔尼格罗（非洲）地理人种中的森林地区尼格罗地域人种〕，大约 20% ~ 30% 来自欧洲诸居民群"③。而其中既包括早期阿拉伯人在北非加纳、马里等国进行贩奴过程中进入美国的，也包括来自西班牙、葡萄牙和法国等殖民地区域，尤其是加勒比海、西印度群岛以及其他拉丁美洲区域的黑人及其后裔。④ 族裔群体所引发的社会问题是经济比重带来的。在 20 世纪六七十年代民权运动达到高潮时，那些来自这一区域的黑人在收入方面甚至超过了白人群体。"美国的西印度群岛人在收入和职业方面，一直比美国黑人具有相当大的优势。在 1969 年，纽约市西印度群岛人的收入比该市其他黑人的收入要高出 28%，而在全国范围内则高出 52%。在美国第二代西印度群岛人的收入要高出白人。"⑤ 种族问题首先是社会问题，而社会是与经济密切相关的，"社会亦意味着经济"⑥。与此同时，在最为动荡的民

---

① "自由的有色人"（Free persons of color）概念与爱尔兰移民美国的历史有关，直至美国内战前夕，南方许多地方用爱尔兰人顶替黑人做大量危险的工作。这一概念也涵盖美国在历史中逃脱奴役制或通过各种手段获得自由身份的有色群体。

② 〔美〕托马斯·索威尔：《美国种族史》，沈宗英译，南京大学出版社，1992，第 248 页。

③ 《简明不列颠百科全书》（卷5），中国大百科全书出版社，1986，第 794 页。

④ 参见〔美〕约翰·霍普·富兰克林《美国黑人史》，张冰姿等译，商务印书馆，1988，第一章和第三章。

⑤ 〔美〕托马斯·索威尔：《美国种族史》，沈宗英译，南京大学出版社，1992，第 282 页。

⑥ Leroi Jones（Amiri Baraka），"Expressive Language," in *African American Literary Theory：A Reader*, ed. Winston Napier, New York and London：New York University Press, 2000, p. 62.

权运动十年间，黑人的收入比、受教育比例、进入职业和立法体制机构的比例都成倍增加。

> 在 1961 年至 1971 年间，白人家庭收入增加了 31%，而同期黑人家庭则增加了 55%。在 1965 年至 1972 年间，正处于上大学年龄挡的白人青年人当中，实际在高校求学者所占的比例一直没有变化，而在黑人青年当中这个比例却增加了一倍。在 1960 年至 1972 年间，从事专门职业的白人人数大约增加了 20%，而黑人在这方面的人数却几乎翻了一番。……入选国会的黑人在 1964 年到 1972 年之间增加了一倍，入选全国各州立法机构的黑人也增加了一倍。在南方，入选各州立法机构的黑人则增加了 3 倍多。①

此外，美国在 19 世纪派往深色群体比较集中的区域的外交官也多选用黑人，"从 1871 年起直到目前，美国派往利比里亚的大多数公使也都是黑人"②。值得注意的是，种族文化是在与非我族性（non-ethnic）对比和融合中形成的，是一种在社会经济结构中文化互动（cultural interaction）的结果。因此，社会中成员的同一性或身份本身是以文化作为观察的入口和界定的标准。③ 但倘若我们忽略美国各个时期、各个黑人群体实际的社会身份状况，只是将美国黑人视为单一静态的受压迫、受歧视的整体，就可能在某种程度上不能进行客观的分析，也难以达到阐释的有效性。

该理论命名问题的悖论在于：美国非洲裔文学的特质是用"黑人性"（blackness）这一术语表达的，而不是"非洲裔性"（Afro-Americaness 或 African-Americaness）。这就涉及其文学理论的建构问题。我们可以看到其中一个最根本的悖论是，其理论陈述中并不能采用黑人作家在其作品中所广泛使用的黑人方言、土语、俚语和极具特色的"黑人英语语法"等文本语言的特质，而必须采纳标准的英文进行理论陈述才能达到学界所能分享的

---

① 〔美〕托马斯·索威尔：《美国种族史》，沈宗英译，南京大学出版社，1992，第 284 页。

② 〔美〕约翰·霍普·富兰克林：《美国黑人史》，张冰姿等译，商务印书馆，1988，第 368 页。

③ Werner Sollors, *Beyond Ethnicity: Consent and Descent in American Culture*, New York: Oxford University Press, 1986, introduction.

理论指涉。而所谓"黑人性"，是美国各深色族群在美洲大陆的经历中所表现出来的文化特质，其中既包括族群从文化母体传承而来的文化，也涵盖了在美洲新大陆的体验。而在文学文本中，这一特质主要是由群体对语言的使用展开的。按照盖茨的说法："我所指的'黑人性'是文学语言的具体运用，是在共享、重复、批评以及修订时具体的使用。"①当然，使用标准英文也可以说是一种修辞和不得已而为之的策略，因而，盖茨坚持其修辞的说法，"黑人性语言是通过某种修辞过程对独立意识进行了编码和命名，我们或许可以把这一过程视为黑人差异的指意和表意"②。但是"黑人性"是"非洲裔"整体命名下的特质，那么其中是否还有"白人性"。法农对此是警惕的。他认为：

> 说话，就是能够运用某种句法，掌握这种或那种语言的词法，但尤其是承担一种文化，担负起一种文明。……一切被殖民的民族——即一切由于地方文化的独创性进入坟墓而内部产生自卑感的民族——都面对开化民族的语言，即面对宗主国的文化。被殖民者尤因把宗主国的文化价值变为自己的而更要逃离他的穷乡僻壤了。他越是抛弃自己的黑肤色、自己的穷乡僻壤，便越是白人。……讲一种语言是自觉接受一个世界，一种文化。③

概言之，美国非洲裔文学理论依据文本中的"黑人性"，其理论并没有采纳一种"黑人性"理论，如"美国黑人性理论"（Theory of Blackness in America，或 American Theory of Blackness）等，而是采纳族性——"美国非洲裔文学理论"（African American Literary Theory 或 Afro-American Literary Theory），这就显得十分矛盾。同时在批评实践中理论指涉又假定这一族裔理论在分析具有黑人性的文本时最为有效。但问题是，这种理论的根本目的并非是颠覆欧美主流/白人理论，而是希望能够获得接受，并与之合道而行。美国黑人利用"文学艺术"这一所谓更智慧的人类精神探索形式以及用基督教

①　Henry Louis Gates, Jr., *The Signifying Monkey: A Theory of African-American Literary Criticism*, Oxford: Oxford University Press, 1988, p.121.

②　Henry Louis Gates, Jr., *The Signifying Monkey: A Theory of African-American Literary Criticism*, Oxford: Oxford University Press, 1988, p.66.

③　〔法〕弗朗兹·法农：《黑皮肤，白面具》，万冰译，译林出版社，2005，第 8~9、25 页。

人道主义，即采纳欧美白人文化传统对群体的道德式"规训"方式进行批评实践，这是典型的借鉴式文化政治策略，而非黑人美学本身的特质建构。而少数族裔代表的多元文化也自然成为文化领导权可资利用的"政治正确性"标志。若稍微展开，既然黑人性是黑人文本中的本质特征，原有的文学理论及批评并不能有效解读，那么，不仅广义的文学理论没有必要，而且跨语际解读，如用现代汉语，就更加不可能对这一黑人性展开有效的批评和阐释。上述几点构成了当代美国非洲裔文学理论建构中的主要悖论。

重要的是，由于这一理论生产者的少数族裔身份，使中国内地学界在新时期对其保持了持续的热情，文学理论界和外国文学界均将其视为重要的研究对象，有关的译介、论著、编著、课题项目、论文和博士论文选题等非常多。据不完全统计，截至 2013 年 7 月 5 日，有关美国非洲裔①文学批评的文章在中国知网上多达 9158 篇。根据国家哲学社会科学规划办的统计，自 1995 年至 2013 年，涉及美国黑人文学的社科基金项目共 18 项。其中一般项目 11 项，青年项目四项，西部项目一项，后期资助项目一项，自筹经费项目一项。研究内容涉及美国非洲裔文学理论三项，文学史二项，性别研究四项，作家作品研究五项。此外博士论文、论著、文集汇编和会议文集等都不在少数。论著中涉及美国非洲裔作家作品的最多。顺便提及，这些关于作家作品的研究，有相当一部分是依据国外材料对作家的生平和文本情节的转述。在多语种、多国别的中国内地外国文学研究中，这一分支领域的成果占有相当的比重。但是，在文本解读和理论分析中，有不少成果都是将这一对象背后的种族身份静态理解为某种文本话语的合法性，并形成批评实践的思维定势，即由于美国"黑人"是受到（主流白人）压迫的少数族裔，同时，"黑人"女性除了受到白人男性的压迫，也同时受到包括"黑人"男性在内的男性世界的压迫，所以其文学必定是一种反抗文学。这是一种除了对自身的政治权力及社会身份进行文化政治式的诉求外，也对广义的人类不平等进行美学式的申述。在这一文本整体特点的预设下，美国非洲裔文学理论与批评亦必定是一种反抗的理论，如谴责欧美主流（即白人）理论对这一黑色文本的忽略；论证现存的文学理论批评范式的失

---

① 国内大多将 African-American 或 Afro-American 翻译成"美国黑人"，这些处理方式包括对上述权威辞书的翻译。这实际上是国内话语的呈现方式，即以"肤色"替代"种族"，更加模糊了对该问题的讨论。此处由于篇幅限制不予展开。

效以及黑人理论建构的合法性与必然性；等等。尤其值得思考的是，一些研究方式是在所谓反霸权的一致性中将自身的（第三世界、发展中的民族国家）立场与美国（受压迫、受歧视）的黑人画等号，以文化政治性为取向，在文本的解读和阐释中遵从了单一层面的种族意识形态解读方式，以某种"反有色"的方式实施了"有色"的批评实践。由此，在此种认同式的分析中，将种族和民族合二为一。另外，许多研究也并没有对这一理论话语本身进行深入的思考。

　　任何理论，包括文学理论和美学理论，都是对经验的有效解释。由于经验是非常具体的，所以理论本身的陈述和理论分析也必须是具体的。就各文化区域的文化呈现方式而言，繁多的文学文本样式，当然可以在文学、文化和美学的理论基础上加以不同视角的概括和分析。当我们认为某一种理论失效，往往是由于该理论产生的历史性与经验的现实性之间产生了张力。如认定某一理论包含了霸权，该理论一定有理论生产者的价值立场和种族身份的显露。所以笔者认为，对文学研究中的种族身份和种族话语分析并不能简单地从民族政治的立场出发，用某种"有色的"整体性的静态观形成文化政治的同一性，并以此替代文学文化研究的学理性。这样一种单一的意识形态式的解读反而矮化了美国少数族裔的文化生成力。值得学界深思的是，对于西方社会文化问题，包括意识形态、种族和性别等问题，首先都是西方学术机构率先提出并生产出来，例如上述代表性学者不仅以反表征的方式建构了美国非洲裔文学批评理论，与此同时，他们也必须依靠美国学术体制，进入美国乃至西方学界的主流才能使这种批判获得认同。因此，我们可以看到，非洲裔文学理论界的学者和当代几乎所有最具影响力的批评理论家一样，均产生于西方主流的学界，而非是第三世界或发展中国家的那些激进主义或狭隘的民族主义式的学术机构。所以，我们对西方社会文化的体制与意识形态的分析和认识不应当从单一层面去理解。就知识学而言，可以普遍适用的知识必定是超越种族界限的，而不是相反。国内对美国非洲裔文学及文学理论研究已有多年，学界有必要在学理共享的知识学分析中透视出自身的洞察。

从术语的互文看女性主义
批评的困境与突围

刘　岩[*]

摘要：女性主义批评的重要任务之一是修正对于文学经典的定义，编写女性文学史，梳理女性的书写特质和文学传统。它在构建属于自己的文学批评理论时，大量借用男性批评话语及言说方式，导致批评文本的互文。本文列举的互文实例反映出女性主义焦虑于（男性）文学批评传统的影响，她们有意挪用批评术语的内涵，通过重新阐释理论的范畴挑战批评话语的原有秩序。这样的话语策略彰显出象征符号体系对于女性批评话语的制约作用，也同时铭刻着女性批评主体的确立过程。

关键词：女性主义批评　术语　互文性　影响　女性批评主体

Abstract：An important task of feminist criticism is to re-evaluate literary canon, to re-write female literary history, and to re-define features of female creativity. In an attempt to establish a criticism of its own, feminist criticism borrows male critical discourses to such a large extent that it create an intertextual effect. By analyzing a few examples of intertextuality, this thesis is to demonstrate the anxiety of influence felt on the part of feminist

---

[*]　刘岩，广东外语外贸大学英语语言文化学院教授、博士生导师，外国文学文化研究中心兼职研究员。研究方向：美国文学，中美文学文化关系，文化批评。本文广东省哲学社会科学"十二五"规划 2013 年项目"性别批评理论在中国大陆的接受与嬗变研究"（GD13WW01）阶段性成果。

critics towards the tradition of literary criticism and the significance of their purposeful appropriation of critical terms in a new context, that is, their intention to challenge the existing order of critical discourses through a re-interpretation of theoretical categories. This discursive strategy manifests the confining influence of the symbolic system on feminist criticism, and at the same time marks the attempt of feminist critics in establishing the female critical subject.

Keywords：feminist criticism　critical terms　intertextuality influence　female critical subject

第二次世界大战之后，美国女性全面参与社会生产。从 1948 年至 1963 年，女性在制造业中的就业比例增加了 16%，在服务性行业增加了 53%。[①] 女性逐渐要求享受与男性相同的薪酬待遇和社会福利，由此引发了声势浩大的女性解放运动，1966 年成立的全国妇女组织（the National Organization for Women）成为该运动的核心组织机构，由 1967 年的一千名会员发展到 1979 年的 100 万名会员。[②] 1969 年，美国现代语言学会（Modern Language Association of America）成立职业妇女地位委员会，推进在高等院校中开设女性研究的课程，女性研究的方法迅速渗透到几乎所有学科领域。女性上大学的比例显著提高，女性获得学士学位的人数占适学年龄女性人数的比例由 1960 年的 15% 上升到 1970 年的 21%[③]；到 1976 年，美国女大学生人数已经达到大学生总人数的 45%；1977 年，美国博士学位的 30% 授予了女性。[④] 这些受到高等教育的女性又很快为女性运动的实践补充了力量。女性解放运动除了唤醒女性的自我意识、实现政治意义上的性别平等之外，亦通过挖掘被历史湮没的女作家及其作品来梳理女性的书写传统，并以此为基础建构女性的批评传统。从运动中发展而来的女性主义理论致力于"恢

① James Burkhart Gilbert, *Another Chance: Postwar America, 1945—1968*, Philadelphia: Temple UP, 1981, p. 103.

② 参见裔昭印等《西方妇女史》，商务印书馆，2009，第 475 页；也可参见 Michael Groden, Martin Kreiswirth, and Imre Szeman, eds., *The Johns Hopkins Guide to Literary Theory and Criticism*, Baltimore: The Johns Hopkins UP, 2005, p. 304。

③ 转引自王恩铭《20 世纪美国妇女研究》，上海外语教育出版社，2002，第 252 页。

④ 〔美〕贝尔·胡克斯：《激情的政治：人人都能读懂的女权主义》，沈睿译，金城出版社，2008，第 158 页。

复女性在文学史中的地位，揭示文学中的性别歧视现象，批评学术规范并建构女性主义的批评范式"①。

1985 年，由吉尔伯特（Sandra Gilbert）和格巴（Susan Gubar）合编的《诺顿女性文学选集：英语的传统》（*Norton Anthology of Literature by Women：The Traditions of English*）② 由诺顿出版公司出版。这部文集汇集了全球不同文化背景的 150 位用英语创作的女作家的作品，厚达 2457 页，堪称卷帙浩繁，成为女性英语文学史的集大成之作。两位学者后来编辑出版的《女性主义文学理论与批评：诺顿读本》（*Feminist Literary Theory and Criticism：A Norton Reader*，2007 年）精选了 100 余位批评家的著述，以近千页的篇幅记载了女性主义理论与批评的发展变迁。在女性批评发展史上，对于批评话语的改革一直是女性主义理论家关注的焦点。肖瓦尔特（Elaine Showalter）就曾倡导建构区别于男性批评话语的女性批评模式，这一模式应该具备以下特质：其一，其研究的对象是女作家及其作品；其二，其研究的内容是女作家个体或集体的创作风格；其三，其目的是重新书写文学史，正确认识女性对于文明所做的贡献，观察女性书写传统的流变。③ 肖瓦尔特提出的批评模式把女性作为文本生产的主体和文学批评的主体，区别于先前仅仅把女性作为接受者和消费者的批评传统。她主张，"在某种意义上，所有女性主义批评都是修正式的，质疑既定概念结构的充足性"④。这种修正式的阅读不仅要求重新阐释文学经典，补充文学批评尚未涵盖的关于女性人物的角色作用，审视男作家作品中可能呈现的性别偏见，而且还要求重新阐释或故意挪用传统批评术语。

由于女性主义文学批评借用男性批评话语及言说方式，因此形成批评文

---

① Michael Groden, Martin Kreiswirth, and Imre Szeman, eds. , *The Johns Hopkins Guide to Literary Theory and Criticism*, Baltimore：The Johns Hopkins UP, 2005, p. 304.

② 该文集增补之后于 1996 年出版第二版，包含 170 余位女作家的作品。在 2007 年出版的第三版中，编著者又补充了 61 位女作家，使文集收录的女作家人数增长到 219 位。第三版文集分两卷出版，共计 3000 余页，分别标志为 "从中世纪到 20 世纪初" 和 "20 世纪初迄今"。文集把女性的书写传统划分为六个时期：中世纪及文艺复兴、17 和 18 世纪、19 世纪、世纪之交、20 世纪初期和 20 世纪中期，每一个时期均有详细的时代背景介绍。

③ Elaine Showalter, "Towards a Feminist Poetics," in *Twentieth-Century Literary Theory：A Reader*, ed. K. M. Newton, New York：St. Martin's Press, 1997, p. 216；Elaine Showalter, "Feminist Criticism in the Wilderness," *Critical Inquiry*, vol. 8, no. 1, 1981, pp. 184–185.

④ Elaine Showalter, "Feminist Criticism in the Wilderness," *Critical Inquiry*, vol. 8, no. 1, 1981, p. 183.

本和批评术语的互文。本文将对照分析女性主义批评话语同男性批评话语的互文实例，讨论女性主义理论家在建构女性批评模式时运用的话语策略及其有效性，呈现女性主义批评的话语困境以及文学批评传统施加于她们的"影响的焦虑"，并同时考察女性批评主体在互文策略中的确立和维护。

在众多互文实例中，肖瓦尔特《她们自己的文学：从勃朗特到莱辛的英国女性小说家》（A Literature of Their Own：British Women Novelists from Brontë to Lessing，1977年）同穆勒（John Stuart Mill）著作之间的互文最有影响力。在1999年出版的著作增补版序言中，肖瓦尔特回顾说，此著作的出发点正是穆勒对于女性文学缺失原因的论述。[①] 在著作的首页，肖瓦尔特援引穆勒在《妇女的屈从地位》（The Subjection of Woman，1869年）中的语句："假如妇女同男人不住在同一个国家，从未读过他们的作品，妇女就会有自己的文学。"[②] 针对穆勒在19世纪中期提出的命题"女性为何没有属于自己的文学"，她考察了英国历史上从勃朗特到莱辛的女作家传统。穆勒认为，女性在文学中的屈从地位主要来自已经有一个男性文学传统存在的事实，女性文学因此注定是模仿的，不可能具有独特的风格，遑论独立的文学传统。他因此断言："如果妇女的文学依据自然趋向的某种差别注定要同男人有不一样的集体性格"，那么，"这种趋向目前依然被先例和榜样压制着，因而在她们的个性得到充分发挥之前，需要更多几代人的时间才足以成功地抵制那个影响"[③]。但是，在肖瓦尔特看来，女性创作的传统业已形成。她认为，女性文学在相当长的时间里确实处于模仿的阶段，女作家不断内化男性的文学价值和艺术标准；但不久以后，女作家就会反抗这些价值和标准，伸张自己的"少数人"权利；继而进入自我发现的阶段，摆脱先前的束缚来寻找身为女性的身份和价值。这三个时期被肖瓦尔特命名为英国女性书写的女性（feminine）、女权（feminist）和女人（female）的不同阶段。[④] 虽然肖瓦尔特强调这三个阶段并不呈线性发展，而是交互性的，

① Elaine Showalter, A Literature of Their Own, Princeton, NJ: Princeton UP, 1977; expanded ed., 1999, p. viii.
② 〔英〕约翰·斯图尔特·穆勒：《妇女的屈从地位》，汪溪译，商务印书馆，1995，第82页。
③ 〔英〕约翰·斯图尔特·穆勒：《妇女的屈从地位》，汪溪译，商务印书馆，1995，第83页。
④ Elaine Showalter, A Literature of Their Own, Princeton, NJ: Princeton UP, 1977; expanded ed., 1999, p. 13.

但这一过于简单化的划分仍然遭到学界批评。此著作在名称上同男性批评文本所做的互文显示出英国的女性文学传统从被男性的"先例和榜样"所束缚发展到独立、自觉的时期，有效拓展了穆勒在百余年前提出的命题，改变了人们对女性文学传统的认知。

重新认识女性文学的特质，梳理女性文学传统，这是女性主义文学批评家的重要任务。为此，彰显女性书写者的主体地位就成为必需。吉尔伯特和格巴撰写过一篇题为《传统与女性才能》（"Tradition and the Female Talent"，1984年）的文章，显然是在戏仿艾略特（T. S. Eliot）的《传统与个人才能》（"Tradition and the Individual Talent"，1917年）。当艾略特主张"诗歌不是感情的放纵，而是感情的脱离；诗歌不是个性的表现，而是个性的脱离"[1]的时候，吉尔伯特和格巴则提倡女性要使用崭新的文学手段和文学语言来表达女性的经验[2]；当艾略特主张艺术家的进步就是不断消灭个性的时候，吉尔伯特和格巴则主张女作家应充分张扬自己的个性。女性主义理论家肖瓦尔特同样赞同这一观点。她在一篇题为《传统与女性才能：〈觉醒〉这本孤独的书》（"Tradition and the Female Talent：*The Awakening* as a Solitary Book"，1988年）中，以凯特·肖邦（Kate Chopin）的《觉醒》（*The Awakening*，1899年）为例，详细分析了女性文学的创新特质。肖瓦尔特认为，肖邦既继承了美国女性文学先驱的特点，又融合了美国超验主义、欧洲现实主义、世纪末出现的女性主义与美学主义，因此具有文学上的革命意义。[3] 由于小说结尾女主人公女性意识的觉醒使它背离了19世纪女性创作的"传统"，小说因此遭禁，成为"一本孤独的书"。作者继而论述说，小说女主人公女性意识的觉醒同作者肖邦的文学觉醒并行不悖："当女主人公埃德娜抛弃女性传统的贤妻良母角色时，作者肖邦也在打破文学传统的束缚……女主人公和作者都似乎在两个世界之间徘徊，受困于关于女性气质和文学创造力的矛盾定义，寻找融合二者抑或超越二者从而实现解放的

---

[1] 〔英〕艾略特：《艾略特文学论文集》，李赋宁译注，百花洲文艺出版社，1994，第11页。

[2] Sandra M. Gilbert and Susan Gubar, "Tradition and the Female Talent," in *Literary History：Theory and Practice*, vol. 2, ed. Herbert L. Sussman, Boston：Northeastern UP, 1984, pp. 1-27; reprinted in *The Poetics of Gender*, ed. Nancy K. Miller, New York：Columbia UP, 1986, pp. 183-207.

[3] Elaine Showalter, "Tradition and the Female Talent：*The Awakening* as a Solitary Book," in *New Essays on* The Awakening, ed. Wendy Martin, Cambridge：Cambridge UP, 1988, p. 34.

女性身份以及解放的文学创作的途径。"① 肖瓦尔特所做的平行阅读凸显了
小说作者的主体能动性，她的观点是：作者肖邦通过文学创作实践努力打
破性别的局限，表达对于创作自由的向往。1991 年，另一部向艾略特致敬，
但又戏仿其话语实践的著作出版了，这就是由弗洛伦斯·豪（Florence
Howe）编著的《传统与女性的才能》（Tradition and the Talents of Women）。
这是一部纪念马萨诸塞州大学荣誉教授安·弗古森（Anne Ferguson）的著
作，该书汇集的文章被编著者分为五个部分，讨论的主题是女性的文学才
能和女性的书写传统。弗古森被许多理论家视为"女性主义批评和女性研
究的鼻祖"②，这部文集也因此具备了呈现女性主义批评传统和女性文学遗
产的作用。加之文集收录了以女性经验为依据的墨西哥裔、非洲裔和同性
恋女性主义理论，故而呈现出一幅多元的女性主义批评图景。艾略特曾主
张，"从来没有任何诗人，或从事任何一门艺术的艺术家，他本人就已具备
完整的意义。他的重要性，人们对他的评价，也就是对他和已故诗人和艺
术家之间关系的评价。你不可能只就他本身来对他评价；你必须把他放在
已故的人们当中来进行对照和比较"③。弗洛伦斯·豪也认同（男性）文学
传统的超强影响力，她在文集序言中说，想象一系列不同的女性文学传统
实际上仍然在建立或延续白人男性经典占主导地位的等级制度。④ 她因此认
为，女性才能的发挥和展示仍然同（男性的）文学传统密切相关，具差异
性特质的女性文学传统很难突破二元的文化认知。

女性主义文学批评不可能脱离文学批评传统，艾布拉姆斯（M. H.
Abrams）在其《镜与灯》（The Mirror and the Lamp，1953 年）中以英国浪漫
主义诗歌为基础发展而成的文学艺术批评模式在后世流传甚广，这一模式也
被女性主义批评家继承并发展。吉尔伯特和格巴于 1989 年发表《镜与妖女》
（"The Mirror and the Vamp"），就在脚注中明确向艾布拉姆斯这位前辈致敬。⑤

---

① Elaine Showalter, "Tradition and the Female Talent: *The Awakening* as a Solitary Book," in *New Essays on* The Awakening, ed. Wendy Martin, Cambridge: Cambridge UP, 1988, pp. 34–35.

② Sandra M. Gilbert, "*Tradition and the Talents of Women* by Florence Howe," *Tulsa Studies in Women's Literature*, vol. 11, no. 2, Autumn 1992, p. 363.

③ 〔英〕艾略特：《艾略特文学论文集》，李赋宁译注，百花洲文艺出版社，1994，第 3 页。

④ Florence Howe, *Tradition and the Talents of Women*, Urbana, IL: University of Illinois Press, 1991, p. 13.

⑤ Sandra M. Gilbert and Susan Gubar, "The Mirror and the Vamp: Reflections on Feminist Criticism," in *The Future of Literary Theory*, ed. Ralph Cohen, New York: Routledge, 1989, pp. 144–166.

众所周知，艾布拉姆斯的批评模式包含了四个关系要素：作品（work）、世界（universe）、艺术家（artist）和欣赏者（audience），① 他归纳出以"镜"（把心灵视作对外界事物的反映）和"灯"（把心灵视作发光体）两个隐喻为代表的文学批评传统。吉尔伯特和格巴认同艾布拉姆斯对于这两种文学功能的划分，但她们又进一步论述了女性主义批评中的"镜"和"灯"的具体表现及其应用。她们认为，女性主义批评中的"镜"是指通过照镜子的方式，考察文本反映的社会和心理现实②；而"灯"则指批评家具有反理性、反传统的冲动，可以在批评中表现自我意志。此时，女性主义批评家更应被称作"妖女"，是"集体潜意识中命里注定勾引男人、出没于晚间森林、十分可怕的'鬼魂'形象"③。如果说对于文艺复兴时期和 19 世纪的女性主义批评来说，"女性主义在政治上的欲望，有可能导致她们像男性主义意识那样趋向极端。一旦描写的镜子变成一种规定性的工具，那么镜面便被阴云覆盖……批评家在这面镜子中观察到的仅仅是其想看到的"④；那么，妖女批评则以欲望为驱动，以获得（身体）愉悦为目标，反对现存法则和秩序，"妖女无限的雄心最终显示的并不是文本世界难以驾驭的意志自由，而是她所希望的文本之光"⑤。显然，前一种女性主义批评只能陷入某种认定式的模式化批评，虽然在某种程度上对于文学文本作出了全新的阐释，但却容易导致偏激的片面解读，而后一种女性主义批评才是最能体现女性独特建树的文学批评。两位作者主张，如果镜子和妖女批评家能共同寻求女性和男性作家创作的文学作品中的真实性与陌生性，那么，诸如"作家""历史""规范""文体""民族""阶级""种族"这样的术语就可能拥有新的、丰富的意义。⑥

从上述针对批评文本的互文实例所做的分析可以看出，在从解放运动实践

① 〔美〕M. H. 艾布拉姆斯：《镜与灯：浪漫主义文论及批评传统》，郦稚牛、张照进、童庆生译，北京大学出版社，1989，第 5～6 页。

② 〔美〕吉尔伯特、格巴：《镜与妖女：对女性主义批评的反思》，董之林译，张京媛主编《当代女性主义文学批评》，北京大学出版社，1992，第 272 页。

③ 〔美〕吉尔伯特、格巴：《镜与妖女：对女性主义批评的反思》，董之林译，张京媛主编《当代女性主义文学批评》，北京大学出版社，1992，第 273 页。

④ 〔美〕吉尔伯特、格巴：《镜与妖女：对女性主义批评的反思》，董之林译，张京媛主编《当代女性主义文学批评》，北京大学出版社，1992，第 279 页。

⑤ 〔美〕吉尔伯特、格巴：《镜与妖女：对女性主义批评的反思》，董之林译，张京媛主编《当代女性主义文学批评》，北京大学出版社，1992，第 285 页。

⑥ 〔美〕吉尔伯特、格巴：《镜与妖女：对女性主义批评的反思》，董之林译，张京媛主编《当代女性主义文学批评》，北京大学出版社，1992，第 288 页。

过渡或升华到批评理论的过程中，女性主义理论家采用的分析模式同现有的（男性）批评模式之间的关系异常复杂。她们一方面不得不依靠现有批评中的术语；另一方面又试图批判、重新阐释或发展术语/概念的内涵，这其中体现的话语困境以及突破困境的努力呈现出女性主义批评在建构理论话语和拓展知识体系的过程中存在的固有矛盾以及构建女性批评的诉求。

首先，女性主义理论家运用的互文策略体现出她们在建构属于自己的理论体系过程中遭遇到布鲁姆（Harold Bloom）所说的"影响的焦虑"（anxiety of influence）。布鲁姆在 1973 年出版的同名著作中，论述了诗人遭遇前辈诗歌传统的影响，并提出了六种修正（revisionary ratios）的方法，以此诗人可以用来摆脱诗歌传统施加在他们身上的影响。① 他把诗人同文学传统的关系比喻为俄狄浦斯情结，诗人必须削弱并消除先驱诗人的影响，才能创作出有新意的作品。同样，女性主义理论家在创建理论体系的过程中也面临着如何对待批评传统的问题。作为符号系统的语言已经成为现有秩序的重要部分，能指与所指之间的意义联系已经为人熟知，那么，"女性是否能够运用传统上由男性控制的书写模式和分析模式来表达女性的压迫和欲望呢？"②玛丽·雅各布斯（Mary Jacobus）提出的这一疑问正是女性主义批评话语的固有悖论：一方面，女性主义批评在原有象征符号体系之外创建一个全新的象征体系来表达女性主义的诉求，这在理论上讲几乎是不可能的事，在实践上也无法操作。语言的产生经历了漫长的历程，远不是坐在书斋发明创造出来的一套表意工具，这致使女性必须借助现有的言说方式，在知识体系内部寻求变革。因此，父权文化对于性别关系、性别权力、性别气质等的言说和呈现所形成的认知框架势必对女性理论家产生影响，这种影响就如同诗人遭遇到的前辈诗歌传统施加在他们身上的影响一样，只有超越同批评传统之间的俄狄浦斯情结才能创建女性批评体系。由于一些女性在长期教育之下已经内化了父权的审美价值和对于女性生存现实的

---

① 布鲁姆认为，诗人可以采取六种方法修正前辈诗人的文学影响，它们分别是：克里纳门（Clinamen）、苔瑟拉（Tessera）、克诺西斯（Kenosis）、魔鬼化（Daemonization）、阿斯克西斯（Askesis）和阿波弗里达斯（Apophrades）。关于这六种方法的具体含义和举例说明，参见 Harold Bloom, *The Anxiety of Influence：A Theory of Poetry*, Oxford：Oxford UP, 1973; pp. 14-15；〔美〕哈罗德·布鲁姆：《影响的焦虑》，徐文博译，三联书店，1989，第 13 ~ 15 页。

② Mary Jacobus, ed., *Women Writing and Writing About Women*, New York：Harper & Row Publishers, Inc., 1979, p. 14.

认识，在写作以及批评实践中会无意识地重复或强化这样的审美价值，因此，文学传统与批评传统无法不让女性主义理论家感受到影响的焦虑；另一方面，女性主义批评运用现有的符号体系来表达相反的诉求，这本身又存在矛盾，因为女性主义理论家指责父权话语铭刻了女性的边缘地位，未能有效、真实呈现女性的生理特质和社会存在，那么，具有如此性别偏见和性别歧视倾向的父权话语如何能够表达女性经验的特殊性，女性如何能够把原有的能指与所指的关系导向另外的意义，这些问题都有待厘清。现有的符号体系也意味着认同父权文化的认知方式，那是否也意味着认同父权文化对于女性特质、女性身份等的错误再现（misrepresentation），如果是这样，女性主义理论家借以表达理念的工具本身就已经是父权文化所建构的、携带了性别歧视的认知和呈现方式，她们很难运用这样的表征系统实现另类的诉求。前文举例中肖瓦尔特沿用了穆勒文中的短语命名自己的著作，以及吉尔伯特和格巴对于艾布拉姆斯著作名称以及文学功能的划分方法的认同，均说明女性主义理论家在建构女性批评话语时仍然受制于原有的（男性）批评话语，她们不得不从男性话语和男性逻辑出发，从现有秩序和知识结构内部发出变革，而无法彻底摆脱这一象征秩序。此时，互文就变成一种话语策略。[①] 女性主义理论家除了在文章和著作中言辞激烈地直接批判男性文学对于女性的形象、女性的社会角色以及两性关系所做的歪曲性的、片面性的再现，她们更运用批评文本中的互文重新阐释先前批评术语的意义，故意挪用原有术语的内涵，从而讽刺和戏拟男性批评的局限和偏见。

其次，女性主义理论家运用的互文策略体现出她们确立女性批评主体，从而构建女性批评传统、介入知识学体系的努力。前文的实例分析表明，女性主义批评同现有批评传统之间存在密切的继承关系，吉尔伯特和格巴针对艾布拉姆斯关于文学功能的划分方法给予了充分的认可，并在此基础上进一步凸显女性的视角，详细描述了作为女性文本之灯的妖女批评所具有的特质，从而形成了对于文学批评传统既继承又创新的关系；她们对于艾略特关于个人才能与文学传统的关系的重新阐释，以及肖瓦尔特和弗洛

---

① 法国女性主义理论家伊里加蕾（Luce Irigaray）的理论就曾遭到性别本质主义的指责，但后来有评论家为她辩护称，伊氏的本质主义是一种话语策略。参见 Naomi Schor，"This Essentialism Which Is Not One: Coming to Grips with Irigaray," in *Engaging with Irigaray: Feminist Philosophy and Modern European Thought*, eds. Carolyn Burke, Naomi Schor and Margaret Whitford, New York: Columbia UP, 1994, pp. 66–67。

伦斯·豪对于艾略特文章标题的借鉴与发展，均体现出女性主义批评同传统批评文本之间的交织与互补。这样的努力已经使女性主义批评融入了认知体系，构成了人们认识世界的方法论。女性主义理论家通过修正、补充先前理论的内涵，突出批评的性别维度，改变了人们对于文学功能、文学阐释以及作家与文学传统的关系等问题的认识，参与了知识生产、意义建构和批评实践，强调具有女性特质的批评视角。这成为肖瓦尔特倡导的"女性批评学"（gynocritics）的重要内容。但是，女性特质的强调虽然强化了女性读者以及女性批评者的差异审美，但其弊端也是显而易见的：其一，它假定女性读者必定拥有区别于男性读者的阅读过程和阐释结果，因而否认了超越性别差异的共同审美认知。如果一部文学作品的阐释需要依赖读者的性别，那么，它的受众就变得非常有限，它也排除了文学作品反映人类共同经验和共同生存现实的可能性，而实际上，很多文学作品所揭示的正是超越了性别差异的、有关人性本质的永恒主题。其二，女性特殊性的强调毫无疑问会强化性别的二元对立。女性主义批评如果认同女性读者、女性批评者拥有不同于男性读者和批评者的阅读过程，那就相当于承认身为女性的经验将导致这样的差异性阐释，也就是要认同不同性别的人具有的本质性的生理特质是造成差异审美的最根本的原因，这有落入认知模式和思维方式的本质主义之嫌，更有可能加剧性别的对立与冲突，而后者正是女性主义所极力避免和消除的。其三，女性主义批评对女性群体的强调，忽略了女性的个体差异。女性主义理论家发现，"严格来讲，女人并不构成一个阶级，她们分散在若干阶级里面，这使她们的政治斗争变得复杂，使她们的需求有时出现矛盾"[1]。由于女性分布在不同国家、不同阶层、不同地域，拥有不同的教育背景和文化背景，因此无法分享同样的女性经验。[2]在这个意义上讲，基于某一女性群体经验发展而成的女性批评很难被所有

---

[1] Luce Irigaray, *This Sex Which Is Not One*, trans. Catherine Porter, Ithaca, NY: Cornell UP, 1985, p. 32.

[2] 在女性解放运动的早期，运动的领导者不想承认女性之间的差异，她们更愿意主张女性构成了一个性别阶级或群体，共同遭受了父权制的压迫。参见〔美〕贝尔·胡克斯《激情的政治：人人都能读懂的女权主义》，沈睿译，金城出版社，2008，第 59 页。非洲裔女性主义理论家贝尔·胡克斯（bell hooks）曾经记录了她身为非洲裔女性处在白人女性群体之中感受到的巨大隔膜，她更清楚地认识到非洲裔女性的不同诉求以及源于她们生活经验的研究材料的缺失。参见 bell hooks, *Talking Back: Thinking Feminist, Thinking Black*, Cambridge, MA: South End Press, 1989, p. 149。

女性用来从事批评实践。同为女性读者，她们对于同一部作品的解读会大相径庭，因为作为性别类型之一的女性，其共性仅仅是"染色体的偶然"①。

克里斯蒂瓦（Julia Kristeva）在巴赫金（Mikhail Bakhtin）的对话理论基础之上发展而成"互文性"（inter-textuality）的概念，②用来描述"从一个符号系统到另一个符号系统的过渡"③。这一过渡不仅需要弗洛伊德论述的无意识层面的错位和浓缩，而且需要改变意指过程（signifying process）。她认为，文本从来都是由另外的文本组成的，人们常常研究文本内容的来源，而忽略了文本原本也是一个意指过程，这后一种理念正是克里斯蒂瓦的导师罗兰·巴特（Roland Barthes）所主张的。由于意指实践从来不是简单而统一的，而是由多重来源和欲望动力共同作用的结果，因此，文本也从来就不指向唯一的意义。④ 如果说巴赫金的对话概念指的是文本所接受的前文本的影响，文本的表述是作者同历史文本的多种声音形成的复调对话，那么，克里斯蒂瓦则从文本与文本之间的简单指涉引申到文本意义的生产过程。在此过程中，文本的生产者，通过与不同文本的互动而生产出新的文本，这一动态的意指过程导致话语的破碎和主体身份的不稳定，即克里斯蒂瓦命名的"过程中的主体"（le sujet en procès）⑤ 的概念，主体的地位——主体与身体的关系、与他人的关系、与客体的关系等，都不断发生变化。前文讨论的女性主义批评中的互文实例，凸显了女性批评主体强势介入克里斯蒂瓦所说的意指过程，参与了意义的生产，又通过鲜明的、具有性别特征的批评术语引导读者的阅读过程。女性主义批评通过互文策略，突出了女性作者、女性批评者和女性阅读者之间的主体间性（intersubjectivity），丰富了文学阐释过程的性别维度，使性别特质、性别身份和性别关系成为文本符码的重要部分，有效拓宽了意义的生产和接受空间，并由此改变了女性的社会存在。

---

① 〔美〕凯瑟琳·R. 斯廷普森：《伍尔夫的房间，我们的工程：建构女权主义批评》，王晓路译，载拉尔夫·科恩主编《文学理论的未来》，中国社会科学出版社，1993，第175页。

② Julia Kristeva, "Word, Dialogue and Novel," in *The Kristeva Reader*, ed. Toril Moi, New York：Columbia UP, 1986, p. 37.

③ Julia Kristeva, "Revolution in Poetic Language," in *The Kristeva Reader*, ed. Toril Moi, New York：Columbia UP, 1986, p. 111.

④ Noëlle McAfee, *Julia Kristeva*, New York：Routledge, 2004, p. 26.

⑤ Julia Kristeva, "Revolution in Poetic Language," in *The Kristeva Reader*, ed. Toril Moi, New York：Columbia UP, 1986, p. 91.

　　女性主义理论家在创建理论体系的过程中，不仅发明了批评话语中从未有过的概念：厌女、父权制、男性霸权、性别歧视等①，而且把批判的目标直指（男性）批评话语。应该注意的是，在女性主义理论出现之前，批评话语并没有男性（主义）批评理论，批评理论一直被视为中性的，没有某种性别的特殊适应性。艾略特在阐发个人才能与文学传统的关系时，其背景是现代主义盛行之后出现的线性历史观的断裂、整体世界观的破碎以及完整知识学的瓦解，这样的整体思想背景是超越性别差异的。艾布拉姆斯的文学功能学说也忽略读者的个体性别差异，而基于超越性别差异和个人认知的审美需求。而当女性主义理论大量出现之后，先前的理论因其大多数作者为男性而似乎自然而然变成了男性（主义）的。女性主义批评家刻意在批评文本中形成同男性批评术语之间的互文，重新阐释原术语的指涉、挪用术语的内涵，这成为她们在建构女性批评过程中采取的重要话语策略。

　　周宪认为，20 世纪文学理论的范式从作者到读者的重心迁移"为各种不同的解释和叙述创造了广阔的空间"，认可了多元阐释的合法性，也促成了女性主义、后殖民主义等理论的出现。② 这一范式重心的迁移也促成了文学批评话语从宏大到细微的转型，亦即从一般意义上的、具有普世价值的批评转变为微观层面、注重个体差异的批评。女性主义批评正是这一背景中的重要组成部分，它为文学批评增加了性别关怀，凸显了女性批评主体的作用，修正了文学批评传统的方式，改变了知识学体系，其积极的意义应该得到充分认可。必须承认，理论话语的指涉承载着意图，而理论话语中核心术语的使用也因此成为根本的政治姿态。女性主义批评通过运用与男性批评话语相似的暗喻，通过批评文本中的互文指涉，赋予了批评术语和批评文本以新的内涵，强化了文学阅读和文学批评过程中的性别视角，尤其是女性（主义）的视角，介入并改变了认知模式和阐释框架。批评术语可以改变文化遗产，它意味着"一场意义深远的文化变革"③，而这正是女性主义批评的重要目标之一。

① Michael Groden, Martin Kreiswirth, and Imre Szeman, eds., *The Johns Hopkins Guide to Literary Theory and Criticism*, Baltimore: The Johns Hopkins UP, 2005, p. 301.
② 周宪：《重心迁移：从作者到读者——20 世纪文学理论范式的转型》，《文艺研究》2010 年第 1 期。
③ 〔美〕吉尔伯特、格巴：《镜与妖女：对女性主义批评的反思》，董之林译，张京媛主编《当代女性主义文学批评》，北京大学出版社，1992，第 297 页。

南大洋的海岸

——逐步迈向具有现代性特质的世界社会学

〔澳〕瑞文·康奈尔 著　詹俊峰 译 *

摘要：本文通过探讨殖民及后殖民语境下的中心国/边缘国关系如何构造了 19 至 20 世纪的澳大利亚文学创作实践，指出现代性一直以来都是一个相互关联以及存在差异的整体，主张社会学研究应在世界范围内的相互关系框架中理解多元现代性，因为现代性的差异化方式必定会涉及权力，或者权力斗争和特权的延续。

关键词：现代性　（后）殖民　中心国/边缘国关系　南方层级国家　世界社会学　文学创作实践

Abstract：Through exploring how metropole-periphery relations in the contexts of colonization and post-colonization that have structured Australian literary practice in the 19th and 20th centuries，this essay argues that modernity has always been a connected and differentiated whole，and that sociology needs to understand multiple modernities in relation to each other on a world scale，because the lines of difference in modernity necessarily involve

---

*　瑞文·康奈尔，澳大利亚悉尼大学教育和社会工作学院讲席教授，澳大利亚社会科学院研究员，澳大利亚杰出的社会学家之一。她挑战以美国和欧洲为中心的知识学谱系，谋求广泛的社会正义。詹俊峰（1979~　），华南师范大学外国语言文化学院副教授。研究方向：美国文学。本文译自 Raewyn Connell，"The Shores of the Southern Ocean：Steps toward a World Sociology of Modernity，with Australian Examples，" in *Worlds of Difference*，eds. Said Amir Arjomand and Elisa P. Reis，SAGE Publications Ltd.，2013。译者已获得出版社以及作者本人授权，特别为本栏目翻译此文。

power, or struggles for power, and the construction of continuing privilege.

Keywords：modernity （post）colonization metropole-periphery relations southern tier countries world sociology literary practice

丑陋、低矮、布满礁石、寸草不生、尖角且贫瘠的海岬如蝎子一般，蜷曲地躺在令人炫目的海天之间。入夜后，房屋中的灯火和船上的照明灯燃烧着撩人的光芒，汽车的前灯扫过渔人湾。白日里，村里的车流沿着地平线缓慢行进，越过灯塔和信号站，在岩石裂口和火山沟壑处稍作停留，造访那座建在海湾边缘光秃处的古村落。那里曾是一个军事和海事基地，现在依然如此……

凌晨，透过敞开的窗户，人们可以听见锚坠入海湾的咔嗒声。小孩子们奔走相告，辨识着那些正在等候港务医生的邮轮，这些邮轮分别来自新加坡、上海、长崎、惠灵顿、夏威夷、旧金山、那不勒斯、布林迪西、敦刻尔克和伦敦。邮轮面前尽是些石头房子，衰败的檐板小屋，破败的篱笆、船坞和渔人的棚屋。①

导言 理解差异

人文科学和社会科学领域关于现代性的最具影响力的论述，均以欧洲和北美的经验作为出发点，无论它基于进步或经济发展等宽泛概念，还是基于世俗化、阶级社会、工业化等具体观点。人文科学通常认为，现代性是处在关于变化的连贯叙事中的一个时期、一个阶段或一种风格。现代性以一种易于理解的方式承袭了之前的时期、阶段或风格；人们假定这种承袭发生在某个地理范围之内，无论该地理范围是否有具体名称。

即使是那些经常操弄阶段性概念的思想家，如《后现代状况》一书的作者利奥塔（Jean-François Lyotard）②，他们依然把各自叙事的不同阶段定位在欧洲和北美范围之内。现代性或后现代性形成于该范围的内部，只有

---

① Christina Stead, *Seven Poor Men of Sydney* (1934), Sydney：Angus and Robertson, 1965, pp. 1–2.

② Jean-François Lyotard, *The Postmodern Condition：A Report on Knowledge* (1979), Minneapolis, MN：University of Minnesota Press, 1984.

当它们蔓延到该范围之外时，世界上别的地方才会出现现代性或后现代性特征。其他国家追求现代化，试图模仿欧洲和北美（这就是现代化理论）。换句话说，现代性或后现代性从这个中心出发，以势如破竹之势横扫全世界（这就是全球化理论）。全球差异本质上就是数量问题，是别的国家想要追赶上这个独一无二的现代化中心，还需要走多远的问题。

对于过去30年间兴起的各种后殖民批评来说，这一直是一种颇具影响的思维框架。它不时地更新换代，这从世界银行的经济模型或者联合国开发计划署逐年发布的国家排名表格中便可见一斑。它对经济学之外的其他思想领域也有影响，性别分析就是一例。爱森斯坦（Hester Eisenstein）曾经指出，第一世界的女性主义目标，如发起反对女性割礼的运动，无疑重现了文明的西方和野蛮的非洲之间的殖民对比。[1]

不过，在社会学和其他领域，已经有人对此提出批评，[2] 此书建立在这些批评的基础上。[3] 显然，承认历史经验的差异性对于超越现代性论述的单一框架来说相当重要。聆听各种声音，而非局限于全球中心国（global-metropole）的单一声音，这关乎社会学的未来。这一观点已得到普遍认可，一批强劲有力的研究成果为实现世界范围内的多元化理论思维而摇旗呐喊，并为该实践提供研究材料。[4]

尽管我们很有必要增加各种不同的声音，但仅这样做是不够的。我们还必须询问为什么它们会有所不同。也就是说，我们必须从世界的维度来思考它们之间的社会关系，并采用知识社会学的方式，思考关于社会的不

---

[1] Hester Eisenstein, *Feminism Seduced: How Global Elites Use Women's Labor and Ideas to Exploit the World*, Boulder, CO: Paradigm Publishers, 2009, pp. 99–104.

[2] William G. Martin, Mark Beittel, "Toward a Global Sociology? Evaluating Current Conceptions, Methods, and Practices," *Sociological Quarterly*, vol. 39, no. 1, 1998, pp. 139–161; Oliver Kozlarek, "Critical Theory and the Challenge of Globalization," *International Sociology*, vol. 16, no. 4, 2001, pp. 607–622.

[3] Said Amir Arjomand 和 Elisa Reis 编著的《差异的世界》（*Worlds of Difference*, SAGE, 2013）。——译者注

[4] Chilla Bulbeck, *Re-Orienting Western Feminisms: Women's Diversity in a Postcolonial World*, Cambridge: Cambridge University Press, 1998; Syed Farid Alatas, *Alternative Discourses in Asian Social Science: Responses to Eurocentrism*, New Delhi: Sage, 2006; Raewyn Connell, *Southern Theory: The Global Dynamics of Knowledge in Social Science*, Sydney: Allen & Unwin; Cambridge: Polity Press, 2007; Sujata Patel, ed., *ISA Handbook of Diverse Sociological Traditions*, London: Sage, 2010.

同视角是如何产生的。仍然以爱森斯坦的性别分析为例：性别问题的某些视角影响全球，这并非偶然，因为它们诞生自世界权力和财富的中枢，蕴涵了中心国社会言之有理的观点，掌控了全球交流的渠道，并响应了在全球精英中方兴未艾的新自由主义意识形态。[1] 不过，其他视角被当作对立面，甚至被鄙弃，这也并非偶然，因为这样一种区分形成并产生于世界规模的权力结构之中。

因此，多元现代性的概念不够充分。我们需要把多元现代性放在世界范围内的相互关系中加以考量；或者更简单一点，我们可以认为现代性一直以来都是全球的，并且一直以来都是一个相互关联以及存在差异的整体。[2] 对于那些一直主导社会学想象的人来说，他们有必要采用不同的根本视界来看待世界近代史。现在有关全球史的不同视界正在持续涌现。[3]

基于上述考虑，我提出一种迄今为止很少有人研究的框架，亦即构建一种远南地区现代化社会的关系框架，来探讨现代性经验。

南方层级（the southern tier）

关于文化区域或者全球地区的比较研究很少提及远南地区。人们通常这样划分国家或地区：根据所在的大陆（如我前面的做法），根据富裕程度（如联合国开发计划署的做法），根据地缘政治（尤其是冷战期间），根据语言和宗教/文化遗产（例如：阿拉伯世界、波斯社会、儒家文化、"文明冲突"理论），或者根据经济功能（如世界体系理论）。这些划分方法均未提及远南地区的那些国家。

但是，我认为以下国家构成的群体相当有趣：澳大利亚和新西兰；南

---

[1] Hester Eisenstein, *Feminism Seduced: How Global Elites Use Women's Labor and Ideas to Exploit the World*, Boulder, CO: Paradigm Publishers, 2009.

[2] José Maurício Domingues, *Latin America and Contemporary Modernity: A Sociological Interpretation*, New York: Routledge, 2008; Gurminder K. Bhambra, "Sociology after Postcolonialism: Provincialized Cosmopolitanism and Connected Sociologies," in *Decolonizing European Sociology: Trans-disciplinary Approaches*, eds. M. Boatcă, S. Costa and E. Gutiérrez-Rodríguez, Ashgate: Aldershot, 2010, pp. 33–47.

[3] Peter Gran, *Beyond Eurocentrism: A New View of Modern World History*, Syracuse: Syracuse University Press, 1996; John M. Hobson, *The Eastern Origins of Western Civilization*, Cambridge: Cambridge University Press, 2004.

美洲的"南锥体地区"（southern cone）①，尤其是智利、阿根廷和巴西南部；非洲南部，特别是其最大的国家南非。我将这个群体称作"南方层级"。我不想穷尽比较，只想指出这些地处被南大洋冲刷过的海岸上的国家，在历史和社会结构上存在着一些共同特征。

这些国家具有共同的地质和生物遗产，它们都曾是超级大陆冈瓦纳（Gondwana）的一部分。其生物群，尤其是植物，拥有共同的祖先，这是显而易见的。例如：南非的地貌会令澳大利亚人觉得似曾相识，而加拿大或者德国的地貌却不会引发其同样的感觉。

这些国家也存在显著差别。西班牙帝国主义者来到智利的时间，比英国人占领新西兰早了将近 300 年。从殖民初期至今，南非的白人移民人口一直是少数，当地的不同移民群体为了争夺该地区的控制权曾经大打一仗。澳大利亚和新西兰则错过了成为警察国家（police state）的机会，当然，土著居民们并不这么认为。

但是，在所有这些国家，现代性从根本上受到了移民殖民主义、占据"新"领土，以及欧洲殖民者与土著居民之间的暴力冲突等因素的影响。结果，这些国家均形成了种族等级森严的社会，土著群体被扰乱、被掠夺和被边缘化。

19 世纪，所有南方层级国家都在英国资本全球扩张的影响下，发生了经济和人口结构的重组，特别是那种依附伦敦的资本而进行的发展，比如在整个帝国殖民地之内修建铁路，这涉及新西兰、南非和澳大利亚，以及一些名义上独立的共和国，如阿根廷和智利等地。在这个大背景下，所有南方层级国家均形成了以面向中心国的畜牧、农业和矿产出口为中心的经济结构。它们在这些经济领域和相关城市都迅速发展出所谓"现代化的"（或者在某些情况下自以为很先进的）劳动就业体系。

20 世纪中叶，这些国家全部转向以进口替代工业化的策略，试图使经济多样化，减少对全球中心的依赖。20 世纪 70 至 90 年代，它们基本放弃了这一路线，改用新自由主义制度，追求一种发挥相对优势和融入全球市场的策略，但是这个全球市场目前正受到美国的霸权影响。这些国家距离全球中心国的确很遥远，这一点非常关键。距离和运输是其经济和文化中

---

① "南锥体地区"指南美洲位于南回归线以南的地区，包括阿根廷、巴西、乌拉圭、巴拉圭和智利等国，是南美洲经济最发达的地区。——译者注

的重要问题。19 世纪帝国主义确立的种族等级制度中，南方层级的那些土著民族，如霍屯督人（Hottentot）、火地岛人（Tierra del Fuegan）、澳大利亚土著等，被中心国的科学定义成最原始、最边缘的人群。在所有的南方层级国家，知识和学术生活已经变得非常外倾化，现在依然如此，[1] 也就是说，它们以全球中心国为导向，沿袭移民者所确立的殖民主义路线，但是因为距离以及原住民文化受隔离的缘故，情况变得愈加复杂。

因此，现代主义的知识分子出于对自己距离中心国的意识太远，或者在中心国的意识中没有一席之地的忧虑，开始进行集体抗争，试图定位他们在世界上所处的位置。1931 年，阿根廷发行了一本名为《南方》（Sur）的杂志；1932 年，澳大利亚也发行了一本叫《南风》（Southerly）的杂志。一位澳大利亚批评家创造了"文化自卑"（the cultural cringe）一词，用于形容 1950 年前后澳大利亚人对于英国的通常态度。1954 年，左翼文学杂志《横跨大陆》（Overland）创刊，刊头上的口号是"协调民主，影响澳人"。

现在，我想稍加深入地谈谈文学知识分子的变化过程。接下来的两个部分会探讨殖民和中心国/边缘国的关系如何构造了创作实践，其中第一部分关注 19 世纪澳大利亚知识阶层的形成，第二部分关注 20 世纪澳大利亚的一个文学创作高峰，即现代主义小说。

构建澳大利亚的现代性：殖民地的意义

英国从 18 世纪末开始占据澳大利亚，当时荷兰人仍统治着好望角，西班牙人仍在南美洲当权。新南威尔士州是英国人试图统治的最遥远的殖民地，此外还有新西兰，它大概也是最为遥远的殖民地。对于他们的动机，史学家尚未有定论。这涉及一些战略问题，包括在太平洋建一个海军基地作为大英帝国在印度的前哨，在与法国帝国主义的争斗中先发制人，寻找原材料（包括捕鲸、猎海豹、采伐木材），以及解决英国刑罚制度的危机，因为最初送去澳大利亚的劳力都是罪犯。但是，以上计划均未把殖民地的土著居民纳入其中。殖民者把首都建在东海岸最好的港口，并以一位英国

---

① Paulin Hountondji, "Knowledge Appropriation in a Post-colonial Context," in *Indigenous Knowledge and the Integration of Knowledge Systems: Towards a Philosophy of Articulation*, ed. Catherine A. Odora Hoppers, New Africa Books, 2002, pp. 23 – 38.

贵族政治家的名字，将其命名为悉尼。另外，他们还在该地区的其他港口上建了几块小殖民地。

当笨重迟缓的英国政府机构认定其刑罚实验失败的时候，移民殖民地已经兴起，殖民资本主义已经建立，毛纺行业蓬勃发展，放牧者和缺少土地的农民对土著领土的侵占已经深入腹地。19 世纪 50 年代的淘金热使殖民者人口增加了两倍，此时这块大陆上的殖民者人口已经多于土著居民。这种不平衡随着土著社区被破坏以及更多移民的到来而进一步加剧。19 世纪后期，一个致力于经济发展的殖民国家兴起了，它受到商业资产阶级的控制，以土地销售和从伦敦进口的资本作为财政来源；阶级分化进一步加剧。①

在这样的背景下，殖民者当中的知识分子开始探讨英国社会在澳大利亚的本质和意义。有人直截了当地认为，这是欧洲文明向空白领土的扩张。其中一位代表人物是威廉·查尔斯·温特伍斯（William Charles Wentworth），他是一位青年激进分子，是鼓动殖民地自治的最重要的政治领袖。在他发迹初期，他发表了一本描绘殖民地的书，里面包含这首赞歌，献给这块即将发展成为南部海域新大不列颠的殖民地：

> 对于慈善家而言，这是多么令人振奋的前景：他会看到如今那一片广袤而悲凉的荒野，将变成工业和社会艺术那令人欢颜的所在；他会看到丘陵与山谷将遍布着咩咩的羊群，哞哞的牛群和摇曳的庄稼；他会听到牧人欢快的音符和农夫活跃的呼喊取代了野人可怕的呼叫和狼群哀怨的嚎叫；他会见证这个作为大自然杰作的国家，最终实现普施恩惠的造物主的仁慈心意，为大众提供所需和带来福祉。②

这段诗意的文字有个有趣之处，那就是它具有很大的普遍性，它有可能创作于世界上任何一处殖民地。（澳大利亚可没有狼）它真实地体现出一种对于当地现实的不适感（"一片广袤而悲凉的荒野"），它认为幸福和进步

---

① Raewyn Connell, and T. H. Irving, *Class Structure in Australian History: Poverty and Progress*, 2nd ed., revised, Melbourne: Longman Cheshire, 1992.

② William Charles Wentworth, *A Statistical, Historical, and Political Description of the Colony of New South Wales*, London: Whittaker, 1819.

有赖于更进一步地模仿欧洲。在职业生涯接近尾声时，温特伍斯成为悉尼大学的创办者之一。该大学于 19 世纪 50 年代开始教学活动，教授均来自英国，连课程表也只局限于中心国的古典和专业文化教育。[1]

此时，温特伍斯已经放弃激进主义，转而与那些商界和畜牧业的精英亲密为伍。实际上，这些人随着英国殖民统治的式微，确实已经开始掌权。在这个保守的环境中，并非所有的知识分子都像温特伍斯一样，对于以暴力掠夺土著人的现象志得意满。由维多利亚州殖民地的议会官员撰写的、首部试图全面展现历史的《澳大利亚史》（*History of Australia*），对于殖民者的兽行及其对土著生活的荼毒就进行了严厉的批判。[2]

但是，其他人对于殖民地前沿并不关注。这一点从新兴的墨尔本大学中一位多才多艺的教授所撰写的、澳大利亚殖民地的首部重要社会学思想著作中可见一斑。《雅利安人家庭》（*The Aryan Household*）是一本专著，探讨"我们远祖"的社会机构的发展过程，这对于探讨欧洲历史上的社会发展这一中心国的文学体裁无疑作出了贡献。[3] 该书写于墨尔本，但它跟写于海德堡或者爱丁堡的著作并无两样。

有些知识分子来自大众，他们与 19 世纪八九十年代从阶级斗争中汲取力量的工人运动结盟，正是他们首先描绘出殖民地社会的清晰景象。他们有时被称作"公报学派"（Bulletin school），因为他们在以悉尼为大本营的《公报》（*The Bulletin*）杂志上发表了很多作品。《公报》构建了一种澳大利亚的国民身份，这不仅是一种种族主义和父权主义的身份（它的口号是"澳大利亚是白种男人的"），同时还是一种反帝国主义和反精英主义的身份。它发展出一种社会现实主义的、趣闻逸事的文学风格，改变了澳大利亚的书面语言，使之变得更加口语化和幽默风趣。它以文学的形式呈现了一种政治运动，该运动把澳大利亚想象成工人男性的天堂，这里没有欧洲的阶级僵化，盛行的是团结和体面。

该文学运动最著名的成果可能包括：《这就是人生》（*Such is Life*）这部

---

[1] Clifford Turney, Ursual Bygott, and Peter Chippendale, *Australia's First: A History of the University of Sydney Volume I, 1850–1939*, Sydney: Hale & Iremonger, 1991.

[2] G. W. Rusden, *History of Australia*, London: Chapman and Hall, Limited, 1883.

[3] W. E. Hearn, *The Aryan Household, its Structure and its Development: An Introduction to Comparative Jurisprudence*, Melbourne: George Robertson, 1878.

反映农村工人阶级经历的鸿篇巨著①；《我的璀璨生涯》（*My Brilliant Career*）这部由"荒野小女孩"（a little bush girl）写成的喜剧成长小说②；还有该运动最著名的人物（及"荒野小女孩"一词的发明者）亨利·劳森（Henry Lawson）的短篇小说。

劳森是澳大利亚文学史上的标志性人物，创作了一些富于力度但被公众低估了的小说，也写过很多平庸乏味的作品。其中一些短篇小说，包括《联邦埋葬死者》（"The Union Buries its Dead"），《赶牲畜人的妻子》（"The Drover's Wife"）和《浇灌老鹳草》（"Water Them Geraniums"），简要而又深刻地刻画了农村人的贫穷和忍耐力，同时又异乎寻常地认可了女性的劳动和中心地位（劳森的母亲曾是一位女性主义先驱）。

劳森题材广泛的作品从社会底层描绘了一幅殖民者乡村社会的宏大图景：无法稳定拥有土地，采矿不安全，工作不稳定；贫寒的住房，与富人斗争，流动的散工，酗酒，厌女，欺诈，伙伴情谊，结婚，恶作剧，感伤，受伤和自杀。这是一片永恒存在的土地，尽管环境恶劣，伴随着火灾、洪水和干旱，但它绝不是"一片广袤而悲凉的荒野"。劳森笔下的人物在这片土地上辛勤地劳动，有时它很美好，有时施人以财富（劳森在金矿上长大），而且还满怀深情：

> 高高的木麻黄遍布溪边，巨大的树丛掩映着交叉路口上的一处深水坑。溪边的木麻黄有着粗皮的树干，就像英国的榆树，但是树杆更高更挺拔，树叶细长。澳大利亚诗人肯德尔（Kendall）称它们为"木麻黄版的风鸣琴"。这些树总是叹息，叹息，又叹息，与其说是瑟瑟声或是橡胶树（即桉树）的嗖嗖声，不如说是叹息声。你总是可以听见它们在叹息，哪怕是当你觉得风停了的时候。（劳森：《布莱顿的嫂子》）

不过，澳大利亚有这样一位更加年轻的资产阶级作家，尽管她从未完全摆脱劳森在此处以寥寥数语加以讽刺的生硬的诗歌语言，但恰恰是她写出了关于澳大利亚独特地形的最著名的宣言：

①　Joseph Furphy, *Such is Life*, Sydney: The Bulletin Newspaper Company, 1903.

②　Miles Franklin, *My Brilliant Career* (1901), Sydney: Angus & Robertson, 1974.

> 我爱这日炙的国土，
> 地上有连绵的平原，
> 有参差不平的山脉，
> 有干旱和暴雨漫延。
> 我爱她遥远的天际，
> 我爱宝石般的海洋，
> 还有辽阔棕色土地：
> 那是她的美与震撼。①

无论是这首《我的祖国》、劳森的绝大部分短篇小说，还是《公报》描写的乡间天堂，它们均未提及原住民。这种对澳大利亚特性的诠释需要掩饰殖民征服这一事实。

这些诠释在其他方面也存在不妥之处。她的作品以乡村社会为主的形象一直不够现实，因为澳大利亚的白种人一开始就主要居住在市镇和城市里，并随着城市的扩张而变得越来越集中。20 世纪的制造业转向需要巨额资本、官僚国家和产业工会主义，工业统治阶级因此得以形成。劳森所描绘的简陋的小农民主便成了怀旧之物，而非当务之急。连公报学派的叙事技巧，亦即嘲讽的趣闻逸事和流浪汉故事，也都变得过时了。

现代主义转向和关于地点的协商

1934 年，一位新作家的首部小说以《悉尼的七个穷汉》（*Seven Poor Men of Sydney*）为名发表，在这之前，她仅有一部短篇小说集为人所知。这部作品也与工人阶级角色相关。正如劳森的杰作那样，这部小说对于澳大利亚的环境有种生动的感悟，这从小说开篇对于悉尼港南端的描述中可以看得出来。本文开头所引用的就是这段文字。在我读过的作品中，没有哪一部比这本书更好地再现了沿海的新南威尔士州的陆上和天空的景色。

但是，在其他方面，该书和公报学派的作品却鲜有不同。由于完全以都市为背景，《悉尼的七个穷汉》是一部充满观点的小说，人物角色不断地争辩政治、哲学和文学问题。小说展现了令人眼花缭乱的写作技巧，包括

---

① 多萝西·麦克凯勒（Dorothea MacKellar）的《我的祖国》（"My Country"）。

生动的词汇，非凡的意象，意识流的段落，突变的叙事角度，以及戏仿。它引入了性欲、梦境、超越和记忆等主题。这完全不属于现实主义，而是对现实的多层次批判。这是澳大利亚作家所写的首部重要的现代主义小说，同时也是克里斯蒂娜·斯特德（Christina Stead）的标志性著作，她被某些评论家视为 20 世纪最伟大的英语小说家之一。

令人吃惊的是，《悉尼的七个穷汉》在伦敦和巴黎写成，在伦敦和纽约发表，但在它所刻画的国家里却无甚影响。在之后的 30 年中，克里斯蒂娜·斯特德几乎完全被澳大利亚文学界所忽略，连这部小说也直到 1965 年才得以在澳大利亚发表。1928 年，斯特德离开澳大利亚，直到她的写作生涯结束后才回国。不过，当她在 1969 年终于回国之后，她得到了认可甚至赞扬。[①] 她的职业生涯突出反映了中心国的遥远距离以及与中心国的关系问题。

这种关系问题并非只关乎她的职业生涯，还深深蕴涵在她的文本中。《悉尼的七个穷汉》中所展现的杰出技巧得益于斯特德曾经深入接触伦敦和巴黎的知识分子文化。她尤其受到乔伊斯（James Joyce）的《尤利西斯》（Ulysses）一书的技巧影响，这本书当时在悉尼买不到，因为它被当作含有淫秽内容的禁书。斯特德的自传小说《只为了爱》（For Love Alone）关注女主人公在悉尼遭遇的挫折；她对于逃往伦敦的渴望，因为她那富有魅力的大学老师去了那里；以及她被他辜负时的失望之情。[②]

斯特德最著名的小说《热爱孩子的男人》（The Man Who Loved Children）刚出版时遭遇滑铁卢，30 年后却被企鹅当作"现代经典"而重版。[③] 这部小说无情地剖析了一个分崩离析的家庭及其自私的男性家长。该小说的故事发生在富兰克林·罗斯福时代的华盛顿特区，巴尔的摩市和乡下地区，并详细地再现了这个大环境。

但是，该小说同时也是斯特德对自己童年时的家庭的描述，并以她父亲，一位知名生物学家和公务员为焦点，此外，小说的背景是悉尼的风光。当时斯特德住在纽约，在其出版商的催促之下，出于商业的考量，小说的地点被换成了美国。澳大利亚读者在阅读该小说时会产生非凡的阅读体验，

① Hazel Rowley，*Christina Stead，A Biography*，Melbourne：Minerva Australia，1994.

② Christina Stead，*For Love Alone*（1944），Sydney：Angus & Robertson，1982.

③ Christina Stead，*The Man Who Loved Children*（1940），Harmondsworth：Penguin，1970.

因为这部小说同时存在着中心国和边缘国两种现实，这种矛盾张力始终未得到解决，直至小说结尾时，那个女儿才有一瞬间的解脱。

斯特德的杰作出现的前一年，恰好是一位年纪较轻的澳大利亚现代主义作家发表首部小说的时候，这位作家后来所取得的财富和声望都超越了斯特德，他就是帕特里克·怀特（Patrick White）。怀特拥有显赫的背景：统治阶级的家庭，拥有土地，环球旅游，英国私立教育，剑桥大学。但为了寻找爱情，他摆脱了原本计划好的在澳大利亚的工作生活。他在英国建构了自己的文学生涯，其发表的两部小说依次与澳大利亚和中心国相关。

但是，这两位作家的故事也有所不同。二战期间，怀特在驻扎中东的英国（而非澳大利亚）军队担任军官，他的写作生涯出现了短暂停顿。后来，他怀着满腹创意回到澳大利亚，这个举动被他的传记作家恰如其分地称作"他一生中最大的赌博"[1]，因为他回到了一个仇视同性恋的、冷战的、褊狭的文化中。不过，他的回归是对的，因为怀特在克里斯蒂娜·斯特德逃离的地方，创作出一系列成熟的小说，从《人之树》（*The Tree of Man*）到《特莱庞的爱情》（*The Twyborn Affair*）[2]。他和恋人马诺利·拉斯卡里斯（Manoly Lascaris）在悉尼附近的小镇买了一处地产，试图把它经营成一个小农庄，但是不大成功，后来他们搬到了城里。

怀特在这几十年创作的作品异常复杂，以至于我无法做出公正的评价。我只想说明其作品的三个主题：第一个是怀特重新深刻描绘了澳大利亚这片土地。《人之树》的故事进展缓慢，讲的是一个小殖民者把荒野变成了农庄，地点就设在怀特所在的小镇。这部作品从早期澳大利亚作家以轶事和闹剧的形式加以处理的材料中，提炼出一个心理和精神层面的故事。《沃斯》（*Voss*）则以不同的方式出色地再现了这片土地，展现它如何抵抗探险家的欲望，以及这位探险家如何在尝试了解和征服这片土地的过程中，死在僻远的内地。[3] 后来，这次探险的唯一幸存者对沃斯的精神伴侣，也就是那位将可能是沃斯女儿的抚养人说道：

---

[1] David Marr, *Patrick White, A Life*, Sydney: Random Century Australia, 1991, p. 244.

[2] Patrick White, *The Tree of Man* (1955), London: Eyre & Spottiswoode, 1956; Patrick White, *The Twyborn Affair*, London: Jonathan Cape, 1979.

[3] Patrick White, *Voss* (1957), Harmondsworth: Penguin, 1960.

"沃斯，他是个奇怪的家伙。黑人们至今还在谈论他。他还一直待在那里，他们很多人都真心这么觉得。他就在那个国度，而且将永远待在那里。"

"怎么会呢?"特里维廉小姐再次问道。她有着一副男人的声音。她不惧怕任何人。

贾德正用双手摸索着道路。

"呃，你知道吗，如果你在一个地方生活和受苦够久的话，你是不会彻底离开它的。你的灵魂会一直在那里。"（怀特：《沃斯》）

我认为，怀特的用意是让这一事实也同样适用于劳拉·特里维廉，甚至可能更广泛地适用于整个白人殖民社会，因为他们在苦难中和这片土地建立起一种联系。

更为重要的是，沃斯死时，他并非在殖民者之中，而是在一群土著人面前，被一个土著仆人所处死。怀特并不是第一个关注白人与土著之间密切关系的澳大利亚小说家。众所周知，凯瑟琳·苏珊娜·普里查德（Katharine Susannah Pritchard）也曾经这么做过，她的小说《库娜图》（Coonardoo）探讨跨种族性爱这一禁忌话题，而且她不仅仅谈性，更令人惊讶的是，她还谈论跨种族的爱情。①

触及这个话题之后，怀特并未就此放弃。在《乘战车的人》（Riders in the Chariot）中，四个主要角色之一是一位土著艺术家。② 《树叶裙》（A Fringe of Leaves）③ 基于当地一个非常有名的故事：19 世纪 30 年代，一位中产阶级妇女在昆士兰港的海难中生还后，在一个土著部落的帮助下存活下来，她在该部落生活了很久，直至被一个逃犯带回殖民地。

就这样，怀特通过描写原住民和殖民者之间的变化关系，以及殖民者在适应这块土地的过程中所遭遇的困难，将中心国和殖民地之间的关系复杂化了。但是，这种与中心国的关系依然具有决定意义，从非物质的层面来说亦是如此。怀特的成功完全取决于他的纽约出版商，也就是维京出版社（Viking Press）的本·胡布什（Ben Huebsch），他们在 1940 年就认

---

① Katharine Susannah Pritchard, *Coonardoo*（1929），Sydney：Angus & Robertson, 1975.

② Patrick White, *Riders in the Chariot*（1961），Harmondsworth：Penguin, 1974.

③ Patrick White, *A Fringe of Leaves*, New York：Viking, 1976.

识了。

胡布什不仅出版了怀特所著的全部小说，还帮他找了一个伦敦出版商。他坚定的支持是怀特获得商业成功和文学声望的基石。① 怀特的作品很少在澳大利亚首发。出版业的信誉系统建立在帝国主义路线之上，所以，作品在澳大利亚首发是无法获得国际声誉的（现在也很少有作品做得到）。胡布什帮助身处澳大利亚的怀特解决了这个问题，而斯特德只有靠离开澳大利亚才能解决这一问题。不过，胡布什无法帮他赢得澳大利亚本土的赞誉，因此，怀特很晚才勉强获得国人的认可。

这种关系问题也体现在文本中。在《树叶裙》开篇处，艾伦·罗克斯堡（Ellen Roxburgh）登船逃离殖民地，要回到中心国，但是这片土地以一种出人意料的方式挽留了她。在《姨妈的故事》（The Aunt's Story）中，西奥多拉·古德曼（Theodora Goodman）从澳大利亚乡村迁到欧洲，又迁到北美，但都无法定居下来，除非她进入到另一种精神现实，实际上就是发疯的状态中。②

最令人吃惊的是，在怀特的最后一部小说《特莱庞的爱情》中，女主人公欧多西亚·伐塔提斯（Eudoxia Vatatzes）就像怀特自己年轻时一样，从殖民地迁到中心国，又搬回殖民地，最后又回到中心国。③ 但是，因为性别的缘故，这种迁徙具有了双重意义，并得到强化。《沃斯》中身份的模糊（"她有着一副男人的声音"）在这里被提到了一个新高度：《特莱庞的爱情》的女主人公是一个跨性别女性，同时也是一个军事英雄。她无法调和自身的矛盾。每次当她准备要定居下来时，一知半解的旁人便开始进行令人不安的刺探，她的信心因而被削弱，迫使她继续逃亡，最终，她被卷入伦敦空袭的致命旋涡中。

如果以这两位著名作家作为判断依据的话，澳大利亚小说中的现代性并非像墨渍一样，从欧洲氤氲到地球的末端。它是写作技巧和主题的变迁，与之紧密相关的是，作家们对于中心国和远南国家之间关系的协商。前文引用的《悉尼的七个穷汉》的开头部分，列举了进入悉尼港的船只来自世界各地。小说有意在同一处结尾，恰好在出入口，也就是港口的海

---

① David Marr, *Patrick White, A Life*, Sydney: Random Century Australia, 1991.
② Patrick White, *The Aunt's Story* (1948), Harmondsworth: Penguin, 1963.
③ Patrick White, *The Twyborn Affair*, London: Jonathan Cape, 1979.

岬处。《只为爱》讲述了通过海岬逃生的故事。《特莱庞的爱情》可能是澳大利亚现代主义文学最强有力的宣言，它说明，这个出入口并不代表最终的逃离，那种关系、张力和矛盾才是根本意义上的最重要的东西。

关于社会学之现代性的几点看法

世界范围内的现代性是以殖民主义的断层线（fault-line）为标记的。欧洲社会思想中常见的叙事是以易于理解的方式进行的，但是它却不适用于中心国之外的地方。被殖民社会的内部变化是无法预测殖民主义的，它是一种无法理解的传承，极大地扰乱了文化秩序。

况且，殖民主义并非只是存在于一瞬间，它不是科尔特斯（Cortez）骑马到湖岸，[①] 或者菲利普（Philip）插上英国国旗，并为英国国王的健康祝酒。[②] 穆迪贝（V. Y. Mudimbe）在《非洲的思想》（*The Idea of Africa*）中写道："为了确立自身的地位，这种新势力被迫要建立起一个新型社会。"[③] 它通过彻底改变教育、经济、宗教、当局、建筑、时尚，建立起一种"殖民结构"。这并不是把欧洲模式移植到非洲，而是在当地构建起一个隶属的现实。

断层线随之被带到后殖民地社会。这并非是在完整的本土文化和独立的西方文化之间划出距离，因为这种距离在殖民接触之后便不复存在；而是为殖民主义所塑造的未来世界设定基于社会层面的矛盾目标。社会实践的本体形成（ontoformativity）并非是同质化的。差异化的方式包括正规学校教育、工资制经济、国际语言（即殖民主义话语）的使用、土地的商品化、机器的使用、自动化武器的使用等。"杂糅"（hybridization）的概念在全球化话语中非常风行，但是却极具误导性。所有这些差异方式均涉及权力，或者权力斗争和延续特权。

南迪（Ashis Nandy）在《亲密的敌人》（*The Intimate Enemy*）一书中强

---

① 埃尔南·科尔特斯（Hernando Cortez, 1485–1547），西班牙探险家和殖民者。1519年率军摧毁了墨西哥的阿兹特克古文明，在那里建立了西班牙殖民地。——译者注

② 亚瑟·菲利普（Arthur Phillip, 1738–1814），英国海军上将。1788年1月26日，他率舰队在悉尼湾登陆，升起英国国旗，并宣布新南威尔士州为英国所有。——译者注

③ V. Y. Mudimbe, *The Idea of Africa*, Bloomington, IN: Indiana University Press, 1994, p. 140.

调，殖民者和被殖民者都被帝国主义所改变。[①] 卡多索（Fernando Henrique Cardoso）和法雷托（Enzo Faletto）在《拉丁美洲的依附性与发展》（*Dependency and Development in Latin America*）一书中，追溯了后殖民边缘国的社会结构变化与中心国的资本主义发展之间的相互影响。[②] 南迪的观点定位于心理学层面，而卡多索和法雷托的观点则定位在经济学和阶级结构的层面，但是他们的著作具有类似的含义。我们不仅要在殖民结构的语境下思考被殖民者，还需要把中心国的现代性看作同一种动力变化的后果。

我要把这种制度或文化的安排称作"中心国机制"，它允许中心国社会进行殖民，并通过殖民使整个帝国渗透到中心国的社会秩序中。显然，这一机制包括帝国主义国家及其军事力量，投资殖民地的经济机构，以及生产帝国主义劳动力和帝国主义文化的学校、教堂、大学和媒体等。

随着 20 世纪 40~60 年代正式殖民统治的结束，中心国机制发生了变化，但是并未消亡。实际上，随着冷战和"布雷顿森林（Bretton Woods）[③] 世界经济秩序"的创立，中心国出现了许多机构方面的创新。比如：中心国大学培养了许多后殖民精英；援助计划得以详细制定；覆盖全球的电子媒体得以设立；联合国组织尽管阻碍重重，仍稳步增长；多国公司日趋增多。

20 世纪 60 年代出现了第一批离岸资本市场。随着 20 世纪七八十年代新自由主义的出现，中心国机制开始了新一轮重构，解除管制后的商品和资本市场出现大幅增长，跨国公司持续增加，广告和娱乐媒体在全世界范围内进行重构，中心国的金融组织开始发威，提出"华盛顿共识"（Washington Consensus）[④] 这一结构性调整。许多诸如此类的现象令全球化理论家印象深刻，实际上它们正是这个机构综合体的产物，该综合体可以获得大量的资源。

在某种程度上我们可以说，中心国机制逐渐摆脱了旧的帝国主义中心，

---

① Ashis Nandy, *The Intimate Enemy: Loss and Recovery of Self under Colonialism*, New Delhi: Oxford University Press, 1983.

② Fernando Henrique Cardoso, and Enzo Faletto, *Dependency and Development in Latin America* (1971), Berkeley, CA: University of California Press, 1979.

③ 1944 年 7 月，44 个国家在美国新罕布什尔州的布雷顿森林召开联合国货币金融会议，史称"布雷顿森林会议"，该会议促成了世界银行和国际货币基金组织的建立。——译者注

④ "华盛顿共识"是英国经济学家约翰·威廉姆森（John Williamson）在 1989 年针对拉美国家的经济改革所提出的一整套自由市场经济学理念，该理念得到了世界货币基金组织、世界银行、欧盟和美国政府的支持。——译者注

进入了跨国空间。在新殖民主义世界中，它依然保持着影响力，以及维持自身利益的能力。20 世纪末和 21 世纪初，信息通信技术（ICT）迅速发展成为日常管理的一部分，为中心国进一步发展提供了极大的可能性。曾出现过这样戏剧性的一幕：一家著名英国银行的经理在新加坡的办公桌上毁掉了自己的公司。但是除去这类戏剧性事件，去中心化、电子媒介化的管理实践在诸多跨国公司已经成为日常现实。[1]

因此，为了思考世界范围内的现代性，我们无需重新陷入全球化理论的混乱状态中。多明戈斯（José Maurício Domingues）所说的"现代化攻势"（modernizing offensives）发生在结构化空间里，[2] 如果我对于澳大利亚现代主义文学的分析是正确的，那么"现代化攻势"还涉及关于结构化空间的协商。这既是因为中心国机制内部的策略发生了变化，也是因为边缘国的发展策略存在矛盾。

南方层级国家为这类话题提供了一种不为当今社会学所熟悉的视角。征服的暴力，移民殖民主义，与中心国的遥远距离，外倾型文化，先进的劳动制度，财富的集中，土著的存在等，这种模式人们很少谈论，但却值得关注。在后殖民世界的其他一些地方，统治阶级获得了经济增长和军事力量，他们与这一历史经验可能存在着重要的交互关系。

---

[1] Raewyn Connell, and Julian Wood, "Globalization and Business Masculinities," *Men and Masculinities*, vol. 7, no. 4, 2005, pp. 347–364.

[2] José Maurício Domingues, *Latin America and Contemporary Modernity: A Sociological Interpretation*, New York: Routledge, 2008.

趣味与日常生活

张　意[*]

摘要： 如果将日常生活视为一个与现代性的理性规制系统相区分又有关联的领域，考察感性趣味等级与现代性日常生活的关系，将有助于我们抛弃对日常生活要么不耐烦、要么沉醉于印象式描述的独断态度，也将有益于我们发现日常生活的深处，那些与自由、创新、递转相关的重要意涵。

关键词： 日常生活　趣味之争　高雅/通俗　精英/大众　视觉艺术

Abstract： If Everyday Life is regarded as a space differentiated from but related to modernistic rational regulations , to explore the relationship between the perceptual tastes level and modernistic everyday life will definitely enable us to turn away from impatience with everyday life, or arbitrariness which makes one lost in impressionistic descriptions. Furthermore, the exploring will contribute to searching the significant implications about freedom, creativity and reversion in the depth of everyday life.

Keywords： Everyday life　Game of tastes　elegant/popular　elite/mass　Visual arts

当埃利亚斯（Norbert Elias）写作《文明的进程》时，"日常生活"进入到他的文化史考察视野，成为严肃的学术批评和研究的对象。他揭示出欧洲的文明化、理性化进程在趣味、日常行为和礼仪的演变中留下了深深

---

* 张意，四川大学文学与新闻学院教授，研究方向：文化批评与英美文学。

的印迹。尽管人类从初民伊始而绵延至今，从未缺少过关于日常生活的种种叙事以及差异化的关怀。然而，"日常生活"成为一种富有张力的社会文化形象，实际上是与现代性的世俗化变迁相关，它容纳着我们在经受了工业化、信息化和全球化等社会转型后，与传统的生存方式迥异的林林总总的经验内容。现代性的日常生活史从时间上贯穿现代性都市与乡村社会逐渐分离、断裂的整个历程，在空间上伴随着资本的流动与变形从发达资本主义国家向非发达的后殖民国家、地区渗透的全球化扩张。日常生活生产着庞杂繁复、时空跨越度极大的经验内容，它并非如其显示的那样自在和无为，众多现象之间的夹缠、纠结、未经辨析的关系，无一不逼迫和邀请跨学科领域的研究介入到这块新的现象和问题域，质询陈旧的概念术语，刷新知识范式，寻找新的阐释与思考。

西美尔注意到都市生活中货币的编码与非人格化系统的支配性，冷漠而黯淡的货币空间允诺给个体种种可算计的、空虚而消极的自由与平等，其代价是将"丰沛"[①] 多样的个体压缩成单维的经济人。西美尔深刻而细腻地讨论了都市化生存的瞬间性与经验的零碎性，从心性气质的转型探察现代性都市的文化精神与感觉类型。西美尔的研究无疑启发了本雅明对波德莱尔、福楼拜等发达资本主义时代的抒情诗人的文化社会学考察，也打开了本雅明对光怪陆离的巴黎都市的诗学与哲学交织并进的冥想空间。本雅明从那些裹挟在人群中，漫无目的而又神情专注若有所思的侦探、拾垃圾者、密谋者那里，找到了现代诗人的原型，就像当年爱伦·坡和波德莱尔一样，也分别从这些与人群共生，但又似乎格格不入的形象中，发现了想象力与创造性的神奇结合。

面对城市日益泛滥的符号表征，不断被消费的零碎的"当下性"，以及曾经坚固、恒定的事物正消散与溶解为幻象，列斐伏尔再一次鲜明地提出"现代世界的日常生活批判"的命题，他称其为日常生活的恐怖主义，甚至不无乐观地提出可能的"文化革命"[②]。其实，西方马克思主义关于现代性"日常生活"问题的沉思还包括卢卡奇及其弟子阿格尼斯·赫勒、阿多诺等法兰克福学派思想者所作出的严肃思考。他们看到资本主义社会的商品拜

---

① 此处的"丰沛"是强调个体内在生命力的旺盛，这与尼采、海德格尔等对生命力的丰沛的强调有关。

② Henri Lefebvre, *Critique of Everyday Life*, trans. John Moore, London：Verso, 1991.

物教对于人性的异化，乃至整个意识形态对生存异化之真相的粉饰、作秀和遮蔽，在对本真性的强烈关怀下，开启了一种源自审美，朝向自由和解放乌托邦的追寻之旅。

本文无意周详地追溯日常生活研究的谱系，简要的回顾是想返回我们的关切所在，即日常生活作为一个与现代性的理性规制系统相异的领域，考察感性趣味等级与现代性日常生活的关系，将有助于我们抛弃对日常生活要么不耐烦，要么沉醉于印象式描述的独断态度，也将有益于我们发现日常生活的无意识深处，那些与自由、创新、逆转等相关的重要意涵。

英文 taste（趣味）的意义包含"味道""鉴赏力"和"品位"等。雷蒙·威廉斯在《关键词》里谈到在 13 世纪的英文中，taste 更多指向身体感官的意涵，14 世纪后，它常常与味觉联系在一起，有辨味之义，而由此衍生的隐喻意义保存至今，如 good taste 指好的理解力（good understanding）。到了 18 世纪，taste 渐渐具有鉴赏力（discrimination）的意味，从身体方面的感官品味逐渐延伸到心智与辨识能力，由此，taste 成为一个衡量感性经验类别的、跨越平庸的身体需要和高雅的心智品位的词汇。就低层次的身体感官经验而言，taste 与美食学牵连在一起，在鉴赏门类中，这类身体感觉被视为消极的被动意涵；从 good taste 层面来看，"趣味"与 manners（礼节）或 etiquette（规范、礼仪）乃至 rules（常规）有关，与教养和社会分类联系在一起。就"鉴赏力"（discrimination）层面，"趣味"则被视为主动的身体意涵，它是想象力、创造力的投射。① 简要的词源分析使我们看到，"趣味"一词所指涉的意涵收纳了与身体需要脱不了干系的较低等的"口味"，也包含受文明培育和提炼而成的较高等的"品位"。词语的演变显示出现代性社会世俗化变迁历程中，人们对于感性经验的种种界定和理解。

现代生活世俗化的最初萌芽可以追溯到中古社会的民间狂欢节。此后，感性逐渐越出教会理性和神学规训，主动地感知、认识人文乃至自然世界，并且与清教理性、现代理性一道成为瓦解中古社会壁垒，建立现代性的世俗世界的重要力量。而 18 世纪以来的艺术哲学所确立的"审美"或"美学"（aesthetics），从鲍姆加通的美学定义到康德集大成的"判断力批判"，都表现出了强烈的独立与纯粹化的愿望。审美在康德那里被确认为一种与

---

① 〔英〕雷蒙·威廉斯：《关键词：文化与社会的词汇》，刘健基译，三联书店，2005，第 480~483 页。

实际功利无关，与概念逻辑无关，既是个体的主观直觉又具有人类普遍意义的共同情感。当纯粹的感性经验被确立为审美经验，而与伦理考量和逻辑认知分割开来成为合法的美学经验，为 19 世纪文化生产中生成的神圣艺术经验——"纯粹凝视"提供了理论解释。现代艺术场域与法律、经济和政治场域相分离，成为独立的小世界的标志即"纯粹凝视"——视形式高于内容，将艺术鉴赏、创作与世俗功利相隔离，肯定美独立于道德和逻辑概念的审美规则，被艺术场域内部视为最富有文化资本的审美经验。

　　然而在现代性不断裂变生成的后现代社会中，我们被工业生产制造的过剩物质所包裹，更被信息技术催生的无以复加的符号所淹没。语言信息的拼贴、艺术形象的挪用，神话与宗教仪式的戏仿，媒介技术的更新换代促使生活被淘空为支离破碎的表象，在这个被波德里亚称为"拟像"自我复制的世界里，媒介决定性地影响我们的视听和思维理解，物质与形象在资本和广告的黏合下，成为我们无法拒绝的潘多拉盒子，它们释放、诱导、投射我们的欲望。波德莱尔在《现代生活的画家》里，描述那个对变动不居的现代生活孜孜不倦的现代画家：

　　　　他说"他就这样走啊，跑啊，寻找啊。他寻找什么？肯定，如我所描述的这个人，这个富有活跃的想象力的孤独者，有一个比纯粹的漫游者的目的更高些的目的，有一个与一时的短暂的愉快不同的更普遍的目的。他寻找我们可以称为现代性的那种东西，因为再没有更好的词来表达我们现在谈的这种观念了。对他来说，问题在于从流行的东西中提取出它可能包含着的在历史中富有诗意的东西，从过渡中抽出永恒。""现代性就是过渡、短暂、偶然，就是艺术的一半，另一半是永恒和不变……这种过渡的、短暂的、其变化如此频繁的成分，你们没有权利蔑视和忽略。"①

　　每个时代的日常生活都具有自己的性情、气质、仪态与风俗，浪荡子般的艺术家对现代生活不可阻挡的激情，使他忙于观察、捕获、分类和表达，那么对于批评又何尝不是如此，批评难道能够无视或忽略正在发生的既凡俗又神奇的日常生活吗？

----

① 〔法〕波德莱尔：《1846 年的沙龙》，郭宏安译，广西师范大学出版社，2002，第 424 页。

日常生活变幻万千的表象之中，存在着某种内在化的趣味类别，它们与人群的区分或共同体的身份区分有关。趣味类别从低俗到高雅，从需要到鉴赏，从口味到品位纷然杂呈。差异性的趣味之间形成互为排斥的区分，即趣味之争。在现代性转型社会，文化既是旧时代有闲阶层的产物，他们以保守的姿态在文化中寻求资源，以维护其优越地位；文化也是新兴阶层继承的遗产与创造物，新兴阶层预示着未来，文化就在各种趣味的争夺中被激活与再生。从文化惯例的角度看，日常生活中的趣味之争常常被概括为高雅与通俗、精英与大众的文化之争。而关于高雅/通俗文化的界定，是一个不断滑动、不易归类的困难问题。阿诺德认为，高雅文化包括：通过求知手段，在与我们密切相关的所有事情方面追求彻底的完美，追求世上所思所言的精华，以及通过这种知识，能为我们陈腐的观念和习惯带来清新和自由的思潮。①

诸如贝多芬交响乐、拉斐尔绘画、米开朗琪罗雕塑、小说《红楼梦》等经典作品，作为那个时代文化创作的高峰和典范而存在，这满足了阿诺德所说的追求世上所思所言的精华之条件；此外，这些作品在创作之时，即对现存的欣赏陈规和审美惯例形成挑战，作品及其作者凭借为艺术立法的英勇，或仰赖艺术表达的精湛，准确地传达了开风气之先的审美趣味而成为一种典范意义的文化，受到跨时代的崇奉。然而，高雅文化显然不是游离于日常生活，也不是生来就受到崇奉，文化艺术史上的大多数经典都穿越了一段艰难的斗争历程。莎士比亚虽然在今天成为西方文化正典中的核心，但是直到 19 世纪，莎士比亚才摆脱毁誉参半的命运。唐诗宋词元曲在其创作的时代，不过是在教坊、酒肆、寻常巷陌、梨园戏楼里吟诵和传唱，流传至今而沉淀为经典，经历了漫长的过程。作品穿越日常生活的演化史，成为受崇拜的经典，这本身就是大有可说的文化史话题，福柯的知识考古学和新历史主义批评在这方面的作为可以提供丰富的例证。

在高雅/低俗、精英/大众的等级对立中，那些处于优越位置的，由所谓精英生产的高雅文化对低俗的大众文化的贬斥、筛除、挤压从来就不是一蹴而就的，更不是自然而自明的过程，这就是日常生活的趣味之争。通俗文化或大众文化则被高雅文化看成斗争中被否定的内容，成为高雅文化

①〔英〕戴维·英格利斯：《文化与日常生活》，张秋月、周雷亚译，伍桂杰、苑洁译校，中央编译出版社，2010，第 98 页。

的剩余。阿多诺将大众文化、通俗文化的概念进一步发展为"文化工业"的表述：文化工业自上而下地整合它的消费者，它把分离了数千年的高雅艺术和低俗艺术的领域强行聚合在一起，使双方都深受其害。"与文化工业要我们相信的不同，消费者不是上帝，不是消费的主体，而是消费的客体。"① 法兰克福学派对于现代性文化的精英式批判有颇多可圈可点之处，但是其对于日常生活中内在抵抗的轻蔑忽视，让我们感到这种阐释与批评是不充分的。

威廉斯认为，通俗文化有四种含义："众人喜好的文化"；"不登大雅之堂的文化"；"有意迎合大众口味的文化"；"实际上是大众自己创造的文化"。② 我们将这些含义同威廉斯关于文化作为共同的生活方式的定义联系起来，显然有助于理解大众文化。日常生活并非铁板一块的感性世界，差异化的经验、风格与趣味彼此博弈，因而趣味等级的确立绝非自上而下。而布迪厄于战后展开的社会学，在分析日常生活的趣味之争方面具有启发性。布迪厄将多样性的趣味纳入批评视野，在他看来，趣味之争即意义之争，而趣味等级的建立就是一种社会控制，确立起一套习焉不察的文化惯例。③ 优雅的鉴赏力不是上层阶级所宣称的那样具有普遍价值，而是教养的产物，也是社会地位的表征和身份的认证。趣味等级和行动者的社会出身相关联，社会行动者的趣味往往以对立、等级的形式表现出来。例如上层阶级成员常常去博物馆、音乐厅，打高尔夫球，喜欢阅读和旅行；富于文化资本的人可以轻松自如地说出电影的导演、交响乐的作曲者、作品风格、文化意涵等；对于工人阶级来说，他们喜欢吃口味重而油腻的食物，以看电视、听通俗音乐来打发闲暇时间。在美食方面，随着一个人社会等级的下降，他们"所消费的食物也越多（花销越来越大，热量越来越高），越肥腻（大盆肥鹅肝）。与此相反，专业人士或高级经理人员对大众品位持负面评价，认为其油腻而粗劣，偏好清淡雅致……教师的文化资本比经济资本更为富足，因此在一切领域他们都倾向于克制消费，以最低廉的经济成本，追求独特新颖，热衷于异国风味（意大利菜、中国菜等等），饮食烹饪讲究

---

① Theodor W. Adorno, *The Culture Industry: Selected Essays on Mass Culture*, London: Routledge, 1991, p. 85.

② 〔英〕雷蒙·威廉斯：《文化的分析》，载罗钢、刘象愚主编《文化研究读本》，中国社会科学出版社，2000，第125页。

③ Pierre Bourdieu, *The Love of Art*, Stanford, CA: Stanford University Press, pp. 108–113.

质朴民风（农家餐具）。"①

布迪厄的分析揭示了趣味等级与社会权力再生产的隐秘关系，但是这种社会学揭示让我们近乎绝望地发现，人们的社会位置、地位，决定了他们如何感知和想象，是什么样的人，就决定了他/她将如何看，看到什么，想象什么。在社会学的系统分析之外，我们不禁要问，行动者根据实践的内化原则，将社会空间的等级规则内化为心性气质，当这种内化如布迪厄的激进社会学所指出的那样，在潜移默化的下意识中发生，这其中难道没有任何有意的颠覆，或自觉的逆转行为发生的空间？日常生活中，难道没有任何可能对趣味等级的跨越，对趣味意义的讨价还价，对文化惯例进行戏仿和嘲弄吗？

法国当代美学家朗西埃（Jacques Lanciere）对个体的感知能力与共同体位置的等级性提出了质疑，他的美学沉思给我们的发问提供了一些启示。在《美学异托邦》一文中，朗西埃在柏拉图对感知能力的伦理、哲学的思考与布迪厄对趣味的社会学揭示中找到了某种共通性，即他们都肯定了感知能力和社会的职业、身份位置之间的深层对应。柏拉图认为那些沉溺于表象，无力认识其深层而内在的理念真相的人，在感知能力上是消极的、低等的，他们的灵魂充满无知、欲望和盲目的激情。这里的消极并非无所事事，而是他无力超越自我或他者的需求与欲望的控制，他们终日劳作，以满足他人的需求来谋生。在社会共同体中，无知而消极的阶级服从于有知识的、积极的阶级。"人们所能感知的和他们能理解的，是他们所作所为的严格表达；他们的所作所为由他们是什么所决定；他们是什么由他们的位置（place）所决定。反过来，他们的位置又为他们是什么所决定。他们所在的位置与其内化的实践原则（ethos）彼此契合。"② 显然，柏拉图与布迪厄将感知能力、可能的感知方式与社会地位、位置、职业、身份等联系在一起。在朗西埃眼里，这是一种伦理学的感知能力分配体系的确立。然而，伦理学的感知分配在体系之外，还存在着审美的可感性能力分配（aesthetic distribution of the sensible）。后者正是美学所要考察的内容，与 20 世纪社会学对于审美自律的历史性、社会化还原所不同，朗西埃认为这种

---

① Pierre Bourdieu, *Distinction*, trans. R. Nice, London: Routledge and Kegan Paul, 1984, p. 185.

② 〔法〕雅克·朗西埃：《美学异托邦》，载汪民安、郭晓彦主编《生产第 8 辑：忧郁与哀悼》，江苏人民出版社，2012，第 200 页。

还原尽管重新思考了艺术自律的观念，但是又遮蔽了人们对于审美的超越性、创造性的关注。① 黑格尔在《美学》中对慕尼黑皇家美术馆里的缪里洛（Bartolomé Esteban Murillo）的两幅画的阐释，有助于朗西埃表述其美学思想。"在一幅画中，乞儿在安静地大口咀嚼面包，而他的母亲在他的头上捉虱子。在另一幅画中，两名衣衫褴褛的乞儿在高兴地吃葡萄和瓜。他们的身体所流露的，黑格尔写道，是'逍遥自在和无忧无虑……这种对外在事物的无所牵挂，以及流露于外的内在自由，正是理想（Ideal）这个概念所要求的。'"② 黑格尔认为，两个乞儿无忧无虑的神态，使得他们看起来像奥林匹斯山上的众神一般泰然自得。黑格尔发现了这幅画作超出经典绘画的信条，它像表现无牵无挂的众神一样，表现下层人的日常生活，表现乞儿在超越需求和欲望的瞬间，呈现出赏心悦目的快乐与自足的高贵性。朗西埃在此读到了来自画家和黑格尔的双重发现——他们建立起新的可感空间，使得在过去的感知体系中不能呈现、不被体验、不可想象的内容浮现出来，即最下层的街边乞儿也可以拥有高贵的感知经验，在他们悠然自得地享受快乐时光时，他们超越了社会控制所分配的指定身份、相应的感知能力和被动的需求关系。

朗西埃遂指出，美学"异托邦"（heteron）就建立在社会身份与审美感知、凝视的既定关系的断裂处。异托邦往往萌生于这样的时刻，即日常生活中人们习以为常的审美法则——社会身份和审美类型的对应关系被有意或无意地扰乱，或者说，人们默认的，诸如高雅、小资、低俗等审美等级受到忽略乃至遗忘之时。譬如，一个忙于活计的铺地板工人，在工作的间隙，发现房间窗户朝向花园，当他将手中活计放下一会儿，极目远眺，任由自己的想象驰骋翱翔。其时，他比房产的拥有者更能享受和拥有美景。审美凝视的发生正如康德所说，是对实用目的的放逐，美景此时不再是知识、伦理、欲望的对象，美景本身成为赏心悦目的一切，即"无目的的合目的性"。当朗西埃不断强调审美感知的到来，与社会身份的规定没有必然联系，相反，审美凝视正是对共同体伦理体系和审美陈规的遗忘与扰乱。

① Jacques Lanciere, *The Politic of the Aesthetics*, trans. Gabriel Rockhill, MPG Books LTD, 2004, p. 14.

② 〔法〕雅克·朗西埃：《美学异托邦》，载汪民安、郭晓彦主编《生产第 8 辑：忧郁与哀悼》，江苏人民出版社，2012，第 197 页。

而审美凝视就发生在日常生活那些不经意的瞬间，当不被感知、不能说、不被想象的事物获得其形象、声音、语言和色彩、气味时，这就是美学异托邦的建立与开启。

朗西埃对普通人的审美感知的解放效用是极为肯定的。那些来到剧院并投入剧情的观众是感知体系被解放的观众，剧场的公共空间与剧场外的日常生活暂时隔开，戏剧由发展与突转所营造的戏剧时空，形成了同庸常而呆板的日常生活的断裂，这又是一个凸显不曾想、不曾见、不曾听的审美经验的"美学异托邦"时空，这与柏拉图在《理想国》里将戏剧观众视为被动、盲目的受表象诱惑的观众截然相反。朗西埃的民粹主义趣味观让我们想起菲斯克对大众文化的同情态度。菲斯克认为大众文本是在封闭（或支配）与开放（或流行）力量的张力状态下建构的，是以"游击战"的方式争夺意义。"大众文化充斥着双关语，其意义成倍增长，并避开了社会秩序的各种准则，淹没了其规范。双关语的泛滥为戏拟、颠覆或逆转提供了机会；它直白、表面，拒绝生产有深度的精心制作的文本，这种文本会减少其观众及其社会意义……它充满矛盾，因为矛盾需要读者的生产力以从中作出他或她自己的理解。"[1]

通俗或大众文化并非像意识形态和霸权理论所看到的那样，受自上而下权力的整合、调教，在众多被正统文化排斥的空间里，高雅鉴赏力所要求的心智和意识被狂欢式的身体所取代，各种老于世故的规避、嘲弄和颠覆尽情施展开来，因此，大众文本是霸权影响力最弱的地带。菲斯克的"符号学游击战"观念还可以上溯到巴赫金，巴赫金对文艺复兴时期狂欢节日的笑声的发现，开启了低俗对高雅、大众对贵族、狂欢节日对庸常生活的有力攻击和戏弄。反权威的幽默此起彼伏，下流的玩笑与人类身体的意象被大量生产，撒旦式的、充满肉欲的狂欢撕开教会神学所建立的日常理性，并在裂缝中肆意滋长。狂欢文化对柏拉图哲学的理性观念，对圣·奥古斯丁的神学理性充满敌意，这些似乎低俗，而又不乏智慧的笑声，养育着受压抑的感性文化，为现代生活中世俗感性的革命培养着土壤。

不过，在朗西埃和菲斯克等对通俗、大众文化的内在抵抗和审美解放极尽褒扬的论述中，我们不得不警惕某种民粹主义的情绪。现代性的世俗化在文化中投射为，文化生产对于神学和理性禁忌的取消，文化世俗化借

---

① 〔美〕约翰·菲斯克：《解读大众文化》，杨全强译，南京大学出版社，2001，第 6 页。

助新技术媒介的力量不断扩张其影响力。因而，现代性"大众"的出现与大众媒介的统合力量紧密相关。① 大众媒介既包括早期的印刷、纸质媒介，如报刊、杂志和书籍，也包括信息时代出现的新媒介——各种电子技术的产物，如个人电脑、万维网络、多功能手机及其配套的社交软件。当交流信息的生产、传播和接受被技术和大众媒介批量化制造时，媒介成为隐喻，成为人体的延伸，成为信息本身。同时，符号信息裹挟着各种难以觉知的控制力量生产、传播、进入受众的日常生活。媒介对日常生活的改造怎么估计都不过分。人们在讨论日常生活的感知体系中忽视媒介的根本介入，就像将形式与内容截然分离一般不可信。进入剧院的观众，坠入审美瞬间的工人，或者倾情投入电子游戏快感的青年，肆意误读新闻而获得快乐的受众，在那些与实际需求保持距离并不可救药地陷入形式体验的迷狂中，的确获得了类似审美经验的愉悦。但是，不要忘记，资本、技术等他律性力量，正借助媒介网络像毒素一般，贪婪地渗透到日常生活的每一根毛细血管，试图覆盖那些属于远古酒神的感性瞬间，也试图吞没哈贝马斯所说的公共交往理性的空间。

新兴媒介改变着我们的感知模式、对日常生活的表达、记忆以及文化认同。跨国资本流动促使艺术形象、符号能指、消费时尚在设计、品牌、广告、包装的名义下全球流动。艺术生产机制发生巨大改变，艺术实践越来越同商业赞助、艺术策展、媒体炒作等物质化的内容联系在一起；艺术欣赏在一个无以复加的批量生产形象的时代，被虚拟符号的多元视像所充塞，此时我们很难再以审美凝视/官能快感，光晕体验/涣散接受的简单二元方式看待日常生活中的感知趣味。朗西埃所赞赏的"被解放的观众"与阿多诺所批评的消极的观众，菲斯克所称道的富有想象力的"大众文本"与阿诺德、利维斯等批评的盲目而低俗的通俗文化呈现出一种混杂状态。那种认为高雅趣味完全优越于大众趣味，将高雅艺术独立于日常生活，或者毫无甄别地将大众文化视为大众解放的审美力量，视为除旧鼎新的创造性之源，这些独断的态度都无益于我们更真实地了解日常生活的趣味多样性，以及混杂和竞争的状态。

本雅明在面对被新兴媒介所改造的文化时，将其命名为"机械复制时

---

① John B. Thompson, *The Media and Modernity*, Polity Press & Blackwell Publishers, 1995, p. 76.

代的文化"。本雅明发现，文化复制品取消了古典文化生产与特定时空的独特联系，被大量消费与占用。在古典时代，作品被封闭在特定的场所，接受观赏者的膜拜与凝神注视。而复制技术进入艺术生产的最大后果，是那种具有回望能力的神秘体验即"光晕"在当代文化生产中枯萎。批量复制的媒介改变了艺术生产的独一无二性；改变了艺术被膜拜、炫耀的功能；也改变了大众与艺术的关系。诚如电影中流动的画面与声音相结合，现实仿佛被搬演到二维屏幕，被"陌生化"，被重新体验。观看者不再像油画单独的个体凝视，而是集体地接受电影声画的冲击，像人群置于车水马龙的十字街口，被目不暇接的震惊经验所包围。本雅明在 1936 年论述艺术品的文字里写道：

> 我们的酒馆和都市街道，我们的办公室和装满家具的房间，我们的车站和工厂，都似乎把我们无望地封闭在里面了。然后，电影来了，这个监狱般的世界被十分之一秒的炸药炸得粉碎，致使我们现在安宁而冒险地漫步在四散的废墟和瓦砾之中。①

本雅明对于新兴的电影艺术的沉思，发生在电影远未进入高雅艺术之列的时代，他对电影欣赏中的震惊体验，以及对机械复制艺术——电影剥夺了观者产生"光晕"的神秘体验的论断在数码技术已经走得很远的今天看来，值得怀疑。当购物中心、市区电影院、家庭影院成为我们日常生活的重要构成空间，而遥控器、快进键、手机视频等数码技术改造了我们的观赏经验时，媒介技术能够迅捷简便地营造和建构艺术鉴赏或消费时空，此时感知经验变得更加多样，已有学者注意到"意义是通过竞争的、高度选择的和往往不可预测的后解释学的占用方式生产出来的，在通过各种媒体渠道融汇了象征性材料的文化实践中生产出来的"②。如引文所说，本雅明有感于电影对于监狱般被隔离世界的冲击，而在今天，这种冲击已经成为频繁刺激我们神经的日常生活。我们的确有必要重新思考，人的想象力

---

① Walter Benjamin, *Illuminations: Essays and Reflections*, ed. Hannah Arendt, trans. Harry Zohn, New York: Schpcken, 1969, p. 236.

② 露丝·克普尼克：《光晕的再思考：本雅明与当代视觉文化》，陈永国译，载陈永国主编《视觉文化研究读本》，北京大学出版社，2009，第 33 页。

和创造力结合而成的新的数码技术，尤其是电影、摄影这些年轻的艺术门类，是否能够，以及如何再造神秘的"光晕"体验。

不妨以摄影为例。和电影一样，由于它同技术的密切关系，由于它在再现现实方面的简便易得，由于它常常被视为一种纪录的功能，使得人们在很长一段时间都难以将摄影视为高雅艺术。一摁快门就立马获得的影像，总是与被拍摄对象的可资纪念、需要保存的伦理、社会乃至政治等价值相关。摄影被视为对周而复始的真实世界的照章记录或客观复制，它的价值取决于被拍摄对象、拍摄的场合以及记录的客观与否。

布迪厄在《摄影：中等艺术的趣味》里提到这类与功用紧密牵连的普通摄影，也是日常生活中最大量发生的摄影实践，只是具备了粗俗趣味。普通摄影能够满足文化资本不够丰富的劳动者的有限的审美要求，在这个意义上，摄影还是未经典化的中等艺术，在符号价值层面，它无法与史诗、交响乐、戏剧、小说等艺术门类相比。苏珊·桑塔格（Susan Sontag）曾以安东尼奥尼（Michelangelo Antonioni）拍摄的《中国》在特定时期被中国人视为非法拍摄为例，思考摄影与真实的关系。一种超越于日用必需趣味的摄影，将是一种发现，即用另一种观看方式去发现现实内在的意义。安东尼奥尼没有像当局所要求的"忠实"地拍摄那些正确的内容，"天安门广场的游客留影纪念的欲望——包含着多么深厚的革命感情啊！但是，安东尼奥尼却不是去反映这种现实，而是不怀好意地专门拍摄人们的衣着、动作和表情：一会儿是被风吹凌乱了的头发，一会儿是对着太阳眯起的眼睛，一会儿是衣袖，一会儿是裤腿"①。普通中国人所持有的观看趣味与特定时期受政治控制的文化观念一致，人们更看重实用、伦理价值，更在意政治上正确的视角，所以拍摄角度多选取正面、居中，在均衡的光线下拍摄全貌。安东尼奥尼显然不遵守这些文化惯例的规训，他以一种更"现代"的目光拍摄，一种可以从日常生活的褶皱、纹理中发现美，并赋予意味的目光，一种可以随拍摄者的意识肢解现实、选择物象，重组影像的有距离的目光。显然这是更加主观的摄影，它与拍摄者的"看"的观念、能力、审美创造的想象力直接相关。

当摄影与功用不分离之时，它仅仅是一种粗俗的中等艺术，或者为资

---

① 〔美〕苏珊·桑塔格：《论摄影》，黄灿然译，上海世纪出版股份有限公司、译文出版社，2011，第257页。

本的最大化创造广告效应的时尚艺术，然而当摄影关涉到重构现实，关涉到"让存在在此发声"时，它就正式成为独特的视觉艺术，沉浸在日常生活的细节之中，却又具备不与其发生直接的功用关系的超越能力。我们可以在巴特、福柯、桑塔格、戈达尔、约翰·伯格关于摄影的哲学沉思中找到丰富的精彩论述。我们打开《明室》，来听一听巴特对着一张老房子的风景照片的喃喃低语："对我来说，风景照片（城市的或乡村的）应该是宜居的，而不是可游览的。这种居住的愿望，我发现自己身上确实有，既不是梦一般的（我不曾梦到过怪诞的景色），也不是经验型的（我不打算根据房地产公司提供的广告照片去买房）。这种愿望是幻想型的，属于那种似乎把我带到时间前面去了的预知力，把我带到了一个乌托邦时代，或者把我带到了过去，我不知身在何方：这是一种双向憧憬，是波德莱尔在题为《邀请旅游》和《前世》的诗里讴歌的那种双向憧憬……这可能的风景的本质：像在家里一样（heimlich），让母亲在我心中复苏了。"①

这难道不是在媒介技术的成全下，摄影师和观看者共同享有的"光晕"体验吗？我们观看亨利·卡蒂-布列松抓拍的照片，我们听到他说"摄影就是凝神屏息，因为现实正在逃遁"②；我们跟随南·戈尔丁的影像日记去关注城市角落里的细碎生活，或者仔细端详那个委身于偶然性的彼得·比阿德的摄影物语，或者受到塞拉诺所拍摄的死亡印象的震惊，并不得不思考无常和死亡的意味……③所有这些绝非让消费者更加麻木于文化工业制造的催人失忆的影像，它们带领我们重新观看，或惊扰、激怒、唤醒观者，或以非凡的梦境让我们捡拾丢失的记忆。此时摄影作为一种观看的艺术与我们的日常生活发生了深刻的联系，它让那些失语的说话，让被遮蔽的敞现，让未被感知的被全新体验。摄影实践还在不断发生，对存在于生活记录、档案和艺术创造之间的摄影的沉思仍然在延伸，如何阐释后光晕时代的观看经验、趣味意义，这显然是一个期待回答的严肃问题。

以上论述中，我们回顾了日常生活的趣味之争，趣味等级与权力的关系，媒介技术对趣味的冲击，趣味等级在媒介经济时代中的滑动与流变。在趣味多样化混杂的时代，我们不能过于着急地宣布，文化趣味已经从纯

---

① 〔法〕罗兰·巴特：《明室》，赵克非译，中国人民大学出版社，2011，第 38 页。
② 顾铮编译《我将是你的镜子：世界当代摄影家告白》，上海文艺出版社，2012，第 62 页。
③ 顾铮编译《我将是你的镜子：世界当代摄影家告白》，上海文艺出版社，2012，第 122 页。

粹的审美坠落到消费趣味，精英/大众、高雅/通俗的等级被彻底颠覆，主流文化被取媚于商业价值或政治权益的大众文化占领……我们在此讨论的趣味显然跟美学（Aesthetics）相关，而韦尔施的"重构美学"（Undoing Aethesitics）命题不无启发性。韦尔施强调"美学"不再仅与纯粹的形式相关，而指向了"构造"，由此审美、趣味这些传统术语的内涵被大大丰富，诸如日常生活、科学、政治、艺术、伦理等经验都可以被纳入"美学"和"趣味"的观照中。在日常生活的私人与公共的广阔空间，纷然杂呈的趣味在涌现，在博弈、协商，在争夺意义，我们的讨论仅仅掀开问题的一个小角。而面对传统理论和思想没有触及的领域或被否定的领域，我们无疑正在变成文化意义上的流浪者和游牧者。

何为身份认同研究？

凌海衡*

摘要：本文首先将身份认同研究置于社会历史和学术发展的背景下，对其发展轨迹作细致的追寻，以揭示其之所以成为一门显学的原因。接着，本文从身份认同是一种实质还是一种建构、是受内在精神影响更多还是受社会文化影响更大这两个问题入手，来梳理西方学界有关身份认同的主要理论，包括启蒙主义哲学、符号互动论、精神分析学，以及拉康和福柯等人的理论，以图揭示身份认同研究的核心论题和焦点。

关键词：身份认同　实质　建构　精神　社会

Abstract：By locating it against the background of Western social history and academic developments, this study seeks to trace the track of the identity study, so as to find out the reasons that caused its huge success. Then, through answering two questions about the relations between substance and construction, psyche and society in the conception of identity, this article delves into the major theories of identity, including the Enlightenment philosophies, symbolic interactionism, psychoanalysis, as well as Jacque Lacan's and Michel Foucault's theories, in the hope of shedding some light upon the core themes of identity study and the focuses of its debates.

Keywords：identity　substance　construction　psyche　society

＊　凌海衡，华南师范大学外国语言文化学院教授。研究方向：西方文论，美国文学。

最近几十年间，身份认同（identity）研究在西方学术界成了一门显学，涌现了无数的研究论文和论著。而在长期受西方学术影响的中国，身份认同也得到了越来越多的关注。那么，身份认同究竟指的是什么？为什么会成为重要的研究对象？它的理论发展路径是怎样的？本文试图对这些问题进行简单的梳理。

身份认同研究兴起的历史背景

身份认同（identity）一词来自拉丁语 idem，意指相同、同一，在英语中的使用始于 16 世纪。但作为一个重要的学术研究术语，它的出现应该归功于著名的发展心理学家和精神分析学家爱利克·埃里克森（Erik H. Erikson，1902-1994）。用格里森（Philip Gleason）的说法就是："爱利克·埃里克森是使这个术语流行起来的关键人物。……在推动'身份认同'流行方面，他比任何人做的都要多。"[①]自那之后，这一术语迅速跨越了学科和国家的界限，不仅为学术话语所接受，也成了新闻媒体的常用词，直至今天依然长盛不衰。

不过，真正促成身份认同成为学术界的一个重要研究对象的，不可能是某一个学者，而是社会背景和社会需要。格里森认为，二战期间由美国政府部门组织学术界人士所进行的国民性格研究，为身份认同研究创造了很好的土壤。[②]这项研究本来目的是要探讨诸如怎样才能保持高涨的国民士气、何种宣传最能有效地用于抵抗敌人等问题。在那个时期，国民性格研究被看作是社会科学最激动人心的前沿领域之一，吸引了诸如文化人类学家玛格丽特·米德（Margaret Mead，1901-1978）等著名学者的参与。她的论著《枕戈待旦：一位人类学家观察美国》[③]开启了美国性格研究的新时代，使得这项研究成了知识工业中的一个主要成长部门。在国民性格研究最为盛行的时候，"身份认同"与"国民性格"可以相互替代。这无疑为前

①　参见 Philip Gleason，"Identifying Identity：A Semantic History，" *The Journal of American History*，vol. 69，no. 4，March 1983，p. 914。

②　参见 Philip Gleason，"Identifying Identity：A Semantic History，" *The Journal of American History*，vol. 69，no. 4，March 1983，p. 924。

③　Margaret Mead，*And Keep Your Powder Dry：An Anthropologist Looks at America*，New York：William Morrow & Company，1965. 当然当时的研究不仅限于美国，也包括对其他民族的国民性格的研究，如本尼迪克特的日本研究杰作《菊与刀》（Ruth Benedict，*The Chrysanthemum and the Sword：Patterns of Japanese Culture*，Boston，1946）。

者迅速被人接受铺平了道路。

国民性格研究的兴盛为身份认同研究创造了良好的学术氛围。但这并不能合理解释身份认同研究的巨大成功。毕竟，后者在国民性格研究风潮被人遗忘之后依然蓬勃发展。格里森认为，身份认同研究发展的决定性因素，是因为它本身所蕴涵的问题也恰好就是当时乃至后来美国人所关注的问题。在他看来，由于美国的国家意识形态中最重要的是自由、平等、个体自主性等价值观念，因此对于美国人来说，个体与社会的关系始终是个问题，而身份认同研究所关注的，恰恰就是这个问题。造成这个问题的原因，一是对极权主义的担忧，二是对大众社会的批判，而这两者是相关联的，且与法兰克福学派批评理论家的研究有关。这批因躲避纳粹统治而逃亡到美国的以霍克海默（Max Horkheimer）和阿多诺（Theodor Adorno）为代表的学者有充分的理由惧怕极权统治，在他们看来，20世纪美国大众社会的倾向可能最终导向极权主义，因为当时已经出现了"极权主义性格"（authoritarian personalities）。在这些大众社会批评家常用的术语中，诸如"异化""焦虑""失序""种族中心主义""社会地位意识"等比比皆是，大都反映了个体与社会的关系问题。① 在这些情况下，"我是谁"以及"我属于什么"等身份认同问题不可避免地涌现出来，因为在某种意义上，这些讨论全是涉及身份认同的问题。正如埃里克森在1950年所说的："我们开始对身份认同问题进行理论化的时候，正是它在历史上成为问题的时候。"②

埃里克森的意思是，国家和人民的危机导致了学术界对个体与社会关系的更大规模的重新思考，而这就是身份认同研究的重大契机。格里森也认为，在20世纪50年代期间，美国知识地平线上最重要的问题就是"个人在大众社会中的生存问题"③。那时，最典型的问题主要围绕"寻找身份认同"，这一问题被认为主要起源于个体在拥挤的、无名的人群中的无根感和孤独感。在这个背景下，身份认同研究得到了广泛的关注。④

---

① 参见 Philip Gleason, "Identifying Identity: A Semantic History," *The Journal of American History*, vol. 69, no. 4, March 1983, pp. 926-927。

② Erik Erikson, *Childhood and Society*, London: Grafton Books, 1950, p. 256.

③ This was the subtitle of Vidich Stein and White, eds., *Identity and Anxiety*. See also Winston White, *Beyond Conformity*, Glencoe, Ill., 1961, pp. 50-52.

④ Philip Gleason, "Identifying Identity: A Semantic History," *The Journal of American History*, vol. 69, no. 4, March 1983, p. 928.

　　在随后的几十年间，文化气候大大变化，极权主义和大众社会问题很快就不再受到人们的关注。但是，那种对身份认同的兴趣并未随之减弱，恰恰相反，它受得了更大的欢迎。20世纪60年代以来，黑人权利运动以及随后效法的其他种族运动的兴起、残酷的越战以及学生的抗议活动等，引发了人们对传统美国主义的深刻质疑，产生了埃里克森所谓的"身份认同危机"，族裔或少数民族成了更为吸引人的身份认同。这些运动肯定了种族意识，赋予它以合法性和尊严，在族裔性与身份认同之间锻造了更加亲密的关系。

　　因此，在这个动荡的岁月里，个体与社会的关系问题出现了新的形式，身份认同研究得以蓬勃发展。这种发展是如此地迅速和深入，以至于在20世纪70年代中，有些学者将"身份认同"称为是一个"由于过度使用而被弄得不知所措"的词，也有的说"身份认同"以及"身份认同危机"等概念已经成了"最纯粹的陈词滥调"①。但是，这些批评并没有导致这种风潮衰落下来。恰恰相反。到了80年代，随着种族、阶级、性别作为文学批评和文化研究的"神圣三位一体"而兴起，人文科学全力加入这场身份认同研究的运动。② 到了90年代，无论是在学术界，还是在一般的新闻媒体中，有关身份认同的讨论随处可见。根据布鲁贝克（Rogers Brubaker）的统计，从1990到1997年，在 *Current Contents*（期刊题录快讯数据库）中，标题上带有"身份认同"一词的杂志论文数量翻了一番，文章总数增加了大约20%。摘要里边带有"身份认同"一词的学位论文的数量也出现了类似的增长。③ 这些数量指标表明，"身份认同"成了学术界的流行用语，身份认同研究成了一门显学。

---

① 参见 Philip Gleason，"Identifying Identity：A Semantic History，"*The Journal of American History*，vol. 69，no. 4，March 1983，p. 913。Gleason 发现，其实在更早的时候，埃里克森本人就已经在哀叹"身份认同"和"身份认同危机"被人"不分青红皂白"使用。参见 Erik H. Erikson，*Identity：Youth and Crisis*，New York：Norton，1968，p. 16。

② Kwame A. Appiah，and Henry L. Gates，Jr.，"Editors' Introduction：Multiplying Identities，" in *Identities*，eds. Kwame A. Appiah and Henry L. Gates，Jr. Chicago：University of Chicago Press，1995，p. 1.

③ Rogers Brubaker，*Ethnicity without Groups*，Harvard，CA：Harvard University Press 2004，pp. 30-31。他还指出，20世纪90年代还出了两份跨学科杂志，专门致力于研究这个话题：《身份认同：文化与权利的全球研究》（*Identities：Global Studies in Culture and Power*），首发于1994年；《社会身份认同：种族、国家和文化研究杂志》，首发于1995年。

身份认同：实质还是建构？

身份认同研究究竟是什么意思？这不是一个容易回答的问题。事实上，它的意义并不是一成不变的，在不同的历史阶段里，不同的学者、流派，有不同的界定，有些甚至是相互冲突的。按照英国文化批评家斯图亚特·霍尔（Stuart Hall）的说法，身份认同跟三种不同的主体概念相关，即"启蒙主体"（Enlightenment subject）、"社会学主体"（sociological subject）以及"后-现代主体"（post-modern subject）①。所谓启蒙主体，是指在启蒙时代，人被看作是一个有中心的、统一的个体，有着理性、意识和行动能力，他的自我是主体与生俱来的内在核心，随着主体成长而展开，但是始终保持着延续性或稳定性。社会学主体则体现在以米德（George Herbert Mead, 1863–1931）为代表的符号互动论者的理论之中。在这里，身份认同是在自我与社会的"互动"中形成的。主体依然具有内核或本质，即"真正的我"，但它是在与"外部"文化世界及其他认同之间展开持续对话的时候所形成并修正的。然而，在后现代时期，主体被认为是没有固定的、根本的、连贯的、或永恒的自我，它在不同时期有着不同的身份认同。外部的社会政治文化、话语表征体系对它进行持续不断的构成和改造。②

霍尔自己也承认，这一分类是简单化的做法。不过，从他的分类来看，身份认同涉及诸多方面：身份认同究竟是以某种实质存在的、连贯的自我统一体为基础，还是一种变动不居的建构过程？如果是后者，那么自我作为一个能动者在多大程度上能够塑造、建构自己的身份认同？从这个问题出发，我们还可以提出更深一层的问题：决定身份认同形成的，更重要的是精神和意识/无意识，还是社会文化及其符号系统？无论如何，身份认同必然涉及内在与外在、个人与社会、精神与社会之间的相互关系。接下来，我们就从这些问题出发，来看看现当代理论家们是如何界定身份认同的。

---

① Stuart Hall, "The Question of Cultural Identity," in *Modernity: An Introduction to Modern Societies*, eds. Stuart Hall, David Held, Don Hubert, and Kenneth Thompson, Wiley-Blackwell, 1996, p. 597.

② Stuart Hall, "The Question of Cultural Identity," in *Modernity: An Introduction to Modern Societies*, eds. Stuart Hall, David Held, Don Hubert, and Kenneth Thompson, Wiley-Blackwell, 1996, pp. 596–597.

在霍尔看来，启蒙主体论将自我和身份认同看作是某种实质存在（substance）。早在1690年，英国经验主义哲学家洛克（John Locke）就在他的《人类理解论》中提出，人类具有统一的、与其主体一致的身份认同。[1] 意识（而非身体）将一个个个体所作的所有不同行为统一起来，从而构成一个从过去、现在到未来都相同的个体自我。按这种实质论，那么身份认同包括两个维度：身体的认同和记忆的认同。所谓身体认同，就是说人们通常认为我之所以是我，因为我的身体一直是我的。而记忆认同则意味着，每个人的记忆中都有独特的人生经历，这赋予他以身份认同。这有助于说明小孩长大后形象大变，但却依然是同一个人，因为他/她的独特记忆基本没有丧失。法国理性主义者笛卡儿（Rene Descartes）关于自我和身份认同的观点与洛克不同。在笛卡儿那里，我们能够直接认识自我，不需要将我们的个体性与一个延续一致的身体或记忆内容相认同。因此，个人身份认同必然与拥有经验和记忆的精神主体有关，而不是经验或记忆本身。也就是说，个人身份认同的核心不在于任何实质存在，而在于每个人的独特的精神实质，即我思故我在。笛卡儿认为，从人们对"我思"（cogito）的不容置疑的意识，可以推导出"在"（ergo sum）[2]。

但是，霍尔也许忘记了怀疑主义哲学家大卫·休姆（David Hume）。休姆认为，并不存在什么能够容纳思想的"东西"或"物质"，思维或自我只是一堆杂乱的感觉。人的肉体机器并不存在什么鬼魂，可以被称为是真实的、独特的我。自我只是我们全部经历的总和，其后并没有什么稳定不变的实质。显然，这一种自我并不适合维系个人身份认同。[3]

前面说过，根据格里森的考察，埃里克森是现代身份认同研究的奠基人。他认为，身份认同关涉到"一个'位于'个体及其社区文化之核心的过程"[4]。就是说，在身份认同过程中，个体自我内部不断发展，而且通过参

---

[1] John Locke, *Of Identity and Diversity*, in *Essay Concerning Human Understanding*, 1694; Reprinted in John Perry John, *Personal Identity*, Berkeley, CA: University of California Press, 1975, pp. 33–52.

[2] 参见 Donald Polkinghorne, *Narrative Knowing and the Human Sciences*, Albany, NY: State University of New York Press, 1988, pp. 147–148。

[3] 参见 Donald Polkinghorne, *Narrative Knowing and the Human Sciences*, Albany, NY: State University of New York Press, 1988, p. 148。

[4] 参见 Philip Gleason, "Identifying Identity: A Semantic History," *The Journal of American History*, vol. 69, no. 4, March 1983, p. 918。

与社会并将其文化规范内化、在社会上获得不同地位并扮演各种角色，社会和自我就会发生积极的互动。不过，尽管埃里克森承认这种互动中的成长，但是对于他来说，内在性和延续性因素依然是不可或缺的。他按照弗洛伊德的传统，认为身份认同"位于"个体的深层精神结构。身份认同被个体与周遭社会环境之间的互动所影响和修正，但是尽管存在着变化和危机，它在根本上还是对人的存在的"内在同一性和延续性"有着"不断增长的信心"①。就此而言，格里森的身份认同理论走的还是启蒙主体论的路。

与前面的实质论者相反，社会学领域中的符号互动论者（symbolic interactionists）提出相反的观点，即身份认同是个体与社会之间互动的产物，它本质上是一种建构过程，是进行命名、接受命名、内化伴随命名而产生的各种角色要求，并根据其规定来行事。因此，根据社会情景的不同要求，人们要么采纳、要么抛弃而构成一系列变动不居的身份认同。② 这种观点，影响远远大于埃里克森。下面我们来看看符号互动论者中贡献最大的两位社会学家是如何理解这一互动过程的。

先来看看乔治·米德（George Herbert Mead）。米德强调社会互动和智力过程的作用。他认为，在互动过程发生之前，不存在自我。自我是整个过程的固有的一部分。自我是交往过程的一部分，能反思自身。"自我的本质……是认知的：它是内在化的姿态会话，而后者构成思维，或者说，思想或思考通过它得以进行。因此，自我的起源与基础，像思维的起源与基础一样，是社会的。"③ 对于米德来说，自我意识是自我之核心。但只有意识本身是不够的：我们必须意识到某物。因此"主我"（I）是通过想象自己如何被他人理解——即作为"客我"（me）而理解自身的。由于自我是通过内部和外部的交互作用而产生的，所以它有着多种身份认同。这是显而易见的，因为在社会生活过程中，我们必然呈现出不同的自我。由此可见，米德的自我是通过想象过程而产生的。这种对想象作用的强调为我们

---

① 参见 Philip Gleason，"Identifying Identity：A Semantic History，"*The Journal of American History*，vol. 69，no. 4，March 1983，p. 918。

② 参见 Philip Gleason，"Identifying Identity：A Semantic History，"*The Journal of American History*，vol. 69，no. 4，March 1983，pp. 918-919。

③ George Herbert Mead，*Mind*，*Self and Society*，Chicago：University of Chicago Press，1934，p. 173. 中文参见〔美〕米德《心灵、自我与社会》，赵月瑟译，上海译文出版社，1997，第 153～154 页。

对身份认同的理解增加了一个重要的维度。米德呈现给我们一个经验自我，但这个经验自我是反思性的，它意识到，经由想象行为，自我在广阔的社会关系框架中的位置。因此这个自我是社会性的，但也是通过想象过程而构成的，这个过程将个人与社会联接起来。通过有意识的自我性操作，这个自我能够在认同构成过程中起到某种能动性。[①]

米德的符号互动论其实涉及角色扮演。比如，孩子们通过想象性扮演教师或家长而发展出对自我的理解。人一生中都在进行角色扮演，以发展自我感。每个角色都涉及与其他角色的互动。这一理论在社会学家欧文·戈夫曼（Erving Goffman，1922–1982）那里得到了充分的发展。戈夫曼在对日常互动活动的复杂批判中提出了戏剧表演论（dramaturgical approach），尤其关注角色被扮演的方式。

戈夫曼虽然关注的是自我（self）与角色的概念，而不使用身份认同这一术语，但他的著作对身份认同研究有着重要的作用。戈夫曼将自我引入社会学，用他的戏剧表演论将之引上社会关系舞台。从他在《日常生活中的自我表演》一书的介绍中，可以管窥一斑：

> 这个报告所采用的研究方法是戏剧表演，由此推衍出来的理论原则是舞台表演原则。我将仔细考察个人在日常工作环境中将怎样表现自我，他对他人会采取什么样的行动，他怎样引导和控制他人对他的印象，以及他在别人面前进行自我表演时将会做些什么，又会避免做些什么。[②]

戈夫曼的研究开启了后来有关借助类比日常生活与戏剧来探讨自我表演的理论，尤其是美国学者朱迪斯·巴特勒（Judith Butler）的表演性（performativity）理论。戈夫曼的另一重要贡献，是他对多样自我（multiple selves）的关注。这体现在他后来对电影的关注。虽则继续强调社会互动的表演维度，但他加入了"画面"（frame）的观念。[③] 一帧"画面"就是一幅

---

① 参见 Kath Woodward, *Understanding Identity*, London：Arnold Publication，2002，pp. 8–9。

② Erving Goffman, *The Presentation of Self in Everyday Life*, New York：Doubleday，1959，p. xi. 中文参见〔加〕戈夫曼《日常生活中的自我表演》，徐江敏译，云南人民出版社，1988，第 1 页。

③ Erving Goffman, *Frame Analysis：An Essay on the Organization of Experience*, New York：Harper and Row，1974.

照片，是电影画面无数时刻中的一个静态影像。日常生活成了一系列画面，成了凝固的时刻，个体从旁走过，在每一帧画面中、在该帧画面的预期和框架内表现自身。这些自我是通过每一个自我所作的各种表演而戏剧性地实现的。

从上面的介绍来看，启蒙思想家和埃里克森都认为身份认同是建立在一个有着实质内容的自我之上，而符号互动论者则持相反意见，认为身份认同只是一种建构过程。格里森将前者称为原生主义者（primordialists），后者为选择主义者（optionalists）。他以族裔认同（ethnic identity）为例说明了这两者之间的差别是：原生主义者认为族裔性（ethnicity）是个人认同中的一个给定的、基本的因素，它就在那里，不会变化；而选择主义者则认为，族裔性并非是盖在精神上的擦不掉的印章，而是个体和群体存在的一个维度，它可以按情况的变化而得到有意识的强调或忽视。①

身份认同：精神还是社会？

20 世纪，身份认同理论的另一个特征是日益关注社会、经济和文化变迁（尤其是这些变迁的破坏性），力图对社会变化的冲击力即外部对内部的冲击力进行深入研究并加以理论化。因此，人们要想理解身份认同，可以关注外在事件，也可以像弗洛伊德那样，关注主体经验及其精神过程。在 20 世纪中叶，人们尤其关注大的社会冲击在个人层面所导致的焦虑表现。因此，自我是如何在内在精神焦虑或冲突的基础上建构身份认同，就成了一个重要的课题。精神分析学在这方面作出了巨大的贡献。

精神分析理论也讨论内在世界与外在世界之间的互动，但更具体地探讨社会对自我的内在构成和体验的影响，尤其关注内部精神（psyche）过程以及构成精神的内在空间。在这种理论看来，身份认同过程是一种心理过程，其中主体吸收他人的一个方面、性质或特征，然后根据他人所提供的模式而全部或部分地改造自我。② 弗洛伊德的精神分析学关注含混性和冲突

---

① Philip Gleason, "Identifying Identity: A Semantic History," *The Journal of American History*, vol. 69, no. 4, March 1983, p. 918.

② 参见 Jean Laplanche, and Jean-Bertrand Pontalis, *The Language of Psycho-Analysis*, London: Hogarth Press, 2006, p. 205。

性，将身份认同中的非理性因素追溯到无意识需要和欲望的压制。他提出的本我（id）、自我（ego）、超我（superego）三者相互关联的精神模式，为探究"本我"的个人需求和欲望与"超我"中表现出来的社会因素之间的冲突过程，提供了一个有用的方法。无意识中包含可能无法被接受的观念和被压抑的欲望，因为它们会威胁到个体或更广大的社会，而"本我"被看作是这些欲望的根源，它要求被关注、被满足。因此，人类自身不是一个统一的整体。精神（psyche）是由无意识的"本我"、代表社会良心的"超我"和努力解决前两者之间冲突的"自我"所组成。因此它是一种碎片化的身份认同，永远处于一种流动的而非固定和统一的状态中。另外，在弗洛伊德看来，无意识运作逻辑和法则跟理性主体的有意识的思想过程不一样。有意识的思维要求连贯一致，要求统一和可理解性，但梦所表达出来的无意识是自由流动的能量，按照自己的时间模式、自己的逻辑轨迹而运作，因此可能与现实中的时空规则相矛盾。无意识的这种特征，与有意识的思维活动之力求清晰性和有意义的连贯一致性恰恰相反。

然而，"自我"在无意识中依然会努力解决冲突，以求控制内在和外在世界。也就是说，主体渴求一个统一的"自我"。这种欲望跟身份认同构成过程中对确定性和固定性的欲望是相呼应的，也反映出在这个日益以风险、不确定性和变化为特征的世界中，人们力图稳定和捍卫"我是谁"的感觉。所以，在弗洛伊德的理论中，认同过程是对同一性的一种深刻表达。①

拉康（Jacques Lacan）跟随弗洛伊德，也强调无意识概念，但他改造了弗洛伊德的理论，转而强调象征符号以及语言在身份认同构成中的作用。在他看来，身份认同构成的第一步，是婴儿意识到自己跟母亲是分离开的。这就是拉康所谓的镜像阶段。② 它指的是当婴儿根据镜子的映像或他人眼睛里的映像而建构出自我的阶段。这种对镜子中反映出来的自我的认识，开启了后来的认同过程。婴儿刚出生的头几个月里，缺乏身体协调性，不能区分内外。不过，大约十八个月左右，婴儿据说能够认出自己在镜子中的映像。镜子中的映像具有高度的欺骗性，给婴儿提供了对整体性或同一性的最初一瞥，从而形成了一种非常好的整体性感觉，以应对实际的不统一感觉所造成的焦虑。然而，这个统一性是建立在幻像的基础上的。他说这

---

① 参见 Kath Woodward, *Understanding Identity*, London：Arnold Publication, 2002, pp. 16–17。

② Jacques Lacan, *Écrits*, trans. Bruce Fink, New York：Norton & Company, 1999, pp. 75–82.

个幻像是"想象性的"（imaginary）。理想映像与婴儿的碎片化的精神状态之间存在着一道鸿沟。这就意味着，虽然婴儿似乎关注精神和内在过程，但实际上其意义的根源是外在的，存在于个体之外，它的身份认同依赖于外部的东西，因此，它的统一性是基于认同过程的一种缺失的表达，通过这个过程，我们追寻某种统一的自我感。

镜像阶段标志着身份认同形成过程的开端。在拉康理论中，这个过程结束于象征界。象征界主要指涉语言，不过拉康的追随者增加了其他再现系统。在这个阶段，婴儿抛弃了统一性幻像，而与象征界提供的主体位置认同。这些文化形式即象征界存在于我们之外，因此它们不是获得"真我"的手段。它们是"借来"的，就是说来自文化，而不是固有的或天生的。就这样，从弗洛伊德到拉康，我们可以发现，在身份认同形成过程中，精神和无意识的作用逐渐让位于外部的文化、语言和符号系统。

阿尔都塞（Louis Althusser）将精神分析理论与符号学结合进马克思主义分析中，但依然强调社会关系的物质基础以及个体内在的社会性。更重要的是，他采用拉康的理论而非弗洛伊德的理论来强调身份认同形成中语言与符号系统的作用。这主要体现在"询唤"（interpellation）概念上。这个概念指的是人们如何被征召进主体位置的方式。"询唤"在日常生活情况中可以通过叫唤行为来解释："嘿，你！"被叫唤的人会转过身来。这种转身使得他成为一个主体。为何？因为他认识到那声叫唤"真的"是对他叫的，也"真的是他被人叫唤"①。阿尔都塞关注这个认识时刻，即当有人叫你的时候你觉得叫的是你，你转过身，心想"谁在叫我？"通过这个概念，阿尔都塞告诉我们，主体（subject）有两层意义：一方面，我们从属于（subjected to）意识形态；另一方面，我们对自己的行为负责，因为我们是行为的发起者和句子的主语（subject of）。

阿尔都塞关于主体的两面性的理论，在福柯（Michel Foucault）那里得到了更加充分的发展。福柯拒绝那种认为人有着内在的、固定的本质的观点。在《知识考古学》中他指出，主体实际上是幻像、话语构成的副产品。在福柯那里，话语概念包括整个再现体系，而不仅仅是语言。它指的是知

---

① Louis Althusser, *Lenin and Philosophy and Other Essays*, London: New Left Books, 1971, p. 137.

识在某个特定时间被再现的所有方式，包括生产知识、制造意义的所有实践和习惯。因此，主体就是从属、臣服（To be a subject is to be subjected）①。如果主体和身份认同是由话语所创造的，那么它们必然是在特定历史条件下通过历史地构成的表演行为而产生的，因此是独特的。身份认同就是一种历史构成的创造，总是处于建构过程，在不同的时空中呈现出不同的形态。② 不过，福柯并不认为主体没有任何能动性。事实上，他在其晚期作品中探讨了"自我技术"。在那里，他提出，主体不仅受制于话语及被知识所生产，而且还能够积极地通过参与日常生活的文化实践来建构自身。③

从以上的演进来看，身份认同研究的一个重要焦点，就是无论是作为个体还是集体，人在多大程度上能够左右自身命运、参与塑造自己的认同。因此，身份认同必然涉及内在与外在、个人与社会、精神与社会之间的相互关系。在不同理论中，这一关系有着不同的样态。这是一个没有正确答案的问题。关于这一点，我们可以从身份认同（identity）与主体（subject）、自我（self）之间的细微差别入手来做简单的总结。在心理学、社会学的理论中、在文化研究中，自我、主体、身份认同之间的区别有时并不大，甚至可以相互替代。如果真要进行区分，那么主体暗含着被社会体制和话语系统所生产和控制的意思，自我则有着个体欲望、焦虑和需要，且与他者相对，而身份认同则侧重于个人与社会的相互关系以及能动性（agency）与社会建构/制约之间相互作用的复杂的可能性。在福柯那里，主体通常指从属于他人的人；而在他的后期作品中，自我则经由自我认识而与其自身的身份认同相关联。因此，究竟采用哪个术语，取决于人们是否强调个体的能动性。总之，身份认同的形成过程是极其复杂的，涉及个人与社会、心理与社会之间的关系。它是精神—社会的体现与场所，就是说，它是社会与个人之间的间隙空间。

---

① Michel Foucault, *The Archaeology of Knowledge*, trans. Sheridan Smith, London: Tavistock Publications, 1972.

② Stuart Hall, "Who needs 'Identity'?", in *Identity: A Reader*, eds. Paul du Gay, Jessica Evans, and Peter Redman, Sage Publications Ltd, 2000, p. 17.

③ Michel Foucault, *Technologies of the Self*, Amherst, Mass.: University of Massachusetts Press, 1988.

结　语

身份认同概念使我们能够对人类世界进行多维度的归类或绘图，以确定我们在其中的位置，同时也确定生活于同一社会的其他人的观点的位置。它的核心是差异，是区分自我与他者、我们与他们。因此，这一归类或区分并不是一个中性的问题，而是意味着价值判断。因为，确定某人的身份认同，就是决定如何对待他。正如拉克劳所说的，"社会身份认同的建构是一种权力行为……身份认同的建构总是建基于对某物的排斥、总是在因此而产生的两极之间（男/女等等）建立起一种暴力性等级制度"①。这就意味着，不仅在理论上，我们必须很好地把握身份认同，而且在社会实践上，也必须把握身份认同研究的相关理论。

---

① Ernesto Laclau, *New Reflections on the Revolution of Our Time*, New York: Routledge, 1990, p. 33.

专题二

跨文化研究

主持人语

周　宁

　　跨文化研究并不是一个学科，而是一种思想方法，一种关注他者智慧的思想方法。他者的意义不在印证自我的那一面，而在自我无法理解的那一面。后殖民主义理论对西方现代性知识体系，既是摧毁性的，也是建设性的。摧毁性表现在普遍怀疑主义的解构性批判上，建设性则表现在西方文化自身包容对立面的辩证的开放性上。跨文化研究在西方文化传统内批判西方现代性，构成西方主流思想的对立面，恰好以自我反思和自我批判的方式，加强了西方文化传统的活力。西方现代性文化包容对立面，在知识与制度的层面上，表现为批判精神和民主制度。理解这一点，我们才能够懂得后现代学术在西方思想语境中的积极意义，它以自我否定的方式完成自我肯定的意义。同一种思想在不同文化语境中意义是不同的。后现代文化批判理论进入中国，中国学者关注其摧毁性，忽略其建设性，以为后现代思想颠覆了西方现代性与启蒙传统，西方的没落已经没落在思想传统上，误解不是不明白理论，而是不明白不同文化语境中理论的意义。

　　跨文化研究在不同的文化语境中具有不同的意义。西方后现代思想进入中国语境，可能为前现代的中国立场与方法辩护。西方文化语境中，后现代主义文化批判理论意味着西方文化自身的开放与包容以及自我反思与批判的活力；而在中国，却可能转化为自我封闭、自我满足的前现代文化偏见，为褊狭的文化保守主义与激进的民族主义所利用。我们惯于在中西方或东西方二元对立的思想模式下思考问题，凡是西方对的，我们就错；凡是西方错的，我们就对。即使是否定西方的思想，思想方式也是西方的，中西二元对立的思维方式属于典型的后殖民主义文化遗产。西方后现代理论对西方现代性的批判，在潜意识中成为中国前现代意识形态的合法性证明，这种观念愚昧而危险。一则西方后现代的思想解构不但不意味着西方的衰落，反而表现出西方文化特有的生机；二则即便是西方现代性存在问题，也不能说明中国传统就是完美的。

跨文化研究的中国问题与中国方法，在于超越后殖民主义文化批判，回应中国文化自觉与文明崛起的时代问题。我们在全球多元文化共生的环境中思考现代中国文化自觉的问题，重要的不是高谈多元共处、多极均衡、和谐发展的理想，而是认清现实，积极面对文化多元主义背后的西方现代文化一元主义的强势冲击，焕发现代中国的文化创造力；不是一味到古代中国思想中寻找复兴的资源与灵感，从后殖民文化的西方中心主义滑到大国崛起梦幻的东方中心主义，而是冷静深入地思考，寻找一个跨文化的、超越的、普适的价值立场。

本栏目发表叶隽、李勇、许玉军的三篇文章。叶隽讨论侨易学的方法论，确定"观侨阐理""取象说易""察变寻异"三个基本概念，并进而提出侨易学的理论分析模型。侨易学理论可能为跨文化研究提供系统的方法论。如果说侨易学理论关注跨文化研究的一般方法论，李勇则结合个案分析，讨论跨文化形象学的内在肌理问题。该文从文学形象既是作品中的一个层次，又是一种通过集体想象展开的表意实践这一基本假设出发，以毛姆的《在中国屏风上》为例，深入分析了中国形象"从文学形象到文化想象的转换机制"的三个基本要素。许玉军则通过分析近年来围绕跨文化形象学的观念与方法的一系列论争，指出跨文化形象学的思想要义：它通过解构西方中国形象的话语—权力结构，调动人文和社会多学科资源，思考重建中国思想主体性问题。三篇文章从不同层次、不同角度探讨跨文化研究的共同问题，它们的意义不是作出结论，而是引发思考。

东西方文化生成过程的侨易视域

——兼论侨易学元思维的"侨易二元"

叶 隽[*]

摘要：本文运用侨易学的方法论，以"观侨阐理""取象说易""察变寻异"为基本方法，借助侨易现象分类、侨易现象组成、侨易现象公式等概念建构起侨易学的理论分析模型，关注人类整体文化生成过程，具体进行东西方文化生成过程的侨易学分析，同时兼论侨易学元思维的"侨易二元"。

关键词：侨易学 理论 二元三维

Abstract：This thesis focuses on the methodology of Kiao-Iology, wherein the fundamental principles are defined as follows："in conclusion of logic through observing the process of Kiao"，"in declaration of Yi through choosing the phenomenon"，"in search of the difference through finding the change". Assisted with terms such as Kiao-I（Kiao-Iological）phenomenon classification，Kiao-I（Kiao-Iological）phenomenon composition and Kiao-I（Kiao-Iological）phenomenon formula，it is to build up a theoretically analytic mode of Kiao-Iology，under which the evolution of human culture as a whole will be examined. It will result in a discussion of the dual structure of Kiao-I（Qiao-Yi）with a Kiao-Iological analysis of the evolution of the eastern culture and the western culture accordingly.

Keywords：Kiao-Iology theory three-dimension inclusive of dual structure

---

* 叶隽，中国社会科学院外国文学研究所研究员、博士。

"侨易学"的理论渊源可上溯易经，基本理念乃因"侨"致"易"，前者强调空间维度的整合，后者关注时间维度的演进，其中既包括物质位移、精神漫游所造成的个体思想观念的形成与创生，也包括不同的文化子系统如何相互作用与精神变形。侨易学三条基本原则：一为"二元三维，大道侨易"；二为"观侨取象、察变寻异"；三为"物质位移导致精神质变"。其既可以理解为认识论原则，又具有方法论意义。① 侨易学的基本方法在于"观侨阐理""取象说易""察变寻异"，最后达致"侨易二元"的基本结构。

作为侨易学元思维的"侨易二元"

作为侨易学方法论的核心，贯穿其中的元方法论、思维方式则是"侨易二元"，也就是说即便是在讨论具体的作为方法的侨易学时，我们也是必然要受到元思维的制约。也就是说侨有侨的系统，易有易的系统，侨易合在一起就形成一个新的二元结构系统。从一方面看，侨是表象，易是实质。但这种关系也是可以转化的，侨有其实质的一面，而易也有其表象的一面。更不用说，易有多义。发生了侨动过程，必然产生变易现象；即使未曾发生侨动过程，变易现象也是有可能出现的。

按照"二元三维"的基本原则，侨易二元之间，还缺个第三维，这就应该是"学"。是否以学为基本价值观，这关涉一个人立身的根本所在。对于任何一个个体，不管是作为个体的个体，还是作为集体中的个体，他都必须"以学为本"，如此才能够不偏不倚、不断进步。如果没有充分的求学意识，那么他就很难获得侨易现象的真谛，说到底，我们提倡：以侨辅学、以学促易、易道元一。如此，则侨易学的基本要义则赫然显焉。而且我们要强调的是，侨易学的研究应当与知识史紧密联系起来，这样才能紧紧抓住作为那个关键之"三"的"学"字，引活侨易二元的基本规律。

考察个体，当然不是最终的目的；而考察集体又很难具体地观察每株树木，这种"林木互现"的难度是思想史上永恒的难题。作为一种集体代

---

① 关于侨易学的基本概念，参见叶隽《侨易学的观念》，《教育学报》2011 年第 2 期；叶隽《游戏·博弈·侨易》，《跨文化对话》第 29 辑，三联书店，2012。

表物的民族-国家，不但难以通过具体的个案来充分表现，而且也不能算是真正的向往之"林"。说到底，最后要探讨的，是人类本身的问题。这就必然要涉及东西方文化的问题。当然，我们应当承认的是，"今日的世界，由于西方文化的贡献，促进了物质文明的发达，如交通的便利，建筑的富丽，生活的舒适，这在表面上看，可以说是历史上最幸福的时代。但是人们为了生存的竞争而忙碌，为了战争的毁灭而惶恐，为了欲海的难填而烦恼，这在精神上来看，也可说是历史上最痛苦的时代"①。这是人类不得不面临的一种危机。究其实质，这是一种观念的危机：

> 自从 16 世纪以来，世界观的变化使我们觉得直到那时之前一直被视为极其稳定的世界逐渐受到了动摇而处于变动之中。在我们当中的清醒者看来，世界不再是一种秩序，而是一个进程；宇宙变成了处于宇宙起源与发展之中。可以毫不夸张地说，在过去 400 年中，我们的文明经历过的一切历史性思想危机，无论远近都与我们的思想和感情从静态世界观（Weltanschauung）转为动态世界观这个转变过程发生（和持续发生）的连续步调相关。②

这里德日进（Pierre Teilhard de Chardin）标明其"世界观"概念取自德语，而这种由静态到动态的世界观转变，究竟意味着什么？欧洲人讨论世界观的变化，仍不可改变他们自大航海时代以来逻各斯思维的绝对主导地位，即便如大贤德日进也不例外。但至少他清醒地意识到，危机同时已经产生，而且秩序复建是至关重要的事。还是不妨再引入东方人的视角，他们似乎更善于以另一种二元思维来切入，所谓"东西双方文化，不从根本处针砭，只求表面的妥协，非但不能达成人类的永久和平，反而徒增紊乱"③。南怀瑾先生对这个问题有相当深刻的针砭与思考：

> 人类的思想与行为，乃形成文化的主体。到目前为止，人类的文化汇成东西两大系统。但这两大文化系统，除了文化科学与自然科学

---

① 南怀瑾：《中国文化泛言》，复旦大学出版社，1995，第 314~315 页。
② 〔法〕德日进：《人的未来》，许泽民译，贵州人民出版社，2009，第 178 页。
③ 南怀瑾：《中国文化泛言》，复旦大学出版社，1995，第 315 页。

的种种，无论东方文化或西方文化，都有一种不可知的神秘之感存于幕后。例如宇宙与一切生物的奥秘，人生的命运和生存的意义等问题，仍然是茫然不可解的一大谜团，还有待科学去寻探究竟的答案。将来科学的答案究竟如何，现在不敢预料。但在东西双方文化的幕后始终存在着一个阴影，有形或无形地参加文化历史的发展，隐隐约约地作为导演的主角。无论学问、知识有何等高深造诣的人，当他遭遇到一件事物，实在难以知其究竟，或进退两难而不可解决的时候，便本能地爆发而变成依赖于他力的求知心，较之愚夫愚妇，并无两样。①

　　这段论述虽非学院语言，但所揭示相当深刻，值得认真对待。其一，作者首先肯定的是东西方文化二元对峙结构的合理性。也就是东西方文化各自形成了自己的一套文化系统；其二，文化科学–自然科学的二元对峙，也值得重视。这里之所以不使用人文科学的概念，乃在于强调更大的包容性；其三，对于显性文化–隐性文化张力维度的揭示。也就是说，除了我们已意识到的各种东西二元、文化–自然二元等显性的结构之外，实际上还有一种神秘主义的东西隐在幕后，而无论东西皆然。这可能就是所谓的"术数"之法。这种敏锐的感知判断是非常重要的，也从另一种角度接近了我们所追问的那种本源性问题。

　　就历史角度来看，"回顾人类的历史，因果相应，循环不已。在中世以前，东西方社会，都能顺时听天安居乡圭。自中世以后，知识随科学的发明而开展，欲望也随海洋的交通而澎湃。工业革命制造了代替人力的机械，也促进了物质的文明。但物欲驱心，军国主义的侵略火把，燃起了漫天的战火。科学与物质文明贡献于人类生活的利便，反成为人类文化的障碍、世界浩劫的助力。直到今天，领空观念，随太空科学而扩张，人类是否能为了对另一世界的征服与追求，而放弃了在地球上的争夺，这当然还有待于天心运会，人事因缘的互变，未便言之过早"②。这一判断相当重要，与德日进的思考正可略作参照互补。无论如何，"中世"是一个转折点，此前则"景天顺命"，此后则"天崩地裂"，以逻各斯思维为主导的科学终于勃

① 南怀瑾：《中国文化泛言》，复旦大学出版社，1995，第 57 页。
② 南怀瑾：《中国文化泛言》，复旦大学出版社，1995，第 317 页。

然而兴，西人借助科学发明的利器几乎"无往而不利"，并裹挟着东方一起进入了"现代性"的滔滔洪流之中，美其名曰"全球化"。而走向外星的脚步也由此展开，祸兮福兮，真是孰所难料。

但问题的本质，或许还是应当回到人之本身。钱穆对此问题，亦颇多思考："旷观世界各民族文化大流，求其发源深广，常流不竭，迄今犹负支配世界指导人类之重任者，在东方厥唯我中华，在西方厥唯欧美之二支。顾此两大文化发生接触，若以我明代末年海上新交通线之创获为起端，亦复三百年于兹。而论其大体，犹尚以商货贸易为主，不幸则继之以兵戎相见。其能为此两大文化之渊深博大作恳切之介绍与夫亲密之沟通者，犹少见。"① 这样一种东西二元之下的子文化划分当然需要细作商榷，但至少有一点没有错，就是中国文化很可能需要扮演非常重要的角色，不是"吾曹不出如苍生何"，而是必须有一种"自救与救世"的基本姿态。陈寅恪有名言称："其真能于思想上自成系统，有所创获者，必须一方面吸收输入外来之学说，一方面不忘本来民族之地位。此二种相反而适相成之态度，乃道教之真精神，新儒家之旧途径，而二千年吾民族与他民族思想接触史之所昭示者也。"② 钱穆亦谓："夫各民族文化进展，常需不断有去腐生新之势力，而欲求去腐生新，一面当不断从其文化源头作新鲜之认识，一面又当不断向外对异文化从事尽量之吸收。"③ 这段论述，与陈寅恪之论述，可谓既有"英雄略同"之暗合，又有"互补相成"之功效。所谓暗合者，乃指强调本民族地位主体性以及对外来文化汲取资源的重要性；所谓互补者，乃在于陈寅恪更凸显思想创发、系统形成的面相；而钱穆则揭出"去腐生新"的概念，更注重由"中外维度"引向"普遍意义"。一个民族–国家的文化是如此，一个生物种型的立基也是如此，如果人类自命为"万物之灵长"，那么我们就更需要在宏大的视域下来思考自己的定位。所谓"尔时世尊处于此座，于一切法，成最正觉。智入三世，悉皆平等；其身充满一切世间；其音普顺十方国土。譬如虚空，具含众像，于诸境界无所分别。又如虚空，普遍一切，于诸国土，平等随入"④。佛的境界，庶几近之。但人

---

① 钱穆：《文化与教育》，广西师范大学出版社，2004，第17页。
② 刘桂生、张步洲编《陈寅恪学术文化随笔》，中国青年出版社，1996，第17页。
③ 钱穆：《文化与教育》，广西师范大学出版社，2004，第17页。
④ 林国良：《佛典选读》，广西师范大学出版社，2006，第5页。

类文化的问题仍必须在"二元三维"的元思维中来考察，如此我们必须注意到"流力因素"的重要，因为它在东方-西方二元基本格局下形成了那个重要的"三"。如果说历史上我们关注"东学西渐""西学东渐"的重要性的话，在现代则应特别注意到一种"流易现象"，或者所谓"流散族群"（Diaspora）问题。有学者这样概括道：

　　分散的族群，自有人类历史以来就已经以这样或那样的形式存在了。他们发轫之初往往微不足道，但有些最终将其影响扩展到广袤的地域，在遥远地域上留下无法磨灭的印记，在他们逝去后几百年，甚至他们自身的社会消亡后，仍然存在。例如，在古代西方，巴比伦人、埃及人、希腊人、腓尼基人、罗马人就发挥了这种关键的塑造作用。同样，古代美洲土著——中美洲的印加人、玛雅人、阿兹蒂克人，以及巨大的中华帝国和伊斯兰帝国都给他们那个时代的疆界以外的语言、宗教、习俗、建筑、农业、文化科学等留下了深深的印记。

　　后来，在中世纪过后的几个世纪里，其他具有更强自我意识和执著知识追求的群体在全球经济中另辟蹊径强盛起来。意大利人、荷兰人、葡萄牙人、西班牙人、德国人都把其文化和技术影响扩展到世界的各个角落。再后来，其他群体如亚美尼亚人、巴勒斯坦人、现代希腊人、古巴人、韩国人、依波人也穿越国家疆界扩散影响，往往具有潜在的经济和文化影响力。①

　　在这种叙述中，我们可以看到，各个国族群体往往以国家单元为格局，但又不以此为限，而是超出国家疆界，在全球化的世界里展开其流易之旅。作者特别提出了五个具有强势全球性部族主义影响的族群，西方是犹太人、盎格鲁-美利坚人；东方是中国人、印度人、日本人。作者凸显盎格鲁人的优势，认为"他们在世界范围内的支配力——在国际投资、跨国企业、文化和政治影响等方面都有反映，远比德国人、意大利人或法国人巨大，后几个群体尽管其在经济或文化上拥有巨大能量，但现在仅限于以欧洲为中

① 〔美〕乔尔·科特金：《全球族——新全球经济中的种族、宗教与文化认同》，王旭等译，社会科学文献出版社，2010，第 3 页。

心的影响半径内"①。一个比较普遍的特点是，这些优势国族往往善于借势、善于学习，所谓"和犹太人一样，大多数英国精英在适应变化的形势和开放地吸收来自其他文明的技术中培养自身"②。但仅仅看到这种全球化趋势中优势国族的群体性特征，还是初级层次的。若想"更上一层楼"，必须引入侨易学的视野，搞清楚从个体到人类群体的层层建构的过程；必须追问，作为整体的西方文化系统是怎样形成的，它与内部子系统之间是怎样的关系？与作为外部伙伴和对手的东方文化系统又是怎样的关系？宗白华（1897~1986）曾有过这样一种判断：

> 将来世界新文化一定是融合两种文化的优点而加之以新创造的。这融合东西文化的事业以中国人最相宜，因为中国人吸取西方新文化以融合东方比欧洲人采撷东方旧文化以融合西方，较为容易。以中国文字语言艰难的缘故，中国人天资本极聪颖，中国学者心胸本极宏大。若再养成积极创造的精神，不流入消极悲观，一定有伟大的将来，于世界文化上一定有绝大的贡献。③

显然，对于中国人的特殊贡献，不无民族自豪感和夸大之嫌，缺乏比较分析。但他对世界文化二元格局的判断和理想，值得欣赏。在方法论上，宗白华认为："先于各种自然科学有彻底的研究，以为一切观察思考的基础，然后于东西今古的学说思想有严格审查，考察他科学上的价值，再创造一种伟大庄闳，根据实际的宇宙观及人生观，作我们行为举动的标准，不是剽窃一点欧美最近的学说或保守一点周秦诸子的言论就算是中国的精神文化。"④ 这种方法论反思无疑是有力的，它并没有仅仅停留在一般的民族自豪感层面，而是力图通过相对客观的科学方法推出一种求真的宇宙观与人生观。宗白华进一步强调说："学者的心中只知有真妄，不知有新旧，望吾国青年注意于此，凡事须处于主动研究的地位，勿趋于被动盲从的地

---

① 〔美〕乔尔·科特金：《全球族——新全球经济中的种族、宗教与文化认同》，王旭等译，社会科学文献出版社，2010，第3~4页。

② 〔美〕乔尔·科特金：《全球族——新全球经济中的种族、宗教与文化认同》，王旭等译，社会科学文献出版社，2010，第9页。

③ 林同华主编《宗白华全集》第1卷，安徽教育出版社，1994，第102页。

④ 林同华主编《宗白华全集》第1卷，安徽教育出版社，1994，第102页。

位。我们全副精神须在于‘进化’，不是在于世俗所谓‘新’，世人所谓‘新’，不见得就是‘进化’，世人所谓‘旧’，也不见得就是‘退化’（因为人类进化史中也有堕落不如旧的时候）。所以，我们要有进化的精神，而无趋新的盲动，我们融汇东方旧文化与西方新文化，以创造一种更高的新文化，是为着人类文化进步起见，不是为着标新立异。”① 文明进程是历史演进的，文化进步是自然形成的，个中人虽然应当努力求知向真不止，但却绝不可为标新而立异，更不能为侮食而曲学。

当然，必须承认的现实是，“人类一盘散沙的情景令人沮丧！……像一窝受到惊动的蚂蚁，除了某些关系密切的有限情况比如夫妻、家庭、团队、祖国等之外，无论在个体与个体，还是群体与群体之间，最明显的特征似乎都是互不相顾，各奔东西……”但德日进却相信有“某些全球性力量正在运作，正在制服那些大体上看来无可救药地反对全人类和谐的分裂势力，正在所向无敌地把构成地球‘思考层’的数量大得惊人的几十亿理性意识大众团结并组织在自己周围”，他强调两种力：一是“通过外在和内在决定因素的作用而造成初步强制统一的压力”；二为“通过内在亲缘关系的作用而使自由、自愿的共识得以真正达成的吸引力”②。

西方文化生成过程的侨易学分析

歌德曾这样解释《浮士德》中的形象关系及象征意义，即浮士德与海伦的结合象征着浪漫的北方文化（日耳曼）与古典的南方文化（希腊、拉丁）的交融，而所诞生的儿子欧福良（Euphorion）则意味着新的岛国文化（英伦），甚至直接指为拜伦。③ 这无疑是一个极有见地的思路，因为在新大陆发现之前，西方世界基本就是欧洲，欧洲文化的主流是以南北文化为格局的“日耳曼-拉丁”对峙。说到底，西方文化形成过程中，“两希文明”固然很重要，但“日耳曼-拉丁”文化的融合意义也绝对不容低估。前者固然决定了宗教基础、思维方式等基本问题，但后者仍牵涉主体民族的文化碰撞、交融和创生之过程，极为重要。大致说来，德国人扮演了极为重要

① 林同华主编《宗白华全集》第1卷，安徽教育出版社，1994，第103~104页。
② 〔法〕德日进：《人的未来》，许泽民译，贵州人民出版社，2009，第193页。
③ 转引余匡复《〈浮士德〉——歌德的精神自传》，上海外语教育出版社，1999，第212页。

的角色，因为正是他们，通过长期的努力将南方文化的精华，即拉丁文化融合到自己的民族血脉之中，德国文化的奠基人物如莱布尼茨、康德、歌德诸君，哪个不对法国文化耳熟能详？至于像洪堡、施莱格尔、荷尔德林、海涅等人，更是与法国有着剪不断理还乱的联系。"德法互动"始终在极度的纠葛缠绵中向前行进。不过，后来者强调："许多对美国思想产生影响的法国作家都承袭了德国思想家的传统：让-保罗·萨特受惠于胡塞尔与海德格尔，雷蒙·阿隆深受马克斯·韦伯影响，米歇尔·福柯流露出尼采的影子，而雅克·德里达则无法摆脱尼采与海德格尔的思想印迹。"[1] 但最后的结果是三家竞胜，德、法、英都很注意汲取对方的知识精华和给养，没有哪一国形成了"融化创生"的凤凰涅槃。就政治实力来看，后起的美国一步登先，成了 20 世纪下半期以来的世界帝国，但就文化方面来看，未有特殊之处。

　　但二者相结合所生出的这个西方文化之"三"——即盎格鲁文化，确实有待深入探讨。有论者认为犹太人是"全球化部族的原型"[2]，这当然是很敏锐的眼光。但总体来说，犹太人还是应作为西方人的一支"旁逸脉络"，不占据主流地位。[3] 而真正特别值得关注的仍是这个由"日耳曼-拉丁"之二元而得出的"三"，因为日后的北美文化（不仅是美国，还有加拿大）、澳洲文化主要是由这个"三"而"生万物"。虽然我们至今仍在历史进程之中，无法盖棺论定，但西方文化的现代三元形成，即欧洲、北美、澳洲文化还是会不断发生侨易变化的。不过，此处我们还应在一个更广阔的视域中来确立西方的位置和组成：

　　　　历史区域或者是阶段性建构起来的，或者长期并行共存。在东方，长期并行共存的历史区域当属印度和中国，在西方阶段性建构起来的是埃及-巴比伦（初级）文化圈、波斯-犹太文化圈和古代地中海文化圈（二级）、拜占庭-东斯拉夫文化圈、伊斯兰和西方文

① 〔德〕沃尔夫·勒佩尼斯：《德国历史中的文化诱惑》，刘春芳等译，江苏译林出版社，2010，第 107 页。

② 〔美〕乔尔·科特金：《全球族——新全球经济中的种族、宗教与文化认同》，王旭等译，社会科学文献出版社，2010，第 5 页。

③ 当然我们应该特别提到西方文明结构的"两希文明"问题，即希伯来文化的影响，这以《圣经》为典型；还有就是希腊文明的源出地位。

化圈（三级）。①

　　这里对东西方的文化历史区域进行了建构性的分类，即所谓"阶段建构型""长期并存型"。东方以印度、中国的南北结构为代表，是属于长期并存的；而西方则不一样了，它是随着时代更易的，经历了非常不同的若干阶段性建构，譬如上述列举的各级文化圈，既是地域表征，也有时代特点。欧洲由南北文化而产生出东西文化，这是一个非常有趣的现象。即以俄国文化为代表的斯拉夫文化，成为欧洲之东方文化；以英国文化为代表的盎格鲁文化，成为欧洲之西方文化。

　　如果再进一步划分下去的话，我们可以看到这些国家之间密切的文化关系。欧洲南方文化中心的法国，无疑是最为重要的国别文化之一。从 11 世纪发源之际，法国文化就已产生出超越国界的影响力；17 世纪，"这个黄金时代的法国文学，不仅影响及于北欧，而且影响及于南欧的西班牙。西班牙的文学，此时正是衰落的时代。因为他们自己的文学作品停滞不进，所以他们天然的便向当时杰作蜂出的法国望着，很热切的去接受法国的出产，以为他们精神上与心灵上的粮食……"② 到了 18 世纪，"世界文坛上掀起'要求理知'的呼声，继起了'复归自然'的呼声，二者激荡，乃成洋洋之 18 世纪文学；现在我们知道这二种呼声都先后从法国喊出，然后波及于全世界。全世界各民族的文学，于是多受了法国文学的影响，跟着而变色彩。其中，德、俄、西班牙三国的文坛完全为法国文学所左右，这是 18 世纪法国文学对于世界影响之大概。"③ 法国文学之重要，自然不言而喻，可法国文学与如此众多的欧洲国家发生如此剪不断、理还乱的关系，的确是十分值得关注的现象。比较文学的影响学派以法国为发源地，当非无源之水、无本之木。

　　实际上，往往不同民族有不同的思维习惯，每个民族看待事物都有自己的方式。因此，我们考察异文化之间相互关系的意义，是怎么高估也不过分的。更重要的是，我们始终是站在"二元三维"的人类文明史高度来

---

① 〔德〕阿尔弗雷德·韦伯：《文化社会学视域中的文化史》，姚燕译，上海人民出版社，2006，第 11 页。

② 茅盾主编《法国文学研究》（《小说月报》第 15 卷号外），书目文献出版社，1982，第 7 页。

③ 茅盾主编《法国文学研究》（《小说月报》第 15 卷号外），第 10 页。

考察这样一种文化的生成过程，即借助侨易学的视域，看欧洲文化是如何裂变成二元三维、四象的过程，又如何产生出一个新的三元关系（即欧、美、澳）。这里既可以选择不同的侨易主体，譬如高级的西方文化，次级的日耳曼、拉丁、盎格鲁、斯拉夫文化等，同时也可以换一种方式，将现代的北美、澳洲文化等纳入考察。这是侨易学的分析方法。

东方文化生成过程的侨易学视域

诚如黑格尔所言："'精神的光明'从亚细亚洲升起，所以'世界历史'也就从亚细亚洲开始。"[①] 这当然是在为他自己的世界历史四阶段说，即"东方世界—希腊世界—罗马世界—日耳曼世界"而举证。但从另一个方面来看，这也确实反映了文明史本身的事实：

> 埃及人、苏美尔人–阿卡德人–巴比伦人、中国人和印度人的发达文化圈成为历史的四根基柱，它们的历史在特别长的时期里一直同世界史联系在一起，对此，坐落在它们周围（对于东方的国家来说是坐落在它们上部）的巨大的欧亚板块始终影响着这种联系，在西方，这种联系表现为同心性，在东方则表现为离心性。从地球史的角度来看，这些地区在它们的发达文化产生之前早已形成，如亚洲的高山、高原和阿拉伯半岛，并且慢慢演变为草原。它们——如今天的俄罗斯南部地区和中欧地区——接纳了来自不知出于何种原因变得狭窄的北方和东方的民族，并且将这些民族继续向其他地区传送。[②]

这里提出了若干非常重要的概念，一是东西方划分的"欧亚板块"核心，尤其是地理因素的提出；二是东方文明的四基柱说，即埃及、苏美尔—阿卡德—巴比伦、中国和印度；三是链性因素的特征及其东西方异同，前者是"离心性"，后者是"同心性"。进而，一种二元结构的世界史被建构出来：

---

① 〔德〕黑格尔：《历史哲学》，王造时译，上海书店出版社，1999，第106页。
② 〔德〕阿尔弗雷德·韦伯：《文化社会学视域中的文化史》，姚燕译，上海人民出版社，2006，第8页。

　　如此勾画世界史，我们便会发现它是这样一个区域，区域的东半部分随着不断的江河流泛经历了与西部完全不同的命运。在中国和印度，尽管统治者交替更迭，而且这种交替更迭带来了各种各样的影响和后果，江河流泛仍然使这两个古老文化的原发地在几千年中保存了它们的本质和特点，直到现代的全球性解体和统一趋势出现，而在兴都库什山脉以西，历史场景的更迭一幕接着一幕。在这里，不仅文化的重心因江河流泛而不断推移，而且文化的特点也像沉积物一样，新层或者覆盖、或者毁坏了旧层，甚或将其扼杀。在古老的初级文化产生之后，这里出现了别样的文化，或者说建立在初级文化基础之上的二级文化，简单地说，就是文化的一级和二级。最终，在蒙古人和突厥人的最后一次侵入过程中，只剩下西方日耳曼–罗马人的世界能够在紧接下来的很长时期里，以特有方式去完成一项最高的、积极的世界使命。①

　　有趣的是，这里最后竟然又得出与黑格尔的日耳曼（西方）民族使命论如出一辙的结论。这且按下不论。东方文化在整体形成过程中，具有关键性的一点是中印文化的融合，因为这是代表南北文化的主体性核心文化的碰撞、交融与创生过程。尽管如此，相比较西方文化诸家竞胜、政学难分的情况，东方文化则相对有一种胜出的感觉。对于东方文化的整体生成，陈寅恪先生特别标举韩愈在确立中国道统过程中的重要意义：

　　　　盖天竺佛教传入中国时，而吾国文化史已达甚高之程度，故必须改造，以蕲适合吾民族、政治、社会传统之特性，六朝僧徒"格义"之学，即是此种努力之表现，儒家书中具有系统被利用者，则为小戴记之中庸，梁武帝已作尝试矣。然中庸一篇虽可利用，以沟通儒释心性抽象之差异，而于政治社会具体上华夏、天竺两种学说之冲突，尚不能求得一调和贯彻，自成体系之论点。退之首先发见小戴记中大学一篇，阐明其说，抽象之心性与具体之政治社会组织可以融会无碍，即尽量谈心说性，兼能济世安民，虽相反而实相成，天竺为体，华夏

---

① 〔德〕阿尔弗雷德·韦伯：《文化社会学视域中的文化史》，姚燕译，上海人民出版社，2006，第 8~9 页。

为用，退之于此以奠定后来宋代新儒学之基础，退之固是不世出之人杰，若不受新禅宗之影响，恐亦不克臻此。①

陈寅恪曾有言谓"寅恪平生为不古不今之学，思想囿于咸丰同治之世，议论近乎湘乡南皮之间"②，这段话的要义乃在仿张之洞"中学为体，西学为用"之说提出一个极为重要的概念，即历史上的"天竺为体，华夏为用"，如此便构成了东方文化的核心结构部分，即借助华夏政道之身，而承认接纳来自天竺的"佛义"③。而东方现代性的命题也正是在这样一种穿越时空、与历史血脉相联系的语境中得以成立，现代中国面临的危机与问题，其本质并非一个个体国家（哪怕是大国）所孤立临之的，而是具有相当程度的普世意义，尤其是在东方文明的整体背景之中而产生的。

相比较陈寅恪的通识守度、言必有中，钱穆则判然称："中国人独创东方文化，已有其五千年以上深厚博大之历史，顾其间亦未尝无与外来文化接触融合之经过。"④ 钱穆绝非简单地将"中国＝东方"的不学之士，而敢于如此立论，其必有深意，值得认真揣摩。果然，他逐次论述，将印度佛学东渐、阿拉伯回教文明纳入到中国语境的"东方生成"过程中："要而言之，印度佛教文明之影响于中国者，以信仰和思维方面为深。而阿拉伯回教文明之传播于中国者，以文物与创制方面为广。一属抽象的形而上者，一属具体的形而下者。然则中国人对外来文化接受消融之能力，直上直下，无粗无细，在内在外，兼容并包，如纳众流于大海，泱泱乎诚大平原民族文化应有之征象也。"⑤ 这一判断非常重要，也就是说，在钱穆看来，东方文化至此仍以亚洲文化为限，而其三个核心组成部分，乃中国文化、印度文化、阿拉伯文化。中国文化之所以堪称是东方文化的独创，乃在于它具有不可替代的三大文化体的交融性质，尤其是中国人的消融能力与创化实绩。更进一步说，中国文化的特点既不在于形而上之精神，亦非在于形而下之物器，而在于形而中之制度，这与陈寅恪的看法正相合，他认为中国

---

① 陈寅恪：《陈寅恪集·金明馆丛稿初编》，三联书店，2001，第 322 页。
② 陈寅恪：《陈寅恪集·金明馆丛稿二编》，三联书店，2001，第 285 页。
③ 这与李泽厚"西学为体，中学为用"之说，多少有些相近之处，但陈寅恪的思路无疑正大而高明得多。
④ 钱穆：《文化与教育》，广西师范大学出版社，2004，第 12 页。
⑤ 钱穆：《文化与教育》，广西师范大学出版社，2004，第 13 页。

之古代文化（此处专指隋唐之前）之思想原创部分颇不足道，而可贵者在于"中国家族伦理之道德制度，发达最早。周公之典章制度，实中国上古文明之精华。至若周、秦诸子，实无足称。老、庄思想尚高，然比之西国之哲学士，则浅陋之至。余如管、商等之政学，尚足研究；外则不见有充实精粹之学说。"① 在这里，陈寅恪做了一个重要的二分法，即"制度—学理"相距甚远。如果以西方现代学术之理论来衡量也类似之，故此陈氏之标准深受西方之深度影响。以周公、孔子等之制度标为国粹，固然恰当；但问题在于，制度又岂是凭空而来？而老、庄之思想，也都有其独特之处，所以我们必须溯源到《易经》的形成，才易得一通识。但总体来看，制度强项是中国传统之优长，当可确定。从这个背景来看，东方文化整体形成意义上的中国文化，则其从印度取其形而上之文化精神资源；从阿拉伯回教取其器物物质资源，正可取长补短。

我曾将近代中国喻为世界的"大国博弈平台"，而就古代中国来看，我们实际上也形成了一个大平台，那是更注重东方范畴的"多元聚融平台"，这里的各种文化或势力在场，虽然不乏博弈的成分，但更多聚融的色彩，并非是以近代西方文明用"坚船利炮"和赤裸裸的商业利益为主导的格局。

当然，即便是钱氏之论，我以为亦有不足之处。谈论东方，仅以亚洲为限是远远不够的，随着新大陆的兴起和殖民拓展，必须考虑非洲、拉美的东方聚融问题。或者说，这个方面的历史和学理都尚未得到足够展开。其实早在西方的原点时代，非洲就已经扮演了极为重要的角色，东学西渐的滥觞就是埃及文明对希腊的影响。

非洲文化是否可以视为亚洲文化的拓展？伊斯兰文化就是很好的例子，北非很明显受到伊斯兰文化的影响，但中非与南非呢？这需要进一步研究。当然，我们讨论东方文化，首先是亚、非、拉三分鼎立的基础语境；但就历史传统来看，处于亚欧大陆板块的亚洲显然又是其中之枢纽与核心；而在亚洲文化里，闪系文化、日本文化都非常重要，因为它们形成了亚洲文化的西方与东方。但前者由诸多文化共生而成，后者是次生文化，故其对东方文化整体生成意义来说重要性尚不及作为核心部分的印度、中国。设若如此，居于亚洲南北的华夏、天竺，构成了一种亚洲文化

---

① 吴宓:《吴宓日记》第 2 册，三联书店，1998，第 102 页。

的核心结构。而一种真正文化之产生，则必须"和合创生"，在确定主体的前提下，尽最大可能汲取对方之精华，并以不排斥的态度"大度包容"。在具体策略上，陈氏所言的"天竺为体，华夏为用"乃是不可更易的出路选择。而必须指出的是，在这样一种视域下的天竺文化乃是在印度本土衰落之佛教文化，玄奘西行而取之，这一点有极为重大的象征意义。① 进而以"天竺为体，华夏为用"。这样仿佛是自断主流的姿态而面对外来资源，其实更体现出一种"求真"的可贵品质。因为在民族文化的自豪感之外，知识精英意识到还有一种更高的"知识思想之道"在焉。如此，中国人之归向"东方"之意识也不可谓不自觉，其舍弃也不可谓不大度。"汉、晋以还，佛教输入，而以唐为盛。唐之文治武功，交通西域，佛教流布，实为世界文明史上，大可研究者。佛教于性理之学，独有深造，足救中国之缺失，而为常人所欢迎。惟其中之规律，多不合于中国之风俗习惯，如祭祖、娶妻等。故昌黎等攻辟之。然辟之而另无以济其乏，则终难遏之。于是佛教大盛。"②

而中世诸贤的努力，在宋儒之中表现得又最为明显。陈寅恪对此感触极深，这或许就是他所认知的"新儒家之旧途径"。在清谈之中，他曾指出："宋儒若程若朱，皆深通佛教者。既喜其义理之高明详尽，足以救中国之缺失，而又忧其用夷变夏也。乃求得两全之法，避其名而居其实，取其珠而还其椟。采佛理之精粹，以之注解四书五经，名为阐明古学，实则吸引异教，声言尊孔辟佛，实则佛之义理，已浸渍濡染，与儒教之宗传，合而为一。此先儒爱国济世之苦心，至可尊敬而曲谅之者也。"③ 虽然这是陈氏早年留美时代的见地，但其通识之到位与洞察，百世而不易也。对这一学域的状况，吴宓也有记载："近来法国及日本儒者，研究佛教之源流关系极详尽。现此间，若陈君寅恪及锡予，均治佛学。"④ 陈寅恪更有发人深省之论断："佛教实有功于中国甚大。而常人未之通晓，未之觉察，而以中国为真无教之国，误矣。自得佛教之裨助，而

---

① 虽然日后日本之圆仁赴华取经，也正是佛教在中国唐代遭逢衰落的时代。虽然禅宗在日本也有很好的发展，但并未从根本上深刻改变日本文化，这也正是近代日本会"脱亚入欧"的重要原因。

② 吴宓：《吴宓日记》第 2 册，三联书店，1998，第 102 页。

③ 吴宓：《吴宓日记》第 2 册，三联书店，1998，第 102 页。

④ 吴宓：《吴宓日记》第 2 册，三联书店，1998，第 102～103 页。

中国之学问，立时增长元气，别开生面。故宋、元之学问、文艺均大盛，而以朱子集其大成。"[1]

这样一种博大宽容、相互兼济的气象，正是中国能长久立于文明世界的根本所在。"佛教入骨"之说极为洞察，这里主要看重的其实还是佛家思想进入中国文化血脉根本处，宋代之后的儒释道，其实可谓是一体相通，大多知识精英都是兼治而融通，譬如曾国藩"外用儒法，内藏黄老"，而这里的黄老与佛家又是牵连甚多的。陈寅恪对中国中世文明之推崇，溢于言表，[2] 对佛教之肯定也是豁然。因为，在陈寅恪看来："凡学问上之大争端，无世无之。邪正之分，表里粗精短长之辨，初无或殊。中国程朱、陆王之争，非仅门户之见。实关系重要。程、朱者，正即西国历来耶教之正宗，主以理制欲，主克己修省，与人为善。若 St. Paul，St. Augustine，Pascal，Dr. Johonson 以至今之巴师及 More（Paul E.）先生皆是也。陆、王者，正即西国 Sophists，Stoics，Berkeley，以及今 Bergson 皆是也。一则教人磨砺修勤，而裨益久远；一则顺水推舟，纵性偷懒，而群俗常喜之。其争持情形，固无异也。"[3] 这样一种二元对立的认知，确实有见道之处；以此等通达之眼光审视之，则无论东西，无论古今，其理则一。

陈寅恪这一立说方式，显然对东方文化甚表认同，但他对作为西方文化根基之一的基督教则甚是不以为然，认为其"与中国人之素习适反。今夫耶教不祀祖，又诸多行事，均与中国之礼俗文化相悖，耶教若专行于中国，则中国立国之精神亡"[4]。甚至更斩钉截铁地说："且他教尽可容耶教，而耶教（尤以基督新教为甚）绝不能容他教。"[5] 这样的思路，或许也可给我们理解东方现代性及其与西方现代性的关系，备为一种资源和借鉴。

---

① 吴宓：《吴宓日记》第 2 册，三联书店，1998，第 102～103 页。
② 吴宓：《吴宓日记》第 2 册，三联书店，1998，第 102～103 页。
③ 吴宓：《吴宓日记》第 2 册，三联书店，1998，第 104 页。St. Paul 为圣保罗，St. Augustine 为圣奥古斯丁，Pascal 为帕斯卡，Dr. Johonson 为约翰逊，巴师为白璧德，More（Paul E.）为孟禄。Sophists 为诡辩派，Stoics 为斯多葛派，Berkeley 为伯克利（Berkeley，George，1685-1753），Bergson 为柏格森（Bergson，Henri，1859-1941）。
④ 吴宓：《吴宓日记》第 2 册，三联书店，1998，第 103 页。
⑤ 吴宓：《吴宓日记》第 2 册，三联书店，1998，第 103 页。

从文学形象到文化想象的转换机制

——以毛姆的《在中国屏风上》为例

李 勇*

摘要：文学形象既是作品中的一个层次，又是一种通过集体想象展开的表意实践，从审美形象到文化想象的转换是复杂的过程。以毛姆《在中国屏风上》所塑造的中国形象为例，这种转换中起关键作用的因素至少有三个：一是文学审美形象的多义性，提供了阐释的多种可能性，可以使接受者对形象的意义进行多种解释，而文化意义至少是其中的一种解释，而且审美形象还可以通过诱导和激发的方式把读者引领到一个与现实世界相似的想象世界之中，从而完成文化意义的建构；二是毛姆本人的思想观念对转换的引导，他给作品设定了阅读的指令，为读者的阅读提供了一个基本的理解方向；三是社会意识形态对转换的调控，个人体验被扩大为集体想象，意识形态话语也对形象进行征用，审美形象的意义是在一个它所归属的意识形态话语系统中产生的。

关键词：文学形象 文化想象 毛姆 中国形象

Abstract：Literary image is one of the perspectives of literature works' appreciation at first and then a representing experiment by way of collective imagination, therein a complicated transforming mechanism. Take Somerset Maugham's *On China Screen* as an example, whose relative transforming mechanism involves three key working factors at least. First, literary image

---

* 李勇，男，安徽五河人，苏州大学文学院教授、博导。

polysemy makes multi-interpretation possible, also provides the receiver with a variety of interpretations about the meaning of image, including the cultural reading. Besides, by the means of induction and inspiration, aesthetic image can also lead the reader to a imagined world, which is similar, to thus to complete the construction of cultural significant. Secondly, Maugham preset the reading channel, guiding the reading along the way of his ideology providing the readers with a basic understanding direction. Thirdly, the social collective environment imposes its ideology on the literary image interpretation and Maugham's personal experience is therefore swelled into a collective cultural imagination, ideological discourse also expropriates the images, the meaning of aesthetic image is produced in the system of ideological discourse, to which it belongs.

Keywords：literary image　cultural imagination　Somerset Maugham China's image

文学形象从狭义上说只是作品中的一个层次，是作品的文本释放出来的意义所构建出来的具体可感的情景/画面；从广义上说是一种通过集体想象展开的表意实践，只不过这里的集体想象是文学性的想象，是审美的想象。在比较文学形象学中，形象的含义被落实为一个民族通过对另一民族的集体想象而进行的表意实践。形象学处理文学作品中形象的任务在于将文学的审美形象引导到文化想象的语境中，阐释文学作品中的形象是如何成为形象学意义上的表意实践，它要实现文学形象与文化想象的整合。从文学形象到文化想象是如何转化的？笔者以英国作家萨默塞特·毛姆（Somerset Maugham）根据 1920 年在中国的旅行经历写出的一本散文集《在中国屏风上》为例进行探讨。

文学审美形象的多义性

从文学审美形象的特性这个角度看，文学形象转换成文化想象的活动得以顺利完成，主要有两个原因。首先是审美形象本身的多义性，可以使接受者对形象的意义进行多种解释，而文化意义至少是其中的一种解释，是文学审美形象所包含的意义之一。虽然读者对某些类型作品的关注焦点不一定会集中在这些方面，但是文化意义始终是理解作品意义的一个视角。萨义德说：
"我们一定不能说，由于《曼斯菲尔德庄园》是部小说，它和一种肮脏的历史
牵连在一起这一事实就是无关紧要的，它就是超然的。……我认为，相反，
这部小说虽然不引人注目，却稳步地开拓了一片帝国主义文化的广阔的天地，
没有这种文化，英国后来就不可能获得它的殖民领地。"① 萨义德对文学作品
的这种文化解读说明文学作品的意义与解读者所采用的视角和立场是直接相
关的。一般读者作为审美对象来阅读的作品，也同样可以从文化的角度
解读出文化的含义来。文学形象也是文化活动的要素，参与文化运行的过
程，发挥文化的功能。

　　在毛姆的《在中国屏风上》中，我们至少可以解读出两个方面的文化
意义，其一是与"没落的西方"相对的东方乌托邦意义；其二是神启式的
天堂的原型意义。前者是由这本书的写作背景决定的，这本书写于 1920 年，
正好是第一次世界大战刚结束的时候，西方世界对西方文化的悲观失望使
西方人产生了到东方寻找出路的愿望。其中最突出的代表有两个：一是罗
素（Bertrand Russell）和凯泽林（Hermann Keyserling）所塑造的中国形象；
二是威尔斯（Herbert George Wells）和斯宾格勒（Oswald Spengler）所塑造
的中国形象。在凯泽林 1919 年写的《一位哲学家的旅行日记》和罗素 1922
年写的《中国问题》中，中国是一个文明的乌托邦。在英国作家威尔斯的
《世界史纲》和德国人斯宾格勒的《西方的没落》中，中国是一个历史乌托
邦。这两种思想文化领域中的乌托邦形象对《在中国屏风上》的文化意义
的产生起到两个方面的作用。其一是为毛姆的中国形象提供了直接相关的
接受语境，读者在阅读毛姆的那些精美的短文时便有了一个参照系。毛姆
本人也希望自己所塑造的中国形象能够加入到西方读者对中国的想象活动
中，其实就是参与到罗素、凯泽林、威尔斯、斯宾格勒以及其他人所共同
构建的中国形象的空间，相互补充、相互呼应，丰富西欧的中国形象类型。
其二是从毛姆笔下的中国形象自身来看，文明乌托邦和历史乌托邦形象使
得毛姆所塑造的中国形象形成了一个新的层次，即类像②的层次。当毛姆笔

---

① 〔美〕爱德华·W. 萨义德：《文化与帝国主义》，李琨译，三联书店，2003，第 131～132 页。
② 类像是指同一时期不同作品中反复出现的某种形象，这种形象不是独创的，而是类型化的、
　重复的。与原型不同，类像具有时代性，原型的历史更久远，在作品中所处的层次也更深，
　同时原型也更具有概括性。与形象模式不同，类像是作品中的一个层次，形象模式则是超
　越具体作品的独立的形象类型。

下的这个中国形象从审美形象走入更大的空间，与同时代的其他中国形象相遇，他所塑造的中国形象就直接进入到了文明乌托邦和历史乌托邦等中国形象共同建构的形象类型之中，毛姆的东方情调乌托邦就获得了同时代的中国形象类型的意义，从而在他的中国形象中构成了一个与这个乌托邦中国形象类型直接对应的类像层次。

就原型意义而言，诺思洛普·弗莱在论述文学中的原型时说："全部文学史为我们提供了一种机会，即使我们有可能看到文学不过是相当有限和简单的一组套式的复合，这组套式（formulas）可以通过对原始文化的研究而获得。"① 弗莱在此所说的套式、定式就是原型。弗莱在著名的《批评的剖析》一书中区分出了两种神话原型，即神启式世界和魔怪式世界，这两个相对立的原型与形象学中讨论的意识形态与乌托邦的形象模式也正好吻合：乌托邦形象模式中潜隐的原始意象是光明的、神启式世界；意识形态形象模式中潜隐的原始意象则是黑暗的、魔怪式世界。毛姆笔下的东方情调乌托邦形象是光明的神启世界的又一次具体展现。这种光明的神启世界也成为这个东方情调乌托邦形象的最深层次，在毛姆的笔下，具体表现为中国人、中国的自然和中国的建筑物（包括城市）。当我们看向毛姆在这本书中描绘的各种具体的形象世界，就会发现这三个世界与弗莱所说的神启世界的一致性。

其次，文学的审美形象不仅是多义性，而且具有诱导和激发性，它可以通过特殊的方式把读者引领到一个与现实世界相似的对拓性世界②之中，从而完成文化意义的建构。审美形象的这个特点使得其多义性构成了一个完整的整体，而不是若干意义的随意拼贴。文化意义不是随意地牵强附会地添加上去的，而是在审美形象的诱导之下自然而然地形成的。希利斯·

---

① 〔加拿大〕诺思洛普·弗莱：《批评的剖析》，陈慧等译，百花文艺出版社，1998，第 21页。

② 对拓性世界是指文学作品的语言打开的一个与现实世界一样丰富多彩的虚构/想象的世界。对拓性不仅指这个想象的世界的虚幻性，而且强调这个世界的丰富性和与现实的相似性及相关性。希利斯·米勒指出："每部文学作品都告知我们不同的、独特的另一现实，一个超现实。……这并不意味着文学作品与现实无关。它们以替代的形式，使用那些指称社会、心理、历史、物理现实的词语，来称呼它们发明或发现的超现实。然后文学作品通过影响读者的信念、行为（常常是决定性影响），重新进入'现实世界'"（〔美〕希利斯·米勒：《文学死了吗》，秦谚译，广西师范大学出版社，2007，第 118 页）。这个超现实就是对拓性世界。

米勒在解释文学的特性时说："文学中的每句话，都是一个施行语言链条上的一部分，逐步打开第一句话后开始的想象域。词语让读者能到达那个想象域。这些词语以不断重复，不断延伸的话语姿势，瞬间发明了同时也发现了（即'揭示'了）那个世界。"① 米勒的意思是说文学作品中的语词构建出一个与现实世界相似的世界。它是一个想象的世界，我们可以把它作为审美对象，同时这个想象的世界中也有着我们在现实世界所遇到的各种问题，政治、经济、文化、军事、宗教、法律，一应俱全，它是现实世界的一个对拓性的世界。在这个想象的世界中理解出各种不同的意义，要归功于这种审美的激发与诱导。

在毛姆的《在中国屏风上》这部文学作品中，其文化的意义是如何被诱导出来的？细读文本可以从中找出许多具体方式，笔者在此仅举两个基本的方式来说明这个问题。首先是隐喻，隐喻是指在一个文本中隐含着超出其字面意义之外的多种不同的含义，而且这些隐含的意义与字面意义之间具有相似关系。霍克斯说："隐喻通过形象而不是从字面上使用一个词或一些词语，承担着两个事物之间的一种关系；也就是说，隐喻是在一种特殊的意义上使用词，这一意义不同于字典里所注出的意义。"② 这是文学文本的最基本的特征之一，也是文学审美价值的主要来源之一。毛姆在描写中国形象时，大量使用了这种手法来构建审美形象，并实现审美意义到文化意义的转换。我们在《长城》《路》《黎明》《原野》《罗曼司》《小伙子》等篇章中可以看到这种隐喻的运用。以《长城》为例，开头一句"巨大、雄伟、令人敬畏的中国长城，静静地耸立在薄雾之中"，和最后一句是完全相同的。这种重复使得整个文本被从日常语言系统之中整齐地切割下来，形成了一个特殊的文学语言的片断。此时，这个片断的意义也开始脱离日常语言系统，它传播出一个重要信息，这不是对长城的工程学、建筑学、历史学的实用性的描写，它要建构一个多义性的语言空间。读者在这个信息的暗示之下，放弃对那些实用意义的期待，转而希望发现一个由多种意义组成的全新的意义空间，即审美的空间。在第一句之后的那些语句之中，文本所提供的是长城的精神特征：孤独、威严、无情、无畏、不为

① 〔美〕希利斯·米勒：《文学死了吗》，秦谚译，广西师范大学出版社，2007，第57～58页。

② 〔英〕特伦斯·霍克斯：《论隐喻》，高丙中译，昆仑出版社，1992，第103页。

外界所动。这些特征是从长城的具体形态中引申出来的隐喻意义："孤独"是"它默默无言地爬上一座座山峰又滑入深深的谷底"这句具体的形象化描写隐含的意义；"威严"是由"坚固的方形烽火台，镇守着边关"这句形象化的描写引申出来的……每个精神性含义都有一句具体的形象化描写作为依托，从而把长城的姿态引领到精神性的隐喻世界。除了这些可以在文本中直接找到证据的隐喻意义之外，长城的整体形象也是中国的象征，它的隐喻意义是中国令人敬畏的威严。在这个意义上，长城既是一个审美形象，也是一个文化形象。

反讽也是文学的审美形象诱导文化想象和文化意义的重要方式。反讽"就是表象与事实的对照"[1]，"它们既有表面又有深度，既暧昧又透明，既引导我们的注意力关注形式层次，又引导它投向内容层次"[2]。这种表象与深层内容之间构成了反差和对照。这种反讽现象是构成文学的审美形象的多义性的重要机制，它构成了一个文本、一个审美形象之中的多个视点，读者只有同时看到一个文本或审美形象中存在着相反的视点，才能把握反讽的意义。这恰恰是文学作品的长处，"因为它所使用的语言极易处理人们的话语、思想、感情和信念，因而也极易处理人们的话语与思想之间，信念与事实之间的差别。而这种差别，正是反讽活动的天地"[3]。文学中的这种多种意义的反差对照所构成的反讽是文学审美形象的重要特征之一。在这种反讽之中，读者在领悟到反讽的精妙对照时，可以感受到审美的愉悦。与此同时，构成反讽的若干个不同意义都有文化想象存在。反讽只是反差效果，构成反差的那些内容或意义则可能是文化想象。因此，构成文学的审美形象的反讽把文化想象和文化意义也引渡到文学形象之中。

《在中国屏风上》通过反讽的方式来完成文学形象到文化想象转换成为一大特色。比如《亨德森》一文中描写了一位自称社会主义者的来华英国人亨德森，刚到中国时还说自己不忍心坐黄包车，可是不久就因为自己坐的黄包车错过了一个拐弯路口，而在车夫的屁股上狠狠地踢了一脚。也是这个亨德森，对中国的看法是："你不必去关心中国人。你明白，我们在这

---

① D. C. 米克：《论反讽》，周发祥译，昆仑出版社，1992，第 14 页。
② D. C. 米克：《论反讽》，周发祥译，昆仑出版社，1992，第 7 页。
③ D. C. 米克：《论反讽》，周发祥译，昆仑出版社，1992，第 10 页。

儿是因为他们害怕我们。我们是统治的民族。中国人总得要有主人，而他们总是愿意如此。"① 在这里毛姆运用反讽的手法刻画了一个虚伪的英国人形象，其中包含着两个相反的关于中国的文化想象：一是亨德森作为帝国主义/西方中心主义者对中国的想象，把中国看成是一个需要主人的被统治者；另一个是毛姆把中国作为一个值得同情甚至赞美的乌托邦的中国想象。毛姆的视点是借讽刺亨德森传达出来的，当然，当我们把这篇文章与这本书中的其他文章联系起来，可以证实毛姆把中国想象成一个美好的乌托邦形象是他一贯的稳定的态度。

作者的思想观念对转换的引导

《在中国屏风上》的中国形象从文学形象到文化想象的转换中，毛姆本人的思想观念所起的作用是给作品设定了阅读的指令，为读者的阅读提供了一个基本的理解方向。这并不是说读者就一定要按照毛姆的意图去理解，但是忽视作者的意图也是一个明显的错误。

那么，毛姆希望读者如何来阅读这部作品？他在书的序言中设想的总体指向是："希望这些文字可以给读者提供我所看到的中国的一幅真实而生动的图画，并有助于他们自己对中国的想象。"② 这说明毛姆是想要读者通过这本书想象出一个新的中国形象。这是一个总的理解框架，在这个框架下包括两个问题：一是应该想象出怎样的中国形象；二是如何想象这样的中国形象。就第一个问题而言，毛姆希望读者把中国想象成一个具有东方情调的乌托邦。毛姆在作品中所流露出来的对中国的友好态度和赞美之情，是一个有力的证据。此外，毛姆本人的思想状况和性格特点也提供了有利的佐证。首先，他内向孤僻的性格使他具有逃避西方社会的心理倾向。毛姆自幼父母双亡，由伯父抚养，加上他严重口吃，在学校备受同学欺负，形成了内向、孤僻、敏感的性格。他在自己重要的作品（如《人性的枷锁》《月亮和六便士》《刀锋》等）中都表现出了对自由的精神世界的向往。他也是一位喜爱旅行的作家，有大量的作品写世界各地的生活（如短篇小说集《叶之震颤》等）。因此，不妨说毛姆的心里一直有一个乌托邦世界，这

---

① 〔英〕毛姆：《在中国屏风上》，唐建清译，江苏人民出版社，2006，第44页。
② 〔英〕毛姆：《在中国屏风上》，唐建清译，江苏人民出版社，2006，第3页。

个世界不在西方，而在东方，在一个远离给他带来痛苦的西方世界的地方，而中国是他心中乌托邦世界的一个缩影。其次，毛姆虽然以一种孤僻的尖刻来剖析人性，但他又有着强烈的同情心和正义感，这是他内心之中有一个美好的乌托邦世界的思想基础。他对人性的冷酷解剖没有熄灭他内心深处的人道主义情怀。在第一次世界大战中，他曾参加了火线救护伤员的工作，后来到英国情报部门工作。他虽然因作品的畅销赚钱而受到批评家质疑，但他却设立了基金会为有困难的青年作家提供资助。这些思想观念和行为，都说明毛姆是一位真正的具有人道主义情怀的知识分子。他对中国的同情和友好态度是有思想基础的，毛姆的性格和思想状况为读者理解《在中国屏风上》中的中国形象提供了一种主导性的符码，指引着理解的方向。

就如何想象出乌托邦中国形象而言，毛姆设置了特殊的转换方式。首先，毛姆设立了一个以独特个性为指向的审美标准。他写的是一个异国题材的文学作品，以欣赏的态度来描写那些与西方不同的事物，这就为化解西方中心主义的价值标准提供了可能。当然这种欣赏不是猎奇，而是对西方主流社会生活的一种批判性逃避。毛姆在书的序言中就说："有时，自然是偶尔，你会遇见一个与你过去认识的完全不同的人，这种令人兴奋的经历无疑十分难得。……如果你爱研究人性，你会为此兴奋异常，你觉得与他交谈会给你和聆听伟大音乐作品有同样的愉悦感。"① 毛姆设定的这个欣赏的标准把读者对文学形象的理解引向了对社会和文化的独特性的认同。文学形象的鲜明个性在毛姆这里不是停留在无功利的审美欣赏领域之中，他之所以塑造出鲜明独特的个性，原因不仅在于一种纯粹的文学技巧、手法，而且也在于一种文化差异。这个标准实际上打破了文学与文化的边界，把文学与文化融为一体了。其次，毛姆从普遍的共同美的角度来观照中国事物，从而使美的肯定性价值转换到中国形象之中。美本身具有超越差异的特性，这就是美的共同性，不同民族对于某些审美对象会产生共同的审美愉悦。毛姆充分利用了这种共同美的特性来观照中国事物，以欣赏的态度来面对中国事物，发现其中所具有的能为全人类共同欣赏的美的因素，完成审美形象的塑造。这样在把中国事物作为审美对象的同时，文化意义上的中国形象也得到了肯定。审美形象当中所包含的善与真、合目的性与

① 〔英〕毛姆：《在中国屏风上》，唐建清译，江苏人民出版社，2006，第 2 页。

合规律性的统一、人的本质力量等肯定因素都转换到文化意义上的中国形象之中。这些肯定性的价值因素主要有两个方面：一是自然之美，毛姆在描写中国的自然山水时，就时常采用对自然进行审美观照的方式，中国的原野、江河、山林、黎明、黄昏都让他陶醉。这些优美的自然风光描写所产生的正面的积极的肯定性价值由于其对象先在地属于中国，因而对于中国形象也产生了正面的影响，中国形象在对自然之美的描写之中被乌托邦化。二是人性之美，毛姆在人性的描写上完成这种转换。人性是人的共同性、普遍性，是人的求真与向善的基本特性。揭示中国事物中所包含的人性光辉，也同样会起到将审美形象转换为文化乌托邦形象的作用，促成从文学的审美形象到文化想象的转变。比如在《江中号子》一文中他从纤夫的号子中听出的是"痛苦的呻吟，是绝望的叹息，是揪心的呼喊。这声音几乎不是人发出的，那是灵魂在无边苦海中的、有节奏的呼号，它的最后一个音符是人性最沉痛的啜泣"①。在这里，作品给人带来的审美感动与对中国人的怜悯与同情交融在一起。值得注意的是那些苦难之中的中国人并没有让人把中国想象成一个贫穷、落后、衰败、萧条的负面形象，因为这种苦难的形象，蕴涵着人性的力量，这些苦难塑造出来的是坚韧、不屈与抗争的中国人形象。毛姆从描绘人性之美到揭示中国人的坚韧不屈，充分调动了人类共同的人性关怀。在这个层次上，审美的价值、人性的力量与中国的正面形象完成了对接与重叠。

社会意识形态对转换的调控

毛姆所描绘的中国形象之所以能完成从审美形象到文化想象的转换，当然不是毛姆本人所能完全控制的。在形象学研究中，形象是一种集体想象形态的表意实践，任何一个能成为"形象"的意象都是一个时代社会大众集体心理的产物，是社会群体共同建构出来的。毛姆所塑造的中国形象从审美形象转换到文化想象是由西欧的意识形态语境决定的，既包括学术著作中严密的学说，也包括大众流行文化中的幻想与抒情。② 正是这些因素直接决定着西欧读者如何阅读毛姆这本书，决定着他们从中读到了什么，

---

① 〔英〕毛姆：《在中国屏风上》，唐建清译，江苏人民出版社，2006，第92页。
② 〔英〕毛姆：《在中国屏风上》，唐建清译，江苏人民出版社，2006，第92页。

也即想象出了什么。

那么，在毛姆写作《在中国屏风上》的时候，西欧的意识形态语境是什么样的？如果用一句话来概括这个时代西欧意识形态语境的特点，那就是西方没落的悲观主义的盛行。至少从 19 世纪末开始，西欧人就已预感到了这种没落。彼得·李伯庚写道："严肃分析社会的人们则看到：工业化带给社会与文化的许多变化，诸如新精英阶层的兴起、大众教育水平的提高、大众消费的增加、'老'的价值与传统的没落，再加上经常的战争威胁，都使人们心理上有一种感觉：灾难几乎难以避免的。"[1] 19 世纪末到 20 世纪初的这种悲观主义思潮和不祥的预感，到毛姆写作《在中国屏风上》的时候经过一次大战的证实而达到了高潮。这个意识形态话语主要包括了四个主要内容：一是相对主义所带来的不稳定、不安全感，这种情绪在先锋派或现代主义文化艺术之中表现得十分明显。在科学领域，1900 年德国物理学家麦克斯·普朗克（Max Planck）创立的量子力学、其后爱因斯坦（Albert Einstein）的一般相对论、物理学家玻尔（Nils Bohr）和海森堡（Werner Heisenberg）的"测不准"理论都产生了意识形态功能，为人们的不安心理推波助澜；而在人文社会科学领域中，弗洛伊德在 1900 年出版的《梦的解析》把人的行为动机归结为无意识心理这个无法控制的领域，以及此前尼采对理性的攻击，法国人古斯塔夫·勒庞（Gustave Le Bon）在《乌合之众》中对大众社会带来的不稳定所做的分析，也都使得西欧人的不安全感雪上加霜。一时间，西欧几乎找不到一块安稳的地方。二是对进步观念的怀疑。启蒙运动建立起来的进步观念是西欧现代性思想的重要内容之一，也正是进步观念推动了西欧在政治、经济、文化、科学等方面持续了几个世纪的发展。然而第一次世界大战给西欧带来的灾难使西欧对这种进步的观念产生了怀疑。罗素就明确说："随着对我们智慧怀疑的逐步增强，人们就会认为，我们称作进步的东西，大部分只是无休止的变化，它并没有使我们向任何所愿望的目标更靠近一步。"[2] 这种对进步的反思是那个时代痛定思痛之后产生的普遍的社会心理，它与那种一切都不确定、不可靠、不

---

[1] 〔荷兰〕彼得·李伯庚：《欧洲文化史》（下），赵复三译，上海社会科学院出版社，2004，第 531～532 页。

[2] 〔英〕罗素：《中国问题》，见何兆武、柳卸林主编《中国印象——世界名人论中国文化》（下），广西师范大学出版社，2001，第 97 页。

安全、是一致的，战争实际上摧毁了西欧几百年来树立起来的以进步为基础的自信。三是对西方文明衰落的认识。相对主义所产生的不安全感，对进步的怀疑与批判所带来的幻灭感，集中到一起形成了对于西欧文明的总体认识，那就是西欧文明的衰落。斯宾格勒在《西方的没落》中所要探讨的主题是对西方没落的拯救之道，也像是一种警示：如果没有一个强权人物出现，西欧的没落将是不可避免的。但是在更多人看来，西欧已经衰落了。正如阿瑟·赫尔曼所说："到 1890 年人们日益形成共识：衰退的趋势，正横扫工业化的欧洲，欧洲在它的激发下出现了一系列混乱状态，包括日益增加的贫困、犯罪、酗酒、道德扭曲和政治暴力。"[1] 这种对西欧文明衰落的总体判断在意象派诗人庞德（Ezra Loomis Pound）笔下变成一个生动的形象："一个老掉牙的婊子。"[2] 而到了第一次世界大战以后，西欧文明的衰落几乎成为笼罩整个西欧的魔咒。罗兰·斯特龙伯格说："20 世纪 20 年代回响着告别欧洲时代的挽歌。"[3] 四是对东方文明的向往。对西欧文明的担忧以及由此引起的不安全感使得人们到西欧文明之外去寻找希望成为一种合情合理的选择。这种选择并不意味着完全放弃西欧文明，实行全盘东方化或美国化，而是要在东方或美国找到对西欧有价值的因素，能拯救西欧文明的济世良方。罗素明确表示："我能够希望，中国，作为对我们的科学知识的回报，将会给我们一些她的伟大宽容与沉思的恬静心灵。"[4] 即使有人不选择中国，他们对于西方文明的逃避也代表了一种普遍的乌托邦心理。不管这个乌托邦存在于何处，它都不在西方。换言之，对乌托邦的想象在西方具有坚实的思想和现实基础。

那么，西欧的这个意识形态语境又是如何促使毛姆的《在中国屏风上》中所塑造的作为审美意象的中国形象向文化想象的乌托邦形象转换的？这个意识形态语境提供了两个至关重要的契机：第一是个人体验扩大为集体想象。在作为一位作家的毛姆所塑造的中国形象中，个人体验是构成这个

---

[1]〔美〕阿瑟·赫尔曼：《文明衰落论——西方文化悲观主义的形成与演变》，张爱平等译，上海人民出版社，2007，第 118 页。

[2] 转引自〔美〕罗兰·斯特龙伯格《西方现代思想史》，刘北成、赵国新译，中央编译出版社，2005，第 445 页。

[3]〔美〕罗兰·斯特龙伯格：《西方现代思想史》，刘北成、赵国新译，中央编译出版社，2005，第 446 页。

[4]〔英〕罗素：《中国问题》，见何兆武、柳卸林主编《中国印象——世界名人论中国文化》（下），广西师范大学出版社，2001，第 98 页。

形象的审美属性的重要因素。正因为这个中国形象中保留了大量的新奇体验和新鲜材料，它才被人们首先看成是审美形象。毛姆本人在书的序言中也强调了自己对这些个人体验的重视："那些文字是在我记忆鲜活的时候记下来的，而如果我将它们精心加工成一个故事，这种感觉就会不复存在。"①但是这些个人体验在意识形态语境之中就会产生超出个人的意义。尽管这些意识形态意义与毛姆本人的体验并不矛盾，但是这些意义已远不是毛姆的个人体验，而是那个时代西欧世界普遍的心理、情绪、观念和愿望。比如《罗曼司》一文中的描写："与我们并排停着的还有六七艘帆船，是走上水的，所以桅杆竖着，船上一片寂静。他们的船工都在熟睡。夜不很黑，虽然有云，但正好满月，然而朦胧月光下的水面，还是阴森森的。稍远处的河岸上，薄雾中的树木影影绰绰。这是一种迷人的景致，但其中又没有什么陌生的，我要寻找的不在那儿。"② 这当然是作者的个人体验，但是放在意识形态语境之中，毛姆个人对于那个美妙瞬间的体验就扩大为西欧人对于一个乌托邦世界的向往。它让西欧人感动，但感动的原因与毛姆个人的感动有所差异（不可否认，毛姆作为那个时代的作家也会受到意识形态语境的影响）。对于西欧的社会大众而言，西欧文明已陷入衰落，进步的信念已然动摇，一切都处于变化不定的状态，在中国还能找到的那片刻的美好感觉就尤其显得珍贵。这是在遥远的乌托邦中才有的一丝温馨，给西欧带来的不仅是对伤痛的慰藉，也是对未来的希望。在这个意义上，毛姆在中国所获得的个人体验扩大到全社会，就成为一种乌托邦，既是审美的，也是文化的。

第二是意识形态话语对形象的征用，审美形象到文化想象的转换其实是文本意义的形成问题，任何一个文本的意义都是在一个它所归属的话语系统中产生的。《在中国屏风上》虽然是一部文学作品，但是在它出现的时代意识形态话语中对于"中国"这个话题的表述不是审美的，而是文化的。"中国"在意识形态话语中是作为一个拯救西欧文明的乌托邦出现的，在这个宏大叙事话语中，毛姆的这部作品不可拒绝意识形态话语对它的征用。它必然被纳入到这个宏大叙事之中，它的审美意义退居第二位，而文化意义突显出来，加入到西欧对中国的言说之中。关于中国的意识形态话语为

---

① 〔英〕毛姆：《在中国屏风上》，唐建清译，江苏人民出版社，2006，第 3 页。
② 〔英〕毛姆：《在中国屏风上》，唐建清译，江苏人民出版社，2006，第 66～67 页。

什么有如此强大的力量，可以征用审美形象，使之向文化想象转换并产生文化意义？因为意识形态话语是对西欧的现实利益的表达，是关于西欧的历史命运和文明发展的重大问题的探索与言说。在西欧受到一战沉重打击的关键时刻，这些重大的问题远比审美欣赏更迫切地需要讨论。尽管美学家会认为审美对于人的存在具有更根本的意义，但是为西欧文明寻找一个切实的出路是更迫切的任务，除非人们能证明审美就是唯一的出路，否则，意识形态话语所讨论问题的现实性和迫切性都会使它有权将审美形象引渡到意识形态话语之中。比如在《恐惧》一文中，毛姆用反讽的方式描绘了一位传教士温格罗夫对中国表面的喜爱和背后刻骨的憎恨。在文章的结尾，毛姆提出了一个对于来华传教士十分粗鲁的问题："要是中国人不接受基督的信仰，你相信上帝会判他们以永恒的惩罚吗？"这等于是在问：如果传教事业失败，你要不要采用其他方式来征服中国人？这位传教士温格罗夫的回答是："福音的全部教导势必让人得出那个结论。没有什么例外，也没有耶稣基督的明白有力的话语使人们可以引证而得出相反的结论。"[1] 这等于是说，我们一定会用别的方式来让中国人得到应有的惩罚！在一次世界大战之后那个特殊的意识形态语境中，西欧人对于毛姆的反讽艺术的欣赏，应该比不上对到底应该如何对待中国这样的东方国家这个问题的思考来得更紧迫。反讽在这里也变成了对温格罗夫这一类人的批判，对于把中国作为一个乌托邦希望所在之地的肯定。意识形态话语就这样渗透到作品的文本之中，征用其中的可以利用的因素，使其产生出意识形态的意义，把文学的审美形象转换成文化想象。

总之，我们把毛姆的《在中国屏风上》所塑造的中国形象放在它所产生的文化传统和时代背景之中加以考察时，这一形象所牵动的既有文本内部的不同层次，也有其他同类形象以及更深层的神话原型。这些因素在文学形象的特性、作者的意图和意识形态语境的共同作用之下，完成从审美形象到文化想象的转化。

---

[1] 〔英〕毛姆：《在中国屏风上》，唐建清译，江苏人民出版社，2006，第32页。

有关跨文化形象学论争的反思

许玉军*

摘要：中国主体性思想构建是一个长时间困扰严肃学者的重大时代问题。跨文化形象学试图通过解构西方中国形象的话语–权力，通过解析世界之中国形象发现中国意义的丰富性，调动人文和社会多学科资源对被宰制的中国思想进行综合治理，迂回式地解决中国自我想象能力、中国主体性思想和中国现代性的构建等问题。跨文化形象学共分三组课题，在进入第三组课题之前，跨文化翻译、全球叙事、政治经济学的历史维度的参照等都是完善该研究的有益探讨，但是困境依旧。或许，首先建构主体性思想的人比建构主体性思想的民族更接近思想的本真。

关键词：跨文化形象学　自我想象　中国主体性思想

Abstract：China's subjectivity construction is a severe problem（an important issue）that has puzzled many serious thinkers for more than a century. The cross-cultural image study aims to deconstruct western discoursive power of China's images, and by analyzing the world's conceptions of China, then to discover the richness of China's image and its implications. By deploying academic resources in the fields ranging from humanities to social sciences, it is to present a comprehensive exploration of Chinese thought which is under manipulation, and to ensure that China is to construct its self-image subjectively and actively along the way of modernity

---

* 许玉军，集美大学外国语学院教师，厦门大学文艺学跨文化研究方向博士生。

building. The cross-cultural image study is formed of three research groups and stages as well. Issues like cross-cultural translation, global narration and political economics are well-discussed before entering the third stage of research, but the dilemma still exists. Perhaps, to shape Chinese mass into a subjective agent is more urgent than to build up a subjective macro-nation at present.

Keywords: cross-cultural image studies self-image construction China subjective ideology

中国现代性始终面临的一个问题是，如何重建中国的思想和价值观念体系。过去的已经过去，未来的还没到来，时代精神陷入焦虑不安中，恰如吴励生所说："我们根本不可能再去重新建立儒学传统的所谓礼乐秩序，也根本不可以继续在摧毁传统所有秩序原理的道路上丢失了我们的文化身份。"① 一百多年以来，我们尝试学习西方，从器物到制度、从制度到思想，从五四经典自由传统到反现代西方的革命传统，从 20 世纪 80 年代的新启蒙到 90 年代的后殖民后现代的批判，我们始终看到的是其中的"矛盾"和"焦虑"。无论是从中国传统资源寻求精神资源，还是全盘西化亦或是暧昧不明的妥协路线，我们都深深地发现焦虑和恐慌深藏在每个追求文化自觉的当代学人的不懈追求中。我们对中国问题认识愈深，焦虑感愈强。

就国内学界而言，学者的立场在启蒙与反启蒙之间摇摆不定，而每一次的摇摆始终伴随着两个参照系：一是中国的现实问题，二是西方的社会思潮。如何摆脱西方的思想控制或者以某种方式吸纳占优势的世界文明成果特别是西方文明成果，拯救中国思想的主体性，让汉语言说思想，一直是中国当代一流学者关注的重大时代问题。被西方学术宰制了的中国思想而逐渐失去的文化信念，是否可以重塑，如何重塑，其中面临的问题和可能的出路是什么，这是摆在学者面前严肃的时代课题。2011 年，吴励生出版了一本书，标题耐人寻味——《思想中国：现代民族国家重建的前沿问题》，其中测绘了中国当代五位学者——邓正来、周宁、汪晖、陈平原、许纪霖——的思想路径。② 吴励生从众多的中国当代学者当中筛选出有代表性

① 吴励生：《思想中国：现代民族国家重建的前沿问题》，商务印书馆，2011，第 1 页。
② 吴励生：《思想中国：现代民族国家重建的前沿问题》，商务印书馆，2011。

的思想者，读者基本上可以从中看到当代中国思想的困境和学者们的思想方式。五位学者基于各自不同的学术背景，从不同角度考察了中国主体思想的重建，有问题，有方法，有路径，但是出路却依旧模糊不定。基于周宁的跨学科、开创性、开放性的形象学研究特性及其目前的困境，笔者试图通过分析他的相关学术理路，思考中国现代性思想的艰难历程，通过对相关商榷的探析，进一步挖掘思想者背后的问题。

跨文化形象学研究的方法、对象和问题

跨文化形象学关于中国现代性思考的路径是围绕中国形象展开的。跨文化形象学研究是跨文化、跨学科的观念史研究。笔者将从它的研究方法、研究对象、研究问题等三个维度来分析跨文化形象学研究的路径。首先，跨文化形象学的研究方法是跨文化和跨学科的，具有非学科的文化研究属性。所谓跨文化，指的是跨越特定国别、民族、文明，在二维空间内展开研究。具体而言，西方的特定中国形象在某段历史时间内是从何源起，如何生成，如何结构，如何演变的。世界的中国形象如俄罗斯的中国形象、印度的中国形象、日本的中国形象、东南亚的中国形象、非洲的中国形象、美国的中国形象、伊斯兰的特定中国形象等如何生成演变，并且如何受到外部文化因素制约的。显然，无论是西方的中国形象，还是非西方的中国形象，都没有摆脱中国与中国之外的跨文化研究阈限，都必须考察中国和中国之外的文化交流、影响、交融的过程和方式。当然，鉴于到目前为止的研究仍然限于域外中国形象分析，中国是以客体在域外中国形象生成中发挥影响力的。所谓跨文化是指不在一国如中国文化范围之内讨论和考察问题，涉及两个或两个以上的文化实体。其主要问题，一是现代性西方如何想象中国；二是现代性过程中的非西方如何在跨文化流动中想象中国；三是谋求现代性的中国如何在西方支配的全球中国叙事面前自我想象。

所谓跨学科，是指域外中国形象研究所依托的文本不是某一类特定的文本如文学文本。它考察的文本类型既有严肃的社会学著作和汉学研究著作，也有虚构的文学作品，其前提只有一个即关于中国的叙事。其中包括新闻报道、游记、传教报告、日志、外交书信、小说、诗歌、戏剧、电影。域外的中国形象研究主要依托这些不同学科领域中的中国叙事，分析其中关于中国的话语如何结构，如何分配，如何传播，如何流动，是多学科中

的一件"织品"。这种跨学科跨文本的研究由于没有传统学科规范的限定，论者只能依靠明确而清晰的问题，借助于史学的时间维度和界定清晰的概念体系领文本，指向问题。所以，这里的跨学科不是通常意义上的某两个学科之间的交叉研究和比较研究，它几乎涉及所有的现代人文和社会科学学科领域。而这一点特别需要跟比较文学形象学相区别。比较文学形象学研究的是某个文学文本中或者是某段时间内或者某一类文学文本中的他国形象。比较文学形象学研究的依托文本仅限于文学。跨文化形象学研究是没有学科的问题，而比较文学形象学是没有问题的学科。鉴于目前中国学术领域中特别流行的"跨文化"套语，我们有必要厘清这里的跨文化研究是有特定内涵的，有明确的问题指向和语境。其他特别常见的还有"跨文化交际"研究，该研究的重点在不同语际间的翻译，侧重翻译理论的技术层面，多设置在外文系。时下，跨文化研究有时只是一个噱头，甚至只是一种学术时尚，没有明确的问题指向。

其次需要说明的是跨文化形象学的研究对象是中国形象。它首先强调的是"形象"，所谓形象既不能完全定义为虚构也不能定义为知识，其中参杂不清的模糊灰色地带恰恰是形象的含义所指。中国形象不同于中国观。中国观假设域外的中国形象是真实的、可靠的，它呈现的是关于中国的"知识"，相区别于想象或话语。跨文化形象学有两种知识立场：一是现代的、经验的立场；二是后现代的、批判的知识立场。① 跨文化形象学中的中国形象不问域外中国形象的"真实"或"失实"，无所谓客观或主观，仅仅是域外文化对中国的表述，其自身有生产和延续的意义。这一点区别于西方汉学研究和中国研究。传统的西方汉学研究和现代的中国研究假设它是一门严肃的学科和知识体系。② 域外的中国形象研究或者以地区为单位如西方的中国形象或者伊斯兰的中国形象，或者以国别为单位如印度的中国形象或者日本的中国形象。不同地域文化或国别的中国形象形成了世界的中国形象，它们各自关于中国形象的互渗和流动构成了全球化的中国形象网络。它们考察的是各自文化实体在特定历史时期内出于自身的文化现状对

---

① 周宁：《跨文化研究：以中国形象为方法》，商务印书馆，2011，第20～21页。
② 西方汉学起源于地理大发现时代西方传教士的著作，1814年法兰西学院开设汉语讲座，标志着汉学作为一门学科出现。二战之后，美国兴起"中国研究"，以费正清为代表的中国专家不仅研究当代活的中国，而且具有明确的时事政治意识。（参考周宁的《跨文化研究：以中国形象为方法》的附录《汉学与汉学主义》）

中国形象的生产与传播。其中反映的是这些文化本身在特定时期内的焦虑和欲望以及它们所处的现代世界文化角力中的地位。因此，域外中国形象的研究对象是中国形象，但反映的却是域外各个文化实体本身的问题。

再次需要说明的是跨文化形象学研究的终极问题。跨文化形象学研究有不同层面的问题，首先是西方的中国形象背后的话语霸权和形塑力问题，其次是世界之中国形象背后隐藏的西方话语霸权和控制问题，最后才是中国在西方的"自我认同和异己分化"的文化张力面前如何想象自我的问题。三个问题层层推进，凸显研究者试图摆脱西方话语霸权重塑中国形象和文化自信的战略意图。尽管域外中国形象研究反映的是各个文化实体本身的问题，但是这些域外中国形象是在论者的意志支配下展开的，都是围绕中国形象展开的，其最终的指向是中国参照世界的中国形象如何想象自身。自从中国传统文化信念被撕裂之后，我们一直面临的问题是如何重建中国的文化自信，指向中国的文化自觉，其现实意义是中国的和平崛起和地缘政治及地缘经济关系的设想。西方的中国形象研究和非西方的域外中国形象研究都只是跨文化形象学的"铺垫"和"剧前故事"。没有中国形象的自我想象和设想，这一出戏剧就没有高潮，而高潮的到来不可避免的就是冲突，冲突直接指向的对象就是西方文化对中国形象的形塑力。中国对自我形象的想象和域外叙事中的中国形象特别是西方的中国形象之间的错位和误解是绕不开的课题。中国既放不下自我想象的权力，当前又没有能力自我想象；既不愿意接受西方思想的宰制，又不能提供自己的思想，这是问题的症结。李泽厚说，当前中国缺少的不是理想社会，而是社会理想。① 跨文化形象学的终极问题就是中国的文化自觉和现代性构建，其现实意义是构建起与其经济和政治大国相匹配的文化支撑。

跨文化形象学研究的现状

跨文化形象学研究包括三组问题：（1）西方的中国形象作为一种知识与想象体系在西方文化语境中生成、传播，以一种话语力量控制相关话题并参与西方现代性实践的问题；（2）世界的中国形象与全球化的中国形象网络形成，与此相关的是西方的中国形象的跨文化霸权以及不同国家地区

---

① 李泽厚：《小步走，慢慢来》，参见网页 http://www.aisixiang.com/data/58615.html。

的中国形象中流露的"自我东方化""自我西方化"的问题；（3）域外的中国形象，主要是西方的中国形象，影响或塑造现代中国的自我形象或自我想象，中国自我形象认同的"自我东方化"与"自我西方化"如何影响中国现代性文化自觉与文化重建的问题。① 该三组问题相关相连，直接指向中国的文化自觉，即中国主体性思想的构建，其终极问题是中国的现代性。在中国经济迅速发展壮大和谋求政治大国的当下背景下，中国的域外形象和自我想象有着重大的现实意义。

　　跨文化形象学的三组问题，周宁已经完成了前两组。2006 年出版的《天朝遥远：西方的中国形象研究》（以下简称为《天朝遥远》）是跨文化形象学研究的奠基性著作。它的开创意义不仅在于跨文化形象学研究本身，而且在当前中国学界的启示和标杆作用上也算一件大事，它的划时代意义在未来将会逐渐凸显。余虹曾经说：在当下生产理论的时代，我们却没有理论。而吴励生说周宁是个极为难得的例外。② 《天朝遥远》讨论的是西方关于中国形象的生成、延续和运作模式。研究的时间阈限上启 13 世纪下至20 世纪前后共 700 多年的西方的中国形象的生成和演化历史。以约 1750 年前后的欧洲启蒙运动完成的现代性为中心，将西方的中国形象分为启蒙运动高潮之前的"大汗的大陆""大中华帝国""孔夫子的中国"和启蒙运动完成之后的"停滞的帝国""专制的帝国"和"野蛮的帝国"等多个类型。论者进一步将这些类型抽象为"乌托邦"和"意识形态"两个原型，其中揭示了西方文化的话语霸权和西方现代文明的结构张力。在需要借助于外力达致摆脱内部中世纪宗教压迫从而孵化现代性时，将中国想象且美化为"乌托邦"（现当代左翼势力作为一种策略又将中国美化为"中国情调"或"红色圣地"，也是"乌托邦"的原型衍生出来的类型）。而在完成现代性的后启蒙运动时又将中国丑化或者妖魔化为"意识形态"的各种变体。周宁从西方的中国形象提出问题，在西方现代文明精神结构上分析问题，借用后现代和后殖民理论解构了西方关于中国形象话语背后隐藏的权力结构。③

　　如果跨文化形象学研究的终极目的是以专业的学术方式应对中国当代

---

① 周宁：《跨文化形象学：当代中国文化自觉的三组问题》，《厦门大学学报》2008 年第 6 期。
② 吴励生：《在他者的意向关联性中重新建构主体性中国形象——世界秩序原理的批判性解读：关于周宁〈天朝遥远：西方的中国形象研究〉》，《社会科学论坛》2008 年第 11 期。
③ 周宁：《天朝遥远：西方的中国形象研究》，北京大学出版社，2006。

的重大问题即中国摆脱西方话语霸权展开自我想象和思想自身以及最终构建现代性，那么《天朝遥远》的研究起点的设置就是有问题的，即为什么只研究西方的中国形象而不研究非西方如非洲的中国形象，其中有欧洲中心论或者西方中心论的嫌疑。这就是为什么展开域外中国形象和世界中国形象研究的动机，这也是跨文化形象学研究的第二组课题。2007 年周宁主编的《世界之中国：域外中国形象研究》便是这方面的初步尝试。其中包括他本人撰写的西方的中国形象，以及其他相关学者撰写的俄罗斯的中国形象、日本的中国形象、印度的中国形象、东南亚的中国形象。① 可能是觉得这样研究的篇幅不够，或者涉及的域外文化实体不够全面，他随后组织了世界之中国形象研究，于 2010 年出版了八卷本的世界之中国形象的研究。周宁这样研究的目的是在世界不同区域和文化实体内发现中国形象的差异性和丰富性，其背后隐含的第一个动机是为中国现代性自我认同和构建作更为全面的铺垫，其背后隐藏的第二个动机是对西方文化霸权话语的解构和摆脱的努力。2011 年，周宁又出版了《跨文化研究：以中国形象为方法》，清理了跨文化形象学的观念和方法，亲自研究并撰写了特别有代表意义与中国地域相邻、文化关联的三个国家即俄罗斯、印度和日本的中国形象。②

　　如果说西方的中国形象研究揭示出来的问题是西方对中国的文化霸权话语问题，那么世界的中国形象研究尽管带有解构西方话语霸权的动机但仍然有西方话语控制的影子。一如周宁所说，如果世界的中国形象是一面多棱镜，这个镜子总是闪耀着西方之光。非西方的中国形象除了各自民族自身的文化资源外，还要相互参考特别是参照西方的中国形象话语模式进行中国叙事。俄罗斯的中国形象不在于它与中国的关系而在于他跟西方的关系，它关于中国形象的好坏取决于它跟西方关系的远近；印度与中国曾经共享一个佛教文化圈，它的中国形象冷漠而无常，不在于它的敌意而是随意，西方总是一个重要的参照；日本曾经同中国共享一个东亚儒家文化圈，而现代以后却忙着"脱华入欧"，"入欧"便是"脱华"的动机和理由。这一切将直接影响中国形象的自我想象和文化反思。周宁通过自己以

① 周宁：《世界之中国：域外中国形象研究》，南京大学出版社，2007。
② 周宁：《跨文化研究：以中国形象为方法》，商务印书馆，2011，第 20~21 页。

及相关专家展开的研究，发现西方的中国形象既是世界之中国形象的起点亦是终点。① 这就是西方令人生畏的自我认同和异己分化的文化张力和引力。其文化机制中的包容对立面和自我批判，既可以使自身不断进行新陈代谢，又可以接纳外部文化因子促使自我更新和发酵。这也就是周宁特别感叹的地方，你无法不在西方的思维模式内思想，除非你放弃思想。

指向中国主体思想构建的跨文化形象学研究的论辩

跨文化形象学设置的三组问题，目前已经完成前两组。而进入对中国思想主体性和现代性构建的最关键的第三组问题则显得艰难且没有头绪。这个时候，学者的争论和介入特别可贵，一则可以及早地发现先前的研究可能存在的问题；二则可以提供方法；三则丰富研究的视角。将第三组问题的研究可能存在的前提性疏漏降至最低。解决一个半世纪以来的中国思想软骨病问题需要学者们的共同智慧。

对周宁的跨文化形象学研究，周云龙博士的商榷和质疑可谓恳切而真诚。周云龙博士的质疑分为三点：一是周宁在研究非西方世界的中国形象时，没有关注非西方的本土传统资源的参与，也没有重视前现代时期非西方国家与中国的邻里关系形成的中国形象资源，严谨的推导中回避了非西方对中国形象的重装利用和因地制"义"；二是周宁在研究非西方的中国形象时，其目光始终固执地集中在西方的中国形象，"无重力的西方中国形象在非西方所向披靡，自由自在地在非西方世界飞了一圈后仍然是西方的中国形象，似乎从未与本土接触，没有变异，也没有互动"，从而导致了研究对象的错置，源点即是盲点；三是萨义德式的后殖民批判会导致倒置的"东方主义"共谋，它假设包括中国在内的非西方是沉默的任由西方话语霸权宰制的对象，西方以及西方的中国形象在与非西方发生关联时，由于非西方缺乏能动性而导致西方中国形象的缺席的在场。② 鉴于此，周云龙博士给出的建议是跨文化翻译。他借用本雅明的翻译理论，即翻译者在源语和目的语之间处于"信"和"自由"的两难境地。也就是说翻译者既要忠实于源语的本义，又要在目的语中有创造性的翻译自由，此两者之间形成的

---

① 周宁：《跨文化形象学：问题与方法的困境》，《厦门大学学报》2012年第5期。
② 周云龙：《西方的中国形象：源点还是盲点——对周宁"跨文化形象学"相关问题的质疑》，《学术月刊》2012年第6期。

模糊空间恰恰是可以大做文章的混杂地带。① 那么，中国形象在参与西方的中国形象生产时就不是被动的沉默客体了，而是可以借助于西方本土引力对西方霸权话语的单向宰制进行意义上的爆破。

周云龙博士在指出周宁黑格尔式的论证逻辑时，他本身的逻辑结构也是环环相扣的严谨论证。笔者将就以上质疑进行一一分析，以求从这些辩论中进一步理清其中的问题和本质，趋近理论的成熟。非西方的中国形象的本土资源包括除中国之外的"非西方"民族文化资源和中国的民族文化资源。② 跨文化形象学研究并非没有涉及非西方的民族资源，周宁在选取俄罗斯、印度和日本作为重点研究对象是有用心的，它们与中国地域相连，文化相关，而且这些民族国家在中国的和平崛起中有着重要的地缘政治和地缘经济关联。在不能兼顾全球各个民族国家的同时，这种特别有重点地研究此三个于中国有重大现实意义的国家的中国形象，匠心独运。在分别论述此三个国家的中国形象时，周宁关注了各自不同的特点：俄罗斯思想中的俄罗斯民族天选意识和俄罗斯"神人类"的理想；日本"脱亚入欧"的思想与其地缘政治和民族性格的关联；骄傲的印度文明史和屈辱的殖民史的历史经验导致的民族思想的分裂性状态。这些都是非西方国家在现代性过程中想象中国的各自本土民族资源和历史经验。但这里面的问题是，这样的论述所包纳的各自民族历史文化资源是否充分？这些非西方的文化实体在历史上与西方的关系，与中国的关系，是否得到充分的梳理和关注？其背后的复杂互动、交流、渗透需要在多长的历史纵深处挖掘？但是另一方面的问题是，这样的挖掘有意义吗？挖掘这样的资源和文献需要在这些民族文化历史中寻找，可是当前世界的主要文献是以西语或英语为主的，难道这些文献资源的语种呈现形式本身没有说明西方话语霸权和控制吗？学理上的努力和完备能否回避现代西方话语霸权的现实？

周云龙质疑跨文化形象学将中国形象当作静默的客体处理，没有体现中国文化在跨文化交流中的参与、翻译、渗透和混杂的能动性。我们还得回到跨文化形象学研究的三组问题中去。第一组课题研究的是西方的中国形象，反映的是中国作为文化他者在西方文化的现代转型过程中的功能。

---

① 〔德〕瓦尔特·本雅明：《翻译者的任务》，见陈永国、马海良编《本雅明文选》，中国社科出版社，1999，第 286 ~ 289 页。

② 恰如周云龙博士所说，这里的非西方是为了表述的方便而不是整体化处理；另外，这里的非西方不包括中国，中国将单独表述。

总结性地讲，西方文明在现代性的转化过程中通过将中国乌托邦化以使得欧洲从宗教压制世俗、神性掩盖人性、封建主义压制资本主义的前现代性蜕变为现代性。乌托邦化的中国形象作为一种离心话语构成对欧洲传统文明秩序的怀疑力量。而意识形态化的中国形象叙述是欧洲文明在启蒙运动的高潮中完成现代性的自足叙事中的话语体系。宏大叙事确定了现代欧洲的进步、民主、文明、理性等现代性观念和秩序。意识形态化的中国形象作为负面的文化他者确证了现代欧洲的自我肯定。显然，无论是乌托邦化的中国形象还是意识形态化的中国形象，中国文化都没有"主动"或"能动"性地参与欧洲的现代文明观念秩序的构建。周云龙博士对此的质疑没有错。但是，如果将跨文化形象三组课题比喻为一个大型综合"工程"，那么只有到第三组课题即在西方及世界中国形象的背景下中国如何自我想象这个"子过程"中才最有可能涉及中国元素的参与性和能动性。诚如周宁所言，跨文化形象学的学理没有问题，问题可能出在研究前提上。而"修正"这个假设前提即中国形象作为西方文化被动的"他者"，就应该在最后一组课题中让中国元素"主动和能动"起来。这样的提醒是有必要的。

跨文化翻译的策略能否奏效？翻译、混杂、模糊等都是反写欧洲中心论关于世界观念秩序的欲望的符码化表征。这是一种非常有诱惑力和号召力的无奈之举。"翻译"的欲望本身就预设了某种"结构"和"秩序"存在的前提，跨文化翻译只是试图冲破或者"扰乱"西方关于中国形象在内的世界观念秩序。翻译之前就已经肯定了西方文明的观念秩序，翻译的意义仍然是被动的，解构的，而不是积极的，建构的。这种只有"破"的勇气而没有"立"的智慧的学术欲望是不是恰恰加强了西方关于中国形象"非理性"套话的认知？跨文化翻译可能会引导非西方或中国元素跃进全球化文明的乌托邦间隙空间，这种蒙住眼睛自我鼓励的重新符码化欲望就能无视西方观念秩序的现实压力吗？我们可以进一步追问，如果公共话语空间为那些对话者提供了平台，那么对话本身是需要参与者提供普世价值观念和主体性思想支撑的。所以，这里的矛盾焦点不是翻译欲望本身而是参与翻译和对话的能力和理性。中国思想比"主体缺失"更严重的问题是"思想缺失"，中国现代性精神结构的最大危险是，中国主体正在陷害中国思想。① 在当代后殖民语境的"全球化"和"民族化"的相互牵扯中，如

---

① 周宁：《跨文化形象学：问题与方法的困境》，《厦门大学学报》2012年第5期。

何打造中国思想的主体性而不落入思想边缘或全球学术加工区？这不是我们假装蒙住眼睛就能遮蔽的大问题。翻译不仅仅表现在语言的重新符码化层面上，还表现在逃脱符码化的欲望。欲望与能力的错位很可能将中国引入自大封闭的泥潭和陷阱。

李勇教授试图通过全球性叙事策略削减跨文化形象学中的中国自我想象与西方的中国形象之间的错位与矛盾。根据他的建议，全球性叙事既可以克服西方中心主义，又可以克服民族主义，在全世界各民族共同参与的文化融合过程的"求同"中，各民族文化特质得到"存异"和保留，将全球叙事推进到一个永远未完成的动态的过程当中。① 全球叙事的思维模式和跨文化翻译的模式在本质上是一致的，其区别在于前者占据的是更为宏观的视角，而后者更加侧重具体的学术策略。这种政治正确和道德正确的乌托邦想象，在建构更为包容的求同存异和中国主动参与的世界前景中，让世界接纳中国，让中国融入世界。这与其说是解决中国自我想象的困境的方法，还不如说是提供了一个乌托邦理想和前景。而问题的关键是，我们看到了陷阱，却看不到前景的进路。为了解释全球叙事的内涵，李勇教授特别区别了 cross-cultural studies 和 trans-cultural studies 这两个概念，前者指的是不同文化之间的交际、沟通，包括误解和冲突时对其他文化的判断，后者指的是不同文化的会通融合。而他提倡的就是跨文化的第二层含义即会通融合的全球叙事。有意思的是，汉语对应这两个词只有"跨文化"一意，汉语言说思想的能力在哪？全球叙事，汉语准备好了吗？

王晓平博士充分肯定了周宁先生的跨文化研究为重新建构主体性中国形象打下了坚固的知识基础和理论基础，标志着中国学术思想界目前已经初步建立了自身的学术主体性。在此基础上，他也指出跨文化形象学研究的一些盲点：（1）话语-权力的后现代"唯心主义"模式分析，忽略了政治经济学的历史唯物主义现实参照；（2）关注了前现代中国形象的静态分析，忽略了现当代中国在与西方交流中的主动选择；（3）用后现代部分的西方左翼知识分子的思潮掩盖了西方作为整体的中国形象的全貌。② 王晓平博士

---

① 李勇：《现代中国的自我想象——跨文化形象学的终极问题》，《厦门大学学报》2012 年第 5 期。

② 王晓平：《中国文化主体性与中国人文学术主体性的建立——以周宁的研究为中心的考察》，《文艺研究》2012 年第 10 期。

特别强调中国在跨文化流动中的主动参与，这是有道理的，但是这种主动建构在"历史现实"基础上的假设在学理上是有问题的。跨文化形象学的所有研究前提是建构在"形象学"上，不问虚实，只问形象及其背后的话语权力。如果引进政治经济学上的历史现实参照即现当代中国的主动选择是建构在中国的现实政治经济基础上的，那么这种做法就不是修正跨文化形象学而是颠覆形象学研究了。我们不能在研究西方现代性生成过程中采用话语权力模式的"形象学"研究，而在随后又引入政治经济学的历史阐释。不问"历史"而只关注"话语"文本是所有"后学"的特征，也是经常令人诟病的地方。我们在关注时代的重大问题时，还要注重学理上的专业方式的一致性。当然专业方式也是在不断完善的过程中。这种把周宁从黑格尔变成马克思不一定能解决问题，但毕竟是很有力度的思考维度。

结　论

笔者以为，跨文化形象学的中国现代性思考，无论是跨文化翻译、全球叙事，还是历史现实参照下的中国主动性选择等都是中国思想主体性诉求的表征，都是真诚地学术尝试。这一点可以放置在中国百年来的现代性思想追求的延长线上。针对中国现代思想被宰制的碎片化现状，我们现当代的任何困惑似乎都可能最终指向这一问题。周宁的跨文化形象学所调用的多学科、多文化交叉的学术资源的域外中国形象研究，就是针对中国"自我想象不能"和"主体思想构建不能"的现实的一次"综合治理"。他的思想路径是"迂回"式的，试图揭示那些迫切追求中国文化主体重建，而滑入片面强调"主体"而遮蔽"思想"的陷阱。他在解构西方话语霸权的同时，也指出其精神结构的弹性；在世界中国形象研究中展示中国意义丰富性的同时，也指出了西方话语霸权的流动性和控制性。

当代优秀的学者和思想者基本上都对西方文化和学术体制有深刻的体认，周宁也不例外。周宁跨文化研究的困惑迫使他的精神处于"焦虑"状态。一方面，学术越是入流、专业，他对西方学术批判的机制、方法和思维模式的运用越是自觉，而这种自觉又使其发现西方学术的批判活力和反思精神以及包容对立面的张力，从而使他的思想处于一种变化的互动批判中，他也因此处于思想的活跃和批判的良性状态中；另一方面，他的立场和情感是民族的，对中国思想的"主体性不能"有一种深刻的危机意识。

而这两者使得周宁处于东张西望的游离状态。在前两组课题的基础上，跨文化形象学的第三组课题即中国的自我想象以及进一步的中国主体性思想构建，应当更加注重本土民族资源的参与性和能动性。而这种诉求如何有效地转化为文化自觉和思想自觉而不陷入空洞的民族性诉求，这是需要认真思考的。

西方中心论话语如同系在非西方语境中反写西方中心主义论者脖子上的一个活套，你越反抗，勒得越紧；如同一片沼泽地，你越挣扎，陷得越深。笔者以为，与其紧迫地、激进地追寻中国思想，不如思想中国，思想世界中的中国，然后思想世界，最后只剩下思想本身。许纪霖认为中国只有"民族"的外壳，而没有民族思想的"实"。① 也就是说我们有民族思想诉求的强烈欲望，却没有民族思想的实质内容、方法和路径。中国现代性问题的关键在于有多少人在问题的背后真诚地思想，而这样的思想是否可以有效地流通，公共文化平台该如何铸就，让理性批判获得宽容，得以传播，让批判者的思想成为大众的共识，形成合力，构建主体性的人和主体性社会。这种技术性地淡化民族意识，强调学者的主体性，鼓励思想的独立性和批判性，可能比鼓动"中国主体思想"更趋近学术品格，更趋近思想的本来意义。当代学者们面对现实问题的真诚批判已经预示着这方面的曙光。

---

① 许纪霖：《当代中国的启蒙与反启蒙》，社会科学文献出版社，2011，第 171～176 页。

专题三

空间阅读

主持人语

陆　扬

　　空间是什么？它是拜上帝所赐吗？若是，上帝创造空间的时候，他本人又在怎样的空间里？或者，就像时间那样，空间不过是人类认知能力的构想，就像康德哲学喻示的那样？无论如何，当空间替代现代性中的时间，成为后现代文化的热门话题时，它毋庸置疑的社会性愈益彰显了出来。换言之，空间是一种社会建构，社会亦是由空间建构的。列斐伏尔鼎力推广的社会空间，绝非仅仅是一个隐喻。本专题的四篇文章，陆扬的《空间与城市》讨论了当代城市空间演变引出的一系列问题。张岩冰的《福尔摩斯在纽约》分析了正在热播的美国电视剧《基本演绎法》，从城市、人物关系、性别与种族四个层面，展示了该剧"开放而丰富"的文本空间。刘芊玥的《耽美小说和女性阅读空间》褐橥一个典型的性别空间，作者认为耽美小说凭借自己无与伦比的想象性、浪漫性、抒情性、狂欢性，为女性开拓了一片自由天地。蓝国桥的《康德美学中国阅读的空间演进》阐述康德美学从本土语境"脱域"之后，如何再一次"嵌入"中国的社会空间，是理论旅行空间轨迹的一段写真。空间是什么？由是观之，它并不是玄之又玄的形而上学，它总是谦卑地蛰伏在我们的日常生活里。

空间与城市

陆 扬[*]

摘要：列斐伏尔的社会空间蕴涵了各种社会关系，但它们究竟又是一些什么关系？以列斐伏尔本人的休闲空间为例，它被认为是超越了社会与精神、感性与理论的分界，故具有革命性。假如说空间在社会关系中布局，多少流于抽象，那么地方以面对面的直接交流为其特征，应是多了一丝温情。由此来看城市的空间性格，意味深长。马克思曾把城市看作资本主义生产力大解放的产物，同时又视其为充满贫困和冷漠的藏污纳垢之地。城市的空间迁徙变化莫测，莎朗·佐金倡导的公共空间私人化，本雅明当年的拱廊街批判成为今日小资的时尚读本，都给人物是人非的感慨。

关键词：空间 列斐伏尔 玛赛 城市 佐金

Abstract：Henri Lefebvre declares that his social space embodies a variety of social relationships. But what relationships are they? Take Lefebvre's "leisure space" as an example, it tends to surmount divisions between social and mental, sensory and intellectual, therefore it is revolutionary. In city, the relationship between space and place means a confrontation as well as interaction between abstract globalization flows and face to face local communication, therefore the urban space character is quite meaningful. For Marx, city is both the product of great liberation of capitalist production forces and slum for poor and criminals. However, the change of

---

* 陆扬，复旦大学中文系教授、博导。基金项目：国家社科基金 2011 年度项目"马克思主义文化理论发展研究"，项目编号：11BS016。

urban space is unpredictable. It witnesses how Sharon Zukin plea for privatizing public space, and Walter Benjamin's sharp critique of "passages" in Paris become a hot reader for petty bourgeois today, which makes us sigh with emotion that all the things are transformed.

Keywords: space Lefebvre city Massay Zukin

社会空间

什么是空间？什么又是社会空间？今天举凡讨论空间，特别是空间的后现代社会属性，亨利·列斐伏尔 1974 年出版的《空间的生产》，依然是论者言必举其为证的不二经典。该书第一章第八节说，空间本来是一个想当然的概念，就像某个公寓里的一间房，街道的一个角落，或者市场、购物中心、文化中心、公共场所等等，不一而足，它们都是在日常生活话语中定义出了个性独特，然而你中有我，我中有你纠缠在一起的不同空间。通而论之，它们的一个共同名称，不妨说就是社会空间。

社会空间是社会的产物，这看上去又是一个天经地义的命题。不过在这个想当然命题的背后，列斐伏尔指出，要弄清楚它的来龙去脉和深层底蕴，实际上殊非易事。比如很多人还是觉得要承认在当代生产关系中，空间就像商品、货币和资本推动的全球化进程一样，具有切切实实的现实性，多有困难。所以光有理论不足为道，理论需要论证。围绕社会空间的属性，列斐伏尔提出了一系列问题：

> 此一空间是抽象空间吗？是的，不过就像商品和货币是真实的一样，它也是"真实"的，是具体的抽象。那么它是具体的吗？是的，虽然具体的方式不同于一个物体或一个产品。它是工具性质的吗？毫无疑问，不过，就像知识，它超越了工具性的边界。它可以还原为一个规划吗？就像知识的一种"物化"？是又不是：产品中被物化的知识已不复同步于理论状态的知识。倘若空间蕴涵了各种社会关系，它又是如何蕴涵，且为什么要蕴涵这些关系？这些关系究竟又是一些什么关系？①

---

① Henri Lefebvre, *The Production of Space*, trans. Donald Nicholon-Smith, Malden: Blackwell, 1991, p. 27.

　　要逐一解答这些问题，那就说来话长了。事实上这也是列斐伏尔写作《空间的生产》这本专著的一个宗旨。

　　列斐伏尔本人提出过一个"休闲空间"的概念。从中我们或者可以举一反三，进一步窥探他的社会空间思想。《空间的生产》指出，对于资本主义既定秩序来说，有一类非常规空间，它们乍一看来是寄人篱下，带有附庸性质，可是仔细看下去，就可以发现它们无一不具有毋庸置疑的生产性，足以让"改良"与"革命"之间的一切壁垒不攻自破。休闲就属于这样一种空间。在此种空间里，消费者可以感觉到，他们身上发生的任何一种细微变化，都足以撼动他们肩负的整个生产关系。

　　相对于资本主义世界占据主导地位的"生产空间"，列斐伏尔指出，"休闲空间"仿佛是处在可有可无的边缘从属地位，故而它不过是游戏的空间，或者说，构成了一个巨大的"反空间"。但这其实是误解，因为休闲并非传统所释，是劳动的异化，而事实上不论是劳动还是休闲，它们都是作为整体的特定生产方式的总体秩序的有机组成部分。休闲曾经是工人阶级的宠儿，它表现为带薪假期、周末假日等形式，转化为工业生产这一主导空间的延伸部分。这就决定了资本主义制度下的休闲空间，其功利是非常明显的，包括促进人口再生产的家庭结构，一切都安排得井井有条。故而休闲空间说到底是体现了新资本主义的胜利，显示了资产阶级独霸一切社会空间的雄心壮志。

　　但是，列斐伏尔偏偏在休闲空间中读出了"革命"。他认为首先身体就会起来造反。他举了个海滩的例子。列斐伏尔认为海滩是人类在自然中发现的唯一原生态娱乐空间。感谢造物主的恩赐，海滩上充满性诱惑的香艳场景一下子把我们的五官感觉刺激起来，身体在这里完全放松，跟它在劳动空间里的紧张状态判然不同。简言之，身体在这里成了"全面的身体"（total body），冲破了劳动分工带给它的时空束缚。在这一场景中，用古典哲学的术语来说，身体便是倾向于直接视自身为"主体"和"客体"，而不仅仅是"主体性"和"客体性"的载体。正因为在休闲的空间中，生命的内在感性节奏被充分释放出来，列斐伏尔指出，即便今天拟像流行，符号流行，处处在以假乱真，即便休闲中的身体有可能忘却本能反其道行之，比如说，沙滩上忽略裸露异性的诱惑，仅仅去凝神观照无边沧海，落日夕阳，休闲也永远是一个欲罢不能的革命性的社会空间。列斐伏尔指出：

休闲空间趋向于超越分界——可是它不过就是一种趋向、一种张力、一种"使用者"寻找出路的僭越——超越社会与精神的分界、感性和理性的分界，以及日常生活与非凡时日（诸如节庆）的分界。[①]

所以在列斐伏尔看来，休闲空间就像波澜不惊的日常生活，和我们平日里很少关心的自己的身体一样，在更深的底蕴中酝酿着革命。因为说到底，它是以劳动为中心的传统空间和以娱乐为中心的潜在空间当中的一架桥梁，是社会空间种种矛盾纠结形式的一个缩影。它仿佛是寄生在劳动空间之上，是前者的延伸，可是它愉悦我们的天资，为我们开出了一片充满了希望的新天地。

古希腊语中"休闲"或者说"闲暇"，与"学堂"同出一语，都为 skole。它意味着学习就是休闲，休闲就是学习，两者相辅相成，应可互为目的。故而假如把休闲定位在劳动的补充上面，它充其量只能扮演一种"改良"的角色。用布尔迪厄的术语来说，这样一种休闲空间肯定是属于低下"趣味"一类。在他的名著《区隔》中，布尔迪厄这样描述工人阶级的休闲生活：

> 他们开着雷诺 5 和西姆卡 1000，假日里面加入堵车大军出去远足，在主干道边上野餐，在本已拥挤不堪的野营地再撑出帐篷，一头扎进文化产业工程师们给他们预先设计好的各种休闲活动。[②]

在布尔迪厄看来，这些毫无想象力的休闲方式，最终显示的还是无可救药的阶级分歧，换言之，工人阶级只配享受他们粗鄙习性带来的粗鄙生活方式。甚至，下饭馆对于工人阶级来说也成为难得的休闲。据《区隔》提供的统计数据，51% 的农场工人和 44% 的产业工人，可能从来就没有进过饭店用餐，而这个比例在上层阶级当中只有 6%。所以不奇怪，工人阶级走进餐厅，通常会点一盘实打实的菜肴，或者要了乳酪又要甜点，而不大

---

① Henri Lefebvre, *The Production of Space*, trans. Donald Nicholon-Smith, Malden：Blackwell, 1991, p. 385.

② Pierre Bourdieu, *Distinction：A Social Critique of the Judgement of Taste*, trans. Richard Nice, Cambridge：Harvard University Press, 1984, p. 179.

会光顾一般年长一些的管理阶层喜爱的酣畅烧烤。总而言之，是以丰盛来补充日常生活的匮乏，以放纵来补充日常生活的诸多限制。

布尔迪厄主张社会学家走进厨房，故致力于从食物结构来分析知识阶层与工人阶级的趣味差异。他发现白领阶层在面包、猪肉、牛奶、乳酪、兔肉、鸡肉和干燥蔬菜方面的消费比蓝领要低一些；在牛羊肉上的消费持平；在鱼类、新鲜蔬果和开胃酒方面的消费，稍许高于更钟情葡萄酒的工人阶级。同时在文化和休闲活动方面的支出，白领较蓝领要多，但是差距并不明显。在文化和休闲的空间里，布尔迪厄指出，事实上不同阶层的消费群体，可以决定商品的不同地位。商品客观上是跟消费者的社会地位同步的，因为它们在各自的空间里面，大体是处在相同的位置，不论这空间是商店也好，影剧院也好，报纸也好，杂志也好。但即便如此，主导文化的影子也是无所不在，涵盖了包括衣着、体育、饮食、音乐、文学、艺术等在内的一切文化实践领域。在布尔迪厄看来，这里的关键词还是"趣味"。虽然，艺术和文化消费本身并不生产阶级不平等，但是物以类聚、人以群分，人们正是在文化和休闲消费中彰显出自己的阶级符号，有意无意完成了社会秩序的再生产。换言之，无孔不入的权力阴谋同经济和政治力量联手，在社会空间中完成了趣味不平等的合法化功能。

空间和地方

空间和地方是近年空间理论中两个大体对峙的概念。前者可以指全球化流动不居的金融和精英空间，也可以泛指无限广延的大空间；后者所指可以是裹足不前的地方文化，也可以是空间分析的专门个案。虽然，列斐伏尔本人没有在《空间的生产》中就这两个能指作过专门分析，但是近年流行的包括大卫·哈维、曼纽尔·卡斯特尔，以及爱德华·索亚等人的相关论述，依然是源出列斐伏尔的社会空间思想。我们可以来看英国空间理论家多琳·玛塞近年围绕空间和地方的大量论述中，是如何进一步强化空间社会属性的。玛塞在其文集《空间、地方与性别》中，开门见山描述了空间和地方的传统认知。她指出，空间和地方这两个语词具有悠久的历史，意义也错综复杂，盘根错节交织着我们的日常生活。具体来说：

"空间"可能使人想起没有生命的混沌领域，表现出同时态和多元性。它可以用来指结构主义者们的那些共时性系统，或者用来描述 n 维度的身份空间。地方亦然，虽然它或者更要连贯一些，可以唤起一幅图像，显示人在世界中的位置，显示"一个家园"的美好深层意义（不过我们会看到，它有时候并不美好）。①

但是空间当然不是静止的惰性的空旷容器，玛塞更愿意重申空间与社会的相互勾连。秉承列斐伏尔的社会空间思路，玛塞认为空间是一种社会建构，反过来社会亦是由空间所建构。故空间不是静态的，而是动态的，可以说是各式各样流动不居的社会关系，构成空间纵横交错的"权力几何学"。而假如说空间在社会关系中布局，多少流于抽象，那么地方以面对面的直接交流为其特征，应是多了一丝温情。但是即便地方，一样可以交通空间，卷入你来我往的政治旋涡之中。比如性别空间。

性别空间并非不可思议。性别是自然生成也好，还是如后现代性别理论主张的那样，是社会与文化建构而成也好，它同空间，甚至空间与地方的命题，并非只有隐喻意义上的联系。玛塞指出，性别关系是随着空间的变化而发生变化的。西方古典性别空间长久被一分为二，一边是家庭，一边是工作场所。这两个地方分别被标志为私人空间和公共空间，但究其实质莫不是性别歧视。先者的性别是女性，后者的性别是男性。这种性别差异无疑是我们再熟悉不过的，正如人们所谓的女主内，男主外。但是，玛塞却因为两性在社会价值判断上不能等量齐观、男尊女卑的倾向过于明显而感到愤愤不平。家庭作为妇女无偿劳动抚养孩子的私人空间，它意指的是关爱、体贴一类次等价值，反之工作场所作为男人有偿劳动的公共空间，它的内涵是坚毅、团结、踏实一类优等价值。玛塞谈到她幼年时，家乡的洪泛滩涂如何成为男孩子们的嬉戏玩耍场地，她一个女孩子如何被排斥在外。幼年的玛塞没有进入男孩子们的游戏空间，她去博物馆打发了孩提时光。即便在博物馆，她发现自己的位置与男性也是不一样的：对于男性，去博物馆是为了观看裸体女性的图像。时至今日，板球、橄榄球和足球都是典型的男性空间，女性参与者寥若晨星。更可怕的是，有一些街区、公园和酒吧，单身女性进入极不安全，特别是在夜间。

性别空间的地图近年来多有变迁，虽然传统格局依然如故，但变化是

---

① Doreen Massey, *Space*, *Place and Gender*, Cambridge: Polity Press, 1994, p. 1.

巨大的。就家庭这个最典型的私人的女性的"地方"而言，《一个叫做家的地方》一文中，玛塞转引美国著名非洲裔女性主义批评家贝尔·胡克斯的一段话，说明在隔膜和异化益深的现代社会里，家庭的意蕴应与时俱进：

> 家庭不复是一个地方，它是交织一体的许多方位。家庭是激发不同视野且促使它们常新常异的地方，这里我们能发现新的方式来观察现实和差异的新领域。我们直面生活的分崩离析，将之视为世界新秩序建构的一个部分，这个秩序将更为充分地揭示我们在哪里，我们能成为怎样的人……①

玛塞对此的评价是，像家庭这样极具亲和力的地方，本身是社会关系不断变化之流动空间的产物，过去是这样，现在也是这样。应该说玛塞的估计并非言过其实。即便今天我们依然愿意把家庭定义为一个私人的女性的空间，女性在这个空间中的地位和价值取向，很显然已经今非昔比。比如女性从被动的被观看对象，一如玛塞的博物馆体验，变身为今天的主动观看者。而这一趣味的变迁，直接导致文化产业这个男性世界的模式转换。当女性甚至不满足在屏幕上顾影自怜的时候，同性恋模式替代俊男美女的传统搭档，也就成了电视剧赢取今日票房的一个必然选择。空间与地方的互动因缘，其实远超过了我们的想象。

城市的空间迁徙

假如认可空间是社会关系的一种建构和物化，渗透了文化的实践，我们不妨以城市为地方的个案，来进一步探究空间与地方的互动联系。城市研究涉及今日如火如荼在全球铺开的都市化问题，它同社会学的兴起关系密切。澳大利亚文化研究学者克里斯·巴克在其《文化研究：理论与实践》一书中，就认为涂尔干、马克思和韦伯这三位社会学的"先驱"，都是喜忧参半，视都市化为资本主义工业化的大势所趋。涂尔干希望都市生活能为

① Bell hooks, Yearning: *Race, Gender, and Cultural Politics*, London: Turnaround, 1991, p. 148. See Doreen Massey, *Space, Place and Gender*, Cambridge: Polity Press, 1994, pp. 171-172.

创意、进步和道德新秩序提供空间，同时又担忧它太多诱惑，导致道德失范堕落；马克斯·韦伯希望都市生活是现代工业民主的摇篮，同时又推波助澜滋养工具理性，变成官僚机构的"铁屋子"；马克思，则一方面把城市看作资本主义生产力大解放的产物，一方面又视其为充满贫困和冷漠的藏污纳垢之地。这使我们想起《巴黎手稿》中马克思劳动创造了宫殿，但是给工人阶级创造了贫民窟的著名论述。马克思本人在《神圣家族》中对19世纪法国作家欧仁·苏小说《巴黎的秘密》的细致分析，无疑深深浸润在这一批判视野之中。他们对于19世纪都市生活的这一疑惑，很显然，也正是对于伴随工业文明诞生的现代性的迷惑。

巴克介绍了芝加哥学派的都市社会学理论。1892年，芝加哥大学成立之初创建了世界上第一个社会学系，嗣后形成的芝加哥学派在都市规划中的主要地位，在开创玻璃立面等简洁独特风格的同时，致力于用"科学"语言来发掘都市生活的潜在法则。这个学派的代表人物之一，曾任美国社会学学会主席的厄内斯特·伯吉斯，即把城市比作一个不断适应环境进化，处心积虑以求生存的有机体。这可以说是一种典型的功能主义的"都市生态"，它有似弱肉强食的丛林哲学，导致城市的条条块块竞争跻身中心区域，盛极而衰、物极必反，直到达成新的平衡。本着这样一种功能主义生态理念，伯吉斯的城市规划构想，是以一个高度集中经济、金融和文化资源的中央商务区（CBD）为核心，逐步向外环延伸，每一环担负起不同的功能。要之，从CBD出发，典型的景观首先是一个过渡区域，其次是工人阶级的居住区，再往外是富人的豪宅区，然后是轨道交通连接的卫星城地带。这个以CBD为城市发展中枢的现代都市生态，直接源于芝加哥的本土经验。

芝加哥1871年毁于大火，原先多为木结构的中心城区被熊熊烈焰吞噬殆尽。灾后芝加哥的城市重建素为业界称道，世界上第一栋采用钢构架的高楼即诞生于斯。站在波光粼粼、一望无际的密歇根湖畔，回头仰望如童话积木般层层叠叠竞相上升的摩天高楼，视觉上的震撼会让我这个上海人不由自主联想到黄浦江边的外滩。外滩是上海的骄傲，幼年老师教作文开篇，一个典型例句就是"你到过外滩吗？假如你没有到过外滩，就没有到过上海"。可是在陆家嘴这个全新的CBD崛起之前，在横亘天涯的密歇根湖边联想外滩那些殖民主义留下的遗产，就有一种小巫见大巫的感觉。2000年哈贝马斯访问上海，作为是时的东道主，哈贝马斯除了神秘兮兮地告诉我他在北京同"新左派"做了一个座谈，还说起过芝加哥是他最喜欢的城市。但是芝加哥的样板未必适宜每一个都市去效法克隆。以陆家嘴为上海CBD 新地标，它或者相似于都市的新建中心如巴黎的拉德芳斯，而不像历史更为悠久的纽约的曼哈顿、伦敦的金融城，甚至香港的中环。以浦东为大后方，紧邻陆家嘴的是联洋、碧云等高档住宅区域，然后依托金桥、张江、北蔡、康桥等旧时小镇，布局新的经济开发区和居住区。假如同芝加哥的模式相比，有一点似是无师自通的，那就是内圈吃外圈的发展趋势。但是中国的土地资源太为珍稀，中国城市的发展路径从根本上说无法复制得天独厚的美国模式。浦东新区一开始就顺理成章并吞了川沙，并借迪斯尼概念，推高房价直逼东海，2009 年又将南汇纳入罟中，这其实很像伯吉斯描述的美国城市生态模式："每一个内圈总是趋向于通过入侵毗邻它的外圈，来开拓空间。"①

上海是我出生的城市。幼年夏日白天躺在床板上听法国梧桐上知了声嘶力竭地唱歌，晚上坐在昏黄的路灯下乘风凉，时而同大人下象棋，时而围起圈子听山上下来的大青年讲耸人听闻的故事。冬天的白昼从晨曦初开的朦胧中去小菜场排队开始，到晚上在"火烛小心"的摇铃声中昏昏入眠，时日走得无聊而又漫长。似乎记得隔壁的阿姨整天守在煤球炉旁，永不停歇地忙着一家人的伙食，又总能眉飞色舞传布张家李家的飞短流长。这一切回想起来很像霍加特《识字的用途》中缅怀的那种亲密无间的工人阶级邻里文化。上海的空间日新月异在国际化。但是上海一力标举的国际接轨不是欧洲，偏就是美国，再具体说，就是出空老城让摩天大楼盘踞，外迁居民一波波扎根近郊远郊，不把上海 6340 平方公里土地种满房子，誓不罢休。这同巴黎和伦敦火车从市中心开出去十许分钟，就能见到同蓝天相接的绿色田野，完全不同。上海昔日熙熙攘攘最繁华的一些地方，像八仙桥、老西门，今天只见拓宽了的空旷马路，和幽灵般鳞次栉比的写字楼。在地方向空间的转换中，静静抹去了本土身份的每一道痕迹。再往上看，上海的三官庙一类本土民俗，基本上已消失得无影无踪。但是上海毕竟是在涅火中重生了。它的新的空间格局也在改写年轻一代上海人的集体无意识。他们不复在盲目的自负中丢人现眼、在盲目的客气中垒砌隔膜、在盲目的精明中失策败北。他们正直坦诚、脚踏实地、进退从容，不大会去追逐镜

---

① Ernest Burgess, "The Growth of the City". R. Park and E. Burgess eds., *The City*, London: University of Chicago Press, 1967, p. 50.

花水月、一夜暴发的白日梦。假如说都市空间改造可以影响到日常生活方式，那么不妨说新一代的上海性格，就是它的一个直接产物。

公共空间的私人化

每一个城市都有自己的文化。北京有舍我其谁的王者风范，上海的洋派规范或者可以倒逼示范洋人，杭州的雍容华贵水灵欲滴，拉萨则有本土化和全球化在两个极端上最奇妙又最自然而然的结合。城市展现了人类的雄心和决心。为了追求秩序和完美，为了生活更加美好，我们于是有了城市。但是城市未必是秩序的象征，它同样也带来恐惧。美国人文地理学家段义孚在《恐惧景观》（*Landscapes of Fear*）一书中，就逐一考究过城市的恐惧因素：噪音、坍塌、交通、犯罪等，不一而足。但这一切的威胁都比不上火灾。熊熊燃烧的大火，是中世纪地狱想象的最真实写照。火灾曾经是都城的心腹大患，火的噩梦历久弥新。我们不会忘记 2010 年上海市中心静安区的那一场大火，将刚刚闭幕的世博会的辉煌，一时烧了个烟消云散。

暴力和犯罪是当代城市最熟悉的恐惧景观。段义孚指出，这一景观同样古已有之。1718 年伦敦的司法官就注意到，小酒馆、咖啡馆的店主们都在抱怨顾客天黑后不敢光顾，担心帽子和假发会给人摸黑偷走。说不定还会被蒙上双眼，打倒在地，挨上一刀。暴民、乌合之众、群氓，这都是城市本土居民对外来人口充满恐惧的称谓。对此，段义孚指出，1661 年巴黎人感到恐惧，是因为他们看到乞丐在围攻城门。今天的巴黎人恐惧，因为他们在内心深处看到，西方国家的城门将会在未来某个时刻，被愤怒和饥饿的第三世界国家围攻。在全球化的今天，移民的恐惧，恐怕已经跃升成了发达国家的第一号心结。值得注意的是段义孚并不看好都市空间中被认为是温情脉脉的地方文化，他说：

> 少数民族居住区经常会给人一种带有欺骗性的、虚假的团结一致印象。房屋、街道、人们和活动都有独一无二的烙印，在局外人看来可能会认为这里存在一个利益共同体，一个广泛的社会纽带，而实际上这里并不存在。[1]

---

[1]　段义孚：《无边的恐惧》，徐文宁译，北京大学出版社，2011，第 151 页。

那么这些地方社区存在什么？段义孚回答是，美国少数族裔的居住区有的只是混乱和恐怖，社会纽带破碎不堪，帮派争夺地盘，大打出手，致使人心惶惶。应该说段义孚并非危言耸听，巴黎最具有地方色彩的少数族裔聚居区贝拉维拉，华裔居民和阿拉伯移民的冲突迄至今日时有可闻。它与红磨坊的所在地毕加尔相似，在展示巴黎最有特色地域文化的同时，与香榭丽舍和卢浮宫的亮丽雅致公共空间构成鲜明对照。

城市的恐惧导致公共空间的私人化。我们还可以来看美国都市社会学家莎朗·佐金《城市的文化》中的相关分析。作者开篇就说，人们经常批评城市，是因为城市表征了人类社会最堕落的本能，它们简直就是妖魔鬼怪的化身，是官僚机构和逐利社会的权力瓜分。所以城市的居民思考"文化"，便是这幅恶浊图像的解毒剂。博物馆、音乐厅、新锐画廊、咖啡馆，以及充满异域风情的饭馆，这一切都是文化，它们似乎帮助我们跳出日常生活的泥潭，进入被仪式化了的快乐神圣空间。

佐金强调，文化在立足于历史文物和地方遗产保护的都市规划和改造策略方面，起着一马当先的领军角色。在地方制造业纷纷迁出城市，政府和财政危机频频发生的今日全球化时代，文化本身也与日俱增地成为城市的商业和产业。或者更确切地说，文化正在成为今日城市转型时期的新的经济基础。但这一切仅仅是问题的一个方面。反过来看，佐金认为文化也是控制城市的有力手段。作为一种图像和记忆资源，佐金指出，文化在用符号表现什么人归属于什么地方。比如北美都市中心直插天际的 CBD，就高高在上地将穷人、黑人、拉美人排斥在外。这一切都在不言之中，但是城市的贫困群体可以感觉到它们的冷漠和威严。

佐金指出，今天的城市文化正在发生变化，随着移民的大量涌入，从学校到政党的一应公共机构莫不感受到巨大压力。高雅文化空间如博物馆、音乐厅出于种族平等和美学上的考虑，不得不扩展自身，以满足更为广泛的公共需求，处心积虑构建一种"多元文化"的意识形态。与此同时，跻身公共空间的陌生人和与日俱增的暴力犯罪，致使私家保安队伍和壁垒封闭社区剧增，公共空间密布着监控摄像头，致使今天的城市居民无可奈何地生活在无所不在的监控空间里。所以，当代城市的文化权力在拥抱多元化美学的同时，毋宁说也在策划一种恐惧美学。或者更确切地说，它是段义孚上面列数之城市的恐惧的当代升级版。

由此引出城市公共空间的私人化问题。佐金介绍说，该书题名为《谁的文化？谁的城市？》的第一章，系根据她在牛津、哈佛、斯坦福、哥伦比亚等多所著名大学的讲演结集而成，其中的布莱恩特公园案例分析之所以广受欢迎，是因为公共空间的私人化在今天已经无所不见，是为空间研究中一个头等重要的问题。佐金没有说错，西方主要城市大都保留了19世纪建成的公共花园和广场，它们修建之初多为纪念某个重要事件，或公共人物。在这里市民可以聚会、散步、演讲，参与公共文化活动。但是今日这些传统的公共空间夕阳西下，其曾担当的公共文化功能，逐渐被一些新的城市空间，如购物中心、主题公园和私人公园替而代之。这当中的缘由是多方面的，地方政府经费不足、休闲产业发展的需要等，都导致了城市空间的重构。但是，以纽约曼哈顿的布莱恩特公园为例，佐金认为，最直接的原因是犯罪率激增，特别是公共场合的袭击和抢劫有增无减，而这一切都涉及种族和移民问题。

布莱恩特公园19世纪末叶建成，以诗人威廉·布莱恩特的名字命名。它在曼哈顿的方位相当于陆家嘴的中央绿地，是为钢筋水泥包围的一小块绿洲。20世纪30年代它被加上铁栅栏围墙，又圈以树篱，由此变成一个封闭围合空间。60年代之后，它渐而成为吸毒者、妓女、醉汉和流浪汉的栖身地，甚至凶杀案频频出现。纽约市政府最终借助私有基金启动改造工程，引入音乐会、娱乐设施和各式演出，辅以定时安全巡逻，使之重新成为白领阶层和边上纽约公共图书馆读者的休憩地。简言之，公共空间通过私人化，恢复了其中产阶级审美趣味和文化特性。布莱恩特公园的成功案例，在佐金看来，是和纽约其他著名公共空间，如中央公园、百老汇、帝国大厦顶层、迪斯尼世界、索尼广场等一样，显示了当代城市公共空间私有化的必然性。当然问题依然存在，比如由此引出的公共文化的问题：它是不是将导致唯利是图的经营取向，以至于具有地产增值和商业潜力的地块才会受到青睐？与此同时，当公共空间交由地方治安部门管理时，城市边缘群体的基本权利又当何论？

要回答这些问题，我们不妨来看佐金推举的迪斯尼的例子，她说："迪斯尼乐园和迪斯尼世界是20世纪后半叶两个最举足轻重的公共空间。它们超越种族、阶级和地区身份，来美化差异，控制恐惧，最终提供一种国家公共文化。"①这个超越种族、阶级和地域的"国家公共文化"，不消说就是

---

① Sharon Zukin, *The Culture of Cities*, Oxford: Blackwell, 1996, p. 49.

自诩为天下众生精神导师的美国文化意识形态的缩影。迪斯尼的世界里没有枪，没有瘾君子，没有无家可归的穷人，就像一个童话天地，欢欢喜喜地溶解了尖锐的社会矛盾。这是一条美轮美奂的"美国大道"，与纽约险象环生的真实街道形成鲜明对照。佐金认为，迪斯尼世界通过它的私人管理和空间控制，通过拟像化的视觉听觉文化，作为一种在全球购物中心被纷纷复制的公共空间新模式，最终肯定并且坚固了文化的商业和社会意义。简言之，文化不仅是炙手可热的盈利手段，同样也是行之有效的社会控制权力。

但是文化说到底是超越的。我们不必耿耿于怀城市的空间文化可以怎样沦落为资本主义意识形态的权谋帮凶。我们不妨离开佐金笔下的纽约，来看一看巴黎。巴黎并不陌生纽约的藏污纳垢，早在波德莱尔的《恶之花》里，我们已经充分领略了巴黎都市的那种恶浊的美。但就像纽约的精英空间独步天下，巴黎的浪漫和骄傲举世无双，这一方面就像中国的上海，足以使巴黎成为一个典型的女性的城市，凝聚着多少伤心女子的梦想。巴黎的空间给人一种如梦似幻的感觉。雨中漫步优雅寂寥的拉丁区，踩着莫泊桑们曾经在上面散步的石块路，就像进入了梦的世界。寻访怀旧幽思，巴黎的拱廊街该是首选去处。本雅明当年篇幅浩大的《拱廊街计划》尚未有中译本出版，但是也足以为我们提供向导。拱廊街是 19 世纪巴黎典型的公共空间，它以钢铁构架和玻璃天棚追缅古典希腊的艺术形式，营造出发达资本主义时代的城市空间奇观。它纸醉金迷的怪异荣华，成为让人欲罢不能的"拜物教"渊薮。只是今天的拱廊街物是人非，麦当劳占据了香榭丽舍大道的拱廊街，其他拱廊街也大都成为摆设景观。早在 20 世纪 70 年代，拱廊街就进入了法国历史遗产增补名录。目前巴黎市政府正倾全力让它进入世界文化遗产目录。当年本雅明倾注了马克思写《资本论》热情的拱廊街，今天成为小资猎奇的时尚读本，不知作品的主人会作何感想。城市的空间迁徙变化莫测，总是很难叫人如愿以偿，旧梦重温。

福尔摩斯在纽约

——对《基本演绎法》的空间化解读

张岩冰*

摘要：本文运用索亚的第三空间理论，从城市关系、人物关系、性别与种族四个角度描绘了《基本演绎法》开放而丰富的文本空间，并希求以解读文本的方式解读生活空间，形成对世界完整的认识。

关键词：基本演绎法　福尔摩斯　华生

Abstract：Based on Soja's third space theory, this essay tries to describe the open textual space and its rich implication of *Elementary* from four perspectives：city relationships, character relationships, gender, and race. Meanwhile, it expects that the spatial reading of this text may extend its insight into living space, only then, a more integrated understanding of the world hopefully could be achieved.

Keywords：elementary　Holmes　Watson

2012 年由美国哥伦比亚广播公司（CBS）制作的《基本演绎法》（*Elementary*）成为 10 点档的热播剧。如果不是其中的人名和少量细节暗示了该剧与创作于 19 世纪末 20 世纪初的经典英国侦探小说《福尔摩斯探案》的关系，它与另一部美国罪案剧《超感警探》（*The Mentalist*）的相似点远多于其与原作的相似处。

---

* 张岩冰，复旦大学中文系副教授、文学博士，研究方向是西方文论、中国现代文艺思潮。

然而，正是由于这一点点暗示，人们从不会认为它不是福尔摩斯剧。

《基本演绎法》（以下简称《基》）地点从 19 世纪维多利亚时期的英国伦敦，搬到了 21 世纪繁华热闹的美国纽约。故事里的夏洛克·福尔摩斯（约翰尼·李·米勒 Jonny Lee Miller 饰）曾是苏格兰场（伦敦警察厅）的顾问，因毒瘾问题被送到纽约康复中心进行强制戒毒，结束这段不光彩的历史后在布鲁克林安顿下来。他有钱的父亲安排了一位陪护名叫琼·华生（Joan Watson，刘玉玲 Lucy Liu 饰）陪他度过出戒毒所后艰难的六个星期，以防福尔摩斯毒瘾复发。华生原是一名出色的外科医生，因失误致病人去世，失去了行医执照。纽约警署警官格瑞森（Gregson，艾丹·奎因 Aidan Quinn 饰）911 后曾与福尔摩斯在伦敦有过合作，对他的能力印象深刻。福尔摩斯赴美后，格瑞森邀请他担任纽约警署的刑事案件顾问。华生在与福尔摩斯的朝夕相处之中，见识了他的办案能力，不仅用自己的医学专业知识在关键时刻帮助了他，而且发现自身也在探案中找到了生活的意义。陪护期满之后华生正式与福尔摩斯合作办案，由辅佐、看护，转而独自办案，完成了自身的职业过渡与心灵的成长。该剧目前只上映了第一季 24 集，2013 年 9 月第二季开播。

据称英国广播公司（BBC）曾一度威胁要状告该剧剽窃英国版《新福尔摩斯》（Sherlock，以下简称《新》）的创意，虽然最终不了了之，CBS 为避免惹官司，把经典人物华生改成了女性，而且是亚裔女性。作为一种典型的大众文化形式，标新立异是罪案剧的常态，对于大众耳熟能详作品的改编，改变人物性别是一种很好的文本陌生化策略。在笔者看来，华生改为亚裔（华裔）女性，并非完全出于无奈，某种意义上说，它是有意为之，甚至可以说带有相当的必然性。

一部面向大众的、改编自经典文学作品的电视连续剧，其作为一种当代社会空间的文化表征形式，蕴涵的信息量相当丰富。美国文化地理学家爱德华·索亚（Edward W. Soja）曾借用博尔赫斯《交叉小径的花园》来比喻洛杉矶的难以在时间线上展开的描述，[①] 索亚对洛杉矶进行的建立在"第三空间"上的解读方式，可以成为解读这部电视剧的有益参照。

---

① 参见爱德华·苏贾《后现代地理学——重申批判社会理论中的空间》第九章，商务印书馆。2007。苏贾，又译索亚，为行文统一见，本文一律用索亚。

纽约、伦敦，中心在哪？

对于什么是第三空间，陆扬进行了如下阐释："20 世纪后半叶空间研究成为后现代显学以来，对空间的思考大体呈两种向度。空间既被视为具体的物质形式，可以被标示、被分析、被解释，同时又是精神的建构，是关于空间及其生活意义表征的观念形态。由是观之，索亚的第三空间正是重新估价了这一二元论的产物。根据索亚自己的解释，它把空间的物质维度和精神维度一并包括其中的同时，又超越了前两种空间，而呈现出极大的开放性，向一切新的空间思考模式敞开了大门。"又说，"索亚强调，在第三空间里，一切都汇聚在一起：主体性与客体性、抽象与具象、真实与想象、可知与不可知、重复与差异、精神与肉体、意识与无意识、学科与跨学科等等，不一而足。"[①]

可见，第三空间是个富有"他者"性、去中心，抑或多中心的无限开放的空间，这正是索亚描绘出的洛杉矶的特性，"……似乎一切事物都汇聚于洛杉矶，它是一个整体化的交叉小径的花园。洛杉矶对空间性和历史性的各种表征，是生动性、同存性和相互联系性的范型。这些表征吸引各种考察，立即深入到这些表征具有揭示性的独特性里，与其同时，又深入到这些表征过分自信的但又是劝人谨慎的概括性里去"[②]。

由此来看《基本演绎法》，我们同样可以找出这些生动、独特、富有揭示性的相互并存又相互联系的要素。这些要素以鲜明的特色邀请观众进入，又将各种并存的要素空间化，使观众走进一个无限开放的意义空间。

索亚的洛杉矶漫游开始于洛杉矶市政厅，作为权力象征的市政厅在他的笔下只是匆匆过客的出发点，不具任何"中心"意味，反倒是处于同一区域的某银行实际上成为了中心，这银行自身又表征着和平、安全、战争等对立物。笔者选择了两张最能突显《基》剧特色的 CBS 海报，作为本次文本解读的"市政厅"和"某银行"，因为这个出发之处，也是种种矛盾与包容性的开始处。

---

① 陆扬：《析索亚"第三空间"理论》，《天津社会科学》2005 年第 2 期。

② 爱德华·苏贾：《后现代地理学——重申批判社会理论中的空间》，商务印书馆，2007，第 371 页。

图 1   图 2

　　图一中福尔摩斯与华生位于画面正中，一坐一站，组成一个稳定的三角形，福尔摩斯翘起的二郎腿似要打破这种稳定，左腿向画面边缘的延展，却让稳定的三角性底座更加坚实稳定。

　　不错，如同这张海报显示的一样，福尔摩斯和华生是《基》剧绝对的主角，他们破获了一个又一个案件，在破案的过程中各自找到了自己的生活目标，解决了自己的心理疾患，将彼此的关系由对立调整为更为舒适的合作。然而这两个主角自其搬上荧屏之时，其合法性就频遭质疑。

　　原著中的福尔摩斯个性鲜明、观察力和智力超常，注重衣着、彬彬有礼，这个典型的英国绅士怎能摇身变成一个文身、衣着邋遢的纽约混混？总是胸有成竹的推理之王，怎么可以常表现出孩子般的任性？华生怎么可以是女性，而且还是亚裔？

　　英国版的《新福尔摩斯》中，福尔摩斯虽然用上了现代化的电子产品，把反社会的特性发挥到淋漓尽致，但他的三件套西装也还是中规中矩。原著中的反派人物莫里亚蒂是作者为让福尔摩斯死亡而设计出的形象，强大的功能夺去了他的形象和个性，这个形象空洞的人物在《新》剧中却是性格最为丰满的反派，福尔摩斯和莫里亚蒂的明争暗斗成了《新》剧的主线。

这样的情节安排与原著有一定的距离，但在已经播出的两季六集中，我们还是处处可以见出原著的影子，比如福尔摩斯关于华生家世的推理，与原著如出一辙，只是编剧将原著中的哥哥改成姐姐，以英国式幽默轻嘲了一下自大到"反社会"的福尔摩斯。

《基》剧的剧情基本与原著无关，除两个主角名字与原著一样之外，我们还可以看到莫里亚蒂、莫兰这些原著中出现过的人名，而这些同名同姓的人，所行之事却与原著大不相同。第一季结束时福尔摩斯和华生一起在楼顶看新蜂的出生，符合原作中福尔摩斯退休后隐居养蜂、著养蜂书自娱的结局，这样的细节，其实与剧情毫无关系，除能表明编剧向原著靠近的努力之外，别无他用。

与原著的远离，使《基》剧人物的合法性受到双重质疑，一个来自原作，一个来自英国风的现代改编，两种质疑归结起来就是一点：美国的纽约绝不是展开福尔摩斯故事的场域，《基》剧的"他者"地位在一开始就是注定的。

或许是意识到了这种"他性"，《基》剧也会用一些手段来拉近伦敦与纽约的距离：与华尔街大鳄见面时，福尔摩斯不听华生提醒，依然我行我素，以便装赴约；福尔摩斯在伦敦时的女友艾琳现身时，尽管艾琳是一个不修边幅的艺术家，是美国人，福尔摩斯的服装却悄悄地发生了变化——即使在家，也穿着西装马夹，一副英国绅士相。纽约浪荡子的伦敦绅士本性由此被暗示。

还有，《基》剧对纽约的建筑和景致的表现往往是模糊的，从福尔摩斯家看出去，灯光璀璨，灯光构成的夜景美丽却很模糊。与窗外的灯光相比，封闭而杂乱的室内才是福尔摩斯坚实的落脚处。形成对照的是，对伦敦不太多的展示只出现在福尔摩斯对他与艾琳相识相处的回忆中，那个空间里有艾琳的画室，摆放着珍贵的艺术品；福尔摩斯带领艾琳游览伦敦的下水道、黑暗中他们借着手电的微光欣赏墙壁上的石碑，而这碑已有上千年的历史。纽约的地下呢，是拥挤又快速的地铁。相较于纽约的趋利（华尔街大鳄是其代表）、务实（地铁），伦敦古老而富有艺术气息。《基》剧以这种方式向伦敦致敬，悄悄向有权威意味的出生地位移。位移只是象征性的惊鸿一瞥，回忆的闪回是为交代现实行为产生的缘由，伦敦的历史与艺术，也并没有成为趋利、务实的纽约的对立项，而是以一种特殊的方式，包容进了福尔摩斯此时此刻生活的纽约之中。

正如本文开头时所言，《基》剧是一部典型的美式探案剧。除人名之外，与原作鲜有联系。本雅明发现原作的光韵正在消失，机械复制时代不可抑止地到来。然而，在这超越机械复制的信息时代，原作却与其改编后的复制品形影相伴，一方面质疑其合法性；另一方面又在质疑中丰富了复制品的内涵。福尔摩斯和华生绝不只是一个姓名，产生出这两个名字的原作就位于两位处于中心位置的主角背后，通过质疑他们的合法性，不断将他们向边缘处拉扯，他们的中心位置因而动摇，这种动摇又让观众在认同与否认中观剧，在一种互文本景观中，体会远比单纯现代罪案剧更多的体验。显然，在《基》剧的文本空间中，原作与改编相互对立又相互阐发、包容，共同组成了一个开放性空间。

华生，助手还是搭档？

如图 1 所见，由男女主角共同组成的中心被赋予了"他性"，图 2 展现了福尔摩斯与华生关系的复杂性。

熟悉原著和稍早的 BBC 改编剧的受众都知道，在福尔摩斯故事中，福尔摩斯是绝对的主角，原著中的华生名为助手，实则只是一个类似旁观者的记录员和倾听者，他的忠诚和退伍军人的勇敢，提供的是一个作为参照系的"正常人"形象，用以衬托福尔摩斯的超常才能，他所能提供的帮助，大多只是体力上的。简言之，在角色功能上，华生的角色完全是利他的。

BBC 的《新福尔摩斯》剧增加了华生的戏份，他不再仅是一个忠诚且利他的朋友，而是通过与福尔摩斯共同办案，克服了自己由战争而来的心灵创伤。在网络上，英国常被戏称为"腐国"①，原因大致有二：一是英国电视剧喜欢"卖腐"，即以同性恋暗示作桥段；二是因为英剧中帅哥容易引发"腐女"们的联想，《新》剧中就有不少"卖腐"情节：华生与福尔摩斯合租房时，房东就拿他们是否同性恋说事。除却这种面向特定观众的"卖腐"作用之外，在《新》剧中，福尔摩斯虽然还是当之无愧的主角，华生却不再只是个不偏不倚的"正常人"和记录者，他有自己的个性和成长经历，是真正意义上的"助手"。

---

① "腐国"、"卖腐"皆由"腐女"而来。腐女来自日语，是"腐女子"的简称，腐女子主要是指喜欢 BL（boy love），也就是喜欢幻想男男爱情的女性。

再看《基》剧，图2中的福尔摩斯明显位于前面的位置，形象占据了大半个画面，华生则躲在福尔摩斯身后。然而有趣的是福尔摩斯的目光向前下方，有居高临下之势，却无居高临下之实，华生没有将目光集中于他的身上，也没有和他看向同一个方向，而是抬头目视远方，目光中透着自信。画面本身就是一个充满张力的空间，绝不仅仅意味着并肩作战。

《基》剧中的人物关系，也的确如海报所显示的那样，多样态并存。

人物出场时，华生是受雇的陪护，几乎寸步不离地守护着刚从戒毒所出来的福尔摩斯，并督促他参加康复交流活动，此时的福尔摩斯如同不听话的孩子，叛逆、又不会太过出格，所以在国内网站上，对他们的关系，我们能够看到"妈妈与熊孩子"的概括，这种概括得到许多人的认同。

母子关系？对主人公关系的这种设定，在罪案剧中是极为罕见的，事实是否真的如此？

我们先看下福尔摩斯对他与华生关系的定位。福尔摩斯对华生的看法一直在变，演变过程从剧中出现的几个词可以见出：第一集中，当福尔摩斯需要向警长介绍华生时，他先说华生只是一个"助手猴"（helper-monkey，助手猴通常承担些帮助失能者饮食起居的简单任务），尽管华生建议用"同伴"（companion），正式介绍时福尔摩斯还是称华生为"贴身仆人"（personal valet），两种称呼就是初识华生时福尔摩斯一相情愿的定位。有趣的是 valet 一词通常指男性，是带有性别意味的。

事实呢，作为陪护的华生所做的不只是陪护。在第一集中，当福尔摩斯为获得证据而对受害者步步紧逼以至大发雷霆时，她及时阻止了他，轻描淡写地获得了他想要的嫌疑者的姓名。正是由于她的敏锐观察，让福尔摩斯发现了作为关键证据的施暴者的手机，她对于药品的熟悉，印证了福尔摩斯最初的判断。总之，华生一出场就让福尔摩斯心有不甘，又不得不真心接受并感谢华生所提供的各种帮助。伴随剧情的推进，他对华生，也由自然接受同伴（companion）的定位，发展到反复强调彼此间平等的搭档（partner）关系。

从华生的角度看，福尔摩斯最初只是一个工作的对象，是一个因面临呼吸危险随时需要她监护的病人，是个不听劝告、不可理喻的"熊孩子"，福尔摩斯的工作又让她着迷，在与他一起工作的过程中，她认识了福尔摩斯的另一面，也在真正了解福尔摩斯的同时，真正了解了自己究竟想要什么，并在福尔摩斯的培养与引导下，成了可以独自办案的真正的侦探。

华生曾以福尔摩斯害怕照镜子来指责福尔摩斯不敢面对真实的自我，华生对真实自我的认识，也是由于各种外力的介入而完成的。工作期满时正是福尔摩斯情绪低落之时，出于责任，甚至于出于类似母性的同情心，华生不要报酬地留在了福尔摩斯身边，福尔摩斯知道真相后要求她留下来，而且是为她自己留下来，让她了解了自己的天性和需求。除福尔摩斯外，母亲的作用也非常重要。母亲在与华生共处时，发现陪护工作让她无精打采，而一旦涉及案件，却能让她两眼发光，焕发激情。

华生留下了，不是为了福尔摩斯，而是为了自己，福尔摩斯成了雇佣者、引导者，雇佣和引导却是为满足华生本人的需求。也正是此时，华生与福尔摩斯的关系由同伴转换成了搭档。

从原著到《新》再到《基》，福尔摩斯的自我中心是一以贯之的，华生则是逐渐褪去其利他的色彩，变成一个坚守自我的、真正与福尔摩斯并肩而立的人。两个独立、平等又性格各异的人，无疑会让容纳他们的空间充满张力和不稳定性。

华生与福尔摩斯关系的不稳定性，不仅表现在由称呼表明的权力定位的转变中，同时也是一种空间的不稳定性。华生的陪护工作最初定为六周，工作结束意味着稳定关系的解除，华生会离开福尔摩斯的住处。华生本是收入颇高的外科医生，又自称颇有积蓄，父母也是富裕之人，华人家庭成员间的亲密关系，暗示着她随时都能获得来自家庭的经济上的支持，这些因素决定了她对工作的态度：陪护工作绝非生计所迫，她在寻找真正适合自己又给自己带来快乐的工作。所以，六周的时间不断暗示着华生终将离去，华生自己也会在尊严受到福尔摩斯伤害时，宣布自己会在为福尔摩斯安排好继任者后离开。

华生的陪护，让福尔摩斯的公寓成了一个相对封闭的空间，她随时离开的可能性，时刻冲击着这个空间的封闭与稳定。受雇者华生行使的是监管者的权力，而且雇佣华生的不是福尔摩斯本人，而是空间之外的父亲，权力空间的复杂性由此形成，海报画面中占据大部分的福尔摩斯，在寓所内外的空间里，与华生的关系都不是简单的支配与受雇关系，它多元，而且极不稳定。

在华生决定留下，福尔摩斯变成了事实上的雇主之后，华生依然有离开的可能。警探格瑞森就曾提醒，福尔摩斯的自我中心，让他意识不到华生随时面临的生命危险，还亲自为华生介绍陪护工作。格瑞森的提醒曾让华生对福尔摩斯是否有意愿和有无能力保障自己的安全产生过怀疑，面对这样的疑虑，福尔摩斯有意识、不间断地训练华生的防护意识和能力，对于此种训练华生以反抗的姿态接受下来。两个自我的人，以相互关心的方式形成一种全新的关系，彼此在这一全新的关系中，完成自身的成长。

可以说，正是这个不稳定的空间，促成了华生和福尔摩斯的自我认识和自我塑造。如果华生不是一位亚裔女性，我们对空间不稳定性对人格塑造的影响的分析也许就可以到此为止了。然而，华生的华裔女性的设定，让我们从性别和种族政治角度，读出了更多的内容。

性别与种族，不经意间的和解

《基本演绎法》所展示的华生与福尔摩斯之间关系的复杂样态，因华生性别和种族的关系，有了进一步解读的空间。

应该说，《基》剧的整个文本空间，从不刻意突出华生的"女性特征"。人物关系的发展，除由观众归纳出的带戏谑意味的"母子关系"外，我们看不出华生与福尔摩斯之间有任何男女之情。对华生来说，福尔摩斯是需要保护的病人、是住在同一个空间里的室友、是新工作中的引导者、是失意时送上热情鼓励的朋友、是帮助自己发现内心真实的智者，唯一不是的是恋人或潜在恋人。

福尔摩斯在原著中不解风情，只有探案中才能找到生活的乐趣。他懒得恋爱，认为世界上所有的女性都配不上他，因为自己有着聪明的大脑。《基》中的福尔摩斯并非如此，他深爱艾琳，艾琳的"死"让他染上毒瘾不能自拔，艾琳的"复活"又让他无心工作。华生或明或暗地有过几次恋爱。恋爱，而且是异性恋，是他们生活中不能缺少的。

他们没有成为恋人，而且据制作方宣称，二人关系的定位不会落入恋人的套路。恋爱是影视剧用以展示性别身份的最好手段，《基》剧既然选择了一个女性主角，它是怎样表现其性别身份的呢。回答也许有点出人意料：《基》剧根本没有着力表现华生是个女人。

她曾经是医生，做着陪护工作，经过历练，成为出色的侦探，所有一切都与性别无关。直觉通常被定义成女性特质，在华生对自己的医学判断产生怀疑时，福尔摩斯也确实鼓励她要相信自己的直觉，但使华生成为出色侦探的，绝不是这被鼓励的直觉，她有着和福尔摩斯同样的洞察力，勇敢而富有正义感，外科医生的经历让她的医学知识在探案过程中屡屡起到作用。

西班牙作家罗莎·蒙特罗在评价阿加莎·克莉斯蒂时曾说过，阿加莎虽与弗吉尼亚伍尔夫生活于同一时代，这个时代的作家接受生存的无序与破裂，并以此构建自己的作品，阿加莎则不同，"她一生都在同混乱作斗争。她想蔑视这种混乱，试图恢复先前那个有序有规则的世界，那个她童年时代完美无缺的时代。所以她的侦探作品……是完全可以解释的环形世界，不仅舒心而且健脑的数学游戏，那是可预见的世界，在那里，好与坏占据着预定的位置"①。阿加莎要回到的童年时代就是福尔摩斯原作产生的时代，所以原作中，通过观察与推理来获取真相的演绎法（deduction）无所不能。各种稀奇古怪不合常情的案件，是对世界秩序的破坏，演绎法让真相大白，世界秩序得以恢复。破坏与恢复的循环往复中，福尔摩斯得到了最大的心理满足。

演绎法也是《基》剧中的关键词，华生每有斩获，福尔摩斯都要将之归结为演绎法的功劳。然而纽约的福尔摩斯远不及伦敦绅士那般自信，他自身也经常依靠直觉接近真相。在一个后现代的碎片化时代，秩序与理性屡遭质疑，福尔摩斯对演绎法的不自信，与其说来自性别，毋宁说来自这个时代。

没有恋爱来安排性别角色，没有"直觉"这类特质来标示性别，无怪乎改变性别的华生会被认为只是出于害怕官司缠身的无奈之举。

事实真的如此吗？20 世纪中叶，在女性主义第二次高潮中，贝蒂·弗里丹等人曾指出过"女性特质"的意识形态性。经过半个多世纪的努力，这些前辈的努力收到了切实的成效。"无视"性别特性，不去为性别划界、消解男女间人为的壁垒，正是拓展性别空间的不二法门。我们看到，在 21 世纪的纽约，这种消解本身亦如盐在水，无迹可求了。

在对待华生的亚洲面孔所代表的异国文化的态度上，观众看到的依然是这种无迹可求的消解。华生除一张亚洲面孔外，从语言到行为，都是一个典型的纽约人，一点看不出亚洲文化的刻板模式。

福尔摩斯研究者，英国牧师隆纳德·诺克斯（Ronald A. Knox）在 1928年曾为推理小说定下"十诫"，其中的第五诫为"角色人物中，绝对不可以

---

① 〔西〕罗莎·蒙特罗：《女性小传》，王军译，南海出版公司，2005，第 16 页。

有中国人"。不可以有中国人是因为中国人神秘而有不可思议的神秘力量。世界全球化，中国国门大开，此情此景下的中国人当然不再有这种幻想出的神秘的力量。由是观之，刻板模式本身也不是一成不变的。

最后，对待异民族文化问题，《基》剧采取的策略相较性别政治的策略，显然更刻意些。这种刻意甚至让人感觉游离且累赘。福尔摩斯用中文叫外卖完全与剧情无关，华生为见家人而刻意换上保守的衣服，编剧为让观众关注这个细节，特意让福尔摩斯对之作出了"好像去面试"的评价。华生的家庭聚会在剧中出现过几次，一直怕麻烦的福尔摩斯不但撺掇华生与家人见面，而且亲自参加了一次聚会。《基》剧用这种方式着力表现中国家庭成员的亲密关系，虽然对故事发展，甚至对华生的成长来说，这些聚会几乎毫无作用，这种展示却并非可有可无，它预示着纽约这个海纳百川的世界第一空间对外来文化的包容，既包容亚洲，也包容福尔摩斯代表的欧洲——和华生相比，至少从语言上，福尔摩斯更是个外来者。纽约同样包容了他。普天之下，莫非空间，纽约就是缩影。

小 结

本文从城市、人物关系、性别与种族四个角度描绘了《基本演绎法》开放而丰富的文本空间，这四个被选择出的角度，远不能描绘出"小径交叉的花园"的全貌。比如原著中作为官方警力代表的苏格兰场，是愚蠢和刚愎自用的化身，他们的存在，更多是为了衬托福尔摩斯的才能。在《基》剧中，格瑞森警官扮演的则是一个好的管理者的角色。他是官方的代表，却不愚蠢，他守规矩，却给有才能者以自由的空间，他与福尔摩斯有争吵，作出的选择却永远是"信任"。官与民的对立因格瑞森的良好现代管理者素质而消弭于无形。

《基》剧最骇人听闻的改编是让福尔摩斯的挚爱艾琳与劲敌莫里亚蒂合为一人，艾琳或者说莫里亚蒂，一个人承载着福尔摩斯最强烈的爱与恨，这种化爱为恨、爱中有恨、恨中有爱、又爱又恨的设置，这种消解爱与恨、敌与友对立的方式，所有观者无论评价如何，印象定会深刻。一直被认为是男性，手段与智力与福尔摩斯旗鼓相当甚至略胜一筹的莫里亚蒂，也与华生一样化身为女性，只是不知这种性别逆转，是否也是为回避官司。

无论是无迹可求的消解，还是刻意的展示，目标都指向一个开放的空间，或者说指向了文本空间的开放性。在这个空间里，一切都在运动和改变，种种矛盾与对立会制造混乱、打破平衡，不平衡又让空间更加开放、包容消解更多。

面对这部只播了一季的罪案剧，笔者不敢轻易得出任何结论，但这个既包容又消解种种对立因素的丰富文本空间，却是我们这个空间化与碎片化的社会表征，它既包容也被包容于我们的生存空间之中，对它的解读本身就是认识我们生活的这个世界的方式。

世界会因包容而少些戾气。

耽美小说和女性阅读空间

刘芊玥*

摘要：本文从性别文化寓意和女性阅读空间两个角度出发，探讨耽美小说的实验性及其寓意给女性提供了怎样的阅读空间，由此勾连出这种阅读空间和女性自身的空间观之间的内在联系及其含蕴。耽美小说凭借自己无与伦比的浪漫性、狂欢性、想象性为女性开拓了一片自由的空间。这个空间安全、稳定、自由、私密，然而，它也是列斐伏尔的空间政治学与巴什拉的空间诗学相互作用而共同生成的空间。

关键词：耽美小说 实验性 性别文化寓意 女性阅读 空间

Abstract：This thesis is to analyze the properties of BL novels as experimental cultural texts, and the women reading space it displays. It will demonstrate how BL novel provides their female readers with an experimental reading space from the perspectives both of gender culture and female experience. With strangely marvelous imagination, romantic lyricism and carnival freedom, BL novels are exploring new space for females. However, the space is also the double lonely sonato performed by Lefebvre and Bachelard's theories.

Keywords：BL novels experimental meaning of gender female reading space

---

* 刘芊玥，复旦大学中国语言文学系博士候选人。

亨利·列斐伏尔在 1974 年出版的《空间的生产》一书中提出空间生产的三个维度。他认为空间一向是政治性的和策略性的，并认为我们关注的空间可以分为三种：物理、精神和社会三种。"我们所关注的领域是，其一，物理的。这包括自然和宇宙；其二，精神的。这包括逻辑抽象和形式抽象；其三，社会的。就是我们关心的逻辑认识论空间、社会实践空间、感觉现象占用的空间，包括想像的产物，譬如设计、象征、乌托邦等等。"①在这里，空间被分为了"空间的实践"、"空间的再现"和"再现的空间"三个维度。"空间的实践"是指空间性的产物，包括人类在空间里的行动，这是传统空间研究中的核心焦点，"空间总是现在的空间，一个目前的整体，而且与行动相互扣连衔接"②；"空间的再现"则是指符号化的空间，以及人们呈现它的方式，比如城市规划师规划着城市的空间，很多领域的专家控制着他们领域的语言和文本；"再现的空间"则是指潜意识、欲望、梦想、幻想、身体狂欢、很多难以言说的感觉的空间，这是一个彻底想象的空间。如果说"同人女"们在"同人祭"上的贩卖和 cos-play 属于"空间的实践"的范畴；如果说她们在网络上、论坛里的合作互动属于"空间的再现"的话，那么她们的文本呈现出来的便是一种"再现的空间"——承载她们荣光、幻想和梦想的空间。耽美小说的女性阅读空间的阐释和意义也在这一层面上，得以生成。

与 19 世纪一直纠缠与时间相关的话题、迷恋历史、排斥空间不同的是，从 20 世纪开始，空间问题开始变成了我们日常思维和生活经验不可或缺的组成部分。福柯在 1976 年发表的《权力的地理学》中说，"我们时代的焦虑与空间有着根本的关系，比之前关系更甚"③。在列斐伏尔和福柯迷恋政治性空间和置身于权力网中的空间的同时，法国哲学家和诗人加斯东·巴什拉提供了另一种有关空间研究的思路，即作为"梦想"的空间。在《空间的诗学》里，他开宗明义地说："我的探索目标是确定所拥有的空间的人性价值，这一空间就是抵御敌对力量的空间，也是受人喜爱的空间。出于多种理由，它们还成了受到赞美的空间，并由于诗意上的微妙差别而各不

---

① 〔美〕索亚：《第三空间：去往洛杉矶和其他真实和想象地方的旅程》，陆扬等译，上海教育出版社，2005，第 78 页。

② 包亚明主编《现代性与空间的生产》，上海教育出版社，2003，第 48 页。

③ 包亚明主编《后现代性与地理学的政治》，上海教育出版社，2001，第 20 页。

相同。它们不仅有实证方面的保护价值，还有与此相连的想象的价值，而后者很快就成为主导价值。"① 经由巴什拉的转换，空间这个概念经由列斐伏尔的公共的政治的空间转入内在的私人领域，以一种现象学的视角来探讨空间问题，从而进一步追寻人类有关幸福的意识。

对于当下的"同人女"们来说，耽美小说便是那充满梦幻和想象力的空间，也是她们的幸福所在。

何为耽美小说？

"耽美"一词最先来源于日本近代文学中，本义是唯美的意思，指包含一切美丽事物、能让人触动的、最无瑕的美。它是为了反对暴露人性的丑恶面为主的自然主义，并想找出官能美、陶醉其中追求文学的意义而呈现的一种文学写作风格。耽美派最早出现在 20 世纪 30 和 40 年代的日本文坛，并在六七十年代深刻影响了日本漫画的发展风格，"耽美"这个词也逐渐从它的原意脱离出来，成为漫画中衍生产物的统称——Boys'Love，简称 BL②。在"耽美同人漫画"逐渐被女读者认可的时候，大量的原创耽美开始盛行，女性创作者开始摆脱对原文本进行再创造的形式，独立直接地创作男男恋作品。在此耽美环境下，耽美小说是指伴随耽美文化而兴起的一种文学产物，通常是以女性为接受群体、以男同性恋情为主题的根据原文本创作出的或原创出的虚构文本。

但需要强调的是，"耽美"文学不等同于同性恋文学。因为"就创作者和受众来看，耽美的参与者主要是异性恋的女性，而同性恋文学的参与者则多为同性恋；就内容而言，耽美虽然描绘的是男同性恋，但却是一种经过理想化和美化的男同性恋"③。因此，在一定意义上而言，耽美文学文本是一种"类同性恋文本"的书写：从书写对象的群体而言，耽美小说文本把作为社会边缘的群体放到了最耀眼和核心的位置；从性别关系来看，耽美小说文本几乎隐蔽掉了现实生活中女性的存在。男人和男人在情感，尤

① 〔法〕加斯东·巴什拉：《空间的诗学》，张逸婧译，上海译文出版社，2013，第 27 页。
② 指男性与男性之间不涉及繁殖的恋爱感情。但 BL 并不完全等同于现实中的男同性恋，在网络和漫画文化中更倾向于指异性恋女性依照自己的想象或期待而创作出来的男同性恋作品。
③ 王铮：《同人的世界——对一种网络小众文化的研究》，新华出版社，2008，第 53 页。

其是爱情和性欲方面的关系，在耽美小说文本中得到了一种极大的彰显，然而，却始终没有逃脱异性恋标准对于它们的规训。

斯图亚特·霍尔和托尼·杰弗逊1976年主编文集《仪式抵抗：战后英国的青年亚文化》，宗旨之一就是认为青年亚文化最能够反映社会变化的本质特征。直到今天，这种在多元文化交织下形成的青年文化仍在影响和震撼我们每一个人。亚文化更多的是和弱势群体、边缘文化对主流文化和权力的抵抗有关，惊世骇俗的亚文化应然常常成为文化研究的焦点。然而，女性作为这个青年群体的二分之一，在很大程度上受到了忽略。早在20世纪30年前，默克罗比就曾说过："在对青年文化群体的专属中，女孩似乎很少被提及。在传统的亚文化民族志研究，大众文化历史、个人记事和新闻调查等领域，她们都是缺席的。"① 直到今天，面对中国本土的文化和文学研究，这种情况也没有改变多少。女孩们不是作为边缘存在，就是作为背景来反衬男孩子，一种典型的"心不在焉"的方式。"重要的可能不是在男性文化中出现或者缺席，而是女孩们自身之间互相影响并构成一种她们自己独特文化的不同方式，这种方式可以在女孩漫画周刊和女孩杂志里找到，并被充分表现出来。"② "同人女"，便是这样一个群体。在中国，这个语词更多的是和日本动漫的传入有关，"同人女"们喜欢看动漫和漫画，除了自己欣赏以外，还会在余闲时间进行创作和交流，她们创造出来的作品被称为"耽美小说"，这群创作耽美小说的人，除了在论坛里贴出她们的故事之外，还会自费出版自己的作品，将自己创作的故事印刷成册，同很多动漫周边产品一起，在特定的场合公开出售。

"同人女"在中国已经有20年的历史，随之发展起来的耽美小说也经历了十数载的风风雨雨，有了今日的蔚然成风。但是，当下学术界对耽美小说的研究依然匮乏。青年群体的大力追捧与学院批评的冷寂形成了最为鲜明的对比。我们依然不了解这个群体的文学创作情况，比如，我们对"同人女"在日常生活中小说创作的各种方式就了解得很少；我们对小说中所显示的多种多样的喜爱、眷恋、情感和兴趣的性质以及可能性则知道得

---

① 〔英〕安吉拉·默克罗比：《女性主义与青年文化》，张岩冰、彭薇译，河南大学出版社，2011，第12页。

② 〔英〕安吉拉·默克罗比：《女性主义与青年文化》，张岩冰、彭薇译，河南大学出版社，2011，第12页。

很少；我们对她们所选择的特定人物和形式是否和自我的其他方面有关联、情感是如何运作的所知也很有限。

　　本文把耽美小说界定为一种"实验性文化文本"，尤其是一种含有"性别文化寓意"的实验性文本，以应对传统文学研究中的缺失。"实验性"既指耽美小说文本呈现出来的种种区别于传统文学的属性，同时也指这种书写本身的"实验性"意味。具体来说，从文本本身而言，耽美文学的实验性主要体现在耽美小说浪漫性、狂欢性和想象性上面。比如在叙述题材和风格上，耽美小说相较于传统言情小说而言，更多的是涉及两个美貌男子的罗曼史的愉悦：外貌的姣好是耽美小说之所以称之为"美"在视觉想象上的第一要义；在精神上，耽美小说要求纯粹而平等的爱情；在身体上，它以欲望作为叙事的核心；在审美心理上，更是力求达到一种"萌"，即形容"怦然心动"的心理状态。耽美小说的狂欢性主要体现在文本接受的层面上，就这一点而言，耽美小说与传统文学和其他网络文学也有很大的不同，即它主要倾向于一种隐秘的表达，它的流通主要是在网络裂缝中进行交流和传播，比如有着严密认证程序的俱乐部、论坛；QQ群、微博、微群等。此外，耽美小说的出版渠道和传统文学以及其他网络文学有所不同，它的流通路径除了在互联网上电子文本的获取以外，其纸质文本的印刷出版主要有两条途径：一是"同人祭"上的贩卖；二是耽美变言情、同人变原创的发行方式。不论是网络上互动，还是"同人祭"上的嘉年华，对于她们而言，都犹如一场场狂欢。而想象性则体现在耽美文本对同性恋这个群体的幻想和改写上面，她们试图用同性恋这样的题材来验证这样的爱情真理——爱情的纯粹和伟大，在她们看来，正是因为同性之间的恋情是不涉及繁殖后代的，因而更加没有功利性，是为了爱情而爱的，爱情是唯一目的和最终目的，是任何社会阻力和现实都无法拆散和阻挡的永恒真谛。因此，耽美小说的一个价值在于它模糊了性别的界限，不再以生理结构来判断一个人的性别。"同人女"们把同性恋这个群体放到了最耀眼和核心的位置，几乎隐蔽掉了女性的存在，男人和男人在情感性欲方面的关系得到了一种极大的彰显。除了文本本身的实验性，文本的书写方式也呈现出强烈的"实验性"。英国文化地理学家多琳·玛赛曾在她的《空间、地方与性别》一书中，强调空间是社会关系的再延伸，也是充斥着权力和隐喻的几何学。更重要的是，她在这本书的序言里详尽地阐释了一个很重要的观点，即空间是流动的，它和社会关系一样，不是静止不动的，而是充满活力的。① 在她看来，空间与社会关系同时发生，而且是其动力系统的一部分。在此基础上，她给予"地方性研究"（locality studies）以激烈的批评，在她看来，这种研究路径是把空间当作静止的物来研究，随着全球化不断地被地方化，多种关系的集合展示的独特性绝不仅仅指地方本身，而是具有多重交叉、彼此联系的独特性。这一视野可以解释何以"耽美小说""同人女""同人祭"这类最早源于日本的文化文本或者说文化现象，在本土衰落以后反而在美国发扬光大，不断得到美国女性受众的持久喜爱和学院派热情洋溢的参与，并随着美国动画片和漫画的风靡"反攻"回日本，且在 20 世纪 90 年代末期从日本经由台湾传入中国。这个"空间"，不仅指物理意义上的空间，也不仅指网络空间，它还包括耽美小说文本的空间、阅读者的空间和生产者的空间之间的互动。在这个意义上，空间便成为一个复杂而又模糊的概念。跨文化的流动使耽美文化处于一种杂交而又不断更新和变化的状态之中。这构成了我们论述展开的时代背景和理论背景。其实，不断生成和流动的空间本身，便是一种实验性写作的范本，我们的实验性写作也是这样不断地在被书写的情境中展开的。

耽美文本在异性恋标准下的自我规训

耽美小说在一定程度上而言，是当代女性焦虑的一种隐喻。女性的"性"往往会和生殖联系在一起，在中国尤其是如此。在中国当下较大比例的言情小说中，一般对性都是轻描淡写，有些女性写手表示，如果涉及了生殖的问题，会破坏小说的美感，因此，BG（Boy and Girl）的言情小说是努力通过淡化性来避免把女性和生殖器联系在一起，比如像桐华的《步步惊心》、唐七公子的《三生三世，十里桃花》这两本分别在 2006 年和 2008 年最畅销的言情小说中，对"性"的描写几乎没有，连亲密的肢体接触都少之又少；而在耽美小说中，几乎没有不带"性"描写的文本，"性"往往是作为耽美小说的叙事核心和推动故事发展的原动力而存在，所以耽美小说中的性大多和快感、愉悦相联系。然而，在现实生活中，女性的"性"却没有那么幸运，女性和男性发生性行为，或多或少都要考虑生殖问题，

---

① Doreen Massey, *Space*, *Place*, *and Gender*, Minneapolis: University of Minnesota Press, 1994, p. 2.

而男性在这个问题上却自由很多。这里会引出关于避孕套和避孕药能否消除女性关于性和生殖的焦虑问题,答案是不能,避孕套是戴在男性身体上的,女性并没有自主权,只能通过协商,而避孕药对身体的伤害让女性无所适从。所以,耽美小说在一定程度上表达了女性对所谓男性的安全、愉悦、没有负担、与生殖无关的"性"的向往,同时又是对男性的这种性征的想象。

作为一种"异性恋"变体的耽美小说,文本在展现"平等"的过程中,依然伴随着种种无法克服的性别上的矛盾,比如,身为女性的耽美写手虽竭力展示两个主角的男性特征,但仍然有意无意地在男性身上留下种种女性化的气质,比如对男主人公在容貌上的女性化处理,小说《天神右翼》在形容一个男主人公米迦勒时用"雪肤,花貌,皓齿,星眸,一头碎乱的卷发,短短的,有些还顽皮地翘起"这样的词汇,在描写另外一个男主人公路西法时选择"钻石雕的鼻梁,流波化作眼,玉玲珑做的皮肤,耀眼,惊艳,照彻了伊撒尔的眸"这样的语词进行雕琢,美则美矣,却俨然将笔下的两个男主人公画成了古代倾城又倾国的美女。而且,在描写两个男主人公在容貌、才能、战斗力及生育力各方面都要求"平等"的同时,仍在两个主人公的内心独白里,暗含了其中一方渴望被照顾、被呵护、被拥抱和被占有的潜意识状态和另一方无时无刻不渴望给予保护和占有的强烈愿望。这样一种对平等关系和性别矛盾的普遍关注是耽美小说的共同特质,正如美国电影和媒介研究学者康斯坦斯·潘黎所说,这是一种包含了"每个角色的两性兼备性""身份认同和对象关系的多样性"和"文本侵入中的政治暗示"等元素的文本。①

在耽美小说中,还出现了"强迫文"这样一种有别于传统文学的新的写作类型。所谓"强迫文",是指一个男主角对另一个主角并非倾心,但后者却对前者产生狂热的感情和欲望,强迫前者与之发生性行为,在多次强迫的过程中,被强迫者逐渐爱上了强迫者。这种类型文在耽美小说中长盛不衰。如在易人北的《马夫》中,马夫把陆弃从小养大,教他武功,为了疼他,连自己身体也给了他,但是陆弃为了仕途的发展抛弃了替他顶罪在牢狱里的马夫。马夫出狱后找到已娶了宰相的女儿、改名为陆奉天的陆弃,死缠烂打、无怨无悔地赖着他,用各种手段逼迫陆奉天爱他、与他发生性

---

① 陶东风主编《粉丝文化读本》,北京大学出版社,2009,第268页。

关系。他为了留在陆奉天身边甚至不惜扮演丑角，成为众人的笑柄，他甚至不在意陆奉天打他骂他，在极度自虐中逼着陆奉天认定自己。在经历千辛万苦以后，在以自己的性命为陆奉天解毒以后，在对陆奉天千好万好以后，马夫以拼尽血肉极致的悲苦最终缚住了那人的心。再比如《激情缠斗》里，蓝勖的到来打破了程洛在迪安学院一枝独秀的局面，蓝勖的高傲和不屑触怒了一直被众星捧月般包围的程洛，加之因为女朋友罗珊珊主动勾引蓝勖的事情在全校传开让程洛的颜面扫地，于是，他愤怒地去风云会向蓝勖下了战书，并且在被蓝勖打败以后仍然不断以恶劣的语言激怒和挑衅蓝勖，终于让蓝勖决定以最残酷的方式——强迫其与之发生性关系——惩罚他。一方坚决不低头屈服，另一方不断地对之实施肉体惩罚，日日夜夜强暴他。在以后的日子里，他们虽然有对彼此的恨意，但加深了对彼此的理解、敬佩与爱意。两个人在经历了大大小小的各种磨难以后，终于得以在未来的道路上携手同行。耽美小说的强迫文，在一方强迫另一方的过程中，两人不管最初多么憎恨对方，最后总会彼此相爱，以"大团圆"作为故事的美好结局。

耽美小说中强迫文的流行提供了一条很有意思的思路，即一个男主角对另一个主角并非倾心，但后者却对前者产生狂热的感情和欲望，强迫前者与之发生性行为，在多次强迫的过程中，被强迫者逐渐爱上了强迫者。这里就牵涉到一个问题，即针对性器官的暴力和针对身体其他部位的暴力伤害的不同。福柯曾经讨论过应该取消强奸罪，他在一次访谈中说，"在任何情况下，性都不应该成为惩罚的对象，如果我们惩罚强奸，我们只能是在惩罚身体的暴力，而不是其他。这不过是身体侵犯的一种：用拳头击打某人的脸和把阴茎插到他人的……这两者之间没有什么原则性的差别。"[①]因为都是身体的部位，针对性器官的伤害的量刑不应该比身体其他部位伤害重。福柯的意思是，在人类（至少西方）文化中，性器官或者性征的意义被放大了。女性的性器官和性征更是过度承载了意义，在中国文化和西方文化中都是如此。其实也就是说，女性在遭受性暴力、性伤害时完全是无助和无力的，无法向国家、社会求助，甚至自己没有办法报复男性，因为女性根本不可能像男性一样实施强奸。耽美小说中强迫的性爱模式在一定程度上回应了福柯的观点，这种男性对男性的性伤害，不过是一种身体

---

① 〔法〕福柯：《福柯访谈录》，严锋译，上海人民出版社，1997，第 75 页。

部位的伤害，而不是对性器官的伤害，所以这种关系反映的并非性权力的不平等，而是政治、经济、体质等方面的不平等。因此，耽美小说其实反映女性在性暴力、性伤害中面临的困境——女性对自己的身体是没有自主权的，她完全不能根据男性对她性器官的伤害程度来决定对男性实施何种惩罚，她的性器官是社会的。在具体性行为中，男性的"菊花"的确可以行使女性阴道的作用，但男性的"菊花"终究不是一个性器官，因而在性别权力关系上，完全不具有女性阴道所承载的那种意义。耽美小说的写手们未必会意识到这个问题，但他们的文本却再现了这个问题，这些写手或许并不认为一个男性对另一男性"菊花"的伤害，其性质可以等同于男性对女性的强奸行为。女性想同男性一样去爱男人，其中一个重要的内容也就包括消除自己的身体所承载的这些意义。

在这个环境和语境中，喜爱耽美小说的女性并非是为了要去推翻性别模式；她们尝试使用已然存在于异性恋世界中的素材去重建一种有尊严的爱的形式。耽美小说只是女性的一种想象和渴望，和同性恋无关，尤其最为突出的一个特点是，它追求"一对一"的关系。比较来看，真实的男同性恋的性并非独占的，而是多样的，其实也就是不讲究从一而终，可以同时展开多个关系，而异性恋，尤其是以现代一夫一妻制为标准的异性恋推崇的是独占性，限制多样的欲望。耽美小说文本体现的是这种现代一夫一妻制异性恋在性征上的标准。在我看来，耽美小说的写手其实是按照异性恋性征的标准进行了自我规训，渴求的是性的专一和独占，而非多样，所以成就了像男性一样去爱一个男人。

耽美小说的女性阅读空间

"作为一个女人，我没有祖国。作为一个女人，我不需要祖国。作为一个女人，我的祖国是全世界"①，尽管弗吉尼亚·伍尔夫笔下的女性和平主义者为了追求国际主义精神不惜抛弃民族意义上的祖国概念，但是，她仍然需要为自己寻找到一个立足点——全世界。这是一个相对来说比较抽象的概念，但却表明空间问题对女性来说是至关重要的。空间从来不是中性的，也不是中立存在的，它和性别向来有着千丝万缕的关系。这是空间女

① 陈顺馨、戴锦华编《妇女、民族与女性主义》，中央编译出版社，2004，第85页。

性主义批评的逻辑起点。空间女性主义批评是一种运用空间视角来考察性别文化的批评实践。对于女性而言，空间问题是十分重要的。对以西方女权主义理论为主要来源的中国女性文学批评而言，空间问题的重要性也是不言而喻的。无论是早期的女权主义运动，抑或是晚期的差异化理论，空间问题始终贯穿其中。在文学和文化领域，还是伍尔夫，这个西方女权主义文学理论的先驱，首先在自己著名的《一间自己的屋子》里阐明了空间对于女性写作的重要意义："一个女人如果要写小说一定要有钱，还要有一间自己的屋子。"①

一定程度上，耽美小说弥补了我们对性别空间问题思考的匮乏。从前文的探讨我们可以看出，耽美小说为女性提供了一个"家宅"，在这里，她们可以热烈地讨论和探索那些无法公开表达的关于身份认同，以及欲望和渴求的话题。这个阅读空间里充满了男男罗曼史的愉悦，悄悄地在专属于她们的隐秘网络里和嘉年华般的"同人祭"中流传着；在这个阅读空间中她们对同性恋这个群体或有意识或无意识地充满深情地狂想、幻想和改写，这一切都营造出一个浪漫的、温情脉脉的、适合女性的想象力"居住"的阅读空间，尤其是其第一人称写作及其主观化抒情的方式，更是为进入这个女性的阅读空间提供了一个入口和契机。耽美小说作为一种想象的建构在阐释着我们的生活和文化，因为耽美小说深刻探究的正是有关愉悦、幻想和身份等错综复杂的问题，这些问题对女性来说尤为重要。

我们在前面的章节中阐释过，耽美小说首先涉及的是同性爱的疑惑和兴奋。这是主流社会一开始就视之有问题的社会关系。"同人女"以决然的姿态把这个命题作为耽美小说展开的背景，她们笔下所有的故事都是对男男恋生活的想象。作为幻想作品，作为欲望的探索和生产，耽美小说对这些欲望的探讨也许超越社会，可能不会被人接受，甚至在网络整顿中被立法机关强行关掉。这里反映的不仅是对女性生活空间的压迫，也是对同性恋空间的压迫。这是一种注定失败的策略，因为它最终拒绝承认每个人有权选择他/她想要的生活。

从这个意义上来说，耽美小说是一种表示对异性恋深为不满的方式，同样，也是表示对社会和传统中所认可的女性的顺从和温柔的不满的一种方式。"同人女"们更渴望的是两个男人之间生死与共、洒脱豪迈、"比朋

---

① 〔英〕弗吉尼亚·伍尔夫：《一间自己的屋子》，王还译，上海人民出版社，2008，第 2 页。

友多一点但比情人少一点"的感情。但是，现实生活中由于存在着各种烦琐、不安全和艰难，使这种感情只能变为一种美好的理想。因此，就女性生活的这一情境而言，耽美小说更趋向于不满和生存。它是一个非常理想化的产品，但是它的理想不仅在于给女性一个充满浪漫幻想的爱情世界，还在于一个平等交互的爱的境界——不再因为女性的身份在社会上拥有着微薄的资源，也不再因为身为女性而不能给予情感的另一方以力量和庇护。所以，男男爱其实比"琼瑶式"的爱情更理想，因为这种平等是同性之间的，两性之间绝大多数情况下达不到这种平等。男男爱提供给女性一个空间，在其中逃避男性的凝视并且协调两性的不平等。在现实如此严酷的情况下，女性能有一个这样自由幻想的空间，已经非常不容易了。

　　所以，虽然男女平等的精神层面的交往是一个梦想，虽然她们的同性恋爱模式不断地在重复异性恋爱模式，但是并不妨碍女性去追求它，也不妨碍她们想像一个男人那样去爱另一个男人的心愿。这是一种对现实的不满与无奈，宁可沉浸在虚拟中躲避。这也是一种怯懦和退回，因为她们无力改变列斐伏尔揭示的现实——社会的权力结构壁垒森严，不论哪种社会类型，只要构成它的核心，饱经社会权力机制和性别机制双重压迫、满怀跻身都市中心希望的女性最终都将感到异常残酷的绝望。因此，她们只是想用文字涂抹去一切不幸，在不改变现实的情况下让自己接受另一种光线。她们渴求家宅，渴求巴什拉揭示家宅的三种隐喻意义上的形象："鸟巢""贝壳"与"角落"。因为鸟巢虽然"是临时性的，但它却在我们心中激起关于安全的梦想"[1]；贝壳是独居者的"要塞城市"，"他是一位伟大的孤独者，懂得用简单的形象来自我防卫和自我保护。不需要栅栏，不需要铁门：别人会害怕进来"[2]；"角落首先是一个避难所，它为我们确保了存在一个基本性质：稳定性"[3]。这也是为什么"同人女"们一方面唤起一种同性恋想象，一方面又抹去或搁置这一想象的最急切的动机——这些动机不仅指社会、政治事件，也包括文学/语言的媒介。她们抛去了同性恋生活的沉重和困惑，转为自己拼贴爱情游戏的想象，以颠覆的姿态完成对古老命题的回归，让原本压抑的主题在一片愉悦里滑向轻盈，也让现实和梦境中所有的

---

[1] 〔法〕加斯东·巴什拉：《空间的诗学》，张逸婧译，上海译文出版社，2013，第130页。

[2] 〔法〕加斯东·巴什拉：《空间的诗学》，张逸婧译，上海译文出版社，2013，第168页。

[3] 〔法〕加斯东·巴什拉：《空间的诗学》，张逸婧译，上海译文出版社，2013，第174页。

孤独感在虚无中滑向轻盈。

卡尔维诺在讨论"轻"这个命题的时候，曾经说过，小说家如果不把日常生活俗务变为某种无限探索的不可企及的对象，就难以用实例表现他关于轻的观念。他借助米兰·昆德拉的小说《生命中不可承受之轻》来显明一种对生活中"无法躲避的沉重"的"苦涩"的认可。从而告诉我们，生活中因其轻快而选取和珍重的一切，在刹那间都会显示出其令人无法忍受的沉重的本来面目。因此，凭借"轻"这种"智慧的灵活"和"机动性"，我们才能闪避这种判决，飞入另外一种时空，以免人性受到"沉重造成的奴役"。这种品质"不是逃进梦景或者非理性中去"，它属于"与我们生活于其中的世界截然不同的世界"①。

所以，也不用担心耽美文学只是娱乐、激情及消遣这一事实。因为它玩味、取代和重置其他小说，因为我们需要一种语言去谈论现实和政治同时又不摒弃消遣娱乐的那些种类。说耽美文学是对现实世界的闪躲和对想象空间的需求，并非低估它作为文学话语的作用，而是试图使这些作用处于文化文本的意义派生的广阔范围内。与其说传统意义上的"文学"必须排除某些文学形式，还不如说是产生它们的那些条件发生了变化。

作为一种实验性的文化文本，作为一种为女性提供"窥视"男性身体和情感的文学样态，作为一种女性想象情感和心灵世界的空间，耽美小说凭借自己无与伦比的浪漫性、狂欢性和想象性为女性开拓了一片自由的天地。她们在耽美小说中寻到了较为安全、稳定、自由、适宜的私密空间。但是，这个空间同样也是列斐伏尔的空间政治学与巴什拉的空间诗学相互作用而共同生成的空间。

促进小说富于同情心地理解女性生活，敞开文化和心理愉悦的空间，同时重新改变它们潜藏的种种不满，这在笔者看来应是回归耽美文学的意义了。

---

① 〔意〕伊塔洛·卡尔维诺：《新千年文学备忘录》，黄灿然译，上海译林出版社，2009，第 8 页。

康德美学中国阅读的空间演进

蓝国桥*

摘要：阅读能开启文化空间。文化的空间转向，正在风生水起。它的立足点，是空间与文化的内在关联性。康德美学的中国阅读，置身于早期、中期、近期三个不同的演进空间中。直接的原因有二：一是在各阶段之间，出现了时间的断裂；二是不同的时期，结构化意味浓厚。间接的原因是，三个不同的阶段推进，与社会背景特别是政治气候，始终是紧密相连的。康德的作品，是道不尽的，原因是作为背景的社会空间，处于不停歇的演进中。

关键词：康德美学　中国　阅读　空间演进

Abstract：Reading can open cultural space. Having its foothold on an internal connection between space and culture, culture has experienced its "spatial turn" for the past two decades. The process of China's reception of Kantian aesthetics can be divided into three stages, that respectively is the early, mid, and in the near future. There are two direct causes for the division：one is the fracture of time between the stages, the other is the stucturalization of each stage. However, there are indirect causes also, i. e., the social background, especially its political atmosphere closely linked with the propulsion of three different stages. The paper displays finally how Kant's aesthetics is embedded into Chinese social moving space after it deterritrized

---

* 蓝国桥，复旦大学中文系博士后，湛江师范学院副教授。基金项目：国家社科基金青年项目（12CZW018）、教育部人文社科青年项目（10YJC751040）。

from its German context.

Keywords：Kant's aesthetics　China　reading　spatial evolution

康德学说濡染的文化空间，是欧洲德国。在学术界，康德学说，有道不尽的说法。道不尽的，与其说是康德本人，还不如说是他的作品。作品的难以说尽，实是由"阅读"来决定的。阅读是"独一无二的"，"每次都是第一次，每次都是唯一的一次"，如布朗肖所言，作品的空间，是由"流动"的阅读，来加以开凿的。[①] 中国的知识精英，对康德的接触，就是从阅读他的作品，开凿出空间的。若从梁启超和王国维算起，中国的康德阅读，已有超过百年的历史。历经百年的风云变幻，思想界围绕康德，进行了介绍、翻译、运用等多层面的精神活动。有一种现象值得注意，中国的若干美学家，如王国维、梁启超、蔡元培、朱光潜、宗白华、蒋孔阳、李泽厚、牟宗三等，与康德作品之间，均有着密切的联系。因此可以说，遭遇康德作品，是汉语思想界，尤其是美学界重大的精神事件。中国不同的思想个体，对康德作品的阅读，必使作品的精神空间，一次次得以开凿，并"投射"出来。

反观康德在中国的传播，若考虑在传播中历经的百年风雨，美学议题的独特性，它的文化空间的演进轨迹，应是清晰可辨的。可以说，不同的康德阅读个体，构成的想象性群落，在文化的屏幕上，也呈现出空间的流变性。就此而言，康德美学的中国阅读，其早期、中期、晚期的阶段划分，充其量，只是借用而已，因为，正如福柯所说，总体的历史展开，乃是扩散了空间。[②]

救世与文化

梁启超、王国维、蔡元培、虞山、吕澂等，构成康德美学在中国最早一批的阅读群体。他们阅读康德作品展现出来的面貌，是不完全相同的。不过，他们的阅读收获足能体现中国遭遇康德最初的情形。要而言之，早期的阅读面相可体现在两个方面：其一是知识精英接触康德美学，对它有

---

① 布朗肖：《文学空间》，顾嘉琛译，商务印书馆，2003，第 196 页。
② 福柯：《知识考古学》，谢强、马月译，三联书店，1998，第 12 页。

所领会了解，但未能专文介绍，只是以它作为武器，有目的地运用，如此的阅读只在意与康德的神交；其二是学者们的专门撰文、叙述围绕着康德美学展开，如此的阅读与收获直接显露在外，因而使人易于把握。不同的阅读个体开挖出的作品空间是不尽相同的，但文化想象的屏幕，"文化与救世"的主题书写，在阅读的早期还是清晰可辨的。

王国维指出：清一代的学术，发展到道、咸以降，它的特点体现在"新"上，即体现在对西学的迫切了解上。对西学的了解，推进速度之猛烈、迅捷，可用康有为"全变、速变"两语来概括。在肯定康有为的基础上，钱穆说到，这种快速的变化，可呈现为三个演进阶段：一是"同、光之际，所变在船炮器械"，学指向器物层面；二为"戊戌以后，所变在法律政治"，学指向制度方面；三是"民国以来"的文化与社会变革，学指向观念层面。贺麟进一步指出：由器物到制度，再到观念的变化，伴随的是民族惨痛的失败记忆。即是说，意识到西方学说，如康德等的重要性，是用血的教训换来的。康德作品的阅读，一开始就与民族、国家的"求变"意识密切相连，由此也容易明白，中国首先了解的是康德的"星云假说"，原因是"星云假说"所蕴涵的，正是变动的观念。因与民族、国家联系起来，康德的中国阅读，至少在早期是沉重而庄严的，并不是幸福、惬意的事情。迫切了解西学，以西学为武器，批判、改造旧文化，憧憬、向往新文化，是早期康德阅读、展开的总体时代趋势。在如此语境中，有担当的读书人，探寻文化出路，进而开启社会救治的药方，这是那个时代，知识界的一个特征。

梁启超对康德的阅读，以及在阅读中挖掘出的康德空间，是带有个体选择性的。梁启超高度赞扬康德，说他是近世第一大哲，由此，他选择性地介绍了康德的政治学说。早年的梁启超，是维新的积极倡导者，与康有为一样，是政治上的活跃分子。他对康德的阅读，发生在他政治热情高涨的早年，侧重于对康德政治学说的介绍。后来，消退的政治激情，使他内化的康德思想，逐渐充当了趣味人生的根基。对梁启超的康德作品阅读，以及阅读之后的介绍、运用，必须与"文化救世"的想象屏幕联系起来，才能使对它的理解、把握变得有效。

据王国维说，他首次接触康德，只见到康德之名，内心便感到阵阵狂喜，不过更觉文字暌隔，不知所谓。他是在甲午海战后，方才知道世上有新学（西学）的存在，他了解西学的愿望，是相当迫切的。他想出国留学，但家境不宽裕，因而未能如愿，内心甚感烦闷。后来他掌握了日语与英语等，还在罗振玉资助下，有过日本留学的短暂经历，为钻研康德学说扫清了诸多的障碍。此时的王氏，对西学（康德）的热烈憧憬，是与国家的振兴、民族的强盛这些宏大的志向紧密联系在一起的。

康德的主要作品，艰深而晦涩。经过四次反复阅读，王国维最后自认为是读懂了康德，读不懂的地方，是康德自己糊涂、有矛盾。王国维说，他"体素羸弱，性复忧郁"，为解决人生的困惑，他始从事于哲学（含康德）的攻研。由此看来，他的康德阅读，首先是自我心灵危机的摆脱。仅此理解王国维，是肤浅的，他曾不无感慨地说道：择术一定要慎，忧世务必要深。他谨慎的择术，与忧世之深是密切相关的。王国维由阅读，而凿出的文化空间，是对康德作品中的吸收、"化合"，而竭力使之变为文化批判、理论创造的武器。他援引屈原的话说：他既喜好"内美"（天分），也钟情于"修能"（人为）。因而，他在美学上，既极力张扬"意境"，又努力求证"古雅"。文学的"意境论"、艺术的"古雅说"、内敛的康德思想，是可以为细心者所能捕捉到的。王国维对意境论与古雅说的论证，他的立足点，是民众心灵的慰藉、救赎。

就社会影响力来说，蔡元培远超过王国维。新文化运动，若说王国维是先声的话，那么蔡元培就是弄潮儿。为挽救颓唐落寞的社会，蔡元培开出的教育药方，较其他同仁，更显得具体，操作性也更强。社会动荡不安，文化新旧交替，国民精神如何安顿，中华民族何去何从。在蔡元培看来，国民观念的更新，精神境界的提升，谋求中国的出路，审美是有效的途径。审美境界形成，想落到实处，就得仰仗于教育。说白了就是，要形成运作的制度化，以"美育代宗教"。

蔡元培的"以美育代宗教"，观念之渊薮是康德。蔡元培指出：在首开美学新纪元的鲍姆加登之后，在美学上有重大贡献的，首推康德。他说，康德的哲学，可称为"批评"学说。《纯粹理性批评》清理的是"知识的性质"，《实践理性批评》则厘定的是"意志的性质"。"前的说现象界的必然性，后的说本体界的自由性。"《判断力批评》寻找的是"情感"（美感）的逻辑，介于前后两者之间。至此之后，美学在哲学中，就占据着显赫的地位。① 他还说：现象界与本体界，是有所区别的，"前者相对，后者绝对；前者范围于

---

① 蔡元培：《美学的进化》，《蔡元培全集》（4），中华书局，1984，第 21 ~ 22 页。

因果律，而后者超乎因果律；前者与空间时间有不可离之关系，而后者无空间时间之可言；前者可以经验，而后者全恃直观"。由前者到后者的过渡，可依赖于美感，蔡元培于是说："美感者，合美丽与尊严而言之，介于现象世界与实体世界之间，而为津梁。"欲实现此过渡，教育家的选择，是诉诸"美感之教育"。① 蔡元培开挖出的康德观念，已凝聚在他的美学思想中，并被他引向新文化运动的辽阔空间。这个空间之中两个大写的标志，是科学与民主。诚如贺麟所言，中国 1920 年代的康德热，与五四"科学"与"民主"文化精神之影响，是有密切联系的。值得注意的是，此一时期康德美学中国接受的地理空间，蔡元培、王国维、梁启超出生、活动的空间，均是靠近沿海的区域。这也是中国最早接受西学、最具有开放热情的社会空间。

政治与译述

到 20 世纪五六十年代，中国的康德阅读，想象的屏幕已不是救世，而是政治。离开当时的政治环境，来奢谈康德阅读，是不得要领的。朱光潜、宗白华、韦卓民等人，对康德作品的阅读，由此曲曲折折地，均与政治语境相贯通。

新中国成立初期，国家的基本观念，是马克思主义。加之，受苏联"左"的政治思潮的影响，唯物（客观）与唯心（主观）二元的价值论断，在社会中迅速传播开去。唯物、客观是神圣的值得提倡的，唯心、主观是卑贱的受批判的。在这种语境下，康德被划归唯心论阵营，成为受批判的对象。此时的康德阅读，多是在负面上展开。

1956 年，情形有所改观。改观的决定力量，来自党中央"双百方针"的提出。读书人对政治信号的捕捉，向来不迟钝。读书人对康德作品的阅读，再一次活跃起来。阅读开凿的空间，在译、述、用三个层面，展现出来。康德阅读，出现的相对热闹的局面，是拜政治所赐的。因政治的原因，对康德的价值评价，由表面看，也多是负面的。

在《文艺理论译丛》1958 年第 1 期上，宗白华公开刊出他的康德译文，是康德"第三批判"上卷中《美的分析》部分，由此可推断，他翻译美学

---

① 蔡元培：《对于新教育之意见》，《蔡元培全集》(2)，中华书局，1984，第 133～134 页。

原著，是在 1956 ~ 1958 年的事情。1958 ~ 1959 年，他还在继续翻译康德"第三批判"上卷中其余的内容。

新中国成立后不久，韦卓民退出学校的领导岗位，受政治运动影响，1957 年他又被错划为右派，他以对康德的翻译和钻研，与世态炎凉作静默的对抗，也有重要的贡献。在同一时期，他也在翻译康德的《判断力批判》，到 1963 年上下卷全部译完。他的下卷译文，弥补了宗白华的缺憾。宗白华的上卷译文，与韦卓民的下卷译文，被商务印书馆采用，并在 1964 公开出版。至此，由王国维首次接触算起，事隔近半个世纪之后，康德的《判断力批判》，完整的中文译本终于出现。

除翻译之外，学术界对康德美学的评述，也在同时推进。在理解、翻译基础上，宗白华对康德美学，还有所评说。宗氏的《康德美学原理评述》，最早发表在《新建设》1960 年 5 月号上。该文指出：康德的美学，因与美学的唯理论与经验论都有联系，因此是个极其复杂而矛盾的体系。他文章的亮点，是对康德的审美四契机理论作出详细、深入的剖析。值得注意的是，尽管对康德长文介绍，但宗氏仍对康德给予"唯心"的指责。"唯心"的指责，是宗氏有意释放的烟幕弹，其目的是避开政治的围追堵截。当中折射的，是读书人的委曲求全心态。因已意识到康德的重要性，在编写《西方美学史》（1964 年）中，朱光潜以整个一章的篇幅，来评介康德美学。他的叙述由整体到局部，先概述康德体系风貌，再叙说"第三批判"的功能，又按先后顺序，谈及书中的各大问题。与宗白华一样，朱氏对康德作品，也多有指责，说他作品中的思想，严重地脱离了现实。他对康德的指责，目的也是为了树立保护伞。他的曲世阿学，也是政治逼迫所致。

对康德作品，译、述、用三方面的铺开，一个直接的原因是"美学大讨论"的推动。"美学大讨论"，与其说是"美学"的讨论，还不如说是"政治"的讨论。大讨论的导火线，是对朱光潜美学唯心论的批驳。朱光潜在新中国成立前，已是美学名家，但他的理论，是沿袭康德、克罗齐而来的，因而是唯心的，至少在他的批判者看来，是如此。当时，批判掀起的狂风巨浪，势不可当，令人不寒而栗。为避开巨浪的吹打，一代美学大师，只能以"我的文艺思想的反动性"，拉开忏悔、"洗脑"的序幕。待浪潮稍退，受批判的朱光潜，是如此来吐露心曲的："我自己咧，口是封住了，心里却不服。在美学上要说服我的人就得自己懂得美学，就得拿我所能懂得的道理说服我。单是替我扣一个帽子，尽管这个帽子非常合式，是不能解决问题的；单是拿'马克思列宁主义美学认为……'的口气吓唬我，也是不解决问题的，因为我心里知道，'马克思列宁主义美学'还只是研究美学的人们奋斗的目标，还是有待建立的学科；现在每人都挂起这面堂哉皇哉的招牌，可是每人葫芦里所卖的药却不一样。"① 朱光潜这一段心曲的吐露，足以表明，当时的政治气氛，是何等的紧张！吕荧和高尔泰两人，决意将"主观论"进行到底，结果是吕荧死得不明不白，高尔泰四处躲避，下场甚是凄凉。当年"美学大讨论"政治的阴影，是挥之不去的，由它带动的康德阅读，出现阴云密布，是不难理解的。

朱光潜、宗白华、韦卓民三人，多年留学海外使他们对康德的作品，较第一批的阅读者，有更为切真的体会。三人对康德的作品，原先挖掘的空间，是努力使它回到作品本身，而无意于将之引向政治。不过，中国社会的特殊性，迫使他们经阅读挖掘的空间，引向政治气息弥漫的地面。由此，他们对康德作品的阅读，也只有放在政治的空间里，才能有它存在的"合理"性。

实践与理论

相对而言，近期康德阅读的广度、深度，超过以往任何时期。与中期相比，"政治"焦虑随着时间的推移在逐渐得到消弭。"文革"的政治高压，使万马齐喑也使人性灭绝。"文革"一结束，思想界共同的使命，就是对"文革"的集体声讨。20 世纪 70 年代末 80 年代初，中国出现的美学热，就是对人性的重新找寻和发现。声讨"文革"的企图从美学表面看，是热在"美学"，其实它深层的"政治"激情实是难以平复的。这一时期学界重视康德的阅读，正是因为康德的作品中始终高举的是人的伟大旗帜，他不止一次地提到，他所有的哲学问题，都是在努力回答："人是什么？"随着市场经济的兴起，读书人的政治亢奋也随之消退。市场经济的勃兴，营造的政治环境是相对宽松的，使读书人对康德作品的阅读，比以往要开放得多。阅读康德的作品，若说 80 年代，是侧重于"实践"的话，那么 90 年代以来，中国内地的情形就是偏向于"理论"。

近期康德阅读的新现象，呈现出内地与港台齐头并进的态势。政治语

---

① 朱光潜：《朱光潜全集》（10 卷），安徽教育出版社，1993，第 79 ~ 80 页。

境、社会环境的差异，导致双边的康德阅读不太相同的面貌。新中国成立以来，内地的主流价值观是马克思主义。于是，内地的学者们，对康德作品的阅读受马克思主义的左右就是可以理解的了。受此趋势影响，李泽厚等人对康德的阅读，必以马克思主义为基点。因政治、社会发展的缘由，港台不可能接受马克思主义，因而比起内地，港台对传统文化的阐发、接续，更显得自觉。钱穆、唐君毅、徐复观、张君劢等当代新儒学的诸多名家，均聚集于港台，阐发传统文化更具有义理，他们都自成体系与规模。牟宗三是港台新儒家最杰出的代表之一，由此，他对康德美学的接受，更多仰仗的是中国传统文化智慧。内地与港台的康德阅读差异，是政治、社会的语境使然。

"美学大讨论"中，青年李泽厚已为人所注目。为人注目的地方，是他对马克思作品的解读，他的"客观社会性"论说，使他在"大讨论"中显露头角。他的理论颇受争议，但他的马克思主义主线倒是很清晰的。他代表性的成果是《批判哲学的批判》。该书初版在"文革"结束不久的 1979 年，从那以后直至 2007 年该书曾先后六次再版，是近期该领域当之无愧的"名著"。该书列有"美学与目的论"一章，是对康德"第三批判"的述评。李著该章的目的，不是对康德的忠实评述，而是对它的批判、超越，进而有所创造。不是"照着说""接着说"，而是"自己说"。康德穷其一生之力，思考的问题是大自然如何向人转化。转化所凭借的中介在康德眼中是反思判断力。在李泽厚看来，自然向人的转化仅依靠某种心理体验，是存在缺陷的。依照马克思主义学说，自然向人的生成依靠的是改造自然的现实活动，即实践活动。如此，李泽厚就把康德的"判断力"批判，转换成马克思的"实践论"创造。受社会气候的影响，李泽厚的最后目标，是实践美学的创建，主体性的张扬，使得李泽厚的康德阅读，带有清算"文革"的倾向。

牟宗三生命的最后十年，全部耗费在对康德《判断力批判》深入阅读上。在译完《判断力批判》后，牟宗三对自己之学术有过总结性的回顾。他不无感慨地说道：他毕生的精力、贡献，都用在对康德学说的消化融会、贯通超越上。[①] 他晚年对康德美学的评述，就集中体现在两方面：其一体现在上课讲演中，上课讲演的内容，经他人整理后，以《康德美学讲演录》（1990 年）和《康德第三批判讲演录》（1991 年）为名，在《鹅湖月刊》

---

① 牟宗三：《判断力批判·译者之言》，《判断力批判》（上），台湾学生书局，1993，第 6 页。

上连续刊行；其二体现在，他在翻译"第三批判"时，所写的长达数万言的"商榷"文章，这些文章附录在译作的卷首。牟氏的目的不是停留于评述，而是对康德有所超越。在他看来，康德以美沟通真与善两界，是不成功的，因为康德的真、善、美，都是在分别的意义上使用的。依中国儒、道、释的智慧，真、善、美并未显现出形相而分离，而是形相去掉之后的圆融一致，真无真相、善无善相、美无美相，所达到的，就是又真又善又美的境界。中国的传统智慧是人的现实行动。牟宗三想说的是，用现实的实践解决康德美学的问题，才是正途。

解决康德的问题，同是回归实践，李、牟两人所依的平台，是不相同的。李的依据是马克思主义，牟的根据是中国文化传统，尤其是儒家的智慧。儒家与马克思主义，在李氏那里是可以融合的；在牟氏那里，却是行不通。两者的差异，是社会文化的不同而导致的。

中国内地 20 世纪 90 年代以来，由阅读康德作品开辟出来的空间，已由"实践"转向"理论"，学院化的走向，越来越明显，呈现出繁荣的局面。约而言之，喜人的场景可在两个层面上体现出来。其一是翻译与流变。对康德美学作品的重译意味着意义的重新阐释；多个译本的问世，则可导致原著的意义处于流变的状态中。其二则是论文与著作的繁多。

康德《论优美感与崇高感》一书，坊间已出现三个不同的译本：有曹俊峰和韩明安合译本（1990 年），有何兆武译本（2001 年），有李秋零译本（2008）。较为通行的是何兆武译本。《实用人类学》由邓晓芒和李秋零等译出。"美学反思录"部分则由曹俊峰译出。康德这些论述，有重"经验"的特点，表明康德美学与经验论美学关系还是很密切的。康德的《判断力批判》，是美学的经典著作，除了原有的宗、韦两人的合译本，这一时期还出现多个译本，有牟宗三译本（1993 年）、邓晓芒译本（2002 年）、曹俊峰译本（2003 年）、李秋零译本（2007 年）等。这一时期的"后学"，热衷的是非稳定性观念，它的矛头所指是政治上的集权倾向。经典或原作重译，与非稳定性的时代语境，悄然吻合。

这一时期，康德美学阅读的热闹、活跃，还体现在论文数量之丰富，以及专著的不断涌现。专著的涌现与论文数量的繁多都是前所未有的。代表著作有邓晓芒的《冥河的摆渡者》（1997 年、2007 年、2012 年）、曹俊峰的《康德美学引论》（1999 年、2001 年、2012 年）、马新国的《康德美学研究》（1995 年）、朱志荣的《康德美学思想研究》（1997 年）等。上述著作，彻底消除了早期、中期没有专著问世的尴尬。1979 年以来，康德美学的论文数量呈百位数的增长。在论文的作者群体中涌现了一大批卓有建树者，如叶秀山、谢遐龄、杨国荣、邓晓芒、黄克俭、赵汀阳、蒋孔阳、王元骧、曾繁仁、劳承万、曹俊峰、彭立勋、高建平等。

显然，阅读的两个方面——原作品的重译、丰硕成果的涌现，都是在"学院"的层面上有序推进的。依此，由阅读开启的空间，有望回归作品本身，阅读也相对惬意。不过，知识生产的体制化，在无形当中又在编织着阅读的牢笼。国家意志的影子变得若隐若现，甚是逼人。

结　语

康德作品在中国的早期阅读属断裂性的空间迁移。1930 年代到新中国成立，因抗战爆发等原因，知识界对康德的阅读，兴趣有所减弱，或曾一度中断。在中期与近期之间，因"文革"的到来，康德阅读也未能出现连续性。时间延续的断裂，使康德美学的中国阅读在空间上聚集起来。"救世与文化""政治与译述"和"实践与理论"，是由空间的聚集、升腾而起的文化想象群落。在文化群落的内部，重新勾连各要素，凝聚为一种新的结构，这种结构是建立在"空间知觉是一种结构现象"[①]　这一基础上的。结构性的文化群落，使康德作品的阅读为读者所知觉。

知觉，是需要背景的，因为，"没有背景的最初知觉"实在"是难以想象的"[②]，由阅读开凿的康德作品空间，若想为人所知觉得到，也需有知觉所依靠的背景。照此，中国读书人的阅读，敞亮的康德空间，如能为人所觉知，也得以中国的社会作为背景。中国早期的社会背景，决定了这一时期是以创造新文化，挽救民族、国家的衰败为主线。中期的社会背景，决定了这一时期的政治属性。近期，康德作品阅读的繁荣，亦是社会的大背景使然。康德的作品，是道不尽说不完的，那是因为时代、社会背景，作为文化空间，处于不断的演进当中。

---

① 梅洛-庞蒂：《知觉现象学》，姜志辉译，商务印书馆，2001，第 356 页。
② 梅洛-庞蒂：《知觉现象学》，姜志辉译，商务印书馆，2001，第 357 页。

专题四

数字人文

主持人语

陈　静

　　近 20 年，西方人文学术界一个引人注意的热点是"数字人文"。作为脱胎于"人文计算"，在互联网时代获得蓬勃发展的新兴学术领域，"数字人文"无论在研究成果、组织机构还是经费资助上，都获得了越来越多的关注和支持，势头渐盛。与此同时，"数字人文"的横空出世与日益繁荣也引起了诸多争论。这些争论有来自"数字人文"内部的，也有来自人文学界的非"数字人文"的学者，这些议题主要有："数字人文"究竟是什么？其研究对象及研究方法是什么？什么样的学者在从事这个领域的研究？它又是为什么得以在当代学术环境与社会语境中出现和发展起来的？面对未来，"数字人文"对于人文研究领域又有什么意义呢？围绕这些问题展开的争论一方面体现了"数字人文"学者对"数字人文"的自觉性认识和反思，另一方面则显示了"数字人文"作为一个新兴领域在人文学科的发展过程中所面临的挑战和时代意义，而后者对于整个人文学科在未来的发展前景具有相当重要的现实意义和理论价值。

　　本专辑将结合英美学者的三篇文章和一篇综述文章对这些关键议题加以讨论，以期能使中国读者在获取相关知识背景的同时，对其具有的理论争议有所思考，并从中国人文现实境遇出发，从中有所启发。

　　在三篇译文中，《人文计算的历史》一文从时间线索上梳理了国外，尤其是英美等英语国家的"数字人文"发展的历史脉络，可以为读者提供一个较为宏观和全面的背景介绍。《人文学科，数字化》一文对"数字人文是什么""数字人文的学者身份"等问题进行了讨论，从中可以看到年轻一代的学者是如何看待这一新兴领域的学科独立性和自主性的。而《数字人文及其不朽》原刊于《纽约时报》（2012-01-09），该文对数字人文所提倡的价值重建和学科意义进行了质疑，尤其是明确对凯瑟琳·菲茨帕特里克的论点进行反驳，与《人文学科，数字化》形成了对照。最后是一篇综述——《历史与争论》，除对这三篇译文及其所探讨的热点问题进行了深入分析和延伸讨论外，还从具体实例出发对数字人文的价值——"开放性""协作性"和"多元创新性"——进行了探讨，试图从观察者和实践者的角度对数字人文的内在特性和外在生态环境进行剖析说明。

人文计算的历史

〔英〕苏珊·霍基 著 葛剑钢 译*

摘要：本文对"数字人文"的历史进行了整体性梳理，以技术发展阶段和机构体制建设为逻辑线索，将其分为"起始""联合""新发展"和"成熟时期"等四个时期，指出文本编码倡议（TEI）和计算语言学的独立是早中期最重要的数字人文成果，1990年代至今的"数字人文"由于互联网的出现得到了极大的拓展。

关键词：数字人文　人文计算　互联网　文本编码倡议

Abstract：This essay describes the general picture of digital humanities. Following the clues of technological and institutional developments, this essay divides the historical period of digital humanities into four phrases：beginnings, consolidation, new developments and the era of Internet and also pointed out the most significant achievements in digital humanities in early-middle period are TEI and independence of computing linguistics. From 1990, digital humanities have been extending to a broader scale with the help of Internet.

Keywords：digital humanities　humanities computing　internet　TEI

---

*　苏珊·霍基（Susan Hockey）：英国伦敦学院大学图书馆及信息研究荣誉教授，研究方向为数字人文、TEI编码，代表作是 *A Guide to Computer Applications in the Humanities*（Duckworth and Baltimore：Johns Hopkins, 1980）；葛剑钢（1978~ ），德国奥格斯堡大学哲学系研究生，研究方向为现代哲学。本文选译自《数字人文指南》（*A Companion to Digital Humanities*, ed. Susan Schreibman, Ray Siemens, John Unsworth, Oxford：Blackwell, 2004），在线版本为：http：//www. digitalhumanities. org/companion/。

导　论

我们追溯任何关于跨学科领域的学术活动的历史，都会不可避免地碰到许多基本问题。诸如该领域的范围应该是什么？相关的领域之间是否有重叠，哪个领域影响了活动的发展？对于其他——也许是更加传统的——学科有何影响？对于活动的发展按线性时间顺序的描述真的适当吗？或许接下来的这个问题有些离题，有什么能够引导我们进入迄今为止尚未探索的道路？这些问题中的每一个子题都能构成一篇论文的基础，但鉴于本文的篇幅以及背景，我们采取的方法是通过按时间顺序的记述追溯人文计算的发展。在此范围内，将重点介绍那些里程碑式的事件，即已经取得的重大学术进展或已经实质上被其他学科所采用、改进或吸收的人文计算工作。

在此并不想定义人文计算是什么。本文的主题范围事实上已经就此给出了大量信号。我只想说，我们关注的是在被宽松地定义为"人文学科"（the humanities），或在英式英语里被称为"艺术学科"（the arts）中应用了计算程序的研究及教学。在人文计算的发展过程中，有关文字资源的应用程序已经占据了核心地位，这一点可以从大量有关的出版物看出，本文因此也必将关注这个领域。同时这里也不是试图定义"跨学科"的地方，但就其本质而言，人文计算不得不包含"两种文化"，即将科学的严格、系统、明确、程序的方法特征带到人文学科中，来解决那些迄今为止大多以偶然的方式被处理的人文学科问题。

起始：从 1949 年到 1970 年代

与许多其他跨学科的实验不同，人文计算有一个非常知名的开端。在1949 年，一位意大利耶稣会修士，罗伯特·布萨（Roberto Busa）神父开始了一项即便就今日而言仍然非同寻常的任务：为圣托马斯·阿奎那及相关作者的著作制作一份语词索引（index verborum），包括了总计大约 1100 万的中世纪拉丁词语。布萨神父想到也许有机器可以帮到他，而他也听说过计算机，所以他到美国访问了 IBM 的托马斯·J·沃森（Thomas J. Watson）以寻求支持（Busa 1980）。在其帮助下，布萨开始了他的工作：所有的文本逐渐被转移到穿孔卡，为这个项目编写了一个语汇索引程序，最终出版了印刷卷册。第一册于 1974 年出版（Busa 1974）。

　　这个纯粹机械式的语汇索引程序根据单词的图形形式（即字母顺序）排列词语，可以在相当短的时间内搜索到结果。但布萨对此并不满意，他需要能生成"词形还原的"（lemmatized）语汇索引，也就是词语按照词典起始字排列，而不是按照它们的简单形式。他的团队尝试编写了一些计算机程序来解决这个问题，而最终是以一种半自动的方式，即用以人工处理那些计算机程序无法处理的单词形式，完成了所有 1100 万词语的词形还原（lemmatization）。布萨对他的工作要求很高。他的卷册排版优雅，而且他决不会为了让工作快点完成而降低学术标准。他对人文计算产生了持久深远的影响。他所体现出的远见和想象力甚至远远超过了当前这一代伴随互联网成长起来的从业人员。1992 年，有关阿奎那资料光盘出版。光盘资料具备了超文本功能（cum hypertext ibus）（Busa 1992），同时还有拉丁语、英语及意大利语的用户指南。布萨神父是"布萨奖"（the Busa award）的首位获得者，该奖表彰他在应用信息技术进行人文研究上所取得的杰出成就。在 1998 年匈牙利德布勒森的获奖演讲中，他探讨了在万维网上使用精致的分析工具生成多媒体学术资料的潜力（Busa 1999）。

　　在 1960 年代，其他研究者开始意识到使用语汇索引的好处。多丽丝·伯顿（Dolores Burton）于 1981～1982 年在《计算机与人文科学》期刊发表了四篇系列文章，尝试对 1950 年代开始的讨论做一些总结（Burton 1981a，1981b，1981c，1982）。这些研究者中的一些是独立学者（individual Scholar），他们的兴趣主要集中在一组文本或作者上。在英国，罗伊·威斯比（Roy Wisbey）制作了一系列早期中古高地德语（Early Middle High German）文本的索引（Wisbey 1963）。在美国，斯蒂夫·帕瑞斯（Stephen Parrish）对马修·阿诺德（Matthew Arnold）和 W. B. 叶慈（W. B. Yeats）诗歌制作了一系列的语汇索引（Parrish 1962）。在此期间，也能看到欧洲一些重要的语言学院配备了计算机设备，主要用于协助辞书编纂，其中包括建于南希大学的"法语宝库"（Trésor de la Langue Française）（Gorcy 1983），意在归档储存法语文档资料，还有另一个是位于莱顿的荷兰语词汇学研究所（De Tollenaere 1973）。

　　虽然这时候的许多活动主要专注于语汇索引的制作，并以此为最终目的，但这些工具的运用却开辟了一块新的学术领地。事实上，早在被用于计算机应用之前，定量方法就被用于研究风格与作者问题。比如奥古斯塔斯·德·摩根（Augustus de Morgan）在 1851 年写的一封信中就提出将词汇表的定量研究作为调查保罗书信作者的一种手段（Lord 1958）。另外 T. C. 门登霍尔（T. C. Mendenhall）在他 19 世纪末的著作中描述了他的计数器，两位女士计算了莎士比亚、马洛、培根以及许多其他作家作品中双字符、三字符以及其他更多字符单词的数目，试图以此来判断到底是谁写出了莎士比亚的作品（Mendenhall 1901）。计算机的出现使得更多、更准确地记录词频成为可能，这些都是人工所不能及的。1963 年，一位苏格兰牧师安德鲁·莫顿（Andrew Morton）在一家英国报纸上发表了一篇文章，声称根据计算机的计算，保罗书信中只有四篇书信是圣保罗本人的作品。莫顿的研究基于对希腊文本中常见词的词频统计，并加上一些非常基础的统计数据。他持续考察了各种不同的希腊文本，并发表了更多的论文与书籍。这些著作注重检查常用词（通常是小品词）的频率，同时也注重句子的长度——虽然人们可以反驳，用于识别句子的标点是现代的编辑们添加到希腊文本中的（Morton 1965；Morton and Winspear 1971）。

据信，最早将计算机应用于有争议作者身份的研究是阿尔瓦·伊勒嘉（Alvar Ellegard）对《朱尼厄斯的信》（the Junius Letters）① 的研究。尽管这项发表于 1962 年的研究并未使用计算机统计词数，但伊勒嘉的确使用了机器计算来帮助自己从手稿中获得一个词汇表概览（Ellegard 1962）。1960 年代早期出现了被认为是最具影响力的基于计算机的作者身份研究，即摩赛勒（Mosteller）和华莱士（Wallace）的《联邦党人文集》（Federalist Papers）研究，这项研究试图确定 12 篇有争议文章的作者身份（Mosteller and Wallace 1964）。由于这项研究在识别作者身份上的特别贡献，使得此项研究成为分析研究的理想案例。摩赛勒和华莱士最初关注于他们所使用的统计学方法，使他们得以说明麦迪逊很可能就是那些有争议文章的作者。他们的结论已被普遍接受，《联邦党人文集》甚至被当作检测关于作者身份辨别新方法的标准（Holmes and Forsyth 1995；Tweedie et al. 1996）。

在这个时候，技术的局限性备受关注。用于分析的数据只能是文本或数字。它们必须通过手工费劲地输入到穿孔卡或者纸带上。就卡片而言，

---

① 《朱尼厄斯的信》是指一组写于 1769～1772 年的、作者署名为"朱尼厄斯"的信件。这 69 封信件后来被整理成书于 1772 年出版。有关这些信的作者身份，有诸多猜测，但未有定论。——译者注。

每张卡片只能容纳 80 个字符或一行文字（仅限于大写字母）；而就纸带来说，虽然允许小写字母，却无法阅读。布萨神父就有过将满满几卡车的穿孔卡从意大利的一个中心转移到另一个中心的经历。所有的计算都是以批处理的方式进行的，在工作完成并被打印出来之前用户根本无法看到任何结果。人们很快认识到字符集的缺陷，但这个问题直到 Unicode[①] 的出现才得以解决。但这种解决方法并不适用于所有类型的人文材料。在此之前，人们设计了许多不同的方法来表现穿孔卡上的大小写字母，最常见的办法是在大写字母前插入一个星号标记或类似的符号。类似的处理方法也适用于重音符以及其他非标准的字符，至于非罗马字符则必须全部以字母为表现形式。

大多数大规模的数据集都保存在只能串行处理的磁带上。一盘全尺寸磁带从一头卷到另一头需要花费的时间大概是四分钟，所以软件也被设计为尽可能减少磁带的活动量。想要像在磁盘上那样随意访问数据是不可能的，因此数据不得不以序列的方式存储。对于文本数据而言，这不构成什么问题，但对历史资料而言，这种储存方式意味着数据的简化，这代表一个对象的几个方面（构成关系数据库技术的几个数据表）必须简化成一个简单的线性流。就这一点而言，足够让历史学家对基于计算机的项目敬而远之了。

需求远远超出了特定字符集的范围。对语汇索引和检索程序而言，通过其在文本中的位置来识别引文是非常有必要的。传统文档检索系统所采用的方法并不适用这种情况，因为传统方法倾向于设定文档结构与期刊论文的结构类似，因此就无法处理诗歌或戏剧的结构，或者那些有画线的很重要的手稿资源的结构。人们提出了各种各样定义文档结构的方法，但这一时期发展出来的最精细的则是被应用于 COCOA 语汇索引程序中的方法（Russell 1967）。COCOA 以保罗·布拉特利（Paul Bratley）为一个古苏格兰文本档案馆设计的格式为范本，允许用户为文档结构定义一个匹配文档特殊设置的规范，同时也允许对重叠结构进行标记，这就使得在为资料的手稿资源编制一个引言系统的同时，也可以为打印版本编制一个引言系统。

[①]　Unicode（中文：万国码、国际码、统一码、单一码）是计算机领域的一项标准，对世界上大部分的文字系统进行了整理、编码，使得电脑可以用更为简单的方式处理和呈现文字。——译者注。

COCOA 在文件空间上也很节约，但相对来说，对人而言缺少可读性。

另外一个得到广泛应用的引言模型则更加依赖于穿孔卡的格式。在这一通常被称作"固定格式"（fixed format）的方案中，每行是以一个编码的字符序列开头，这个字符序列提供了既定的引言信息。引言中的每个单元分别定位行中的特定列，比如标题在 1~3 列，诗句号在 5~6 列，而行号在 7~9 列。此项信息的录入因为穿孔卡机器的功能而得到加速，但此项信息却占据了计算机的更多空间。

我们依旧能够在不久前创建的电子文本中找到这些引言方案的遗产。特别是 COCOA 具有非常深远的影响，许多模型都是由它衍生而来。COCOA 无法轻松地处理文本内容中诸如名字、日期以及缩写等特征不明显的标记，但它可以处理重叠结构，这一点要远胜于几乎所有的现代标记方案。

在这一时期，那些对人文计算感兴趣的人第一次有机会聚集在一起。1964 年 IBM 在约克城高地组织了一场研讨会。随后出版了由杰西·贝辛格（Jess Bessinger）和斯蒂夫·帕瑞斯编辑的《文字数据处理研讨会会议记录》（*Literary Data Processing Conference Proceedings*）（1965）。这些论文讨论了复杂的问题，诸如手稿材料的编码以及语汇索引的自动分类。在后一问题中，拼写变形以及词形还原的缺陷被认为是严重的问题。

可以肯定的是，约克城高地研讨会只是一个单一的活动。事实上，第一个关于文字与语言学计算的定期系列会议，也就是后来的文字与语言学计算学会/计算机与人文学科学会（the Association for Literary and Linguistic Computing "ALLC" / Association for Computers and the Humanities "ACH"）研讨会的前身，是由罗伊·威斯比（R. Wisbeg）和迈克·法灵登（Michael Farringdon）1970 年 3 月在剑桥大学组织的。这是一个真正的国际性事件，具有良好的代表性，无论是就大西洋两岸还是就澳大利亚而言。经威斯比（1971）细致编辑的会议记录为后续出版物设定了标准。对这些会议做个简单回顾，我们可以看到其主要的兴趣是输入、输出、编程与词典编纂、文本编辑、语言教学以及风格学。甚至在当时，人们就已经意识到了需要找到一种存储和维护电子文本的方法。

一个新学科的诞生往往是以一份有关该学科的新杂志的创建为标志。1966 年由约瑟夫·雷宾（Joseph Raben）主编的《计算机与人文学科》（*Computers and the Humanities*）开始发行。凭借非同寻常的热情，雷宾创办的这份新期刊在刚开始的那几年，至少在定期的系列研讨会以及在此基础上发展而来的学会良好运行之前，就成为有关人文计算信息的主要传播媒介。雷宾认识到了此项研究者希望知道最新的研究状况。同时，他还知道，对于那些考虑启动一个新的研究课题的人而言，他们想到的第一件事就是需要看到反映学者动态的期刊目录。另外也有其他针对某些特定团体的非正式的时事通讯，值得一提的是由斯蒂夫·韦特（Stephen Waite）编辑的针对计算机和经典著作的《演算》（*Calculi*）。

在 1960 年代，一些致力于在人文学科领域使用计算机的中心相继建立。威斯比（Wisbeg）于 1963 年在剑桥建立了文字与语言学计算中心（the Centre for Literary and Linguistic Computing），目的是为他的关于早期中古高地德语文本的工作提供支持。威海姆·奥特（Wilhelm Ott）则在图宾根建立了一个小组，他们开始研发一整套用于文本分析的程序，专门用于批注文本的制作。TuStep 软件模块一直沿用到今天，它为从数据输入与核对到复杂的印刷文本的制作全部阶段的处理确定了非常高的学术标准。

早期阶段的工作受到技术的严重阻碍，比如字符集、输入/输出设备以及批处理系统的缓慢运作等都影响了研究。但无论如何，研究者们还是找到了一些应对这些问题的方法，尽管这些方法有些繁复。更为重要的是，他们所面对的关键问题依然是我们今天要面对的，特别是需要超越图形字符串的层面去看待"词语"，以及有效率地处理不同的拼写、多个手稿以及词形还原。

联合：从 1970 年代到 1980 年代中期

如果用一个词来描述这一时期，那几乎肯定就是"联合"（consolidation）。有更多的人使用早期发展而来的方法，创建了更多的电子文本，启动了更多使用相同程序的项目。关于有可能做什么的知识慢慢在普通的学术通信渠道中扩散开来。越来越多的人在思考计算机能够对他们的研究和教学做点什么。

知识的扩散不仅仅受助于《计算机与人文学科》，也得益于定期的系列会议。1970 年剑桥的研讨会开启了一项在英国的双年系列会议，它后来成为人文学科计算的一个重要焦点。在爱丁堡（1972）、加的夫（1974）、牛津（1976）、伯明翰（1978）和剑桥（1980）的一系列会议都产生了高质量的论文。"文字与语言学计算学会"是在 1973 年伦敦国王学院的一次会议上创建的。初期它每年发行三期内部通讯。它也组织一个有一些特邀演讲的年度会议。在 1986 年它有了一份名为《文字与语言学计算》（*Literary and Linguistic Computing*）期刊。在 1970 年代中期，另一项被称为"人文学科计算国际研讨会"（ICCH）的系列会议在北美启动。为了与英国的会议错开，该会议每逢奇数年举行。英国的会议与 ALLC 年会开始慢慢结合。他们继续关注文字与语言学计算但更偏重于"语言学"，为此他们为日渐增长的欧洲研究者提供了一个论坛，这个论坛后来被称为语料库语言学（corpus linguistics）。ICCH 发表了大量的论文，比如关于在写作教学中计算机的使用，以及关于音乐、艺术及考古学的论文。"计算机与人文学科学会"（ACH）产生自这个研讨会，它创建于 1978 年。

学术的计算机机构也开始意识到人文科学对计算的需要。在使用大型机计算的那个时期，人们需要注册之后才能使用计算设备。与此同时，注册也为学术计算的工作人员提供了机会去了解用户想要什么，去考虑哪些标准软件可以提供给更多不同的人使用。英国的 COCOA 语汇索引程序的第二个版本恰恰是为了这个目的而设计的，以能在不同的大型计算机上运行（Berry-Rogghe and Crawford 1973）。该程序在 1970 年代中期被分发到不同的计算中心，而许多中心也指定了专人作为技术支持。由于该程序用户界面不甚理想，加之编写该程序的阿特拉斯实验室（Atlas Laboratory）中止了对该程序的支持，使得英国的资助机构转而赞助牛津大学一个新程序的项目。该程序被称为牛津语汇索引程序（the Oxford Concordance Program，简写为"OCP"），这个软件在 1982 年已经完成并吸引了全世界许多不同国家用户的兴趣（Hockey and Marriott 1979a，1979b，1979c，1980）。与此同时也出现了其他打包的或通用的软件，这大大减少了人文项目在编程方面的费用。

为了避免重复开发，文本存储及维护领域也开始了联合。随着打包软件①（packaged software）的出现以及大量编程不再成为必须，每一个项目都要花大量的时间去备份。1976 年牛津文本档案馆（OTA）建立备份的主要动机就是确保一位研究者已经处理完成的文本不会丢失。OTA 承担维护电子文本，并在版权许可的前提下，向任何出于学术目的、想要使用它们的人提供这些文本。它是数字图书馆的开端，尽管一开始并没有人这样称呼它。

---

① 被绑在一起成为整套的软件，比如微软的办公软件。——译者注

OTA 的方法是为已存储的文本的维护提供服务。但它对特殊的文本仍然无能为力。某些学科领域的学者团体更加注重于创建某个文本档案馆，以便作为研究资源。其中值得一提的是在加州大学欧文分校创建并由西奥多·布鲁纳（Theodore Brunner）领导的希腊语库（Thesaurus Linguae Graecae，简称为"TLG"）。布鲁纳募集了上千万美元用以支持古希腊文本"数据库"的创建，它涵盖了从荷马到公元 600 年的所有作者，约 7000 万词语（Brunner 1993）。后来帕卡德人文学院制作了一个与之互补的古典拉丁文合集，配合 TLG 为古典研究的学者提供了其他学科的研究资源。古英语学者也建成了类似的、较为全面的，但要小一些的语料库（Healey 1989）。

在此阶段，更多的人文计算中心成立了。其中一些，比如位于卑尔根的挪威人文计算中心（the Norwegian Computing Center for the Humanities，现在的 HIT），凭借政府的大力支持，整合了大范围的项目。其他比如位于宾夕法尼亚大学的文本计算分析中心（the Center for Computer Analysis of Texts，缩写 CCAT）则更加关注于该中心创建者们的学术兴趣。世界各地成立了许多的兴趣机构，其中的学者都得到了良好的支持。

在这一阶段，人文计算开设了各种不同方面的课程。其中一些课程是由学院计算中心的工作人员授课，主要讲授特定软件程序的制作技术。其他一些课程则更广泛地关注于技术的应用。学院课程常常倾向于自己的长项，这导致相同应用领域中的学生项目增多。当时发生了一场人文学科学生是否应该学习计算机编程的争论。有些人觉得它取代了拉丁语成为一种"精神原则"（mental discipline）；其他人则认为它太难，从人文学科的核心工作中占用了太多时间。字符串处理语言 SNOBOL 一度很流行，因为它对于人文学科的学生而言比其他的计算机语言——当时最重要的 Fortran——更加简单。

计算机处理工具也有所进展，主要是通过从磁带到磁盘存储的转换。文件不再以串行的方式进行搜索。一度出现了多种不同的管理数据库材料技术，其中一些对于人文学科的材料非常有效（Burnard 1987a）。然而关系模型①渐占上风，这种模型在大型计算机实施中呈现出更好的结构，历史学家以及其他人能够处理从资源中抽取出来的材料（而不仅仅是资源本身）。

---

① 一种基于谓词逻辑和集合论的数据模型，主要用于数据库的管理。

然而，关系技术在对那些需要转换为图表形式的信息进行呈现时仍然存在一定的问题。1970 年代至少有两种硬件设备被发明出来用以协助搜索。一种被安装在戴维·帕卡德（David Packard）的 Ibycus 计算机上，该计算机是专门用来处理 TLG 以及其他一些古典材料（Lancashire 1991：204 - 5）；另一种则是内容寻址文件存储（CAFS）系统，它使用于英国的 ICL 计算机上（Burnard 1987a）。将（数据）处理转移到硬件的想法非常吸引那些不得不处理大量材料的人文学科研究者，但它并未大规模的流行。

总览这一阶段的各种出版物，可以看出基于通过语汇索引程序生成的词汇表所撰写的论文具有明显的优势。研究结果不仅对文体分析家有益，对于语言学应用也是如此。愈来愈多的复杂数字被加诸词汇表统计，而那些偏向于人文学科的研讨者却受到冷落。除此之外，方法论方面的创新还真没什么新鲜的或令人兴奋的成就，方法论的评判少于期待。这一时期，人文计算在配套体系方面取得了重要进展，更多的传播渠道（会议和杂志）涌现出来，软件标准化和文本存档和维护的需求也获得了认可。然而就传播渠道而言，成果还都集中在人文计算领域，很少在主流的人文学科出版物上出现。可以说，我们曾经处于这样一个阶段：基于计算机的作品在人文学科中的学术声望还是值得怀疑的，而且学者们也都愿意以那些他们更易被接受的方式发表他们的作品。

新的发展：从 1980 年代中期到 1990 年代早期

这一阶段人文计算有了重大发展。这主要归功于两种新技术：个人计算机和电子邮件。

最早出现的几种具有竞争性的个人计算机，有些是专门为游戏开发的，有些是独立的文字处理器，无法用于其他工作，还有一些是专门针对教育市场而产生的。

个人计算机是学术生活不可缺少的工具，但在其早期阶段，个人计算机要比现在昂贵得多，那时的购买者都是狂热的爱好者或那些熟悉计算的人。它对人文计算的贡献是人们不必专门花时间去计算中心。个人计算机用户可以做任何他们想做的事情，缺点是不能从数据库中获益。这导致了重复劳动，但同时也促进了创新，因为用户要超越这种制约。

在 1980 年代末期存在三种基于 DOS 的文字分析程序：Word-Cruncher、

TACT 和 MicroOCP，都具备非常出色的功能。个人计算机用户可以在家使用这些程序工作，如果使用 Word-Cruncher 和 TACT，可以瞬时获得搜索结果。MicroOCP 则是一个大型程序的衍生物，它使用批量语汇索引技术而不是交互式搜索。理论上个人计算机的主要应用程序是可以与所有程序共享的，也就是文字处理。这吸引了更多的用户，他们认为文字处理程序的功能就是计算机做的全部功能。

苹果的麦金塔电脑有两点吸引了人文学科用户。首先，早在视窗系统（Windows）之前它就拥有了一个图形的用户界面。这意味着它能够显示非标准字符。它能够在屏幕上显示古英语字符、希腊字母、西里尔字母以及任何其他字母，而且能够轻易地操作包含这些字符的文本。其次，麦金塔电脑也自带了一个程序，用户可以轻松地创建一些初级的超文本。HyperCard 提供了一个文件卡片的模型，卡片之间能够互相关联。这是一个简单的编程工具，第一次使得编写计算机程序工作容易起来。超文本对于教学的益处显而易见，很快就出现了各种各样的范例。一个很好的例子是由帕特里克·康纳（Patrick Conner）创建的 Beowulf 工作站（Conner 1991）。它向用户展示了一个文本，上面带有指向现代英语版本以及各种不同版本的语言学注释和背景注释的链接。这一时期，Perseus 项目的第一个版本也通过 HyperCard 交付给了终端用户。

电子邮件一开始只局限于计算机科学家团体和研究机构。1980 年代中期，大多数学术计算服务都提供了跨国收发电子邮件的设施。在 1985 年尼斯的 ALLC 会议上，人们初次交换了电子邮件地址，一个新的即时通信的伟大时代开始了。很快，电子邮件就被发送给用户组，人们创建了用于电子讨论列表的邮件列表服务程序（ListServ）软件。1986 年帕特里克·康纳创建了针对人文学科的使用最悠久的电子讨论列表 Ansaxnet（Conner 1992）。

1987 年春天，在南卡罗来纳州哥伦比特区的 ICCH 会议上，一群主要从事人文计算工作的学者聚集到了一起，他们一致同意设计一种定期保持联系的方法。当时来自多伦多大学的威拉德·麦卡蒂（Willard McCarty）在返回的途中发现了 ListServ 的存在，于是 Humanist 诞生了（McCarty 1992）。第一条信息发布于 1987 年 5 月 7 日。麦卡蒂自告奋勇地担当了他称之为"电子研讨课"的编辑，除了 1990 年代早期的一段时间他一直都承担着这项工作。

Humanist 在某种意义上成为电子讨论列表的模板。麦卡蒂一直保持着优秀的编辑水准，而且讨论的水平通常也很高。对我们这些身处欧洲的人而言，每天早上三到六篇 Humanist 摘要作为定期早餐意味着愉快一天的开始。Humanist 已经成为一个社区维护和发展的中心，它对人文计算作出了意义重大的贡献。它的存档要追溯到 1987 年，包含了关于在此期间的发展及关注的庞大信息资源并被语言学列表（Linguist List）——最主要的针对语言学家的电子论坛——的创建者当作了样本。

这一时期，纸媒形式的出版物开始大规模地尝试制作关于项目、软件及出版物的目录索引。两卷本的《人文计算年鉴》（*Humanities Computing Yearbook*，简称"HCY"）得到出版。1988 年，由伊恩·兰开夏（Ian Lancashire）和威拉德·麦卡蒂编辑的第一册出版，包含 400 页的内容。第二册（1989 ~ 1990）有 700 页的内容。在以后的几年中 HCY 都是极具价值的资源，它替代了原来由《计算机与人文学科》学者动态目录所扮演的角色，后者在 1970 年代早期停办。筹备 HCY 是一项艰巨的任务，在出版了两册之后就停办了。1990 年代早期，普遍的共识是在线数据库将成为更有效率的资源。尽管有若干项目试图继续 HCY 的工作，但一直没有出现相类似的成果。

就学术史而言，此阶段有一项成果脱颖而出。1987 年 11 月，南希·艾德（Nancy Ide）在 ACH 同事的协助下在波基普西的瓦瑟学院（Vassar College, Poughkeepsie）组织了一场特邀会议，意在探讨为人文学科电子文本创建一个标准的编码方案的可能性（Burnard 1988）。早前就有人进行过尝试，试图解决不同而且相互冲突的编码方案问题，那时的情形用瓦瑟会议的一位与会者的话来形容，就是"混乱"。学者们厌倦了浪费时间去重新格式化文本以适应特殊的软件，对已有方案的种种不足更是备感沮丧。1986 年，一种新的编码方案出现了，由 ISO 发布的标准通用标记语言（The Standard Generalized Markup Language，简称"SGML"）提供了一种定义标记方案，它可以操作许多不同的文本类型，既可以处理元数据也可以处理普通数据，不但能够表现文档的基本结构特点，也可以表现复杂的学术评注。

与会成员还设立了一套准则——波基普西准则（the Poughkeepsie Principles），作为创建一套新的解码方案的基础，同时项目管理也被委托给一个指导委员会。该委员会由来自 ACH、ALLC 以及计算语言学学会（The Standard Generalized Markup Language）的代表组成（Text Encoding Initiative 2001）。随后这个团体就在北美募集了超过 100 万美元的资金并指导了文本编码倡议（Text Encoding Initiative，简称"TEI"）的《电子文本编码和交换指南》（*Guidelines for Electronic Text Encoding and Interchange*）（简称《指南》）。这项工作最初被规划为四个区域，每个区域由一个委员会带领。委员会的成果由两位编辑汇总为第一稿并于 1990 年发布以征求公众意见。进一步的工作包含了诸多工作小组，以便详尽地着眼于特定的应用领域。TEI《指南》的第一个完整版本于 1994 年 5 月，以纸媒形式和电子版形式发布。

TEI 的规模、范围及影响远远超过了瓦瑟会议的设想。这是历史上第一次系统化地对所有人文学科文本进行分类和定义。总的来说，用大约 400 个编码标记了一个结构，该结构可以很轻松地针对新的应用领域进行扩展。《指南》中对标记的规定进行了说明，但更深层次的学术挑战则是伴随着工作的进展而出现的。TEI 的工作激发了人们对于标记理论以及将人文学科作为一个主题的兴趣。TEI《指南》的出版恰逢数字图书馆的初创。之前数字图书馆项目与人文计算并无联系，但《指南》简直就是为数字图书馆项目而生，后者可以直接以 TEI 为基础而不必重新发明一套标记方案。

许多 TEI 工作是通过使用私人以及公共的电子邮件讨论列表并配合一台公共资源服务器来完成的。从一开始，TEI 小组的人员就被要求定期使用电子邮件，而这个项目也成了这种工作方式的范本。然而，参与者们很快发现，很难在电子邮件讨论中达成结果，幸运的是，他们有足够的资金用于举办定期的面对面的技术会议从而确保作出合理决议，所以不同工作小组的标记建议能够有效率地得到合理化采纳。

除了个人计算、网络以及 TEI 的贡献之外，自 1970 年代以来的那种人文计算活动也在继续发展，并拥有了更多的用户和更多的项目。某些应用领域渐渐从人文计算分拆开来并形成了新的领域。"计算机与写作"就是一个很快就消失的主题。对人文计算而言更重要的是失去了语言学计算的某些领域，特别是语料库语言学，他们拥有了自己的研讨会和会议。计算语言学一直以来都独立于人文计算而发展，所以除了唐·沃克（Don Walker）在 TEI 指导委员会上的努力之外，它仍然是一个独立的学科。沃克与比萨的计算语言学研究所的安东尼奥·扎波里（Antonio Zampolli）一直致力于将人文计算和计算语言学这两个社区联合到一起，但成果有限。只有当人文计算学者开始对计算语言学（形态分析、句法分析以及词汇数据库）中发展出的工具表现出强烈需求的时候，计算语言学和语料语言学方面的研究为了维护自身地位和满足语言分析社区的需要才取得了一定进展。除了扎波里和他的同事尼可莱塔·卡佐拉里（Nicoletta Calzolari）于 1989 年 6 月在第一次 ACH/ALLC 联合会议上作出的"关于计算语言学和文字与语言学计算之间的聚合"这篇里程碑式的报告之外（Calzolari and Zampolli 1991），这些社区之间很少有交流，而人文计算并没有从计算语言学的技术中得到应有的补益。

互联网时代：从 1990 年代早期到现在

1990 年代出现了一项具有深远影响的成果。这就是互联网，更确切地说是万维网（World Wide Web）。1993 年出现了第一个图形浏览器 Mosaic。现在互联网的使用已经是学术活动的一个重要组成部分。整整一代人伴随着互联网成长，他们将互联网作为信息的第一来源。

最初，一些长期从事人文计算的从业者就像微软曾经做的一样，低估了网络的作用。那些 TEI 的参与者认为超文本标记语言（HTML）是一套问题系统，它涵盖了文字处理器和外观标记的所有缺陷。而圈外的人则带着好奇的心态看待网络。网络是一种查找信息的工具，但并未被人文计算所重视。网络的崛起是它为那些第一次进入人文计算的人提供了一个机会——一个优秀的出版平台，这不仅是对他们学术工作的成果而言，也有助于他们在庞大的用户社区中传播他们的成果。于是，一个新的用户群体出现了。

任何人都可以在网络上成为出版人，从制作人的角度看这样做的好处非常巨大。文本格式不再受到纸媒的限制，它几乎不存在图书厚度的限制，而超文本链接又为注释提供了一个非常有用的方法，等等。网络出版物可以以增量的方式创建，一直到它完成发布。它可以迅速提供给读者，也可以随时修正和更新。

从 1990 年代初期到中期，许多新项目纷纷出现，其中一些确实募集到了资金并得以启动。尤其是在电子学术版本领域，有一些会议和出版物专门讨论电子版本的未来问题（Finneran 1996；Bornstein and Tinkle 1998）。当时的编辑理论家们以物理的视角着眼于电子文本，他们准备以数字图片的形式表现这些文本。除了彼得·罗宾森（Peter Robinson）（Robinson 1996，1997，1999）以及其他几人的工作外，很少有出版物得见天日，除了一些蓝皮书和小样本。而到了 1990 年代的后期，对这方面的兴趣已经消退了。

人们提出了很多具有想象力的想法，一旦这些想法开始转化为实践的时候，特别是开始要面对输入并标记文本以及开发软件的繁重工作的时候，人们的注意力立即转移到了其他地方。

对于这些电子资源合集应该如何称呼引起了诸多争议。许多人偏爱"档案馆"（archive）这个术语，比较著名的有布莱克档案馆（Blake Archive）以及其他在弗吉尼亚大学人文学院高级技术研究所进行的项目。"档案馆"意味着堆积如山的资料，在那里用户不得不选择一条导航路线。"版本"（Edition）意味着很多的学术附加值，它反映了一位或多位编辑的观点，这会影响到特定的导航路线的选择。SGML（标准通用标记语言，Standard Generalized Markup Language）常见于基于 TEI 的应用，可以为建立导航路线提供一种关联的方式，但更为重大的挑战则在于设计和建立一个有效率的用户界面。然而重点还在于导航技术，而不是过去人文计算领域的分析工具及技术。在网络的早期阶段，SGML 编码的文本传递技术相当笨拙，无法令人满意。不过由于浏览它们的方式简便，此类出版项目的数量还是很可观的。越来越多的人开始熟悉人文学科中的技术理念，但对于如何将材料放到网络上依然知之不多。

尽管一开始的时候大多数此类出版项目是由学者团体发起的，但不久之后图书馆也开始考虑将他们的藏书内容放到互联网上。美国的几家研究所建立了针对人文学科基础资源材料的电子文本或电子图书馆合集，大多数通常使用 OpenText SGML 搜索引擎（Price-Wilkin 1994）。尽管它提供了优秀、快速的工具，但实际上它的功能并不多。其他项目则使用 DynaText SGML 电子书系统。这套系统提供了更结构化的搜索，但它的界面并不理想。

Orlando 项目开发了一种用于电子出版物的全新系统，该项目意在阿尔伯塔和圭尔夫大学创建英国女性著作历史。凭借充裕的研究基金，他们创建了一套 SGML 文档，包含了作者的短篇传记、著作的历史以及一般历史性事件等资料（Brown et al. 1997）。这样就可以使这些文档的材料重新组合，比如针对特定的时期或主题生成年表。这个项目开创了一种全新的学术写作形式，这是过去所没有的。至于它是否真的会被大规模使用，还有待观察。

互联网也使得合作项目以一种前所未有的方式得到开展。那些身处不同地方的人能够对同一个主题进行收集，就是一个巨大的进步。在 Orlando

项目中，两个研究所的研究者们将文档添加到一个基于网络的文件管理系统的文档档案馆，该系统使用了某些 SGML 标记。此外还出现了整合编辑资源的想法，处在不同地点的人能够添加注释层，比如 Peice 项目（Neuman et al. 1992）和 Codex Leningradensis（Leningrad Codex Markup Project 2000）。这在技术层面上相当清晰。但随之而来的问题是项目管理，诸如谁来控制或审查注释，以及系统的维护和未来标准等。

TEI 作为一个模块给数字图书馆项目带来了挑战，因为 TEI 主要是由那些想要尽可能灵活多变的学者设计的，所以所有的 TEI 标签都可以被重新定义，人们可以在任何合适的地方添加标签。而图书馆和信息科学领域秉持的却是，标准一旦被制定就必须得到严格遵守——这是为了确保读者能够轻松找到书籍。遗憾的是在 TEI 创建的过程中，图书馆和信息科学专业人员从未涉及其中，而且那时还没有"数字图书馆"。与学者社区不同，图书馆社区拥有多年电子文本工作经验的人只是少数。不过 TEI 系统在文献中搜索病毒的功能具有非常广泛的影响。

1990 年代初期的人文学科电子领域具备了一个新的维度，可以有效获得图片、音频和视频形式的多媒体信息。在数字图像化的早期阶段，许多讨论是关于文件格式、像素以及其他图像处理技术方面的问题，但人们很少谈及这些图像的应用。越来越多的人文计算从业者认为图像应该像 Beowulf 项目（Kiernan 1991）那样被操作并以某种方式得到增强。例如实现从图像到文字的链接、下拉到文字所在的行（Zweig 1998）等。人们已经认识到多媒体的潜力，而未来很可能是与电视的逐渐交汇。

网络渠道的扩充导致了其他领域对人文计算的兴趣。在一个新的学术团体中，电子资源成为研究的对象并且被解剖分析，他们中的一些人对于人文计算几乎一无所知，其中，超文本尤其突出。这有助于扩大人文计算的研究和解决更多的问题，但也有可能对于创建和使用这样一种资源造成分歧。这是两种文化的冲突，一种是实践的文化，而另一种则是理论的文化。

开设学术项目的导论课程是该学科成熟的另一个标志。人文计算课程发生在 1990 年代晚期，值得一提的是，当时只有很少的专业标题包含了"人文计算"这几个字。伦敦大学国王学院为许多人文学科提供了辅修的"应用计算"学士专业，而它新设立于人文计算中心的文学硕士专业也被称作"应用计算"文学硕士专业。加拿大的麦克马斯特大学（McMaster

University）则提供了多媒体学士专业。弗吉尼亚大学即将开设一门称为"数字人文学科"的文学硕士专业，该专业由媒体研究项目主办。据我所知，阿尔伯塔大学是第一个开办在名称中带有"人文计算"字样专业的大学，尽管格拉斯哥大学在很多年前就开设了历史和计算的哲学硕士专业。

由于互联网促进了计算机在人文学科方面更为广泛的应用，其他学科也开始涉入其中。这导致了定义域的进一步刷新，至少为此生成了一项研究议程。当时的盖蒂艺术历史信息项目（Getty Art History Information Program）在 1996 年公布了一项非常有趣的网络传统文化研究议程（Bearman 1996）。该议程涵盖了数字图书馆和人文学科研究及教学的主题。其中每一个分支都能形成一项研究计划，但该倡议未能进一步实施。

同时，ALLC 和 ACH 仍然每年组织一次会议，关于标记以及其他技术问题的论文占据了主要篇幅。为了筹备 2002 年在德国举办的研讨会，有人为人文计算描绘了一份路线图，并由此产生了一份有用的调查表（Robey 2002）。尽管没有多少新内容，但由一个更大的社区投入更多的劳动，也许会产生一些新的东西。但人文学科电子资源更多地吸纳来自人文计算社区以外的人员，这种融合造成的偏差可能是一个更大的问题。

结　论

TEI 是所有人文计算活动中最突出的一项活动，在我看来，它代表了我们这一领域迄今为止最具意义的知识进步。它影响了整个标记社区。在 XML（可扩展标记语言）开发的时候，TEI 吸引了 SGML 社区专家的注意力，TEI 的编辑之一迈克斯伯格-麦克奎恩（Michael Sperberg-McQueen）受邀成为新的 XML 标记标准的合作编辑。TEI 完成的关于超链接的工作构成了 XML 中链接机制的基础。TEI 在很多方面是超越时代的，因为只有在最近两三年随着 XML 的迅速普及，描述性标记系统才被更多的社区认识。与此同时，从 TEI 发展而来的标记理论家社区继续就知识表现提出了一些具有挑战性的问题。

其他领域依然需要深入研究。文化遗产日益期待着人文计算的介入，这不仅是对学术用户而言，对于终身学习者和一般公众也是如此。人文计算有助于对各种人文材料的研究，就像 Perseus 项目显示的那样（Rydberg-Cox 2000），结合计算语言学的技术可以开辟出广阔的视野。在我们既节省数据创建的费用又不损失学术价值或功能的前提下，我们的工具和技术也可以促进新人文数字化和编码过程的研究。通过互联网，人文计算有了更多的受众，新设立专业的毕业生将不仅仅在学术界工作，也会就职于电子出版业、教育技术以及多媒体开发行业。纵观其历史，人文计算在继续保持其高学术标准的情况下，仍然显示出对于想象和创新的强烈愿望。现在互联网已经成为日常生活的一个重要部分，人文计算的前途是无量的。

参考文献

Bearman, D. , (ed.) (1996) . *Research Agenda for Networked Cultural Heritage.* Santa Monica, CA: Getty Art History Information Program.

Berry-Rogghe, G. L. M. and T. D. Crawford (1973) . *Developing a Machine-independent Concordance Program for a Variety of Languages.* In A. J. Aitken, R. W. Bailey, and N. Hamilton-Smith (eds.), *The Computer and Literary Studies* (pp. 309 – 316) . Edinburgh: Edinburgh University Press.

Bessinger, J. B. and S. M. Parrish (1965) . *Literary Data Processing Conference Proceedings.* White Plains, NY: IBM.

Bornstein, G. and T. Tinkle (1998) . *The Iconic Page in Manuscript*, *Print*, *and Digital Culture.* Ann Arbor: University of Michigan Press.

Brown, S. , S. Fisher, P. Clements, K. Binhammer, T. Butler, K. Carter, I. Grundy, and S. Hockey (1997) . *SGML and the Orlando Project: Descriptive Markup for an Electronic History of Women's Writing.* Computers and the Humanities 31: 271 – 84.

Brunner, T. F. (1993) . *Classics and the Computer: The History of a Relationship.* In J. Solomon (ed.), *Accessing Antiquity: The Computerization of Classical Studies* (pp. 10 – 33) . Tucson: University of Arizona Press.

Burnard, L. (1987a) . *CAFS: A New Solution to an Old Problem. Literary and Linguistic Computing* 2: 7 – 12.

Burnard, L. (1987b) . *Principles of Database Design.* In S. Rahtz (ed.), *Information Technology in the Humanities* (pp. 54 – 68) . Chichester: Ellis Horwood.

Burnard, L. (1988) . *Report of Workshop on Text Encoding Guidelines. Literary and Linguistic Computing* 3: 131 – 3.

Burton, D. M. (1981a) . *Automated Concordances and Word Indexes: The Fifties. Computers and the Humanities* 15: 1 – 14.

Burton, D. M. (1981b) . *Automated Concordances and Word Indexes: The Early Sixties and the Early Centers. Computers and the Humanities* 15: 83 - 100.

Burton, D. M. (1981c). *Automated Concordances and Word Indexes: The Process, the Programs, and the Products. Computers and the Humanities* 15: 139-154.

Burton, D. M. (1982). *Automated Concordances and Word Indexes: Machine Decisions and Editorial Revisions. Computers and the Humanities* 16: 195 - 218.

Busa, R. (1974-). *Index Thomisticus.* Stuttgart: Frommann-Holzboog.

Busa, R. (1980). *The Annals of Humanities Computing: The Index Thomisticus. Computers and the Humanities* 14: 83 - 90.

Busa, R., (ed.) (1992). *Thomae Aquinatis Opera Omnia Cum Hypertextibus in CD-ROM.* Milano: Editoria Elettronica Editel.

Busa, R. (1999). *Picture a Man. ··· Busa Award Lecture, Debrecen, Hungary, July 6, 1998. Literary and Linguistic Computing* 14: 5 - 9.

Calzolari, N. and A. Zampolli (1991). *Lexical Databases and Textual Corpora: A Trend of Convergence between Computational Linguistics and Literary and Linguistic Computing.* In S. Hockey, N. Ide, and I. Lancashire (eds.), *Research in Humanities Computing 1*: Selected Papers from the ALLC/ACH Conference, Toronto, June 1989 (pp. 272 - 307). Oxford: Clarendon Press.

Conner, P. W (1991). *The Beowulf Workstation: One Model of Computer-assisted Literary Pedagogy. Literary and Linguistic Computing* 6: 50 - 8.

Conner, P. W (1992). *Networking in the Humanities: Lessons from Ansaxnet. Computers and the Humanities* 26: 195 - 204.

De Tollenaere, F. (1973). *The Problem of the Context in Computer-aided Lexicography.* In A. J. Aitken, R. W. Bailey, and N. Hamilton-Smith (eds.), *The Computer and Literary Studies* (pp. 25 - 35). Edinburgh: Edinburgh University Press.

Ellegard, A. (1962). *A Statistical Method for Determining Authorship: The Junius Letters 1769 - 1772.* Gothenburg: Gothenburg Studies in English.

Finneran, R. J. (1996). *The Literary Text in the Digital Age.* Ann Arbor: University of Michigan Press.

Gorcy, G. (1983). *L'informatique et la mise en oeuvre du trésor de la langue française (TLF), dictionnaire de la langue du 19ᵉ et du 20ᵉ siècle (1789 - 1960).* In A. Cappelli and A. Zampolli (eds.), *The Possibilities and Limits of the Computer in Producing and Publishing Dictionaries: Proceedings of the European Science Foundation Workshop, Pisa 1981. Linguistica Computazionale* III (pp. 119 - 44). Pisa: Giardini.

Hamilton-Smith, N. (1971). *A Versatile Concordance Program for a Textual Archive.* In R. A. Wisbey (ed.), *The Computer in Literary and Linguistic Research* (pp. 235 - 44).

Cambridge: Cambridge University Press.

Healey, A. (1989). *The Corpus of the Dictionary of Old English: Its Delimitation, Compilation and Application.* Paper presented at the Fifth Annual Conference of the UW Centre for the New Oxford English Dictionary. Oxford, September, 1989.

Hockey, S. (1986). *Workshop on Teaching Computers and the Humanities Courses. Literary and Linguistic Computing* 1: 228 – 9.

Hockey, S. and I. Marriott (1979a). *The Oxford Concordance Project (OCP) – Part 1. ALLC Bulletin* 7: 35 – 43.

Hockey, S. and I. Marriott (1979b). *The Oxford Concordance Project (OCP) – Part 2. ALLC Bulletin* 7: 155 – 64.

Hockey, S. and I. Marriott (1979c). *The Oxford Concordance Project (OCP) – Part 3. ALLC Bulletin* 7: 268 – 75.

Hockey, S. and I. Marriott (1980). *The Oxford Concordance Project (OCP) – Part 4. ALLC Bulletin* 8: 28 – 35.

Holmes, D. I. and R. S. Forsyth (1995). *The Federalist Revisited: New Directions in Authorship Attribution. Literary and Linguistic Computing* 10: 111 – 27.

Kiernan, K. S. (1991). *Digital Image Processing and the Beowulf Manuscript. Literary and Linguistic Computing* 6: 20 – 7.

Lancashire, I., (ed.) (1991). *The Humanities Computing Yearbook 1989 – 90: A Comprehensive Guide to Software and Other Resources.* Oxford: Clarendon Press.

Lancashire, I. and W. McCarty, (eds.) (1988). *The Humanities Computing Yearbook 1988.* Oxford: Clarendon Press.

Leningrad Codex Markup Project (2000). *Project "EL": The XML Leningrad Codex.* Available at: <http://www.leningradensis.org>, accessed May 15, 2003.

Lord, R. D. (1958). *Studies in the History of Probability and Statistics: viii. de Morgan and the Statistical Study of Literary Style. Biometrika* 45: 282.

McCarty, W. (1992). *Humanist: Lessons from a Global Electronic Seminar. Computers and the Humanities* 26: 205 – 22.

Mendenhall, T. C. (1901). *A Mechanical Solution of a Literary Problem. The Popular Science Monthly* 60: 97 – 105.

Morton, A. Q. (1965). *The Authorship of the Pauline Epistles: A Scientific Solution.* Saskatoon: University of Saskatchewan.

Morton, A. Q. and Winspear, A. D. (1971). *It's Greek to the Computer.* Montreal: Harvest House.

Mosteller, F. and D. L. Wallace (1964). *Inference and Disputed Authorship: The*

Federalist. Reading, MA: Addison-Wesley.

Neuman, M. , M. Keeler, C. Kloesel, J. Ransdell, and A. Renear (1992) . *The Pilot Project of the Electronic Peirce Consortium* (abstract) . *ALLC-ACH92 Conference Abstracts and Program* (pp. 25 – 7) . Oxford.

Parrish, S. M. (1962) . *Problems in the Making of Computer Concordances. Studies in Bibliography* 15: 1 – 14.

Price-Wilkin, J. (1994) . *Using the World Wide Web to Deliver Complex Electronic Documents: Implications for Libraries. The Public-Access Computer Systems Review* 5: 5 – 21. < http: //jpw. umdl. umich. edu/pubs/yale. html>, accessed July 21, 2004.

Proud, J. K. (1989) . *The Oxford Text Archive.* London: British Library Research and Development Report.

Robey, D. (2002) . *New Directions in Humanities Computing*, <http: //www. uni-tue-bingen. de/zdv/zrkinfo/pics/aca4. htm>, accessed May 15, 2003.

Robinson, P. , (ed.) (1996) . *Geoffrey Chaucer: The Wife of Bath's Prologue on CD-ROM.* Cambridge: Cambridge University Press.

Robinson, P. M. W. (1997) . *New Directions in Critical Editing.* In K. Sutherland (ed.) , *Electronic Text: Investigations in Method and Theory* (pp. 145 – 71) . Oxford: Clarendon Press.

Robinson, P. M. W. (1999) . *New Methods of Editing, Exploring and Reading The Canterbury Tales.* http: //www. cta. dmu. ac. uk/projects/ctp/desc2. html, accessed May 14, 2003.

Russell, D. B. (1967) . *COCOA—A Word Count and Concordance Generator for Atlas.* Chilton: Atlas Computer Laboratory.

Rydberg-Cox, J. A. (2000) . *Co-occurrence Patterns and Lexical Acquisition in Ancient Greek Texts. Literary and Linguistic Computing* 15: 121 – 30.

Text Encoding Initiative (2001) . *Text Encoding Initiative*, http: //www. tei-c. org, accessed May 15, 2003.

Tweedie, F. J. , S. Singh, and D. I. Holmes (1996) . *Neural Network Applications in Stylometry: The Federalist Papers. Computers and the Humanities* 30: 1 – 10.

Wisbey, R. (1963) . *The Analysis of Middle High German Texts by Computer: Some Lexicographical Aspects. Transactions of the Philological Society*, 28 – 48.

Wisbey, R. A. , (ed.) (1971) . *The Computer in Literary and Linguistic Research.* Cambridge: Cambridge University Press.

Zweig, R. W. (1998) . *Lessons from the Palestine Post Project. Literary and Linguistic Computing* 13: 89 – 97.

人文学科，数字化

〔美〕凯瑟琳·菲茨帕特里克 著 朱 艳 译*

摘要：本文对"数字人文"的定义、来源和覆盖领域进行了探讨，并对数字人文内部以及数字人文与传统人文学科之间的紧张关系进行了说明。前者主要基于不同的学者看待数字技术的不同态度，是一种新版的理论–实践分裂的讨论，后者则基于传统研究和数字人文研究的不同路径，是一种单一学科和跨学科之间的分歧。这种创造性的张力也为人文研究提供了新的学术和交流模式，呈现出一种"复数"的状态。

关键词：数字人文 人文计算 理论–实践分裂 创造性张力

Abstract：Essay firstly discusses the definition, history and covering domain of digital humanities, then focuses on the tensions existing in the field of digital humanities, which is an updated version of the theory-practice divide based on the different ideas of digital technologies, and also between

---

* 凯瑟琳·菲茨帕特里克，美国数字人文学者波莫纳学院（Pomona College）媒体研究教授、纽约大学访问研究教授和现代语言协会年会学术交流办公室（Scholarly Communication at the Modern Language Association）主任，主要研究方向为数字人文，代表作有 *Planned Obsolescence：Publishing，Technology，and the Future of the Academy*（New York University Press，2011）和 *The Anxiety of Obsolescence*（Vanderbilt University Press，2006）；朱艳（1979～ ），上海大学影视艺术技术学院传播学硕士，天水师范学院文史学院戏剧影视文学系讲师，研究方向为媒介理论研究、文化研究。本文选译自《数字人文之辩》（Kathleen Fitzpatrick，"The Humanities, Done Digitally"，*Debates in the digital humanities*，edited by Matthew K. Gold，Minneapolis：University of Minnesota Press，2012）；该文曾发表在《高等教育纪事报》（2011 年 5 月 8 日），*http：//chronicle.com/article/The-Humanities-Done-Digitally/127382/*。

digital humanities and the traditional humanities, which is a divide between disciplinarity and interdisciplinarity based on the different research approaches. These creative and plural tensions provide a new model of scholarship and communication for humanities studies.

Keywords: digital humanities　humanities computing　the theory-practice divide　the creative tension

　　数月以前，我在一次午餐的时候做了一个"数字人文，单数还是复数"的讲话。我的题目原本是一个来自大脑疲惫时产生的冷笑话。那时，我正在电脑上整理有关笔记，以备介绍这一领域，而最初想要将其命名为"*What Is Digital Humanities?*"但后来我觉得"*What Is the Digital Humanities?*"听起来更好一些，于是我目不转睛紧盯屏幕足有一分钟来试图决断是否可以用"*What Are the Digital Humanities?*"。在我还未喝咖啡，由于睡眠不足而昏昏沉沉时，我承认我不知道哪一种表达才是正确的。

　　起初这仅仅是一个语法混淆的问题，但在某种情况下它让我突然意识到，这恰恰是对近来这一领域某些现象的有效隐喻。数字人文在过去几年里成绩斐然，部分原因是对社会媒体的有效利用，尤其是推特（Twitter）在现代语言学会大会（Modern Language Association，缩写为 MLA）和其他大型学术会议上的表现而使之名声大噪。但是这种突出性和可见性也在这个领域中产生了相当的紧张情绪——每一个向其他学者解释这个领域的数字人文的研究小组都能从它的从业者当中发现更多不同的观点。有时，那些分歧还会演变成关于界定领域内涵外延的激烈辩论。

　　我第一次尝试定义数字人文是在 2010 年 7 月写给《高等教育纪事报》①的 ProfHacker 博客的一篇帖子。在那篇帖子中，我写到数字人文学科应该被理解为"各领域中的一种关系，在这些领域中学者们使用计算机技术来探究传统的人文问题，或者从我自己的工作来看，我会就计算机技术提出一些传统的人文导向的问题"。

　　然而，我的朋友马修·基尔什鲍姆（Matthew Kirschenbaum），也是一位

---

① 《高等教育纪事报》（*The Chronicle of Higher Education*）是一份以学院、大学和学生事务为主要报道内容的英语周报，总部位于美国华盛顿特区，是美国学术界主要新闻报刊之一。——译者注

英语系的教授，在 2010 年《英语系学会学报》的一篇文章中详细阐述了"数字人文"这个术语的历史。早在 2001 年之前，该领域以"人文计算"的名义就已经存在了几十年。直到苏珊·史雷波曼（Susan Schreibman）、雷·西门子（Ray Siemens）和约翰·安斯沃斯（John Unsworth）这三位领域巨擘开始与英国布莱克威尔出版社深入研讨编一个可能命名为"人文计算指南"的小册子。布莱克威尔出版社需要一个可能吸引更广泛读者的标题，因此提出了"数字人文指南"。安斯沃斯反对"数字人文"的提法，意在阻止这一称呼出现纯粹的数字化。虽然命名的事受阻，却推动了这个研究领域更加壮大，并得到众多著名学术会议、期刊、博学的社会人士，甚至是美国国家人文基金会（the National Endowment for the Humanities，缩写为 NEH）的一个专门办公室的支持。

可以说，数字人文的提法从"人文计算"发展而来，其目的是为了把原来听上去更强调技术的名称变得更符合人道主义者的口味。但这个领域的"人文计算"背景，一般来说并不是绝对的，它将使得更多的项目把计算的方法应用在对文本材料的研究上。事实上，这些项目中的一部分本身已经是可编辑和可存档的文本，从而产生了一批大规模的数字文本为学术研究之用。比如威廉姆·布莱克（William Blake）档案，它准确呈现了经过注释的英国浪漫主义诗歌的文本和视觉艺术作品。这个项目是由美国国会图书馆赞助、由北卡罗来纳大学教堂山分校、罗切斯特大学和美国人文学科捐赠基金会的一个部门支持的。

这些有工具和技术标准支持的文档已经成为数字人文作品的一个重要来源，包括像文本编码倡议、文本-图像链接环境这样的项目。还有一些项目，通过对文本语言特点的统计分析来集中处理大型的文档，比如，作者特性的研究或是那些依赖于数据发掘技术的研究。这样就拥有了可以帮助数字人文文档和能够彼此协作来运行的项目的主动权，并且可以促进这些项目间的同行评审。

当前，数字人文及其实践并不仅限于文学研究领域，其有着广泛的人文基础，学者的研究领域涵盖了历史学、音乐学、表演研究、媒介研究以及其他一些从计算机技术中得益的相关传统人文领域。

然而，现在我们中的很多人听到数字人文这个词，也不认为它仅仅是作为一个来自"人文计算"的某个子领域，而是将之视为在人文探索中数字化技术所带来的众多改变之一。像修辞、写作和数字媒介研究等学科，一直以来就对计算机在现代写作和传播中所带来的变化感兴趣。

很清楚的是，这些领域和那个被称为"数字人文"的领域是有重叠的——重叠存在于那些使用数字技术来研究传统人文对象的学者和那些用当代人文学科方法来研究数字对象的学者中——但是他们之间也存在着明显的区别。这些区别也常常带来了明显的紧张关系，特别是在那些将数字人文看作是一个制作性的领域（创建文档、工具或者新媒体方法）的学者，和那些认为应该将这一领域扩展到解释研究的学者当中。

这种紧张关系的说法听起来有点熟悉：这是一个新版本的理论-实践分裂的讨论。这种讨论长期存在于人文学科的各个领域。举个例子来说，在创作型艺术家和艺术史学家之间或者在文学学者和创作型作家之间都有这种存在，而这种存在会导致很深的误解和词不达意的产生。然而在媒介研究中，我们也已经预计到理论-实践分裂会存在一段时间。在媒体制造商和媒介学者存在很严重的紧张关系之后，出现了越来越多以严格的实践方式将两者联系在一起的程序，其认识到批判和创造的界限其实是随意的。事实上，最好的学术总是充满创造性，最好的作品总是源于批判意识。数字人文似乎存在于学术的另一空间，用富有成效的方法制作和解读两者间的分歧。

这是否意味着人文学科凡是接触到数字化的就是"数字人文"了？是否如同我所听到过的，应该扩大这一领域的定义直到"每一个中世纪史学家有一个 web 站点"。毫无疑问不是！正如有些从电影角度写作的学者不会考虑电影学术史，因此他们并不构成电影学术史的一部分；有些处理数字材料的学者依然被留在数字人文的传统和假定之外。

然而，这个事实并没有减少数字人文作为一门学科的有效性。马里兰技术研究所人文学科系主任弗莱斯泰·尼尔（Fraistat Neil）最近在德克萨斯大学奥斯汀分校的一次演讲中指出：如果我们能将这些辩论理解成把我们自身放到真正的多学科支持的对话中去的一种手段，那么，这些辩论就是有效的。虽然从体制上说，学科性是有用的，毕竟这有助于中心、部门和系列的发展，但是它也可能背叛其追随者，限制他们的举动和思想，也就是限制他们创造的知识。

目前数字人文的状态是一种创造性张力，这种张力存在于那些已经进入这领域很长时间的人和那些正准备进入的人之间，存在于学科性和跨学科性之间，存在于制作和解读之间，存在于这个领域的历史和未来之间。

就像所有的学术领域一样，所有人文学科的学术工作正在越来越多地用数字化方式完成。然而，数字人文的贡献在于它可以探索出数字化对我们从事的各种工作以及我们互相沟通的方式会产生哪些不同的影响。这些学术和交流的新模式如果能像数字人文一样被允许保留复数，那么它们将会繁荣发展。

数字人文及其不朽

〔美〕斯坦利·费什 著 王 斌 译[*]

摘要：费什对新兴的"数字人文"提出了质疑：以青年数字人文学者凯瑟琳·菲茨帕特里克的著作为靶标，指出"数字人文"所讨论的"作者"和"文本"是一种神学性的表述，提供的是一种关于未来的美好愿景——印刷时代的线性思维困境在新媒体时代就会得以突破；与此同时，"数字人文"领域的出现是基于政治性的目的，年轻学者试图在体制内部寻找更多可能性。然而，除了教授学生一些就业技能外，"数字人文"是否为人文学科提供了真正的学术价值还值得怀疑。

关键词：数字人文 过程的文本 神学性 线性思维

Abstract：Starting with the critique of one article written by young digital humanist，Kathleen Fitzpatrick，this article questions the new field of "digital humanities"：the ideas of "author" and "text" in digital humanities are a theological description，which provides a perspective that the dilemma of linear thinking in the print age could be resolved in the new media age；Meanwhile，the emergence of digital humanities is rooted in the political

---

* 斯坦利·费什，美国文学理论家、公共知识分子，纽约大学本杰明·卡多佐法学院 Floerscheimer 杰出教授，代表作有 *Surprised by Sin：The Reader in Paradise Lost*（Cambridge，MA：Harvard UP，1967）和 *How Milton Works*（Cambridge，MA：Harvard UP，2001）等；王斌（1979~　），南京大学人文学院文艺学方向博士，研究方向为英国文化研究。译文出自 Stanley Fish，"The Digital Humanities and the Transcending of Mortality"，2012-01-09，9：00 pm http：//opinionator. blogs. nytimes. com/2012/01/09/the-digital-humanities-and-the-transcending-of-mortality/。

needs of young scholars of humanities who want to find more opportunities from the inside system. However, it is still unclear that digital humanities have the real academic value except for teaching students some career technics.

Keywords：digital humanities text in process theological description linear thinking

　　这是一篇博客。是的，我刚这么说了，而我长期以来一直不愿意说到它——我总是更愿意将这块地方（博客）看作是"栏目"——不仅因为"博客（blog）"是一个丑陋的词语（就像"障碍""烟雾""苦行"这些词一样），还由于博客总是暂定的、瞬息的、交互的、公共的、随时被质疑的、中断的和可窜改的以及无意终止的。而我在至今 50 年的职业生涯中，一直都致力于建构一些具有决定性、丰富性、不朽性和确定性的论述。其中最重要的一点是，这些论述都是我自己的。

　　在《变化中的领域》（*Changing Places*）和《小世界》（*Small World*）中，小说家戴维·洛奇（David Lodge）塑造了一个滑稽或者说有些讽刺意味的文学批评家的形象——莫里斯·赞普（Morris Zapp），他的雄心壮志——如其姓氏所示①——使他对一个主题的论述是如此的有力和无懈可击，以至于其他的批评家对之难置一词。因此，这份工作可以永远地做下去。这也一直是我的目标以及目标的内容——对卓越的、权威的和惩戒权力的渴望——这也是博客和数字人文所反对的东西。

　　凯瑟琳·菲茨帕特里克（Kathleen Fitzpatrick）在她的新作《有计划地废弃：出版、技术和未来的学院》（*Planned Obsolescence：Publishing, Technology, and the Future of the Academy*）一书中非常清晰地阐明了这一观点："博客赋予了即时性以特权——最新的帖子在屏幕上最先出现，旧帖子迅速地丧失有效性……这种对当前作品的强调与那些长期形成的学术传统是南辕北辙的，后者需要稳定和长期的努力才能实现其目的。"

　　诚如菲茨帕特里克所言，长期的学术研究——书籍和文章服从于博学的学术期刊和大学出版社——事实上需要更多。它依赖于作者、文本和独创性这几个相互依存的观念。在传统的学术研究模式中，一个合格作

----

　　①　"Zapp"有"一击即中"之意。——译者注

者——某个具有博士头衔，或者是正在攻读博士的人——产生了一个想法（这是原创的部分），将其应用到某个文本或者一系列问题中，独立创作一个新文本，而这个文本将会赋予读者以承诺，即如果他们同意（也就是认同）书中的观点，他们就会在理解和知识上有所收获。菲茨帕特里克评论道："仅仅写完一个文本还是不够的，这个文本还必须是完全源自作者的头脑的新鲜内容，与其他作者的作品截然不同。"

菲茨帕特里克主张：首先，作者从来都不是孤立的——他在写作的时候总是会与无数的前辈或者是同时代的人进行对话，或者是反对他们，而这些人实际上是他的合作者。其次，博客、链接、超文本、重组、多模式等随着数字技术发展出现的新的交流形式已经揭示了单枪匹马、技艺高超的作者"神话"只是一种虚构。

这些技术将迄今的线性经验——单个读者面对着一个稳定的文本，这个文本是作者提供的，也是由作者控制信息摆放的顺序，决定了阅读的状态——转变成一种多向性的经验，即，声音（还有形象）参与其中、相互作用，并且扩散的经验方式使得作者的权威性不再成为中心，作者仅仅成为了文本的另一个参与者。菲茨帕特里克还认为："我们应该少想点完整的产品，多思考下过程中的文本；少想点单个的作者身份，多考虑协作性；少想点原创性，多考虑混合性；少想点所有权，多考虑分享。"

"过程中的文本"是带有一点矛盾的描述：如果这一过程不是发生在我们盯着一个人工制品完成的时刻，而在我们盯着文本的阐释和复杂性的时候，那所有的链接、声音和注解，使"文本"这个概念失去了它的内在一致性，也就不会再有任何可以指向的文本。因为文本仅"存在于"一种永远选择的状态："总之，数字文本是有延展性的……在一个首要价值是变化的媒介中重复印刷的永恒性是毫无意义的（根据数字化的视角，永恒性本身就是一个假象）。"（菲茨帕特里克）

对菲茨帕特里克来说，继续坚持"作者"这一概念毫无意义，"在网络环境中发表的所有文本，由于与他人的写作相互渗透的特性将变成多作者的"。菲茨帕特里克坚持认为单个的作者还是会有一片天地，但总是不同。她说"集体性"不应该被理解为"抹除个体性的……而应是一片由多重思维所构成的丰饶社区，这些思维每个都与另一个共同作用"。

但这仅仅是"过程中的文本"：如果个体由关系来定义和构建，那么个体就不能真正是一个拥有自己的意向或影响的实体；个体（正如后结构主义理论家过去向我们解释的那样）仅仅是一个传达者，在网络中循环的信息经由他们流出、传送。马克·波斯特："全球的计算机联网这种转变，是一种迁移，引发了作者的重新接合，从文本的中心到其边缘，从意义的来源者到一个提供者，也是一个不断转变的意义母体序列中的一个点。"（《互联网怎么了？》，2001）

意义无处不在，又无处存在，它不是由随意的某一个人而是由具体的每一个人完成的，也不会在作者思想（通常以一段话，一篇文章或一本书的形式出现）的线性链条的末端等待我们，而是即刻地和多重地呈现出丰富的扩展意义。

关于这一构想，我有两点需要说明：第一，它是具有神学性的一种表述，它的支持者会在最大程度上坚持这一构想；第二，它是具有政治性的一种表述，它的支持者会在最大程度上支持它。

之所以说这一构想是神学性的，是因为它许诺将我们从线性的、临时的、媒介的限定中解放出来，而将我们送入到一个新空间。在前面的媒介语境中，知识也是离散的、片面的和受限的，只能被有限的人在一时一地所获取；而在后一个语境中，无所不在的知识即刻完整地呈现出来，每个人都可以访问意义生产系统中的一个节点，或者传递这些知识。许多神学，都有这样一种状况（当人类生命终结的时候才能实现）：个体用自身有限的、堕落的愿景去交换神圣联盟的愿景（根本就不是一种愿景）。在后者中，自认的知者与他的认知理解的对象之间没有距离，因为如弥尔顿所说，所有人和所有的一切都"无所不在"（all in all）。

而这一令人愉悦的状况的障碍正是必死的命运本身。终有一死也就是说得以一死（死也是不断继续的对立面），因此也就有了开始、过程和结束，这也是词句、叙事和论述所具备的：你从这里开始，带着完整的思考，或是故事、结论（被证明了的）在那里终结。

宗教和数字构想都提供（假如可以实现的话）了一种稳定但动态的状态，有运动和变化，但没有中心，也没有开始和结束，只有过程［正如小说家罗伯特·库佛（Robert Coover）在他的文章《书籍的终结》（*The End of Books*）所示，《纽约时报》1992 年 6 月 21 日］。每个人，不再是某一个人，我们将被从线性，从时间束缚着的、意义明确的描述以及从宿命中，从死亡中解救出来，陶醉地参与到这宇宙的狂舞中去，一种"神秘的舞蹈"，"纵横交错、迂回曲折，如入迷阵，看似最不规则，却是超过寻常整齐的规律。它们的动作合乎神的谐调，如此柔和、有魅力的乐曲，连上帝自己听着也心花怒放。"（约翰·弥尔顿《失乐园》V，620，622–627）

现在，数字人文领域没有人讨论这些内容。尽管，他们也会像菲茨帕特里克一样探讨"枯竭"的印刷媒介（这也暗示了这种媒介的适用性更加充分和权威），然后他们会在没有讨论许多细节的前提下，预言一个正在扩张的、无间合作的新时代的到来。在这一时代，线性思维的所有病症都会获得根治。

这些病症中最首要的是机构问题，它们使得学者与学者相分离，读者与意义的创造和消费相分离，普通男女与知识创造机制相分离，这些普通人被院系、学院、大学、大学出版社的守门机制以及其他维持现状的动机排除在外。

这是数字构想的政治因素。菲茨帕特里克表达了他们的呼声："了解我们所生产的作品就必须开启一个对话之地，对话不仅仅是在学者之间展开，而是在学者与更加广阔的文化之间展开"；《数字人文宣言 2.0 版》（*The Digital Humanities Manifesto 2.0*）告诉我们，二战以来，"出现了大量更小、更严格的专业知识、半专业知识，以及相应出现的私人语言和专业行话"，数字人文是对"数字无政府状态"的"整合"和实践；马修·基尔什鲍姆（Matthew Kirschenbaum）呼吁学者应该远离"更加传统的学术出版机构，他们……被认为是不正常的、过时的实践（同行审查、终身职位、晋升）的副产品"（《数字人文是什么？它在英语系中的作用是什么？》ADE 公告，2010 年，第 150 页）；米歇尔·尚克斯（Michael Shanks）提出了"深层的多学科性"或"跨学科性"，这些特性并不是"对长期存在的边界（未分类的现实）的前提"。

从这些陈述（它可以被理解为是多重的）的口气来看，这不是一种改良，而是一种革命。正如马克·桑普尔（Mark Sample）所说的："它完全是一种创新和破坏。数字人文真的是一种反叛的人文科学。"造反计划针对的是：第一，当下具有排他性的入门和审核体系；第二，使得这些体系得以扩张的全球资本主义的领导权。正如宣言所宣称的那样：数字人文"拥有一颗乌托邦的内核，这一内核是由数字人文从六七十年代的反主流文化——赛博文化以来的血统所建构而成的。这也是为什么数字人文要重视文化和学术的开放性、无限性、开阔性、民主性的价值的原因。"

还有一个议题（尽管数字并没有固有的政治性），那就是对公民自由、边界消解、第一修正案、版权削弱或终结和席卷了阿拉伯世界的Facebook/YouTube革命的认同。

数字人文的野心有时不够宏大，也太过于狭隘。数字人文被它的一些支持者看作是对于当前许多人文主义学者，特别是一些年轻学者发现他们的处境惨淡的一种积极的回应。基尔什鲍姆认为数字人文运动已经"由一群年轻（抑或是不那么年轻）的研究生、教师发动起来……现在他们打着'数字人文'旗号来对抗一个日益畸形的学院领域，其背后的推手是高等教育公共支出的缩减、学费增加、捐赠缩水、函授教育和盈利性大学的激增以及所有背后的，从全职、终身教职的学院工作转变为一种兼职的补充劳动力"。

据称，数字人文至少在两个方面有助于我们改变这一"畸形的领域"。第一是开启与那些认为传统人文科学已经失落的公众的对话。如果任何人，每一个人都可以加入进来，如果公开参与的邀请获得广泛的接受，那么对于人文工作的认识就会增加，从而超越大学的范围。了解才能获得认可，而不是轻蔑。菲茨帕特里克声称："只有通过这一方式，我们才能确保对大学的持续支持，因为大学不再是一个简单的资格审查中心，而是一个思想中心。"

数字人文能够（或者如其所说可以）做的第二件事是：它可以教授给学生一些技能，这些技能对于学院内外的雇主拥有吸引力。在一篇即将发表的文章（《人文和对应用性的恐惧》将刊于《高等教育内情》）中，保罗·杰伊（Paul Jay）和杰拉尔德·格拉夫（Gerald Graff）认为，"因为数字人文专业的学生接受训练来处理一些与知识产权和隐私相关的具体问题"，他们获得了一些能力来"进入一些相关的领域，这些领域涉及从计算机编程到文本编码、文本编辑、电子出版、界面设计，建构档案等很多问题"。学数字人文，就有工作，这不是一句坏口号。

我认识到在这个绝对是抽象（并且是线性）的讨论中，我还没有说到任何数字人文的有关"人文"方面的问题。数字人文真的能够为我们实现传统人文的目标提供新的和更好的方法吗？或者说，数字人文真的能够彻底改变我们对人文目标（和人文工作）的理解吗？

数字人文的先行者之一，维吉尼亚大学的杰罗姆·麦克盖恩（Jerome McGann）指出了这一迅速发展领域的要害。"从任何一个有意义的角度来看，除非有人可以明确地证明，这些技术对于探究和解释美学作品有重要的贡献。人文教育和学术研究的常规领域都不会认可数字技术应用的重要性"（《伊凡赫游戏摘要》，2002）。这些贡献是什么？它们正在来临吗？我将在下一个专栏中讨论这些问题，这里我指的是博客。

历史与争论

——英美"数字人文"发展综述

陈　静[*]

摘要："数字人文"是近 20 年来在美国、英国、加拿大等英语国家人文科学领域中出现的一个子领域。"数字人文"的前身是"人文计算"，已有近 60 年的历史，经历了四次主要的发展阶段，目前已经扩展到人文与艺术学科中的各个领域中。有关"数字人文"的定义和研究者身份已经成为该领域的热点问题，同时也引起了传统人文学者的普遍关注。

关键词：数字人文　人文计算　文本　争论

Abstract：As a new field of humanities in English speaking countries, like U. S. A, U. K and Canada, "Digital Humanities", the former as Humanities Computing, has almost sixty-year history, passes through the four stages of development and has expended into the all disciplines of humanities and art. The definition of digital humanities and who are the digital humanists are two key issues of this field and raised a lot of debates, partly from the traditional humanists.

Keywords：digital humanities　humanities computing　text　debate

---

* 陈静（1981～　），美国莱斯大学赵氏亚洲研究中心，鲁斯基金项目博士后，主要研究新媒体与文化研究。已发表的论文包括："Refashioning of the Print Literature Internet Literature in China", *Comparative Literature Studies*, Vol 49, No. 4, 2012；《走向媒体本体论——向弗雷德里克·基特勒致敬》，《文化研究》2012 年第 2 期。

　　"数字人文"是一个在近 20 年内才逐渐显露的研究领域。该领域获得北美人文学界的承认，应该是在 2009 年的现代语言协会年会（the Modern Language Association）上。[①] 在这次会议上，"数字人文"成为了一个热点问题，引起了普遍的关注。《高等教育纪事报》的官方指定博主，也是美国高教领域的著名评论家，威廉姆·庞纳佩克（William Pannapacker）[②] 在名为"头脑风暴"的在线博文中是这样评论的："在所有努力厮杀的子领域中，数字人文看起来是将会在很长时间里都成为'接下来的大事件'。"[③] 应该说，庞纳佩克的眼光是准确的，他对数字人文的评价是基于他对其发展历史的整体反思，也是对于数字人文在学术领域中所具有的潜力的评估。[④] 近年来数字人文的良好的发展势头和繁荣景象也很好地说明了这一点。在近十多年来，越来越多的专门"数字人文中心（系）"在北美、加拿大和欧洲开设，比如弗吉尼亚大学、加州大学、斯坦福大学、哈佛大学、国王学院、阿尔伯特大学，等等，这些中心都有专职的研究人员和技术工程师。[⑤] 很多学校还开设了硕士课程，并开展了很多跨学科的数字项目，涉及历史、考古、艺术史、英语文学、建筑等多个学术领域。[⑥] 在英美学术圈内也出现了专门的协会组织，其中比较重要的有，Alliance of Digital Humanities

---

① MLA 的年会是全美人文学科领域最大也是最重要的协会，一般被认为是人文学科，尤其是英语国家人文学科的风向标。对任何新的研究方向或者领域而言，能在年会上有专门的小组或者专题讨论，都无异于对其合法性的肯定。在 2009 年的年会上，有不少讨论组的主题事实上都是围绕数字人文展开的。这无疑是数字人文在学术前沿地位上的一次重要彰显。

② 威廉姆·庞纳佩克是英国文学教授，同时还是一位学术管理人员和高等教育评论家。他自 1998 年开始在《高等教育纪事报》担任专栏作家，并是《纽约时报》《Slate 杂志》的撰稿人，发表了多篇有关文学与文化、高等教育和数字人文的文章，在美国高等教育领域具有一定的影响力。

③ Pannapacker, W. (2009), "The MLA and the Digital Humanities," Brainstorm: The Chronicle Review's blog, Dec. 28, 2009, http://chronicle.com/blogPost/The-MLAthe-Digital/19468/.

④ 参见 Geoffrey Rockwell 和 Stéfan Sinclair 在 the Alliance of Digital Humanities Organizations（ADHO）2012 年会上的文章，"The Swallow Flies Swiftly Through: An Analysis of Humanist" http://www.dh2012.uni-hamburg.de/conference/programme/abstracts/the-swallow-flies-swiftly-through-an-analysis-of-humanist/。

⑤ 参见加州大学洛杉矶分校"数字人文中心"所整理的相关项目及机构信息：http://www.cdh.ucla.edu/resources/us-dh-academic-programs.html。

⑥ 参见 Susan Hockey, "The History of Humanities Computing", A Companion to Digital Humanities, ed. Susan Schreibman, Ray Siemens, John Unsworth, Oxford: Blackwell, 2004；另参见 Diane M. Zorich, Transitioning to a Digital World: Art History, Its Research Centers, and Digital Scholarship, http://www.kressfoundation.org/news/article.aspx?id=35338。

Organizations（ADHO）、Association for Computers and the Humanities（ACH）、Association for Literary and Linguistic Computing（ALLC）和 Society for Digital Humanities/Société canadienne pour les humanités numériques 等。这些协会将不同学校及地区的数字人文中心及学者整合起来，形成了一个庞大的国际学术社区，定期组织会议及各种学术活动。值得注意的是，美国国家人文基金（National Endowment for the Humanities）在 2006 年成立了"数字人文创新项目（the Digital Humanities Initiative）"，2008 年更名为"数字人文办公室（the Office of Digital Humanities）"，为美国的数字人文项目提供资金支持。类似的国家性组织还有英国的联合信息系统委员会（JISC）、加拿大的社会与人文科学研究会（SSHRC）等。此外，私人基金会也开始关注到数字人文这一新兴领域，并资助开展了大量的数字项目及相关研究。应该说，从学术研究、组织机构和经费资助方面，数字人文获得了越来越多的关注和支持，在学界势头渐盛。与此同时，数字人文的横空出世与日益繁荣也引起了诸多争论。这些争论有来自数字人文内部的，也有来自人文学界的非数字人文的学者，主要的议题包括："数字人文"究竟是什么？其研究对象及研究方法是什么？什么样的学者在从事这个领域的研究？它又是为什么得以在当代学术环境与社会语境中出现和发展起来的？面对未来，"数字人文"对于人文研究领域又有什么意义？围绕这些问题展开的争论一方面体现了数字人文学者对数字人文的自觉性认识和反思；另一方面则显示了数字人文作为一个新兴领域在人文学科的发展过程中所面临的挑战和时代意义。

历史变化：数字人文定义

数字人文的定义是随着数字人文的发展而变化的。数字人文由"人文计算"（humanities computing）发展而来，所以早期的数字人文被认为是通过引进计算机、统计学等技术和方法对人文学科的问题进行辅助性研究，数据库、计算语言学、量化分析和超文本卡片等技术被大量的应用，因此，数字人文被认为是使用计算机进行量化分析的一种人文研究方法，体现出的是方法论上的一种革新；之后，随着网络技术的发展和数字化技术的广泛应用，使得数字人文的研究和应用领域变得更加宽泛，强调数字技术文化和环境中的人文研究，将人文问题与数字技术与媒介研究结合起来，讨论复杂的数字环境中的人文知识发展状态和问题，研究方法更加强调跨学科性、动态性和混杂性，并对印刷文化和基于印刷文化的传统出版模式进行了有意识的反思；而在近几年，数字人文的定义变得更加的具有兼容性，尽管计算语言学已经逐渐自成一个学科，但数字人文还是将其考虑在内，并包括了除了传统的文学、历史、考古、艺术史等研究领域之外的数字文化、媒介文化、软件研究、编码研究等，更多的是从数字时代出发考虑重构人文知识的脉络和内容，试图从新的技术角度去构建当代知识系统和认知方式。[①] 这就使得数字人文具有了普遍性的跨学科意义，超越了早期的方法论和工具论的认识。有关更为具体的数字人文的历史，我们可以从《人文计算的历史》这篇文章中得到更为深入的了解。

作为从事计算机与人文学科交叉研究长达 25 年的资深学者，苏珊·霍基教授亲身经历了许多数字人文发展的历史性事件：参与创办并主持过两个最重要的数字人文组织，即"文字与语言计算学会"（Association for Literary and Linguistic Computing，缩写为"ALLC"）和"计算机与人文科学学会"（Association for Computers and the Humanities，缩写为"ACH"）；她担任过两届"文本编码倡议"（The Text Encoding Initiative，缩写为"TEI"）指导委员会的主席，并长期推动北美及英国人文科学的电子文本标准的统一化进程；她曾就职于英国的牛津大学、伦敦大学，美国的罗格斯大学、普林斯顿大学和加拿大的阿尔伯特大学，担任教授或数字人文方面机构的主管；她独著或合著了七部著作和 30 多篇论文，其中《计算机在人文科学中的应用指南》（*A Guide to Computer Applications in the Humanities*）出版于 1980 年，是最早讨论计算机在人文科学中应用的著作之一。这篇《人文计算的历史》正是霍基为《数字人文指南》[②] 所撰写的第一章。在这章中，霍基介绍了从 1949 年到现代（该书发表时间为 2004 年）数字人文领域的发展历史。

她将这段历史共分为四个阶段。从 1949 年到 1970 年代是"起始"阶

---

① 参见 David M. Berry，"Introduction：Understanding the Digital Humanities"，*Understanding DigitalHumanities*，Edited byDavid M. Berry，Palgrave Macmillan，2012；Todd Presner，'Digital Humanities 2.0：A Report onKnowledge'，*Version* 1.6：Jun 8，2010 9：56 am−0500，yhttp：//creativecommons. org/licenses/by/3.0/。

② Susan Hockey，"The History of Humanities Computing"，*A Companion to Digital Humanities*，ed. Susan Schreibman，Ray Siemens，John Unsworth. Oxford：Blackwell，2004.

段，以罗伯特布萨神父和 IBM 合作的"阿奎那项目"为代表，其主要致力于在语言学研究方面，使用基于穿孔卡和磁带存储的计算机对古典文本进行语汇索引、作者身份界定等文本分析研究工作，其间最具代表性的文档索引方式为 COCOA，出现了首个主题研讨会、学术期刊和专门的研究机构。

1970 年代到 1980 年代中期是"联合"阶段，伴随计算机的逐渐普及和一系列在英美召开的定期研讨会，数字人文学者之间、计算机和人文学者（主要是语言学学者）之间进行了联合，以最优化资源投入最大化研究成果，以 COCOA 二代、牛津语汇索引程序（OCP）和希腊语库（TLG）为代表的一系列程序被开发出来，主要致力语料库的建设与对文本创建、维护和存储方面的程序联合开发与推广。在这期间，文字与语言计算学会（ALLC）及其会刊在英国创建，"人文学科计算国际研讨会"（Computing in the Humanities，缩写为"ICCH"）及从其脱胎而来的"计算机与人文科学学会"（ACH）在北美成立。此外，除了更多的数字人文的研究工作外，这些中心也开始为学生开设相关课程。

1980 年代中期到 1990 年代早期被霍基教授称为"新发展"阶段，其间个人计算机的出现促使更多的学者通过更加便捷、有效和创新的方式进入到数字人文领域中，而电子邮件，特别是 1987 年 humanist 邮件列表的出现，使得数字人文领域的学术共同体以一种更具有影响力的方式实现了在线虚拟。在这个阶段中，最重要的成果是文本编码倡议（TEI）《电子文本编码和交换指南》（Guidelines for Electronic Text Encoding and Interchange）。另一个值得关注的现象则是计算语言学逐渐从计算人文学中独立出来。

1990 年代早期到现在的"互联网"时期是数字人文的成熟阶段。由于互联网特别是万维网的出现，使得计算机，特别是图形界面的计算机及超文本成为任何人都可以介入和使用的资源，大量冠名为"档案"的学术出版和研究项目在网络空间中出现，并聚集了包括学者、编辑、图书馆员和程序员在内的一批致力于数字人文研究的团队，高校出现了数字人文的专业，艺术领域也出现了相关项目，数字人文的边界得到了极大的拓展。

霍基教授的文章主要是从整体面貌上对数字人文的发展里程进行概括和描绘，其线索为技术与学科发展的路径，并未较多涉及该领域内部的理论问题和面临的挑战。后一点将在另外两篇译文中有所体现。

多元混杂：数字人文实践者

作为一个多学科的复杂领域，数字人文的从业人员的身份也出现了多元性，其中包括了传统意义上的人文学者，他们隶属于英语系、历史系、文学系、哲学系、人类学系、艺术史系、媒体及电影系等，同时还包括了非传统意义上的人文学者，其中包括了图书馆员、计算机系的教授或程序员、网站开发人员、界面设计师、多媒体编辑师等。他们的研究成果也不再仅仅是发表在学术期刊上的论文，或者是由出版社出版的著作，也包括了数据库、数字档案库、数字平台、网站及数字图书馆等。那么该如何界定数字人文研究者的身份？

我们可以从《人文学科，数字化！》中得到一点启示。该文的作者凯瑟琳·菲茨帕特里克出生在 1967 年，是数字人文领域里的中青年一代。她目前在美国波莫纳学院（Pomona College）担任教授，同时还是纽约大学的访问研究教授和现代语言协会年会学术交流办公室（Scholarly Communication at the Modern Language Association）的主任。她已经出版了两本专著，并担任了著名的数字学术网络平台 Media Commons 的编委。《人文学科，数字化！》最早发表在《高等教育纪事报》①，后又被收入《数字人文之辩》中。② 在这篇文章中，菲茨帕特里克教授从"数字人文"的单复数及定义出发，对"数字人文"的定义、"数字人文"与"人文计算"、"数字人文学者"三个广泛被讨论的问题进行了阐释。她认为，"数字人文"主要包括两方面：第一是使用计算机来研究传统人文科学中已有的问题；第二是使用计算机来提出/生成一些"人文导向"的问题。同时，她还指出尽管"数字人文"是产生于"人文计算"领域，但名称的转换并不仅仅是为了吸引更多人文学者加入该领域而采取的策略，它还是从内部技术的发展和学科外延的扩大而对学科内涵和外延的一种修正。与此同时，这种学科定义上的改变也体现在学术群体的变化上，"使用数字技术来研究传统人文对象的学者"和"用当代人文

① http://chronicle.com/article/The-Humanities-Done-Digitally/127382/, 2011-5-8.
② Kathleen Fitzpatrick, "The Humanities, Done Digitally", *Debates in the digital humanities*, edited by Matthew K. Gold, Minneapolis: University of Minnesota Press, 2012.

学科方法来研究数字对象的学者"同时存在于这个领域之中。但她也指出，这种学术边缘和主体的混杂性并不是说"数字人文"可以用在任何使用数字技术或者研究对象数字化的项目或者研究中。应该说，菲茨帕特里克教授的文章中体现出的强烈的理论自觉和学科建设意识并非是个案。我们在其他的著作或者文章中都可以看到类似的观点。比如《数字人文宣言2.0版》就对"数字人文"及数字人文的从业人员进行了详细的描述。宣言试图通过对该领域的细致说明和边界划定来树立其旗帜，确立其合法性。尤其明显的是，宣言特别对数字人文的职责进行了说明，其中包括"对人文科学中的知识的质量和方向进行拓展""增强人文学科中知识的边界与影响""直接介入丰富、多向模式与类型的人文学术交流和实践的设计与发展过程"等。① 可以看出，这种职责感主要出于两个方面：一方面是对人文学科内涵的拓深；另一方面是对实践性的强调。由此也引发出了对于数字人文学者身份的讨论，究竟谁是数字人文的真正主导者？是那些使用新的媒介技术对传统人文学科进行辅助研究的人？还是那些相信数字人文真的可以改变未来学术研究前景的人？尽管比较激进的年轻学者认为数字人文学者必须使用技术去"成就事情"（Building Things），甚至要求人文学者学会编程。② 但对于大部分没有计算机专业基础的人文学者来说，这样的要求实在太高，而且也会使得数字人文的专业门槛过高，而导致人们对其产生望而生畏的感觉，尽管这个领域对于技术的一般要求已经远远高于其他人文研究领域。与此同时，年轻学者们在学科建设和学术群体上的强烈自觉已经引起了传统人文学者的反应。但这种对传统人文研究的激进态度在面对现存的学术评价体系的时候，也遭遇了打击。很多年轻学者在找工作或者晋升评估的时候，发觉自己所做的事情并不能帮助他们保住工作或者获得一份终身教职。正如史蒂夫·拉姆齐和杰弗里·洛克威尔所说的：

> 他们是学术编辑、文学评论家、图书馆员、科研计算人员、历史

---

① *The Digital Humanities Manifesto 2.0*, 2009 - 05 - 29, http：//manifesto. humanities. ucla. edu/2009/05/29/the-digital-humanities-manifesto-20/.

② Stephen Ramsay, "Who's In and Who's Out", http：//stephenramsay. us/text/2011/01/08/whos-in-and-whos-out/.

学家、考古学家和经典诠释学者，但他们的工作完全都是与 XML、
XSLT、GIS、R、CSS 和 C 有关。[①] 他们建造数字图书馆，涉足文学文
本的"深度编码"，创造出罗马废墟的 3D 模型，生成语言学现象的表
格和图形，开发应用软件，甚至（在一些重要的议题上）还自己编写
软件以使得其他学者更容易进行他们的学术工作。[②]

这里提到的任何一种成果，都无法被认为是传统意义上的学术成果。
尽管现在数据库作为科研成果普遍被接受，但对于学者个体而言，还是需
要有一些出版物证明自己的"独创性"或"创新性"的学术研究价值。这
就需要学者在时间安排，科研内容方面兼顾两方面的要求，而纸质出版物
和同行评议（peer review）的整个过程又与数字人文的开放性和协作性特点
相冲突，这就使得数字人文的学者处在两难的境地。而与此同时，这也对
整个学术生态环境提出了挑战：如何对数字人文学者的数字学术成果进行
评估？如何评价不同人员，包括技术、编程、图书馆人员在项目中的贡献？
如何使高等教育的教学工作从数字人文的科研成果中受益？这些问题都成
为了近年来数字人文领域所关心的热点问题。

危机突破：数字人文的出现

数字人文的出现绝非偶然，这是整个时代发展的趋势。我们可以沿用
凯瑟琳·菲茨帕特里克的思路，结合英美学界的情况去看待数字人文的出
现，一方面是传统人文学科开始将数字文化及其相关的社会、文化、思想
问题作为考察对象，进行研究，那这个范围就非常的广阔了，涵盖了几乎
所有的人文学科，数字人文可以被认为是传统人文学科发展的新阶段；另
一方面则是数字人文是对那些将数字技术施用于传统人文学科研究的统称，

---

① XML，可扩展标记语言，用于标记电子文件；XSLT，可扩展样式表转换语言，是一种对
  XML 文档进行转化的语言；GIS，地理信息系统；R，一种免费的软件编程语言和统计计算
  与图形的软件环境；CSS，层叠样式表单，为标记语言提供显示层；C，一种通用的编程语
  言，广泛用于系统和应用软件的开发。——译者注
② Stephen Ramsay and Geoffrey Rockwell，"Developing Things：Notes toward an Epistemology of
  Building in the Digital Humanities"，*Debates in the digital humanities*，edited by Matthew K. Gold，
  Minneapolis：University of Minnesota Press，2012.

这种施用所导致的结果包括了方法论上的革新、研究领域的拓展和新研究问题的出现。这两方面的合力使得数字人文的内涵与外延都变得复杂和多样，而采用"数字人文"这个名称来统称繁多复杂的各种现象本身就带来了一些问题。比如数字人文是否真正挑战了传统的人文学科？数字人文对传统人文研究的突破在哪里？

美国著名文学理论家和公共知识分子斯坦利·费什教授就在他的《纽约时报》的专栏文章中表达了传统人文学者的这种关切。[①] 在这篇名为《数字人文及其不朽》的短文中，费什教授从自身的经历出发，提出了数字时代传统人文学科所面临的挑战："……还因为博客总是暂定的、瞬息的、交互的、公共的、随时被质疑的、中断的、可窜改的，以及无意终止的。而我在至今 50 年的职业生涯中，一直都致力于建构一些具有决定性、丰富性、不朽性和确定性的论述，其中最重要的一点是，这些论述都是我自己的。"[②] 作为一个从事多年人文研究且德高望重的学者，费什教授写文章来分析数字人文对学科的影响，表明了他对数字人文的态度：是值得被研究的对象；更有趣的是，他还从自我经验出发，清晰地意识到数字人文所宣称的一切正是和他在过去 50 年所努力奋斗追求的成就相冲突。无论这是一种写作策略还是真实的情感表达，这篇文章开头的两段都清晰地表明了数字人文已经成为了人文学者们正在思考的问题，或者说数字人文已经让传统人文学者开始严肃对待这个问题。数字人文不是小事，而正如马修·戈尔德（Matthew K. Gold）在《数字人文的时刻》（*The Digital Humanities Moment*）中说的："最近在流行出版物，比如《纽约时报》《自然》《波士顿全球》和《高等教育纪事报》上发表的有关数字人文的诸多报道都已经证实了数字人文不像《高等教育纪事报》在 2009 年报道的那样，仅仅是'下一个大事件'，而就是一个'事件'，正如同一个报纸在 2011 年报道的那样。"[③] 但是对于像费什这样的资深教授而言，数字人文这样的新事物是大事件本身就是值得怀疑的，更何况其"伟大"之处更多的是通过这个群体自己的摇

---

① Stanley Fish, "The Digital Humanities and the Transcending of Mortality", 2012-01-09, 9: 00 pm. http://opinionator.blogs.nytimes.com/2012/01/09/the-digital-humanities-and-the-transcending-of-mortality/.

② Ibid.

③ Matthew K. Gold, "The Digital Humanities Moment", *Debates in the Digital Humanities*, Matthew K. Gold ed., Minneapolis: University of Minnesota Press, 2012.

旗呐喊所证明的。因此费什教授对数字人文的主张进行了深入分析，他指出凯瑟琳·菲茨帕特里克对传统观念中的"作者"和"文本"的批判是数字人文的切入点，也正是在这个意义上，菲茨帕特里克教授所提出的"过程中的文本"概念消解了单一、权威作者和稳定、指向文本的存在意义；而当作品成为意义的链条，权威作者成为文本参与者的时候，意义的生产就变成了无所不在、无所依托的东西。费什教授颇有些讽刺意味地将之比拟为弥尔顿《失乐园》中没有终结、只有过程的"神秘舞蹈"，在这个过程中主体（在这里并不明确谁是"主体"）从时间、意义甚至是宿命中解脱出来，沉浸在"神性"（在这里等同于"数字性"）的迷狂中。在他看来，这种太过"轻易"地与宿命的抗争恰恰是一种数字人文所反对的线性思维，因为数字人文总是许诺在数字时代到来以后，一切因旧的权威所引起的病症都将会在新的社会语境中被治愈。而与此同时，费什指出这样的许诺并非那么单纯，事实上其背后至少有两个政治性因素，一个是对于过去几十年来高校专业化、学科间沟壑日益加深的革命性反抗；另一个则是年轻学者们试图通过这种技术上的"先天优势"来反抗在科研经费日渐萎缩情况下的悲惨处境。同时，费什教授根据数字人文研究者的说法，总结了数字人文可能具有的"优点"：打破大学的墙壁让更多的人进入"校园"和教给学生一些"职业"技能。最后，他似乎"不经意地"却又"意犹未尽地"抛出了一个问题："数字人文真的能够彻底改变我们对人文目标（和人文工作）的理解吗？"他接着用数字人文的先驱人物杰罗姆·麦克盖恩（Jerome McGann）的观点进行了引述式回答，当然，他的最终答案是——请听下回分解。

应该说，费什教授的想法在某种程度上是合理的，因为数字人文的出现确实有着当代学术大环境的影响，美国教育财政预算逐年减少，大学特别是公立大学的科研经费也不断被削减，尤其是2007年以来的美国经济危机使得很多大学出现薪酬停涨和岗位减少的情况。在这种情况下，每年数以万计的人文学科博士们毕业，进入求职市场找工作，他们面对的生存与竞争压力可想而知。同时，就算是那些已经在高校获得教职的年轻学者们，也面临着相似的生存难题：很多原本是终身教职的全职工作被削减为兼职的临时工作；岗位工资被减少，连年不涨薪；项目经费紧缩，研究难以获得资助，等等。在这样的情况下，"数字人文"作为一个新领域无疑为人文学科的年轻学者们打开了一个可能性的通道：新学科的建立往往意味着新的研究机构的建立、科研岗位的增加和研究经费的支持。这一方面可以从近 20 年来各种数字人文研究机构的建设看出来——每一个研究机构的成立都需要数字人文方面的专家，而这主要是中青年学者；另一方面，美国国家人文基金（NEH）的"数字人文办公室"每年都要提供几十万美金的科研经费来支持美国的研究机构开展数字人文方面的研究项目。与此同时，NEH 还与美国本土的自然基金会（NSF）、英国的联合信息系统委员会（JISC）、加拿大的社会与人文科学研究会（SSHRC）联合举办了"the Digging Into Data"的竞赛，鼓励这几个国家间的团队合作，共同开展相关的数字人文研究课题，2011 年几个机构就此竞赛提供的科研资助总计达到了 640 万美金。这足以让年轻的学者们感到欢欣鼓舞。

此外，年轻学者们为此激动的另一个原因是：他们是数字（digital born）的一代，在成长的过程中就已经逐步熟悉了数字媒介环境及各种硬件和软件的应用。他们很自然地就将数字媒介应用于他们的研究之中，这不需要他们去做知识结构的调整或者补充。相反地，他们在这种自由的结构转换中发现了自身的优势，他们比上一代的学者们更容易去适应新的技术、更敏感地发现新的学术问题、更加方便的与学生开展交流，同时，也更加灵活地顺应了社会的需要。在这点上，他们这种似乎是"与生俱来"的"天赋"让他们尝到了技术与人文研究相结合的甜头，他们自然更愿意推动这个新的学科、新的研究导向、新的研究方法和新的教学法的发展。费什教授将之称为是政治性的，确实不为过。但他也忽略了一点，数字人文的发展是有其历史脉络的。之所以现在出现大量有关数字人文的论文和著作的原因也是因为在过去 40 多年的积累中，形成了大量的数字技术、数字项目的成果和实践经验，这种历史的发展使得年轻的学者们有了足够的底气去为这样一个新的学科摇旗呐喊，为他们所熟悉和擅长的一切进行辩护，为他们可预见的未来进行欢呼。

开放、协作与多元创新：数字人文的价值

数字人文的发展不仅仅是一种现实的、功利的需要，同时也是因为数字人文已经发展到了这样一个阶段，即，需要确认自身的合法性地位。这点我们从霍基文章中也可见一斑。虽然"数字人文"的开端是从 1949 年开始，但在此之前，计算机及现在称为"新媒体"的数字媒介已经开始

发展起来。信息时代的到来已经使得"数字化"成为了一个出现在社会各个领域中的重要问题。尽管这种技术对人文学科的渗透是从语言学开始的，但在之后的若干年中，已经有越来越多的人意识到从理论层面对技术与人文的交叉应用与研究将会是未来的一个重要趋势。比如超文本的理论研究、新媒体理论以及电子文学的研究等，都已经形成了一定的气候。在这样的一个环境中，数字人文的独立与兴盛已经成为了不可避免的结果与不争的事实。在这个意义上，费什教授最后所提出的问题似乎已经有了答案：人文学科的面貌将因数字人文的出现而被彻底改变。当然，这并不是说传统人文学科的研究就不会存在。事实上，正如在数字媒介时代印刷媒介并没有彻底消失，网络的出现也没有替代电视机一样，新的技术所带来的变化更多地是增加了可能性与多样性，让人们在新的社会条件下多了一种选择，一种可能，由此也会带来一种新的变化与路径。而数字人文所带来的影响也恰恰是看到了传统人文科学在新的时代的困境下去试图突破的可能性。

　　一般来看，数字人文最被认可的价值在于其开放性、协作性和多元创新性。在此，将结合一些具体的研究项目对这三点进行分别的说明。同时值得注意的是，这三个特点并不是独立的，更多的时候是以一种相互交叉的综合方式呈现。

　　开放性是数字人文项目所具有的共性，这主要体现在四个方面。首先，数字人文出现的初衷很大程度上是因为学者意识到单靠个人的力量是难以解决更大范围内的问题，因此更加倾向于资料的交换和共享。这一点在很多大型的数据库建设上都可以看到。原有的图书馆或者资料库强调物理意义上的保存，学者想要得到某些资料必须去固定在某个地方的图书馆或者资料库去查阅资料，查阅之后又成为了个人收藏，这导致了资料的单一性、有限性和交叉浪费。而在线数据库的建设使得学者更有效的在一定学术群体内更大程度地获得资料，并且消除了时间、精力和经费上的重复劳动与浪费。其次，在信息时代，大规模的信息处理技术把学者从单一个体角度的研究中解放出来，可以从更为宏观的角度看待原本独立的现象，并通过更多的数字工具来处理大规模的数据问题。这也促使了很多开放资源的软件出现，比较具有代表性的是前面提到的 TEI，这种团队工作的结果使得多类型文本编辑与标记在更大的学术范围内得以施用，同时，学者又根据个体项目的特殊性对 TEI 标准进行修订和改进。类似的项目还有乔治梅森大学

（George Mason University）的历史与新媒体中心（Center for History and New Media）开发的 Zotero 和 Omeka。Zotero 是一个面向学者的免费开源软件，可以帮助学者非常容易地去收集、整理、引用和分享个人的学术资源。[1] Omeka 则是另一个基于在线收藏的内容管理系统，同样是免费和开源的。这个软件支持用户发布和展示其个人收藏的研究内容，并允许用户自由开发和使用插件以满足个性化订制的需要。[2] 这两个学术性的软件都是由大学开发，并完全是公益性的项目，这使得学者在最少劳动力和经费付出的情况下，也可以完成在线数据库的建设。再次，这种免费数据库和技术工具的分享，也促进了在线学术团体的出现和扩展。因为大家使用了共同的技术语言，所以他们得以在同一个平台上共享信息，并且共同讨论在各自数据库建设中出现的问题，这就使得信息的交流和共享获得了一个共用的通道，变得更为通畅和方便。与此同时，学术出版方面也开始出现了在学术团体内的版权共享和开放发表。很多重要的数据库，比如在超媒体文本档案方面很著名的罗塞蒂档案库（Rossetti Archive）[3] 就使用了创作共同版权（Creative Commons License，简称"CC"版权），允许学者在尊重版权规定的情况下，免费使用在线档案库中收藏的但丁·加百利·罗塞蒂的作品，而不需要去征求遍布世界的原本所有人的许可。而另一个有关开放发表的例子是《数字人文季刊》（*Digital Humanities Quarterly*），作为一本有关数字人文的学术期刊，该杂志采取了同行评议且使用了"CC"版权下的开放访问方式，是学术杂志出版领域的一个先驱，已经成为了目前数字人文领域的一本重要期刊。可以说，开放性已经成为数字人文领域的一个重要共识。当然，这与开发者多为大学和非盈利性公益组织有关——这些开发者一般都是由像美国国家人文基金这样的国家机构或者非盈利的个人基金会资助；另一方面也与数字文化强调开放共享的互联网精神有关——互联网从出现伊始就强调最大限度的开放与共享。

有关协同性，则更多地体现在开发团队构成和内容建设上。我们以乔

---

① Zotero 组织网站，http：//www. zotero. org/。

② Omeka 组织网站，http：//omeka. org/。

③ 罗塞蒂档案库是由弗吉尼亚大学英语系的杰罗姆·麦甘恩（Jerome McGann）教授牵头，10 多家图书馆、画廊、博物馆和大学共同参与支持建设的有关英国画家、诗人、插图画家和翻译家但丁·加百利·罗塞蒂的一个在线档案库，包括了他的大量手稿、绘画作品、诗稿等珍贵材料的高质量的数字图片和文本内容。网址：http：//www. rossettiarchive. org/。

治梅森大学的历史与新媒体中心为例。在该中心的成员网站上可以看到，其成员包括了研究人员、项目管理员、软件程序员、网站开发员、多媒体开发员、网页设计师等 40 多人，其主要职能包括教学、培训、研究、工具开发、数据库及在线档案库的建设等。历史与新媒体中心作为美国数字人文机构建设方面的成功案例，已经成为了数字人文领域的领导性机构，他们开发的 Zotero 和 Omeka 已经被学者及一般民众大量使用。这种"研究人员+技术开发人员+项目管理人员"的机构组成方式几乎已经成为英美数字人文研究及相关项目建设的标准配置。① 其好处也是显而易见的，即学者与技术人员各取所长，共同合作开发研究课题，从而避免了各自专业上的短板，更好地使得双方的专业技术得到最大程度上的发挥。但这种组织也要求双方都要对对方的专业领域有所了解，研究人员必须要了解如何在技术上最大限度、最准确地体现自己的学术专长，而技术人员也要知道怎么开发和使用技术才能最大可能地去实现研究者的设想，或者为研究者提供一种新的思路和方法。在这个过程中，双方都在不断地磨合，相互促进。② 至于内容建设而言，团队共建或者更大范围内的学术团体共建已经成为了一种必须条件。对于开发者而言，建设数据库的初衷是出于大规模的资料共享与交流，那就必须最大可能地确保资源的开放性、多样性和兼容性，那么就需要对资源的来源进行多方面的收集，这就不可避免的涉及了不同地区、不同机构甚至是不同国家的团队合作。以哈佛大学（Harvard University）的中国传记数据库项目（The China Biographical Database）为例，其合作机构和成员就来自美国、欧洲、日本、中国、中国台湾等多个国家和地区的多个大学及图书馆。该项目定期组织培训及工作讨论会，对基于数据库的内容建设及研究方法进行集体讨论。③ 与此同时，数字项目的开放性又使得数字项目的建设要经得起用户的批评和挑战，如果在数据收集和整理上就存在问题的话，很难在用户中获得认可。因此，相应地，用户的参与、反馈和批评也被认为是数据库内容建设的一部分。这种开发者和用户之间的动态互动关系构成了数字人文的一个重要特点。

---

① 团队的构成也可以从美国国家人文基金资助名单上可以看到。

② 本文作者曾和该中心的公共项目主任莎伦·利昂（Sharon Leon）进行过交流，对于该中心的情况有一定的了解。

③ 参见数据库网站 http：//isites.harvard.edu/icb/icb.do? keyword = k16229&pageid = icb.page76535。

尽管费什教授认为现在谈数字人文的价值或许还为时过早。但对于数字人文领域而言，这已经是很多学者的切身体会，他们确确实实地体会到了数字人文所具有的创新性意义。比如丽萨·斯皮罗（Lisa Spiro）就专门谈到了"数字人文的价值"问题，除了已经谈到的开放性和协作性外，她还特意谈到了多元性（Diversity）和实验性（Experimentation）。[1] 在斯皮罗教授看来，数字人文的学术团体构成的多元性和工作内容的实践性是数字人文的重要创新价值体现。从理论上的研究价值来看，数字人文为人文学科提供的新的研究视角和知识建构方式则更为重要。正如在评价传统人文学科的时候，我们很难笼统地概括评价所有学科的价值一样，对数字人文的评价必须要深入到各个学科的内部去进行讨论。在这里，以笔者较为熟悉的文学研究领域而言，有两个例子可以作为代表，一个是基于传统的文学对象的罗塞蒂档案库（Rossetti Archive），一个是基于新出现的电子文学现象。前者是一个在线的多媒体文本编辑数据库，将罗塞蒂的多种手稿、绘画作品、多版本的诗作以超媒体的方式编辑、呈现在以互联网为技术支持的档案库中。许多学者认为这种新型的文本呈现和编辑方式挑战了传统的"文本"，并提出了新的问题，其中包括对"印刷文本的反思"、"文本"边界、"文本定义"和"基于多媒体的文本"等问题。[2] 后者可以从近几年关于电子文学（Electronic Literature）的研究中略见一斑。尽管电子文学是一个自成一体的学科，但近年来也逐渐将自身置于数字人文的大框架之下。电子文学是数字媒体时代的新产物，从超文本研究到交互小说、数字诗歌等，开创了新信息时代的文学创作与表达模式，而其相关的研究也从新媒体研究、媒介文化、生物学、拓扑学等理论中汲取了养分，构成了一种结合了媒介研究、编码研究、硬件研究、文本研究、文化研究、文学批评等多种理论方法在内的研究方式，为解读新时期的新现象提供了新的视角和方法。[3]

---

[1] Lisa Spiro, "'This Is Why We Fight', Defining the Values of the Digital Humanities", *Debates in the digital humanities*, edited by Matthew K. Gold, Minneapolis: University of Minnesota Press, 2012.

[2] 参见 Jerome McGann, *Radiant Textuality. Literature Since the World Wide Web.* New York: Palgrave/St Martins, 2001。

[3] 参见凯瑟琳·海勒丝的著作, K. Hayles, *Electronic LIterature: New Horizons for the Literary*, University of Notre Dame Press, Spring, 2008。

　　历史在继续，争论也在继续。数字人文作为一个正在不断发展、壮大中的学科领域，现在还难以对之加以定论，但可以肯定的是，在未来的世纪里，这已经成为学术领域中的必然趋势。对于人文学者而言，不论是主动地还是被动地，都已经身不由己地被卷入其中。这或许从我们开始用计算机写作论文的那一刻就已经开始了。

台湾来稿

西橘本无种，逾淮别有类：
台湾文学与现代性的斡旋

廖咸浩[*]

摘要：本文以西方现代性与本土现代性的互动与协商为经，对西方现代性的误读与在地化为纬，细察自明以降各个时期台湾如何承继中国本土现代性，复与殖民现代性斡旋。此审视工作并聚焦于"文学现代性"在台湾的萌发与演化。中国本土现代性于明代臻至高峰，也在明代开始衰败，并因此而随商盗集团来到台湾，故台湾传承的中国海洋文化正是在中国内地消泯之本土现代性。台湾据此现代性，加上刘铭传洋务现代性的强化，而能与后来的殖民现代性不断有建设性的折中。文学现代性便在此过程中诞生。即使台湾在战后承继五四新文学反传统的风潮，亦仍能在误读中继续将现代性在地化。但殖民性的阴影却也无时不如影随形，附着于任何文学以至文化的议题。故彻底的批判现代性，并重整在地智慧，以追求"超现代性"，才是治本之道。

关键词：现代性 殖民现代性 美学现代性 另类现代性 现代诗 现代主义 乡土文学 在地化 超现代性 布尔乔亚 小说 白话文运动 国族主义 海洋文化

Abstract：Centering round the negotiations between Western modernity and indigenous modernity with special attention to the misreading and localization of Western modernity，this paper examines how Taiwan inherits

---

* 廖咸浩，台湾大学外文系教授。

Chinese indigenous modernity while absorbing the impact of colonial modernity. The emphasis of this investigation is laid on how literary modernity in Taiwan emerged and transformed through the modern times. The Chinese indigenous modernity reached its peak in the Ming but also drastically declined soon afterwards; this led to the transmission through the pirate-merchant groups of this modernity to Taiwan, a crystallization of China's maritime culture, which was all but eliminated in the mainland. Drawing on this legacy as well as the modernization measures taken by Liu Mingchuan, Taiwan was able to confront colonial modernity in a constructive manner. And Taiwan's literary modernity was born in such a process. Even in post-war times when the anti-traditionalist influence from the May Fourth movement intervened in the local scene, Taiwan was able to continue with a more or less healthy localization of Western modernity. Nevertheless, the specter of coloniality remains attached to any literary as well as cultural issues in postwar Taiwan. Therefore, a thorough investigation of the coloniality of modernity is imperative so that we can resuscitate local knowledge and thereby strive after transmodernity, in which the pitfalls of modernity could be overcome and a utopian future could be envisaged.

Keywords: modernity   colonial modernity   aesthetic modernity   alternative modernity   modern poetry   Modernism   Nativist Literature   localization   transmodernity   the bourgeois   the novel   the Vernacular Movement   nationalism   maritime culture

前　言

台湾现代文学的历史不到 100 年，但与现代性的交汇与互生，却饶富曲折与特色，并在华人现代文学史中独领风骚、大放异彩近半世纪。现代文学顾名思义是与现代性互动的产物。但与一般非西方地区颇为不同的是，台湾与现代性的接触透过不止一个媒介，同时也与政治有更深的折中关系。台湾因连续受明郑、清朝、日本及国民政府的统治，故现代性进入台湾便随政治形势而构成了不同的模态（modality）。明郑与清都是封建王朝，虽然在当时的台湾仍无文学的现代性，但已在本土现代性的基础上，为台湾构成现代性继续发展的基底。日本殖民时代，西方文学现代性同时自日本与中国内地输入台湾，而自中国内地输入的文学现代性又曾局部受到日本的中介，此中的错综复杂，形成了台湾文学现代性的特殊能量与韵致。

本文将采"另类现代性"（alternative modernities）角度，不再将现代性视为西方对天命的优先掌握，而后进者唯有接受其恩赐；而是将所有现代性（包括西方现代性）的生成与演化"地方化"（localize），并强调在地的挪用与转化（Charles Taylor 172～96）。而且，既然现代性并非天命，最终本文仍希望能够经由讨论，窥看超越现代性的可能性。

要讨论台湾的文学现代性，不能不先对西方现代性与中国"本土"现代性有大概的了解。然而对中国本土现代性的讨论，常被视为图附骥尾而强予附会出西方现代性的蛛丝马迹；但当我们从"另类现代性"的角度进行讨论时，我们关心的重点当然是本土状况与现代性的"主动积极"的互动，而不同的本土状况便会产生不同模态的互动结果。如是，什么是"本土状况"，便是需要思考的问题，而且"比较"便也不可避免。换言之，唯有将文化语境描绘清楚，才能将现代性的议题放在一个更具历史纵深的恰当视野（proper perspective）中。若能对"在地类布尔乔亚现代性"是否存在于中国本土或程度深浅的问题有所掌握，才能了解中国本土在西方影响全面掩至之前的文化状况与后来遭遇的冲击之间，存有的"衔接"关系，以及台湾又是如何继承与发挥这个本土现代性的。

纠缠的家族罗曼史：布尔乔亚、马克思、美学

西方现代性的起点有不同的说法，有以文艺复兴为起点者，有以工业革命或法国大革命为起点者，当代理论则多半倾向把现代性的起点放在 18 与 19 世纪之交（Wagner 1994：4）。但现代性作为一种新的生活形态与思维模式，是以布尔乔亚为骨干，以理性、科学、进步、自由等观念为其血肉的"时代主导意识"（episteme），则是共识，故一般将这种现代性称之为"布尔乔亚现代性"（bourgeois modernity）（Calinescu 1987：41～42）。然而，布尔乔亚现代性虽为布尔乔亚所主导，但其起源则非布尔乔亚一己之功，甚至也非西方自发且独力所促成。西方现代性的产生出于偶然与需要，而

其基础则来自阿拉伯、印度、中国等先进文明成果的累积，绝非如欧洲中心论者所言，现代性的种子早在希腊罗马时代已经种下。①

由于西方小说是随布尔乔亚现代性兴起的，因此，我们可以说，西方文学是随着布尔乔亚的出现而进入了"现代性"的阶段，甚至可以说，西方小说就是专属布尔乔亚的文类。由于商人阶级的崛起，识字率提高、妇女有闲、印刷术及媒体的发展等因素，使得小说在 18 世纪逐渐发展成为一个明确而稳定的文类。且因为知识分子普遍仍无意于小说，阅读主力乃是新兴的商人阶级，故其内容明显地投布尔乔亚所好，甚至一定程度也可说是中产阶级的自我表达（Watt 1962：9~65；Azim 1993：25~26）。在西方的文学发展中，小说的兴起具有划时代意义。它推翻了诗在文学中的霸权地位，将文学的欣赏与创作的权利让更多人分享。这其中含有重大的文化民主化或平民化的意义；另一方面，小说也让文学有更多的机会与新的（也就是布尔乔亚主宰的）生活形态互动。在这个时候，我们所说的文学现代性是"与布尔乔亚需求呼应的现代性"。

然而布尔乔亚现代性毕竟有其先天的局限，其所引以为傲的科学与理性最后把"人文主义"（humanism）变成了"人类中心主义"（anthropocentrism）乃至"阶级中心主义"及"西方中心主义"，最后变成不可收拾的殖民主义与帝国主义。同时理性时尚的现代性也让西方人失去了宗教的庇荫，而陷入了一种永恒的焦虑。如何寻回完整性（totality），便成了现代性的重大课题（H R Jauss 39. qtd in Julia Simon 43）。针对失去庇荫后的焦虑，康德提出"美学"（the aesthetic）的观念以重新联结主体与客体世界（Bernstein 1992：6）。但尼采则将"美学"用以突破布尔乔亚之局限，并发展出追求脱离布尔乔亚理性与成规束缚的"耽美主义"（Aestheticism）（Eagleton 1990：254）。

在这个的情况下，一种不同于（写实主义）小说、一般称为"美学

---

① 在西方现代性兴起之前，世界体系的中心在亚洲。欧洲只是这个世界体系的极边缘。从蒙古人统治欧亚大陆开始，欧洲才得有更多渠道接触体系的中心，并经此不断的吸收来自阿拉伯、印度及中国的科学及文化知识，逐渐脱离蒙昧。但欧洲在 14 世纪之后能崛起，并不是完全因为内在的动能，而是因为两大原因：一是蒙古帝国瓦解而崩坏，二是中国政府的力量亦退出国际贸易。（Janet 1989）而现代性的兴起更积极的触媒，则是欧洲意外发现美洲后获得的庞大资源，以及为管理此一资源而发展出的数字管理。（Enrique Dussel 1998）

现代性"（aesthetic modernity）或"文化现代性"（cultural modernity）的文学（艺术）的现代性诞生了。① 这个由波德莱尔（Baudelaire）滥觞的文学新趋势，拒绝再寄生于布尔乔亚号称的理性建构，但实则自我耽溺的虚构世界中，而另辟蹊径发展出与布尔乔亚趣味完全相反的文学艺术趋势（Calinescu 1987：157～77）。这个具"现代意义"（而非怀旧式）的"反〔布尔乔亚〕现代性"（Ibid.，42～46；Gaonkar 2001：1～9），开始从认同城市文明的角度，全面反省布尔乔亚对这种新形式文明的独占。因此波德莱尔虽认为，城市的美学意义就在于其"现代性"（modernité），但他所定义的"现代性"却是布尔乔亚认为应被现代性排除的部分：城市生活的残败、邪恶、堕落、淫乱、腐朽等现代生活之……"阴暗面"（Hannoosh 1992：252）。

"耽美主义"再往前则发展出两个非常不同但常被混淆的脉络：一是一般所称的"现代主义"（modernism），一是"前卫运动"（avant-garde movements）。现代主义基本上循着"耽美主义"的路径往前发展，但相对于耽美主义的发生期，已驯化甚多。它与布尔乔亚的对抗关系，多半只剩借由形式与语言的创新震撼布尔乔亚，并普遍成为各地美学现代性的主流（Jochen Schulte-Sasse in Burger 1989）。而前卫运动则一向被并在现代主义的范畴下理解（如 Poggioli 1968），直到比格（Peter Burger）才对前卫运动做了全新的诠释（Burger 1989）。

比格认为前卫运动虽是美学现代性的下一步，但却在性质上产生了巨变。布尔乔亚体制下的文学与艺术，约从 17 世纪起就被赋予了"美学独立体制"（aesthetic autonomy），而"耽美主义"的发展，反而更凸出了这个体制的无法动摇。故前卫运动遂将争夺城市生活的战争，转而以摧毁"美学独立体制"为主要目标，也就是试图从根基上将被布尔乔亚体制隔离的"艺术"与"生活"重新结合，企图借此找回艺术改造人生的能量。其用以摧毁体制的方式空前的激烈，令时人瞠目错愕，令今人难以想见。

但不论是"现代主义"或"前卫运动"的成形，都不是完全因欧洲内部的动能所致。从波德莱尔到超现实主义，"东方"（the Orient）一直是它们的灵感来源与理想的所在（Schlossman 1991；Antle 2006）。而现代主义文

---

① 如 Calinescu 便是交替使用"美学现代性"与"文化现代性"，但并非意味着在此之前的小说便无美学与文化意义。

学与艺术后来的发展过程，也是不断的从各种非西方国家的传统艺术文化中汲取灵感（如艾森斯坦自中国、毕加索自非洲等）。故西方的美学现代性其实自始就是一个混杂了各种国际元素的文学艺术的运动，而非纯西方本土的产物。

不过，当时批判布尔乔亚现代性的不只是美学现代性，还有左翼的马克思现代性（Marxist modernity）。马克思现代性也是来势汹汹，对布尔乔亚现代性的批判毫不手软。其批判有类美学现代性：既反对布尔乔亚霸权，阶级观点也相仿，但此二者之间也有关键性的不同。马克思现代性虽然看似全面否定现代性，但对布尔乔亚现代性中的科学部分却甚为心仪（Chatterjee 1986：170），对布尔乔亚让欧洲人从中世纪的黑暗中解放这个功德，也稍未或忘（Marx and Engels 13. qtd. Gay 1985：41）。这种自居理性的力量，是马克思现代性与美学现代性（尤其是前卫运动）最格格不入的地方。美学现代性（即使是未来主义对工业文明的歌颂）总免不了对理性规训有所质疑，这个差异也造成了两者历来的无法兼容（Calinescu 1987：112～16）。然而，无论如何，这三种现代性所形成的冲突与协商是西方现代性最突出的一个特质，也是它最令人目眩的所在。也唯有在这个现代性剧场中，我们才能充分理解西方现代性在过去这段历史所释放的能量及所刻画的轨迹。

非西方地区因为时差的关系，同时输入上述三种现代性，以至产生了不同程度的混淆与对比（包括对美学现代性内部现代主义与前卫运动重大差异的无知）。布尔乔亚现代性因是西方现代性的主流，故在非西方地区的接受上自是大宗。马克思现代性则因有明确的政治与社会方案，虽反现代性，但终极而言仍对科学与理性等布尔乔亚现代性的主流有所期待，故亦能符合非西方地区既要"现代化"，同时又能追求社会正义的需求。但美学现代性则一方面因"文化"被前述二者认为是装饰品；另一方面其反布尔乔亚现代性又无具体之社会改革方案，而无法在非西方地区找到独立的定位，以至若不是被误以为与布尔乔亚现代性二位一体，甚或后者的附庸，就是慑于其激烈面貌而退避三舍。

虽然上述三种现代性只是在西方发生时的原型，传至各地时必有混杂与变异，未必能截然划分，但在接下来的讨论中，我们原则上仍以这三个类别为基础。

海陆分途而前功尽废：台湾现代性的前史

中国在西方现代性来到之前，是否已有"类（布尔乔亚）现代性"萌芽，各方众说纷纭。但目前已有不少学者倾向于认为，中国在明代已经出现"类资本主义"的地区或雏形。其中征兆包括了商人阶级的兴起、一定程度的生产工具的机械化、都市化过程的深化等。[1] 随着以城市为中心的商业社会之兴起，商人阶级的娱乐与休闲需求，遂带动了思潮与文化生产的变革。包括对商业价值的肯定、印刷术的创新、识字率的提高、妇女参与文化生产、（以小说为主的）俗文学的蓬勃发展、文学市场的扩大、反传统的个人主义及情/欲思潮的形成。整体观之，与西方的现代性初始时有相当的类似。[2]

受都市生活/商业社会影响而产生的文学作品其实自宋即开始出现，到了明代这个影响逐渐明显化（康来新 1996）。由于商人阶级逐渐成为社会不可忽视的阶层，而对整个社会的生活形态产生了重大的冲击。中国社会开始改变以往轻视商人阶级的态度，不但士大夫结交与肯定商人，明代的通

---

[1] 中国学界对"中国资本主义萌芽论"的看法过去几十年间，曾有一百八十度的翻转。起先因为受马克思主义、毛泽东及民族主义的影响，认为中国必然有过资本主义。直到 20 世纪 80 年代中期之后，又开始全面否定先前的定论。参见许涤新、吴承明编《中国资本主义发展史：第一卷·中国资本主义的萌芽》，人民出版社，2003。西方学者如 Timothy Brooks 认为中国并未发展出资本主义的雏形，但他也不否认有某种新的、具有类似特质的社会形态在此时发生。参见 Brooks, *Confusion of Pleasure*: *Commerce and Culture in Ming China* (Berkeley: U of California P, 1998)，198–201。Enrique Dussel 则认为明清已有雏形，但最终无法发展出类似西方的资本主义，是因为中国当时对商人阶级的压抑及外贸需求不大而丧失海权所致。参见 Dussel, "World-system and 'Trans'-modernity" *Nepantla*: *Views from the South* 3. 2（2002），pp. 221–44。Kenneth Pomeranz 的看法介于二者之间。他经过详细比较之后，认为中国最后没有走上资本主义之路，是因没有美洲的资源，且国家也不以政府力量支持对外贸易，更遑论如西方以武力为其后盾。参见 Pomeranz, *The Great Divergence*: *China, Europe and the Making of the Modern World Economy* (Princeton: Princeton UniversityP, 2000)。

[2] 从思想的角度看中国是否曾有类似现代性出现，各方众说纷纭。中国学者的看法一如对资本主义萌芽论的看法，从一个极端摆向另一个极端，先曰有而后曰无。倒是日本学者相对比较冷静，也颇有创见。中国方面认为确有此一脉络的论述，是由 1949 年以前的学者嵇文甫首开先河。日本方面则从内藤湖南的"宋以后近世说"，到岛田虔次的"近代思维挫折说"，以及晚近沟口雄三的"（前）近代思维延续说"，一定程度为中国"近代（启蒙）思维"的命题，在不同时间予以定调。参见吴震，2004。

俗文化，尤其是小说，也相当程度反映了这个事实：一方面有诸多对商人阶级的描述，包括对与商人相关的价值给予肯定；另一方面俗文化内容也开始涉及对传统儒家价值的背离与批判，及新的社会价值的传递，其中包括个人意识、女性意识、商业意识、情/欲意识等，明代中国本土现代性影响下的文学面貌，可由此一窥（董国炎 2004）。如此，我们几乎可以说，明代的白话小说，尤其是与情/欲相关的白话小说，体现了一种本土的"文学现代性"，① 且这种"文学现代性"与布尔乔亚现代性影响下的西方文学有相当程度的类似（cf. Watt 1962：9 ~ 65；Azim 1993：25 ~ 26）。

　　然而，明代本土现代性的发展有其先天上的不足，也就是明代初期的内陆转向所造成的限制。此后，中国的现代性便分途发展，一种是陆上商业，一种是海上商业。前者为官方所允许，后者则被视为海盗，不但排除在官方的治理范围之外，甚至受到强力打压；另一方面，非海上贸易的商人阶级又因自古以来的抑商情结，也受到一定程度的压抑。但即使如此，中国的资本主义仍然获得了一定的成果（Wills，Jr. 1979：203 ~ 38；戴裔煊 1982；林仁川 1987）。而就在此时却又遭到更致命的打击：商人阶级还未来得及成为社会中坚，资本主义的发展便因满人入关而受到重挫。海上贸易的能量更因明郑的覆灭而大幅衰退，本土现代性的发展也因而后继无力。② 满人入关对明代现代性的发展造成了决定性的冲击，原先对传统的批判因为异族入关而为之丕变，对传统的态度较趋缓和，并从普世价值的思考转向国族命运的关注。原先类似西方启蒙运动的发展，就此而式微。③

　　整个清代，本土的现代性便是在一种困顿的状态中缓慢发展。在经济上，清代虽然在近年的研究成果中被翻案，认为仍有积极的发展，但在思

---

① 关于中国文学的本土现代性方面的探讨，王德威的《被压抑的现代性》可以说是最重要的拓荒之作。但王书主要探讨清代，诸多例子都属受到西方影响之后产生的。因此，我们需要补足清代小说的前史（pre-history），即明代小说与本土现代性的关系。但在本文我们无法就此专论，只能描绘其梗概。

② 一般而言，中国学者多认为满人入关对本土现代性之发展打击最致命，Kenneth Pomeranz 的看法则认为最重要的原因是没有如西方获得美洲的资源及政府的武力支持。但其实两者皆是原因的一部分。

③ 这是嵇文甫及岛田虔次的基本观点，直到 20 世纪 80 年代中期中国学者也多采此观点，其后态度丕变，虽然此举出于深切反省先前观点之政治挂帅，但似觉矫枉过正。参见吴震对嵇文甫及岛田虔次的讨论。

想上及制度上，从明末的反传统与经世致用回到经学、小学，原先明代的成果可谓受到了极大的压制。[①] 从明末到鸦片战争之前，文学发展虽亦饶有成果，但基本上只是在原有的基础上循旧线发展。在流派上虽大有增加，但文体上却没有太戏剧性的改变。在清末的大变动期间，小说因为各方的冲击，又出现了一时的荣景，而且似乎颇有明末的大破大立的味道（任访秋 122～29 引自 Wang 1997：32），但随着清末洋务运动展开，在这个回光返照的荣景之后，文学的本土现代性几为西方现代性全面取代。

从文学现代性的角度观之，中国小说与当时西方小说主要差异在于：中国小说并没有如西方一般变成一个广为阅读的文体。这其中原因不只一端，如文言独大及识字率不振，都有重大影响（后文将再细论），但背后最根本的原因还是商人阶级发展受限、影响力不足，无法由社会内部产生对小说的大量的、平民化的需求。这种限制必须借助政治力才能改变。

清末古老帝国面对西方现代性的强力冲击，可想而知其危机感，因此，知识分子面对现代性其态度与一般非西方地区殊无二致，就是恨爱交加、暧昧以待：一方面被帝国主义所挟的现代性所蹂躏；另一方面又觉得，为迎头赶上，非现代性不能。但布尔乔亚现代性与殖民主义几可谓一体两面（Barlow 1997：5），故把殖民性（coloniality）与现代性分开处理的"分叉策略"（Bifurcation strategy），到头来只得陷入"殖民现代性"　（colonial modernity）的陷阱（Shih 2001：36）。

在接受现代性以救国的前提下，文学艺术的发展也同时"国族化"。洋务运动时期的思想家梁启超，便是将文学现代性的追求予以"国族化"的关键人物。梁启超认为，要现代化就必须启迪庶民心智、凝聚国家意识，而布尔乔亚现代性既是透过小说进行文化平民化的工作，欲救国便必须提倡小说。但梁所指的小说并非中国既有的白话小话，而是以西方小说为师的"新小说"，而且是"政治小说"（Wang 1997）。

虽然梁对小说的认识过于狭窄、期待又过于高远，但对小说地位的提升仍有一定的效果。不过，如前述，白话不如文言文优越的思维无法突破，

---

① 明末遗老在清初时对明代王学提出严厉批判，并因清代的政治压力而转变研究方向，参见郑家建《中国文学现代性的起源语境》。一般多认为此转向造成启蒙思想发展的迟滞，唯近年沟口雄三认为自晚明以迄孙中山，其间仍有未曾间断的脉络。见吴震《十六世纪中国儒学思想的近代意涵——以日本学者岛田虔次、沟口雄三的相关讨论为中心》。

仍限制了小说迈向"平民化"的速度。中国语文"现代化"的工作，在梁启超提倡小说时，已然由"切音字运动"开始。中国文字虽然并非如一般欧洲中心（Eurocentric）的认知，是一种未进化的活化石，甚至高阶的学习还比西方拼音文字容易（Cooper 1989：125～27），但"入门"——也就是初学者学习非拼音的汉字——确非易事。故"切音字运动"的展开确是带动了将中国文字平民化的变革。但文字与发音拉近的工作只是第一步，最后仍需要等到追求书面语与口头语拉近的白话文运动，才能完成语文平民化的大计。至此，文学的现代性才进入了新的阶段。

但文学现代性在中国（及大半的非西方地区）如此紧密地与国家意识结合，一方面或许较早期西方布尔乔亚现代性有更广的群众基础[①]；另一方面则也受到国族主义（殖民现代性）的囿限，造成了日后文学发展上的枷锁，包括崇尚写实主义及对传统文化的疏离，以至不仅美学现代性的发展遭到极大的阻力，而且从美学现代性的角度对布尔乔亚现代性进行批判，更付阙如。[②]

亦商亦盗、亦侠亦儒：台湾现代性的起源

清朝时期现代性进入台湾经过数个不同的途径。首先是明郑的影响，其次是淡水开埠，再其次是刘铭传。这其中，明郑影响应系最为深远，其次是刘铭传时期。如前所述，明代的现代性自内陆转向之后，兵分海陆二路。明郑商盗集团所体现的正是东南沿海，以闽南人为主的中国海洋现代性。由于海洋中国与内陆中国二者互不连属，固然未能如西方发展出全面的现代性，但东南沿海与海洋的关系，并未因此而消失，且在商盗集团的发展中获至一定的成果。郑成功以海盗之子而为儒生，并肩负起维系明朔的大任，可以说是在一定程度上把明代分开的中国内陆与海洋，做了重新

---

① 自梁启超一脉相传的五四写实小说，是否真的成了平民文学，并负起了启蒙的责任，当然也值得探究（参见王德威，1997）。更重要的是，中国在引进西方小说时，小说的布尔乔亚现代性已经发展稳定，成为某种特定形式的写实主义，西方小说早期稀奇古怪、离经叛道的模样，早已不复得见。

② 虽然五四与白话文运动在某种意义上，可说是明末未完成的本土现代性之"反传统"主轴的延续，但其袭自西方布尔乔亚现代性的清教（puritan）特质（Hinsch 1990），使得白话文运动以降，以写实主义为主的文学"文以载道"的气息异常之浓厚，与明末可谓大异其趣。

的结合。

明郑所体现的文化是一种混杂了商盗集团与儒家思想的文化，一方面有强大的商贸能力，与国际有相当直接的往来，极盛时且几乎控制了由日本到东南亚的海上贸易；另一方面明郑也开始了台湾的儒学扎根工作，将台湾变成了一个汉人传统文化的新据点。明郑时期虽短，但为台湾留下了这个重新结合内陆与海洋的宝贵传统。比如，当今为学者所津津乐道的"企业精神"，便是来自这个传统。其两个核心——"谋利精神"与"冒险精神"——都出自闽南粤东，并由明郑传入台湾（温振华 1981）。由此可知，台湾贸易的开放性格以至"国际"取向，并非在 1860 年之后才开始。明郑亡后，虽然对外贸易未如先前活跃，但 1860 年以前的贸易，也仍具有一定国际性（周宪文 1957）。不过，很关键的是，或因为儒家精神的浸润，这种"企业精神"又与西方现代性的"商人帝国"（merchant empire）的特质大为不同，后者"戕害他人以谋己利"的精神，显然为同时期中国（甚至亚洲其他国家）所无（Wong 2002：454）。这个文化遗产也证明了台湾当前及内地的《河殇》论述对本土"海洋文化"几无认识。①

1860 年淡水开埠固然带来不同的视野，但更系统的引介则在刘铭传手中展开。台湾士绅原有明郑的传统，刘铭传则系中国洋务运动的重臣，且台湾又远在海陬，故其政策得以较内陆更开放进取、更面对国际。但刘铭传虽重视洋务，对本土传统又有相当的情感，因此，他追求的现代性，是以"自主近代化"的方式展开；这样的态度在面对殖民主义／帝国主义时，因为能分殊现代性与殖民性，而有强烈摆脱殖民主义的企图（刘进庆 2004：1~13）。然而，这种文化气氛下的文学尚未来得及发展，日本人已经占据台湾。不过，这段经验却成了后续时期文化与文学发展的重要基石。

试图突破封锁线：日据早期文学与殖民现代性的挣扎

日本殖民台湾，为台湾带来了不同于内地所承受的殖民现代性。在半殖民地中国，殖民现代性用某种片断的方式影响在地；大部分的民众都未

---

① 台湾的海洋文化论述目的在贬抑中国，故不愿承认中国文化也可以有海洋传统，更忽视过去 400 年来这个传统主要是由台湾所传承。《河殇》则过于北方中心，对"海洋中国"（maritime China）缺乏深刻的认识。

曾被殖民现代性全面统治，但在台湾殖民现代性则是弥天盖地。日本对台湾的统治，先以强大武力威吓，继以物质建设震慑，再辅以台民未曾接触过的"民族国家"（nation-state）的"全控体制"（police state）（包括经济、警特、媒体、教育等）进行对台民的主体再造工程。而主体改造工程尤其影响巨大，故当汉人武装反抗遭镇压之后，台人随即展开与殖民现代性周旋的非武装抗日，而文学与文化在这个战场上扮演了尖兵的角色。[①]

殖民者是以"殖民现代性"将殖民地人民的视野封锁，使殖民性（coloniality）与现代性之间的分殊益加困难，也让殖民地人民在心灵与物质双方都面临反抗无力的窘境。因此，若殖民地人民对殖民现代性有所迟疑而无法予以批判，并不值得大惊小怪；然多数日据时作家都能识破殖民政府假现代性之名，行剥削宰制之实，并起而挑战殖民性（陈芳明 2004）。

但必有人会质疑，如果殖民者为殖民地带来了"现代性"，那么，反日本殖民统治势必就是保守的、反进步的。然而，既然自明郑时期以迄刘铭传时期，已形成了开阔的世界观，"殖民现代性"要求一切从殖民者的视野观看，某种意义上而言反而是对视野的窄化。更重要的是，即使西方现代性是"唯一的道路"（此说在当代早遭质疑），视野是否需要由殖民者强迫开拓？台湾人民在帝国主义/殖民主义的狂潮中，对"殖民现代性"的质疑犹能前仆后继，便是因为有足够的文化情感与文化视野供做依据：一方面情感上敢于挑战；另一方面理智上挑战也深有所秉。可见，日据时期新文学的主流仍可视为刘铭传"自主现代性"的延续。也就是在企图自主的基础上与"殖民现代性"对话。[②]

台湾在日据时代受到现代民族国家对文化的管制性压制。殖民政府最初双管齐下：一方面，在 1900 年公布《台湾出版规则》及《台湾新闻条令》，严厉压制台湾人的言论及文艺创作自由；另一方面则笼络传统文人，不但鼓励传统诗社的活动，总督本人甚至参与酬唱。但对 1920 年代出现的

---

① "全控体制"之讨论，参见 Burchell et al, *The Foucault Effect*, p. 8.

② 晚近有相当多针对日据时期"现代性"的研究，着力甚深颇有开拓意义，但总无法突破所谓"开窗论"（启蒙论）的制约（如曾巧云 2005）。被殖民的人民，需不需要别人强迫来开窗？而且如果别人不强迫开，自己是否就开不了？——应是不言而喻。若干学者强调不宜用"抗日论述"的说法可以理解，如果"抗日论述"指的是某些极端民族主义的论述。但这并不意味着现代性足以合理化治民统治，也不意味着先民抗日是不识时务。更何况当代理论所谓 resistance 的面向甚广，不妨积极参考之。

白话文学的创作，殖民政府则持戒惧的态度，随时经由对媒体的严密检查筛选。1937 年日本全面侵华开始之后，台湾更禁止汉文写作，并透过日本的御用文人（如西川满）组织作家协会、创办亲官方刊物，以对台现代文学作家进行创作意识上的主导。到战争末期，复以威迫的手段要求台湾作家创作为官方政策宣传的"决战文学"。

在这样的形势下，台湾的文学也因时制宜有不同的回应。汉人的书面文学从郁永河开始，此后到日据时代初期，主要都是文言的文学。因台湾开发较晚，先前提到的中国本土的现代性相关条件在日据前并未成熟，故其相关征兆（如都市生活产生的冲击及对传统价值的质疑）也未能于诗文中得见。倒是日本殖民初期，传统诗人扮演了重要的抵制殖民的角色；借由咏史怀古，托寓故国之思（钟美芳 1986，1987）。但由于生活形态的转变，以及遗老情怀不足以应付（殖民）现代性的冲击，旧诗试图转变而力有未逮的情况下，将舞台交给了白话文学。

日据时期台湾的白话文学可分五四前与五四后。在五四影响尚未来到之前，即使在紊乱的时局中，也已经出现初步的白话文学，如《神秘自制岛》《台娘悲史》等自觉而朴素的对殖民统治的回应，这些作品系以章回小说为主，基本上文白夹杂。具"现代性"意义的白话文学是在殖民现代性来到之后，因回应其压力而产生。就这点而言与五四白话文学的产生有相似之处，而白话文学的大规模出现，也是在受到五四直接的影响之后产生的。来自五四的影响强化了白话文学的理论基础，一方面将台湾文学向布尔乔亚现代性推进；另一方面也强化了对殖民现代性的批判能力。[①] 但也如同五四以降因为直接批判之迫切性，而致写实主义成为文学的主流。

五四发生后不久，其影响便因张我军等人的引介进入台湾，并引发了接下来的白话文学相关的辩论。虽然传统文人对此有相当抗拒，且也有其所秉（即传统诗文乃是反殖民的文化依托），但终于在无法改变的趋势前退出历史。五四关于白话文的辩论，因为中国已有通行之官话，故胡适等人要求以官话为基础的白话替代文言，挑战多来自保守派。但台湾并无法定

---

① 与五四不完全相同的是，五四批判传统多于西方殖民现代性，而台湾的白话文学因为处在殖民统治之下，故对殖民现代性的批判多于传统。这个差异来自中国的半殖民状况。因为殖民现代性不完整的宰制，反而让知识分子在心理上对殖民主义掉以轻心（Shih，2001：35~37）。

华人语言，提倡以普通话/官话为基础的白话文随即受到更激进者（主要是左翼文人）的挑战，亦即什么语言才能真正贴近普罗大众？于是展开了台湾文学史上第一次的"乡土文学论战"，论战以是否应推动"台湾话文"为核心，一方认为应以中国通行的普通话为白话，主要是为了维持与内地沟通的可能性；一方认为要贴近人民就必须以"台湾话"为白话（陈淑容2001）。但最终我们看到的最佳实践——赖和，实是介于两者之间的书写。但此次的辩论所触及的语言与现代性的议题，触及布尔乔亚现代性的重大迷思——国族语言及"言文合一"——战后仍持续发酵。

但语言方面的辩论，因遭遇实际操作的困难，在战争结束前并未大规模影响到创作（Hsiau 2000：45），日据时期居主导地位的文学潮流仍是受五四影响、以中国普通话写作，并具有明显抗议企图的写实主义。这些作品一方面描写面对殖民现代性的威迫时，殖民地人民的无奈：如朱点人的《秋信》、蔡秋桐的《兴兄》；另一方面，有更多的作品描绘殖民政策所造成的物质与精神两方面的伤害，以揭穿殖民现代性的假面具。物质方面如日本资本主义对农村的掠夺，可见诸赖和的《丰作》、吕赫若的《牛车》；精神方面如少数台人惑于殖民现代性而自我否定的闹剧：可见诸陈虚谷的《荣归》、朱点人的《脱颖》、巫永福《首与体》等。这类作品可谓是以布尔乔亚现代性之矛攻布尔乔亚现代性之盾，虽没有办法如今人能看穿布尔乔亚现代性的根本问题，但亦不远矣。

当台湾的知识分子进一步接触马克思现代性，对殖民现代性（布尔乔亚现代性最黑暗的面向）的反动性质有更进一步的认识之后，对其批判也更有所本、更加深入。如杨逵如《送报夫》、吕赫若的《牛车》即为典型的例子。

帝都风尚的诱惑：1930 年代的美学现代性瞬间

台湾在1930年代开始接触到美学现代性，一般的说法是经过30多年的殖民统治，殖民者已对台湾社会进行了较深的整编，正面抗日的能量也已转化为非武装抗日。同时，受日文教育的年轻一代已有日语操作熟练者，而能经由日文接触世界潮流，文学的发展也出现了对美学现代性的吸收。

上文提到过，非西方地区（不论殖民地与否）在接受现代性时，因是同时接受，故无法区分布尔乔亚现代性与美学现代性，以至这些地区出现的美学现代性与西欧的美学现代性可谓大异其趣。原因在于西欧的美学现代性起源于与布尔乔亚现代性的对抗，但非西方地区的美学现代性却在实质上（而非修辞上）形同布尔乔亚现代性的附庸，日据时期的台湾也不例外。[①]又因为台湾对美学现代性的吸收完全透过日文，难免受到日本的中介，而接受到日本化的版本，这也佐证了先前提到的殖民者对殖民地视野的局限。

　　但在非西方地区的国家或殖民地并无真正的布尔乔亚存在，亦无法察觉其阶级价值透过布尔乔亚现代性所形成的宰制局面。在这种情况下，美学现代性为何会吸引殖民地与非西方地区的作者呢？原因大约有三点：一是其所夹带的殖民中心（metropolitan center）都会生活的情调；二是其相对于写实主义的丰富想象力；三是为社会压力下的个人提供解放的管道。第三点甚至可谓最根本的原因。一般而言，美学现代性本来就是"个人"对布尔乔亚现代性的离心发展（Gaonkar 2001：2~3）。在殖民地台湾除了殖民主义的压力造成表达上的限制之外，写实主义小说很难将"个人"充分表达出来，因为其作品总是过度负载着大义，而偏向詹明信（Fredrick Jameson）所谓的"国族寓言"（national allegory）。由于美学现代性始于挑战布尔乔亚现代性的集体规范，便自然承担了在特定时刻出面协商集体规范的功能。但一般而言，后人殊难百分之百判断特定的接受行为属何种类，而且即使是在第三个原因下吸收美学现代性，其对体制的批判也相当的隐晦。[②]

　　在日据台湾时期，美学现代性首先出现在1933年由杨炽昌所创立的"风车诗社"。该诗社直接取法超现实主义，但出刊四期后即无以为继。杨炽昌的超现实主义作品有相当的成熟度，但与西欧的超现实主义相较，便知此乃是驯化后的版本，原先前卫运动激进的社会改革意念，并无明显的呈现，更遑论摧毁"美学独立体制"的企图。但无论意象的营造还是在地风味结合上（如台南古城的意象），杨炽昌的作品都已有一定的尝试与成果。其文学风潮虽短而弱，却是现代中文写作（含内地与台湾）的第一波超现实主义图景。

　　在小说方面的滥觞为翁闹。翁闹师法日本新感觉派，在写实主义的小说主流之外，另辟接近现代主义的蹊径。新感觉派（说明）较超现实主义

---

①　同一时期的中国亦然，参见 Lee 1999：39。

②　如杨炽昌之例。杨氏在日据时期的论述，多半出自日本诗人与学者的论述，也就是相当的纯文学取向，并无特殊与现实情景相关的引申或发挥，但战后则强调其与殖民者抗争的企图。参见黄建铭《日治时期杨炽昌及其文学研究》，台南市立图书馆，2005。

潮流持续稍久，其对心理的描绘在龙瑛宗、巫永福、吕赫若等人作品中都可看到影响之痕迹。其中龙瑛宗的《植有木瓜树的小镇》写小镇中产阶级知识分子的无力与困惑，最为后人所熟知。

但值得注意的是，上述作者此类作品的生产地，都不是已成为台湾首善之都的台北市（即使是台北市也未必见得能提供类似的美学现代性产生的条件），相当程度而言，我们可以视之为殖民地新兴知识分子与"殖民中心"（metropolitan center）（现代生活情调）的直接对话（而非回应在地社会条件）的结果。再加上文学界的主流仍是写实主义，因此，美学现代性在当时可谓一闪而逝。

但现代主义的引进，不论是哪一种，对于文学的总体发展必然有其正面意义。一方面，因深入生活表象之下，又不愿平铺直叙，其探讨范围跨出写实限制，其技巧与表达也往往更为细腻；另一方面，即使驯化之后的美学现代性仍具有相当的"离经叛道"的动能，而能带来意外的视野。可惜未予时日无法见证其可能的发展。

虚与委蛇、学舌反制：
二战末期与皇民现代性的周旋

日本殖民政府自 1920 年代末开始加强其透过国家机器对台湾人民的意识改造工作，一方面宣传日本殖民现代性之优越；另一方面限制人民视野，尤其是对中文传统的认识（包括公共场所禁用汉人母语、设立加强日语普及之"国语传习所"等）。1937 年日本开始全面侵华的同时，也在台湾进行了一系列更严峻的管制：包括积极备战、禁止汉文、推行皇民化等。如此全面的规训也获得了一定的成果，如志愿参军者亦有之，皇民文学的写作似也透露出一些端倪（Chang 2000：110）[1]。

---

① 藤井省三则认为此时已有大规模的意识改变，甚至还认为日语的普及促成了"以皇民意识为核心"的台湾意识的兴起。此说从安德森的"想象共同体"论出发，看似在抗日论述外推陈出新，但立论未免失之简化，且基本上复制了西方"拥殖民"学者的论述，即殖民统治正面的（而非反面的）造就了被殖民者的国族意识。究竟台湾的主体意识是因为抗日而形成，或是因为皇民化而形成，或盖皆有之，其实还有待更深入的探讨。关于藤井省三的论点，参见《"大东亚战争时期"的台湾皇民文学——读书市场的成熟与台湾民族主义的形成》，收入《台湾文学这一百年》。

皇民化运动是布尔乔亚现代性重要支柱——民族国家——的极端化，或曰"法西斯现代性"，也就是透过国家的力量，进行国家管制的"现代化"。这种同化运动不同于以"野蛮"方式予以同化，而是从现代性拥有者的制高点，开放机会让殖民地人民成为"皇民"，但同时殖民者也经由此举把现代性完全等同于"殖民性"；看似恩惠，实际上等于要求殖民地人民完全被动的接受殖民者提供的视野。但这样的现代性对长期遭歧视的被殖民者而言仍有其诱惑力，加上战时体制的淫威，皇民化运动遂以无比压力将同化政策发生于"彼"与"我"的外在挣扎，变成台湾人无法逃避的内在冲突（Ching 2001：125～32）。

即使在这种情况下，积极的皇民意识仍只及于社会的一小部分，多数的人民并未因现代性在彼手中，而一呼百应，甚至反而因其强制手段而再次点燃了知识分子（如吕赫若、吴浊流等）的祖国情怀（Chang 2000：116～17）。甚至就已参与者而言，有多少程度的真心也难以判断。大凡在殖民体制下生活者，并非未出面抗争者，就必然是顺民。人民自会以各种巴巴（Bhabha）所谓"学舌反制"（mimicry）的方式进行不同程度的秘密抵抗（Ibid. 120～21）。

因此，虽然在日本殖民政府的压力下，有不少台湾作家被迫书写附和日本战时体制的作品，但文学作品事涉诠释，故与压迫者/宰制者虚与委蛇的机会极多。当我们仔细审视个别作品的时候，就会立刻发现作品所透露出的讯息确比想象的复杂许多。相当数量的作品或顾左右而言他，反得以突显作者意识形态上真正的皈依（如杨逵、吕赫若等）（施淑1997：49～83），或借由学舌方式进行虚与委蛇的反制（如吕赫若等）（廖咸浩1997：482～507）。甚至被盖棺论定为"皇民文学"的作品，如陈火泉的《道》，都能读出其言不由衷（星名宏修1994：33～57）。

无论如何，日据时期的白话文学，在白话文并无教育体制支撑的情况下，能有我们看到的局面，堪称难能可贵。台湾人用文学等行动证明了台湾人在面对殖民现代性时，能有自己的取舍。在全球反殖民、反帝、反法西斯的浪潮中树立了可传诸后世的典范。

最终而言，文学只是日据时代"新文化运动"中的一环，但却是最重要的一环。新文化运动以殖民现代性所提供的资源，反向对殖民者提出改革要求，除了文学领域之外，在戏剧、音乐、绘画等领域也都积极追求与殖民者一较长短，且随时对殖民体制提出反制。我们几乎可以说，整个新文化运动就是一部积极的"学舌反制"殖民现代性的历史。

错误的美丽：战后的现代主义

1945 年，在历经日本 50 年殖民之后，台湾再度成为中国的领土。这也是中国"江南现代性"与日本殖民现代性这两种现代性接触的关键时刻。众所周知，当时的国民党乃是以江浙人为主的统治集团。江南一代本是明代中国本土现代性最重要的发源地，自清代以来又是接触西方现代性的最前线，因此一定程度结合了本土现代性与西方现代性，理应具有某种新的本土现代性面貌。但当时国民党的法西斯气质、腐化及战败后的混乱所结合成的面貌，远胜过其受自江南/江浙现代性的影响。因此，对当时的台湾民众而言，造成了一定程度的失望，也种下了日后台湾内部（奠基在现代性所有权之争的）认同之争的原因。①

不过，姑不论国民党政府在其他方面的功过，在文化上，出于有心及偶然，国民党可谓功过参半。国民党原是一个倾向"西化"（即心仪布尔乔亚现代性）的政权，但来台后却以"捍卫中华文化"为己任。其所以有此精神分裂的状况，除了内部原有的不同立场之外，主要来自政治的需要：因为共产党反传统，故国民党便以捍卫中华道统为其标杆。但竟因为如此，而使得台湾对传统文化有相当程度的认识。也因此在接受西方现代性时，增加了主动响应的可能性。而中文教育的普及也大幅扩增了创作及阅读的人口，对文学的发展颇有帮助。

但在文化生产上，国民党政府因为其法西斯气质及冷战思维，也采取高度介入的方式，不但以警总等体制限制作者的写作，并以作协等体制羁縻作家，也一度试图以写实主义为本的"反共文学"主导文学方向。然而，美学现代性在战后又一次的出现，原因虽与日据时代相似（也就是一般性的原因）——西方都会生活的情调、相对于写实主义的丰富想象力，及提

---

① 台湾的所谓认同问题，原先只是地域意识，但之所以会发展成国族认同的差异，除了早期国民党的腐化不公，及冷战时对内地的妖魔化之外，也在于双方对于不同来源的现代性的崇拜，以至在最初接触时，双方已因各挟现代性以骄对方，而造成日后的意气之争。参见廖咸浩《现代性崇拜与认同迷思》。

供社会压力下的个人解放管道——不过国民党统治下战后社会条件，却意外提供了一个美学现代性发展的空间。

因为冷战缘故，早期国民党对极端民族主义之倾向疑惧较多，西化论者所受到的关注反而远少于前者，故美学现代性的提倡并未受到太多官方的关注。而威权统治的言论限制，也促使作者转向较委婉表达的美学现代性。另外，虽然在 1949 年以前的内地，五四脉络下偏布尔乔亚现代性的写实主义文学，以及受到美学现代性影响的文学都有相当的成果，却因为内战与冷战的关系，其作品只能零落地来到台湾。左翼的文学作品在台湾几乎都成禁书，五四以降的作品只有偏抒情风格者如朱自清、徐志摩、郁达夫、张爱玲等作家有作品流传（Chang 1993：2）。影响所及，台湾的美学现代性虽然也对传统有所批判（Ibid. 2），却因未受到五四偏锋的左右，反而与传统有所衔接。

内地来台的作家，在小说创作方面最初仍以写实主义为主，其中也包括了"反共文学"、怀乡文学等。[①] 一般所称"现代主义"文学则可谓这一时期官方文学的另类发展。现代主义首先由内地来台诗人重燃火苗。[②]《自立晚报》于 1951 年 11 月 5 日以副刊形式出版《新诗周刊》，其后纪弦于 1953 年创刊《现代诗》诗刊，《蓝星》及《创世纪》于 1954 创刊，确立了 1950 年代中到 1960 年代三大诗社鼎立的局面。

1956 年，纪弦发起成立"现代派"，则是现代主义在台湾发展的里程碑。当时参与者达 102 人，并通过六条宣言，其中最值得注意（也最引起争议）的是第一条（"我们是有所扬弃并发扬光大地包容了自波德莱尔以降一切新兴诗派之精神与要素的现代派之一群"）及第二条（"我们认为新诗乃是横的移植，而非纵的继承"）。"自波德莱尔以降……"之说，对史实算是清楚的掌握，但"横的移植"论则虽响亮，却无法说明文学发展的脉络。但这里所呈现的正是 20 世纪四五十年代

---

① "反共文学"的作家，有相当比例确是诚恳的进行此类写作，且也有佳作，如姜贵的《旋风》、张爱玲的《秧歌》等。参见王德威《五十年代反共小说新论：一种逝去的文学？》，第 141～158 页。

② 战后台湾的现代主义并非直接由台湾原有的现代主义幼苗发展而来，而是由内地来台的作家所展开，此中原因是因为"跨越语言"的关系。活跃于日据时期末期的台湾作家多以日文写作，光复后遂面临重新学习中文写作的难题。但即使如此，战后仍有相当一部分省籍作家在经过短时间学习后，又重新写作。

非西方地区文学全面拥抱西方现代性的趋势。①

"现代派"在台湾的成立，是战后初期最关键的对文学现代性的表态，此事件之所以具有划时代的意义，是美学现代性以高能见度在台湾文坛展开，并造成风潮。六条宣言虽招致各方的批评，但诗坛朝着美学现代性挺进的速度则未曾减慢。原先以"新民族形式"为信条的《创世纪》，甚至在 1960 年代改以超现实主义的大纛重新开张，成为继杨炽昌之后，中文写作第二波的超现实主义风潮；另一方面，现代派的成立，也借由文学现代性的语言，促成了本省及外省诗人快速的沟通与合作。

另外，在台大外文系教授夏济安的熏陶下，该系的一批大学生在 1960 年创办了《现代文学》杂志，并意外成为现代主义小说创作及西方当代文艺理论译介的重镇，日后许多重要现代主义的小说家都在《现代文学》崭露头角。诗坛的老干与小说界的新枝，就这样一起带动了华语世界第一个蔚然成林的美学现代性，如同大部分非西方地区对此的吸收一样，这个美学现代性的核心乃是现代主义，前卫则有形式而无行动。台湾战后的现代文学虽然对波德莱尔以来的美学现代性有相当的吸收，但彼时欧陆美学现代性原始的反体制激进成分在西方已逐渐消退。而在冷战氛围下的台湾，来自欧洲的美学现代性的译介，前卫的部分（如超现实主义，或左翼作家如萨特）都经过了适度的软化，其激进更不复得见。引介自英美的现代作家，则多属现代主义风格，与布尔乔亚现代性有一种稳定的边缘关系（即臣属于美学独立体制）。由于现代主义的引介者多追随英美风潮，或从英语世界转译，或为留美学者，故英美（尤其是美国）品味（如保守的新批评）对台湾战后现代主义可说有关键性的影响（Chang 1993：39～40）。

上述内涵的美学现代性的在地发展，虽然所呈现风貌主要属"现代主义"脉络，而招致所谓"社会意识不足"的批评，但在艺术成就上，却为

---

① 六条宣言之内容如下：第一条：我们是有所扬弃并发扬光大地包容了自波德莱尔以降一切新兴诗派之精神与要素的现代派之一群。第二条：我们认为新诗乃是横的移植，而非纵的继承。这是一个总的看法，一个基本的出发点，无论是理论的建立或创作的实践。第三条：诗的新大陆之探险，诗的处女地之开拓。新的内容之表现，新的形式之创造，新的工具之发现，新的手法之发明。第四条：知性之强调。第五条：追求诗的纯粹性。第六条：爱国。反共。拥护自由与民主。[《现代诗》13 期（1956，2）封面]

整个华人世界开创了新机。现代主义文学的贡献最精彩处在于实验与创新，所述题材也远较五四以来的写实主义小说来得宽广：如对战争与意识的沉思（如洛夫的《石室之死亡》）、对现代生活的反思（如罗门《麦坚利堡》）、对形式与意义关系的探索（如朱西宁的《冶金者》）、对人伦关系的考掘（如王文兴的《家变》）、对存在处境（existential conditions）的观照（如七等生小说）、对人性幽微的测量（如欧阳子的小说）、对古典意境的融接（如余光中、周梦蝶、郑愁予的诗，杨牧的散文）、对个人与传统关系的剖露（如施叔青的小说）。处理社会议题虽倾向点到为止或以感伤方式表达（如白先勇的《台北人》或早期的陈映真的短篇），但即使如此，一般而言其力道犹胜五四时期的写实小说。

但不论是诗或小说，台湾现代主义文学最重要的美学贡献，首先是克服了五四以来的"滥情"（sentimentalism），而代之以现代主义的"反讽距离"（ironic distance）。其次，虽然现代主义往往以传统文化为标靶，但同时也对传统文化有相当的吸收（张诵圣 2009），包括中文世界普遍使用流畅的白话文进行书写。社会议题在晚期也有更直接的处理（如白先勇的《孽子》、王文兴《背海的人》）。整体而言，以现代主义为主的文学现代性在台湾蓬勃发展，并成就了战后台湾文学的第一波高峰，也是到目前为止，华人世界最具成果的现代主义文学（Chang 2004：vii）。

现代主义并不只是文学现象，而是全方位的文化现象。当时台湾各个文化领域都笼罩在现代主义的氛围中，可以说是布尔乔亚现代性以美学现代性之面貌对台湾社会所进行的全面文化洗礼。因此，其后的乡土文学运动对现代主义的批判也是全方位的。

乡土何在：1970 年代左翼现代性的反扑

1970 年代法国"68 学运"带动的左翼新浪潮席卷了全球，乡土文学运动也是这个大潮流下的一环。这个以中国民族主义及社会主义为基础的运动，批判的对象理论上是资本主义/布尔乔亚现代性，但因为台湾的艺术文化的现代主义，自始与布尔乔亚现代性没有明显区隔，因此被左翼认为是布尔乔亚（资本主义）现代性的上层反映，并成了主要的攻击目标。

乡土文学运动因关杰明 1972 年的两篇论现代诗的文章，[①] 及次年唐文标的三篇论现代诗的文章，展开了对现代主义的全面批评。[②] 这批文章对现代诗的批判与战后以来几次对现代诗的批判，有诸多似曾相识之处，唯一不同的是左翼的色彩及政治经济学的视角：不但从本土传统与文学平民化的角度出发，更特别强调反帝与反资。[③]

然而，乡土文学以马克思现代性对布尔乔亚现代性进行批判，更深层的企图乃是对国民党统治的正当性提出质疑。国民党在乡土文学论者的眼中，不只是美帝资本主义（布尔乔亚现代性的最新发展）的买办，更是"背弃中国民族主义"的统治者。在论者的认知中，现代主义正是附和此一意识形态的文化帮凶。

根据上文对现代主义的描述，乡土文学的提倡者对现代主义的批评并非毫无所依。现代主义虽非布尔乔亚现代性本身，但因对后者批判无力，甚至一定程度已为后者所驯化，故以当时台湾社会问题已因经济的现代化而浮出水面时，文学对此的缺乏关注，确实有待改进。

但左翼现代性不只是对现代主义文学大加批判，对传统的精英文学也有微词，因此，过于清楚与僵硬的阶级立场，也影响到了左翼现代性文学的质量。虽然也有少数如黄春明与王祯和的佳作，但整体而言不及现代主义文学的广度与创新。而且这几位作家其实都深受现代主义的影响。在诗歌方面也有《龙族》《阳光小集》等诗刊对诗之平民化、对社会议题的探索、对矫正某些现代诗的过度晦涩倾向，皆有贡献，但开花结果则需等到1990 年代。

但正如它所批判的现代主义不只是文学的课题，乡土文学运动也是一个全面的文化运动。这场运动最重要的贡献在于对台湾长远的、全面的文化影响。它使台湾文化重新思考自己的立足点，也使得文学及艺术的现代

---

① 关杰明：《中国现代诗人的困境》，1972 年 2 月 28～29 日《中国时报》（台湾）；《中国现代诗的幻境》，1972 年 9 月 10～11 日《中国时报》（台湾）。

② 1973 年，时任台湾大学数学系客座教授的唐文标先后发表《什么时候什么地方什么人——论传统诗与现代诗》（《龙族诗刊》"评论专号"1973.7）、《诗的没落——台港新诗的历史批判》（《文季季刊》第 1 期 1973.8）、《僵化的现代诗》（《中外文学》2、3 号 1973.8）三篇文章，批判台湾诗人之逃避现实的倾向，强调诗必须拥有健康的特质，亦即能面对社会问题，发抒人民心声。特别值得注意的是这两位作者都来自香港。

③ 严格讲，此处诸项左翼的特质在唐文标文中才逐渐开展。

性（包括流行歌、舞蹈、摄影、音乐、剧场、电影等）的发展在实验创新的同时，也能更具现实意义。[①]

真假"反现代性"：本土论与后现代

左翼现代性最意外的，但也可能是水到渠成的一个产品，是本土论。乡土文学运动以左翼现代性批判现代主义之为布尔乔亚现代性附庸，但到了本土论时期，"乡土"却被本土论者从中国改成台湾。从乡土到本土原可视为自然的发展，但这一转变竟一百八十度地改变了原先乡土文学对布尔乔亚现代性的立场；乍看本土论者似是因为反中国，而必须拥护布尔乔亚现代性，但其实是因为拥护布尔乔亚现代性而必然反中国。中国（国民党被视为其代表）当下由乡土文学时期的布尔乔亚现代性的帮凶，变成了本土论时期阻止完成布尔乔亚现代性的元凶（Liao 2000）。

本土论始于对国民党统治的不满，包括国民党"中原中心"的意识形态，及在权力分配上的不公。而虽在20世纪六七十年代国民党有扩大台籍精英参与的措施，包括党内人才拔擢及地方选举，但都速度过缓，甚至为时已迟。[②] 然细究本土论的修辞与实际操作可知，此一论述也是自鸦片战争以来，上承日本明治时期福泽谕吉"脱亚（华）入欧"论，经五四、"文革"的同一系谱的延伸，可谓西化知识分子被深度"内在殖民"后的举措。故本土与外来之争，表面上是认同之争，其实是现代性之争，或现代性所有权之争。"本土"之所以轻贱中国，一方面是因为承继日本殖民规训的论述，及战后受到五四反传统思维的强化，形成了根深蒂固的中国"不够"现代化，甚至"无法"现代化的理念（Liao：2001）；另一方面也因国民党自诩"中华文化法统"的继承者，形诸外却是法西斯面貌，坐实了上述理念。再加上国民党不断宣扬"中国"现代性之优越（于本地之土俗）以合

[①] 乡土文学运动的精神可以陈芳明的一句话概括："眼前的中国。"（龙族宣言）但台湾文化中各个类别"乡土文学化"的时点不同，其中电影堪称最晚。新电影的风潮要到1983年才由《小毕的故事》《儿子的大玩偶》等写实电影展开。

[②] 这种不满早在战后受日语教育的台籍精英〔即法农（Fanon）所称的"国族布尔乔亚"（national bourgeoisie）〕无法在后殖民时代享有足够的权力的遗憾中播种，至此已成为不小的阴影。而1980年代末，李登辉继任地区首长一事，几乎可以看成是国族布尔乔亚迟到的权力。而遗憾的是，国族布尔乔亚掌权后所有的弊端，似也同样如法农的描述一样，在台湾出现。参见 Frantz Fanon, *The Wretched of the Earth*。

理化其戒严体制，所造成的反弹。由此可知，本土论当然不会以"本土之传统文化"来合理化中国文化应遭到扬弃的立论，而必须证明"我比你更现代化"。基于此，本土论的内涵无可避免地是以拥抱布尔乔亚现代性为主要内容。[①] 于是，在本土论述中只看到对现代性的着迷，而看不到对所谓"本土"——也就是在地的传统或自身中滋长的文化——有实质的尊重。[②] 事实上一般认为是本土的文化内涵，普遍会受到批判与贬抑，只因为与中国文化过于接近（Liao 2004）。

于是，在文学的场域中，争执的双方表面上是国族认同之争："在台湾的中国文学"或"台湾文学"，但实质上更像是对布尔乔亚现代性的表态。前者以陈映真为首，其作品以批判资本主义/布尔乔亚现代性为主（如其"华盛顿大楼系列"）。但特意标榜具备台湾意识的台湾文学论者，则以反中国（有时甚至是反外省）为其内涵，其策略即从布尔乔亚现代性的角度，批判中国文化之封建落伍（如宋泽来《抗暴的打猫市》）。偶尔涉及资本主义，也将之归因于国民党/中国之问题（即"无法现代化"），而非布尔乔亚现代性本身的问题（如林双不）（廖咸浩 1997）。主要的本土论《笠》诗刊则由一个现代主义的诗社，转而以建立本土诗学为己任（奚密 2000）。也有作家企图为台湾写作史诗性作品，如东方白、李乔等的"大河小说"。此时期也出现小规模的母语（主要为闽南语）创作，并因此曾有一次短暂的"台语文学"的辩论，支持者再一次提起"文言合一"的迷思。[③] 整体而言，这些作品宣称从本土出发，面貌虽属写实主义，但其"寓言倾向"（allegorical tendency）反而使其与现实有一定的距离（廖咸浩 1996）。

拥戴布尔乔亚现代性（资本主义）的本土论兴起后，乍看台湾与"国际"至此应不再有扞格才是，但值此又出现了"后现代性"（postmodernity）将整个局面再次复杂化。大约在本土论兴起的同时，后现代主义在 1980 年

---

① 支持台湾民族主义的论者亦承认本土论对"现代化意识形态"（modernization ideology）的拥抱，不过却是从肯定的角度出发，认为本土论因此而具"进步性"，并非"返祖现象"（regressive）。参见 A-chin Hsiau, pp. 21–22。

② 本土论者的注意力主要集中在日据 50 年的文化，但这只是台湾本土文化极小的一部分。

③ 当时参与讨论的作家学者包括林宗源、宋泽莱、洪惟仁、林央敏、廖咸浩、陈若曦、李乔、彭瑞金、黄劲连等人。各方论点纷然杂陈，而且，支持与反对者并非以本土立场区分，如李乔与彭瑞金两位客籍作家即力主反对以母语写作。笔者的立论主要为"言文合一"最终乃是迷思，不宜过度强调。台语文学发展之要务乃是开放胸襟，容纳更多的文化元素。参见廖咸浩《台语文学的商榷》。

代中期也进入了台湾（Liao 2000）。解严前的台湾处在一种求知若渴、蓄势待发的状况，当时的社会形势（包括接近后工业社会的社经形态）也正需要当代思潮的介入。所以，如果我们把"后现代性"理解为某种"以去中心的方式对现代性进行批判"的企图时，当时涌入台湾的所有当代思潮，如后结构主义、解构主义、女性主义、心理分析、后马克思主义、后殖民主义等皆属其拼图的一块。

后现代思潮虽非完全冲着本土论而来，但因为后现代性出自对布尔乔亚现代性的深刻反省，难免会侵蚀国族主义的根基，以至台湾国族主义对后现代主义颇有戒惧，本土论者讨伐后现代主义之声遂不绝于耳。于是，本土与国际的对立似乎又形成了。而这回，本土是布尔乔亚现代性，国际则是后现代性（Ibid.）。

这样的思潮及社会条件产生的文学作品堪称百花齐放，构成了台湾有史以来最绚烂的文学时代。后现代文学与美学现代性因同样是从批判布尔乔亚现代性的角度出发，故与后者虽有背离但也有相当的承继，因此，先前两波美学现代性引进的三大一般性原因仍扮演一定的角色，只不过，这次所谓"社会压力"，较多指向布尔乔亚现代性于在地现实中的演化，包括国族主义。

不过，虽然后现代主义的文学与思潮对本土论有些许解构作用，后现代文学却并非都以协商本土论为标的。台湾的后现代文学呼应前述思潮，面向堪称相当广泛，并有相当可观的表现，甚至带动了华人世界方兴未艾的风潮。其中较突出的如：族裔文学（夏曼、蓝波安、瓦历斯、诺干等）、女性文学（李昂、成英姝等）、同性恋/情欲文学（纪大伟、朱天文、陈克华、许悔之）、后现代主义诗（林耀德、陈黎、夏宇、鸿鸿）、后现代主义小说（张大春、朱天心、骆以军等）、眷村文学（张启疆）、城市文学（林彧、林耀德）、传统复刻（陈义芝、张大春）、自然写作（刘克襄）等。

因为后现代性以颠覆布尔乔亚现代性自期，其主要策略在于打破雅俗、真假、今古、主次、情理等写实主义的界限与癖好，使得后现代文学面貌（不论形式或内容）如繁花簇锦，有时阅读也较现代主义作品，甚至比写实主义更容易接近读者。同时后现代文学因常自历史中寻找给养，竟意外带动了对传统文化的知识欲。但最重要的是后现代文学对后现代性的呼应，在一定程度重拾了前卫运动关于布尔乔亚现代性结构性价值绑架的洞察，开启了台湾初步对布尔乔亚现代性的反思，而且文学创作也渐摆脱了无所不在的布尔乔亚现代性的束缚，反而形构出某种涵盖面较广的"本土特色"。

不过，上述布尔乔亚的反思毕竟有限。台湾的部分后现代主义作者或论者，仍怀有自五四以迄现代主义时期西化知识分子的通病：对传统文化认识未必深入，却怀有成见，而致时有"以西方论台湾"的趋势。究其原因，仍与先前的现代主义文学的问题相似：因为没有全球性的视野，以至无法区分"本土"内容中的布尔乔亚元素与传统文化成分。于是，反一切的本土便又蹈西方中心主义的陷阱。后现代主义较诸现代主义的优越处在于，它能直视布尔乔亚现代性的虚构根基，但台湾某些解构策略的挪用，则亦有逼近虚无的态势（廖咸浩 2000）。

在地智慧之必要：现代性的"另类化"

现代性在台湾文学中的发展与许多非西方国家或前殖民地，都有相似性，但也有台湾独特的个性。19 ~ 20 世纪之交，正是帝国主义肆虐非西方地区的高峰时期，也是现代性君临各国的时刻。文学现代性往往是在救国的前提下被引进。但此时各种文学现代性虽然三位一体，却被理解成由布尔乔亚现代性一枝独秀。实则布尔乔亚现代性时而搭配马克思现代性，时而搭配美学现代性。当救国至上时，往往与马克思现代性搭配（即使不明显，也暗中受到影响）。救国不迫切时，甚或救国无门时，则与美学现代性搭配。

在台湾，布尔乔亚现代性与马克思现代性的搭配，使得文学能有机会深入认识社会。与美学现代性搭配时则促使文学的艺术性能细腻发展、写作题材能广泛开拓。但现代性在台湾的演化不是冲击与反应的小白鼠模式，而是与在地需求互动，也是与在地传统融合的过程。布尔乔亚现代性影响下的写实主义与传统儒家的文以载道文学观有相当传承关系，也与明末反传统思潮有所联系。但整体而言，台湾（以及任何非西方地区）各种文学现代性因为以不同的节奏与速度呈现，故已很难完全以西方原有的类型清楚划分，而且情境的转变也使某些形态成为不可能（如前卫运动的全方位"意识与社会改革"的操作方式）。但重要的是在地的转化，也就是"另类现代性"的生成。

由此观之，台湾现代文学的发展，虽屡屡误读西方现代性，却依然成绩斐然。从 1949 年开始一直到 1980 年代中期，华人文学的主要发展地毫无疑问是台湾，而其成果，尤其是现代主义及后现代主义的成果，更成了整个华人世界的典范；中国内地在粉碎"四人帮"后的现代主义补课工作，主要以台湾现代主义为师可兹凭证。但回顾整个文学现代性进入并在台湾发展的过程，似乎总觉有所不足，这不足地方便是"能动性"的欠缺。台湾在吸收现代性的过程中，毕竟被动接受的成分居多，虽然有相当能力响应与转化，却无法带动思潮，尤其是足以反省现代性的进步思潮。其中关键仍然是对布尔乔亚现代性认知不全，及对在地传统无法正视的问题。

布尔乔亚现代性发展至今，尤其历经法西斯与苏联政体的震撼之后，西方早已对其展开了强力的批判。后现代性在先，反身现代性（reflexive modernity/modernization）跟进，其目的总不外乎是要力挽现代性的狂澜，将其对自然的破坏、对人性的扭曲等阴暗面加以拨正。反身现代性则更宏观、更政治地来审视现代性发展迄今的困境——风险（risk）不再是系统边缘的干扰，而是已逼近系统之核心，颇有反噬系统之态。如何将风险本身纳入系统中，让人能与世界和平共处，是反身现代性指出的新方向（Beck et al 1994）。后现代主义与后殖民主义所展开的"多重现代性"或"另类现代性"的讨论，则试图在西方现代性的在地"创意修改"（creative adaptation）之外（Gaonkar 2001：18～23），更强调从在地找到能量，更根本地"改造"现代性（Gilroy 1993；Feenberg 1995）。

现代性更加"进步化"或"另类化"（alternativize），唯有让"另类性"（alterity）冲击现代性，才可能"超克"（go beyond）现代性，以达到各自被现代性所压抑与排除的文化，改造现代性为"超现代性"（trans-modernity）的目标（Dussel 2002，esp. 233～37）。因此，各地的"在地知识"（local knowledge），也就是在现代性到来之前（pre-modern/non-modern）的传统文化就变得格外重要（Setemy 2000）。这些在地知识都是经过长时间累积，与自然及他人都有迥异于现代性的互动方式，乍看似无科学基础，却多有其特殊的洞察，而且最重要的是，这些已经隐匿不清的在地知识，往往足以救今日现代性之弊（Dirlik 2000）①。

---

① 关于重新审视"非现代"（the non-modern），并从中提炼出可以救赎现代性的良方。参见 Arif Dirlik，"Reading Ashis Nandy：The Return of the Past；or Modernity with a Vengeance。"

台湾少数民族与汉人的传统文化，都有其丰富而深刻的尊重自然与生命的智慧，吾辈承继了如此丰厚的遗产，却未予以充分善用，特别是在将现代性"另类化"的工作上。这牵涉对现代性的盲目崇拜（鸦片战争以来持续百年的心虚），也牵涉对中国文化的认知（不分青红皂白的贬抑）。为今之计乃是诚恳面对传统文化，并从中吸取忽略已久的养分。

文学因其敏锐度，理应走在新时代的最前面：重新了解美学现代性的真谛，借助后现代性及反身现代性的洞察，从传统中找出救赎西方现代性的另类价值，追求超现代性的来到。那一刻才是人类至福的时刻：与自己、与他人、与自然都能趋近和谐与共荣的境界。

参考文献

陈芳明：《殖民地摩登：现代性与台湾史观》，麦田出版社，2004。

陈尚胜：《"怀夷"与"抑商"：明代海洋力量兴衰研究》，山东人民出版社，1997。

陈淑容：《一九三〇年代乡土文学：台湾话文论争及其余波》，台南师范学院乡土文化研究所硕士论文，2001。

戴裔煊：《明代嘉隆间的倭寇海盗与中国资本主义的萌芽》，中国社会科学出版社，1982。

董国炎：《明清小说思潮》，山西人民出版社，2004。

黄建铭：《日治时期杨炽昌及其文学研究》，台南市立图书馆。

康来新：《发迹变泰——宋人小说学论稿》，大安出版社，1996。

廖咸浩：《"台语文学"的商榷：其理论的盲点与囿限》，《台大评论》1989 年第2 期。

廖咸浩：《秘密克与明你祖之间：台湾现代小说与后殖民论述》，收入陈义芝编《台湾现代小说史综论》，联经出版社，1997、1998。

廖咸浩：《离散与聚焦之间：八十年代的后现代诗与本土诗》，《台湾现代诗史论》，文讯出版社，1996。

廖咸浩：《导言：一种后台湾文学的可能》，何寄澎编《文化、认同、社会变迁：战后五十年台湾文学国际学术研讨会论文集》，台湾大学出版社，2000。

廖咸浩：《现代性崇拜与认同迷思》，杨淑芬编《面对公与义——建构宏观、包容与分享的社会》，时报出版社，2004。

林仁川：《明末清初私人海上贸易》，新华书店，1987。

刘进庆：《序论台湾近代化问题——晚清洋务近代化日据殖民近代化之评比》，《台湾殖民地史学术研讨会论文集》，海峡学术出版社，2004。

任访秋：《中国新文学渊源》，河南人民出版社，1986。

施淑：《书斋、城市与乡村——日据时代的左翼文学运动及小说中的左翼知识分子》，《两岸文学论集》，新地出版社，1997。

藤井省三：《台湾文学这一百年》，张季琳译，麦田出版社，2004。

王德威：《五十年代反共小说新论：一种逝去的文学?》，《如何现代，怎样文学：十九、二十世纪中文小说新论》，麦田出版社，1998。

温振华：《清代台湾汉人的企业精神》，《台湾师大历史学报》1981 年第 9 期。

吴震：《十六世纪中国儒学思想的近代意涵——以日本学者岛田虔次、沟口雄三的相关讨论为中心》，《台湾东亚文明研究学刊》2004 年第 1 期。

奚密：《早期〈笠〉诗刊探析》，《文化、认同、社会变迁：战后五十年台湾文学国际学术研讨会论文集》，台湾大学出版社，2000。

星名宏修《"大东亚共荣圈"的台湾作家（一）——陈火泉之"皇民文学"型态》，黄英哲编、涂翠花译《台湾文学研究在日本》，前卫出版社，1994。

许涤新、吴承明编《中国资本主义发展史：第一卷·中国资本主义的萌芽》，人民出版社，2003。

曾巧云：《未完成进行式：战前、战后的皇民文学论争/述》，台湾成功大学台湾文学研究所硕士论文，2005。

张诵圣：《试谈几个研究"东亚现代主义文学"的新框架——以台湾为例》，《台湾文学研究集刊》2009 年第五期。

赵勋达：《台湾新文学：1935－1937》，台南市立图书馆。

郑家建：《中国文学现代性的起源语境》，三联书店，2002。

钟美芳：《日据时代枥社之研究》（上），《台北文献》直字 78，1986。

钟美芳：《日据时代枥社之研究》（下），《台北文献》直字 79，1987。

周宪文：《清代台湾经济史》，台北：台湾银行经济研究室，1957。

Abu-Lughod, Janet L. 1989. *Before European Hegemony：The World System A. D. 1250-1350*. New York：Oxford University Press.

Antle, Martine. 2006. "Surrealism and the Orient," Ed. Katharine Conley and Pierre Taminiaux. *Surrealism and Its Others*. Yale University Press. pp. 4-16.

Azim, Firdous. 1993. *The Colonial Rise of the Novel*. London：Routledge.

Barlow, Tani E. Ed. 1997. *Formations of Colonial Modernity in East Asia*. Durham：Duke University Press.

Baudelaire, Charles. 1997. *The Parisian Prowler：Le Spleen de Paris，Petits Poemes en Prose*, Trans. Edward K. Kaplan. Athens：University of Georgia Press.

Baudelaire, Charles. [1986], c1964. *The Painter of Modern Life and Other Essays.* New York, N. Y : Da Capo Press.

Beck, Ulrich Anthony Giddens, and Scott Lash. 1994. *Reflexive Modernization: Politics, Tradition and Aesthetics in the Modern Social Order.* Stanford: Stanford University Press.

Benjamin, Walter. 1929. "Surrealism: The Last Snapshot of the European Intelligentsia." in*Reflections*, 179.

Oxford & New York : Oxford University Press.

Bernstein, J. M. 1992. *The Fate of Art.* Cambridge, U. K. : Polity P.

Brook, Timothy. 1998. *The Confusions of Pleasure: Commerce and Culture in Ming China.* Berkeley: University of California Press.

Burchell, Graham, Gordon, Colin and Miller, Peter. Ed. 1991. *The Foucault Effect: Studies in Governmentality.* London: Harvester Wheatsheaf.

Burger, Peter. 1984. *The Theory of the Avant-garde.* Trans. Michael Shaw. Minneapolis: University of Minnesota Press.

Calinescu, Mateo. 1987. *Five Faces of Modernity.* Durham: Duke University Press.

Chakrabarty, Dipesh. 2000. *Provincializing Europe: Postcolonial Thought and Historical Difference* (Princeton: Princeton University Press.

Chang, Sung-sheng Yvonne. 1993. *Modernism and the Nativist Resistance: Contemporary Chinese Fiction from Taiwan.* Durham & London: Duke University Press.

Chang, Sung-sheng Yvonne. 2000. "Beyond Cultural and National Identities: Current Re-evaluation of the Kominka Literature from Taiwan's Japanese Period." Ed. Rey Chow. *Modern Chinese Literary and Cultural Studies in the Age of Theory: Reimagining a Field.* Durham, N. C. : Duke University Press, 99–126.

Chang, Sung-sheng Yvonne. 2004. *Literary Culture in Taiwan: Martial Law to Market Law.* New York: Columbia University Press.

Chatterjee, Partha. 1986. *Nationalist Thought and the Colonial World: A Derivative Discourse.* Minneapolis: University of Minnesota Press.

Ching, Leo T. S. 2001. *Becoming "Japanese": Colonial Taiwan and the Politics of Identity Formation.* Berkeley: University of California Press.

Cohn, Bernard. 1996. *Colonialism and Its Forms of Knowledge.* Princeton: Princeton University Press.

Cooper, Robert L. 1989. *Language Planning and Social Change.* New York: Cambridge University Press.

Dirlik, Arif. 2000. "Reading Ashis Nandy: The Return of the Past; or Modernity with a Vengeance." Ed. Vinay Lal. *Dissenting Knowledges, Open Futures: The Multiple Selves and*

Strange Destinations of Ashis Nandy. New delhi: Oxford University Press. 260-86.

Dussel, Enrique. 1998. "The World-System and the Limits of Modernity." *The Cultures of Globalization.* Ed. Frederic Jameson & Masao Miyoshi. Durham: Duke University Press. 3-31.

Dussel, Enrique. 2002. "World-system and 'Trans' -modernity" *Nepantla: Views from the South.* 3 (2): 221-244.

Eagleton, Terry. 1990. *The Ideology of the Aesthetic.* Oxford: Basil Blackwell.

Fanon, Frantz. 2004. *The Wretch of the Earth.* New York: Grove Press.

Feenberg, Andrew. 1995. *Alternative Modernity: The Technological Turn in Philosophy and Social Theory.* Berkeley: University of California Press.

Frank, Andre Gunder. 1998. *ReORIENT: Global Economy in the Asian Age.* Berkeley, Los Angeles, London: University of California Press.

Gaonkar, Dilip Parameshwar. 2001. "On Alternative Modernities." Ed. Dilip Parameshwar Gaonkar. *Alternative Modernities.* Durham: Duke University Press. 1-9.

Gay, Peter. 1985. *The Bourgeois Experience: Victoria to Freud.* Oxford: Oxford University Press.

Gilroy, Paul. 1993. *The Black Atlantic: Modernity and Double-Consciousness.* Cambridge, MA: Harvard University Press.

Gluck, Mary. 2000. "Theorizing the Cultural Roots of the Bohemian Artist". *Modernism/ modernity.* 7 (3): 351-378.

Hanoosh, Michele. 1992. *Baudelaire and Caricature: from the Comic to an Art of Modernity.* University Park, Pa: Pennsylvania State University Press.

Hinsch, Bret. 1990. *Passions of the cut sleeve : the male homosexual tradition in China.* Berkeley: University of California Press.

Hsiau, A-chin. 2000. *Contemporary Taiwanese Cultural Nationalism.* London & New York: Routledge.

Jauss, Hans Robert. 1988-1989. "The Literary Process of Modernism From Rousseau to Adorno." *Cultural Critique* 11. 27-61.

Liao, Hsien-hao. 1996. *Poetics of Meaninglessness.*

Liao, Hsien-hao. 2000. "Becoming Cyborgian: Postmodernism and Nationalism in Contemporary Taiwan" *Postmodernism and China* Ed. Arif Dirlik & Xudong Zhang (Duke UP). 175-202.

Liao, Hsien-hao. 2001. "May Fourth, Modernity, and Colonialism" Presented at the Conference on "Re-thinking Chinese Civilization in the 21th Century" (Stanford University).

Liao, Hsien-hao. 2004. "Forward to Globalization: Identity, Modernity and Nativism in Contemporary Taiwan" *Cultural Dilemmas in Transitions: Central Europe versus Taiwan*

Conference Warsaw 2000. Eds. Ying-hsiung Chou et al. Munster: Lit Verlag. 121–140.

Lee, Leo Ou-fan. 1999. *Shanghai Modern : The Flowering of a New Urban Culture in China*, *1930–1945*. Cambridge, Mass. : Harvard University Press.

Marx, Karl and Engels, Friedrich. 1967. *The Manisfesto of the Communist Party.* Trans. Samuel Moore. Intro. A. J. P. Taylor. Harmondsworth: penguin.

Outram, Dorinda. 1995. *The Enlightenment.* Cambridge, Cambridge University Press.

Parrinder, Patrick. 2006. *Nation & Novel: The English Novel from Its Origins to the Present Day.* Oxford & New York: Oxford University Press.

Poggioli, Renato. 1968. *The Theory of the Avant-Garde.* Trans. Gerald Fitzgerald. Cambridge: Belknap Press of Harvard University Press.

Pomeranz, Kenneth. 2000. *The Great Divergence: China, Europe and the Making of the Modern World Economy.* Princeton: Princeton University Press.

Porter, Roy. 1990. *The Enlightenment.* London: Macmillan.

Schlossman, Beryl. 1991. *The Orient of Style : Modernist Allegories of Conversion.* Durham, NC: Duke University Press.

Schulte-Sasse, Jochen. 1984. "Forward: Theory of Modernism versus Theory of the Avant-garde. " Peter Burger. *The Theory of the Avant-garde.* Trans. Michael Shaw. Minneapolis: University of Minnesota Press.

Shapiro, Theda. 1976. *Painters and Politics: The European Avant-Garde and Society*, *1900–1925.* New York: Elsevier.

Shih, Shu-mei. *The Lure of the Modern: Writing Modernism in Semicolonial China*, *1917–1937.* Berkeley: University of California Press.

Shin, Gi-Wook and Robinson, Michael. Eds. 1999. *Colonial Modernity in Korea* (Cambridge, Mass. : Harvard University Asia Center.

Simons, Julia. 2005. "Rousseau and Aesthetic Modernity: Music's Power of Redemption. " *Eighteen Century Music* 2/1. 41–56.

Taylor, Charles. 2001. "Two Theories of Modernity. " Ed. Dilip Parameshwar Gaonkar. *Alternative Modernities.* Durham: Duke University Press. 172–96.

Wagner, Peter. 1994. *A Sociology of Modernity*, London & New York: Routledge.

Wang, David Der-wei. 1997. *Fin-de-siecle Splendor: Repressed Modernities of Late Qing Fiction*, *1849–1911.* Stanford: Stanford University Press.

Watt, Ian. 1962. *The Rise of the Novel: Studies in Defoe, Richardson, and Fielding.* Berkeley: University of California Press.

Wills, Jr. , John E. 1979. "Maritime China from Wang Chih to Shih Lang: Themes in Peripheral History" Eds. J. D. Spence and J. E. Willis, Jr. . *From Ming to Ching: Conquest,*

Region and Continuity in Seventeenth Century China. New Haven: Yale University Press. 203-238.

Wong, R. Bin. 2002. "The Search for European Differences and Domination in the Early Modern World: A view from Asia." *American Historical Review* 107 (2): 447-469.

观看的层次：视觉文化、
视觉社会学与视觉方法批判

廖新田*

摘要： 受到 1960 年代文化研究及媒体影像理论的影响，近十几年西方学界兴起一股视觉文化探究风潮。视觉文化之特色有三：跨学科界域、奠基于后现代主义、关注日常生活。根据 James Elkins 的调查，学界对其定义、理念、方法论至今仍有相当大的保留与歧见。视觉文化所提出的"视觉性"（visuality）突破了过往感官与美学的指涉，将观看关系注入权力与论述的元素，进入批判与反身性的范畴。这是视觉文化研究的核心问题之一。

虽然探讨的议题和范围都和社会形构有关，视觉文化除了运用部分社会学概念外，整体而言社会学并没有扮演更为积极的角色。无怪乎 Chris Jenks 认为社会学对视觉与现代性的讨论并不如其他议题来得深入。事实上，社会学运用视觉研究社会现象并不晚于当今的视觉文化。透过视觉文本探讨社会议题的社会学称为"视觉社会学"（visual sociology）。《当前社会学》（*Current Sociology*）于 1986 年秋季出版的视觉社会学专辑中称"视觉社会学的历史和社会学一样久"。值得注意的是，社会研究方法中的"观察"建立了科学数据的基础，和视觉分析的关系最为密切。而其观看（作为一种分析的取径）的问题性，和视觉文化研究所探讨的视觉的社会形构问题相遇，是社会学和视觉文化整合的可能关键点。本文将从"层次阅读"的角度剖析观察的意义与批判其意涵，借此探索其

---

* 廖新田，台湾艺术大学人文学院院长，艺术与文化政策管理研究所教授。

衔接视觉文化批判态度的可能性。

关键词：视觉文化 视觉社会学 观察 视觉性 后现代主义

Abstract：Influenced by culture studies and image theories in the 1960s, visual culture (or visual culture studies) emerges in the 1990s. There are three characteristics in visual culture: cross disciplines, postmodernism basis, and daily-life concern. According to James Elkins' research, there still are considerable reserves and differences on its definition, concept, methodology. "Visuality" is one of key words coined by visual culture. The concept invites power and discourse into the traditional visual discussion, entering into a critical dimension and societal perspective. This is one of the core problems of visual culture studies. Although the discussion of issues and scope are related to social factors. In the development of visual culture, theory of sociology does not play a positive role, though it is often mentioned. Chris Jenks conceives sociology doest not involve profoundly in the visual and modernity, comparing with other issues. However, it is a misunderstanding. In fact, using visual research of social phenomenon is not later than today's visual culture. Exploring social issues through visual images is called "visual sociology." *Current Sociology* (1986) put that "visual sociology" is about as old as sociology itself." Moreover, the fundamental position of "observation" in social research method is closely connected to visual analysis. The problematic of observation therefore is perhaps the meeting point of visual culture studies and visual sociology. This paper will critically examine "stratum of seeing" in social observation and try to find out the possible "visual encounter" between the two fields.

Keywords：visual culture visual sociology observation visuality postmodernism

前　言

长久以来视觉在西方文化中一直有着举足轻重的地位。《圣经·创世纪》记载着在伊甸园里生活的亚当、夏娃原先裸露但并不感到羞耻。蛇怂恿两人吃伊甸园中的果子，因为吃后能使眼睛明亮、能如神般知道善恶。在食用禁果后"才知道自己是赤身露体"。这个情节中的"观看"意味着认识善恶、分辨美丑、意识裸体、感到羞耻。伯格（John Berger）（1972）认为人们观看的经验远早于文字的接触，其深层意义不低于语言的作用，并且具有复杂的意义。布迪厄（Pierre Bourdieu）（1984：2-3）也说"voir"（看）和"savoir"（知）是一连续不可分的动作：

> 就某一意义而言，一个人看的能力是知识或观念的作用……缺乏特殊符号的观者将迷失于声音与节奏、色彩与线条中……"眼睛"是教育再制下的历史产物。

教育再制是文化再制的一部分，我们可以说视觉的运作当然也是经过文化再制的过程。甚至，"理论"（theorein）一词作为"看"和"知"的一种综结表现，也带有观看的痕迹（Bourdieu 1993）；另外，"theoria"指心灵的高贵活动，亦取自视觉的隐喻（Jonas1953/4）。由此看来（或者说"由此可知"），视觉从来都不是单纯而天真的。视觉涉及人们建构社会世界的全过程，扮演着接收讯息、生产意义、传递价值，甚至是界定社会关系与进行社会互动的角色。

视觉文化概念的开发，大体上得自潜意识心理学、文学批评、后现代、后结构、后殖民理论的启示与影响。虽然探讨的议题和范围都和社会的形构有关，但很少有社会学理论的大力介入。Chris Jenks（1995：2）认为社会学对视觉与现代性的讨论并不如其他议题来得深入：

> 现代世界和"观看"关系非常密切。然而，面对兴起的现代性的各种论述，社会学相当程度地忽略了对此文化视觉传统的探讨，因而无法阐明社会关系中的视觉面向。

事实上，社会学从事视觉分析并不晚于当今的视觉研究，其介入的方式也不同于视觉文化，因此若从视觉文化研究的角度断言社会学对视觉现象漠不关心是一个误解，至少我们理解社会学处理问题的焦点并不同于当今视觉文化的探讨方向。本文首先铺陈视觉文化与视觉社会学的内涵及比较两者之关系，并从视觉文化批判的角度对社会研究中的"观察"加以剖析，试图寻找视觉文化研究与社会学理论更基本的联系。社会学是否在这场"视觉盛宴"中缺席也许并不那么重要，透过视觉文化研究重新思考社会学中的视觉因素及其问题应该更具有启发性。

当代与台湾视觉文化研究

"视觉研究"（visual studies）、"视觉文化"（visual culture）或"视觉文化研究"（visual culture studies）是在文化研究带动下，因视觉产物与视觉科技而发展起来的新兴学科。受到 1960 年代文化研究的影响以及媒体影像工业的蓬勃发展，1990 年以来西方学界兴起一股视觉文化探究与出版的潮流（刘纪蕙 2006，2002）；另一方面，视觉文化或视觉研究的崛起，其跨学科、跨媒材、跨精英通俗界域以及关注现代视觉现象的特点，对台湾社会构成极大的冲击与不安（Bal 2005；October Editors 1996）。视觉文化包罗万象，从日常生活的摄影、电视至好莱坞、迪斯尼都是探讨的范围。其所采用的理论以巴特（符号学）、本雅明（影像复制与灵韵）、傅科（权力与监视）和拉康（镜像与主体）为主。普遍探讨的议题有：影像再制、社会景观、他者的摹想、视觉政体（scopic regimes）、拟像、恋物、凝视、机械之眼等，而总体上可以用"视觉性"（visuality）概括之，是一种看与被看关系的再检视与再诠释。此概念的核心人物 Mieke Bal 指出"视觉本质主义"的谬误，从"看"与"被看"两方面提炼出如理念般的"视觉性"以跨越材质与感官而进入权力结构式的分析取径，将视觉从眼睛的观看"禁锢"中解放出来而进入文化意义的探讨范畴。此外，Nicholas Mirzoeff（2004）认为视觉文化之特色有三：跨学科界域、奠基于后现代主义思想之上、对日常生活视觉现象的关注。这里意味着相应的三种对（现代主义）现状的"不满"：对从单一学域出发的视觉现象研究之不满、对现代主义观点无法掌握当代汹涌的视觉思潮的不满、对过去视觉研究专注于精致艺术而忽略日常生活充满视觉含义的不满。

台湾早期视觉讨论约始于 1970 年代，集中于美术心理学领域。"视觉文化"一词在台湾艺术界有时和视觉艺术混用，并没有因此引发不同的启发，更多的探讨则见于美术教育研究。译介西方视觉文化研究始见于王正华的《艺术史与文化史的交界：关于视觉文化研究》（2001）。王正华除了把 1990 年以来西方视觉文化研究几条重要脉络、一些关键词以及相关数据做一全面介绍之外，特别着重艺术的社会史研究和视觉文化在文化史方面的交集。台湾视觉文化从点到面的探讨始于交通大学外国语文学系暨新兴文化研究中心举办的"视觉文化与批评理论"文化研究国际营（2002）。该会所邀请的讲座事实上和后殖民理论有更多的联系，显示后殖民理论的观看差异、帝国之眼等议题是视觉文化研究中重要的面相。刘纪蕙以"视觉系统"界定文化研究的视觉关怀为表象之内的文化逻辑，并将视觉文化研究锁定在"可见性""观看位置"与"可视化"三个议题上。刘纪蕙（2006）特别指出呈现意识形态的感性政体（regime of the sensible）架构了观看模式，决定了美/丑、可看/不可看、喜好/憎恶、优越/劣势等的空间化区隔，因此视觉被规训为一种感觉体系，处于被囚禁、监控的状态。文化研究检视可视化（visualization）状况事实上主要在批判权力分布与宰制的版图——一种权力执行的判决。

视觉社会学：社会学的视觉关照

　　视觉研究常常沿用社会学所开发出来的理论与概念，社会学也从学科本位之角度提供更完整而具深度社会学意义的视觉分析，谈视觉和社会的关系是理解视觉如何介入社会、形塑行为过程的社会学式的考察。关注视觉现象，并从广义的视觉文本中探讨社会议题的社会学称为"视觉社会学"（visual sociology）。《当前社会学》（Current Sociology）出版的"视觉社会学的理论与实务"（Theory and Practice of Visual Sociology）专辑中声称"视觉社会学的历史和社会学一样久"，只不过它的名称是晚近才出现而已（1986）。1960 年代的视觉社会学进入运用摄影等工具的高峰，比 1995 年后视觉文化研究潮流早了 30 年。①根据 Leonard M. Henny（1986）的分析，社会学研究中经常运用摄影作为证据（或可视化的插图）或作为社会工程改

---

① 另一种更详细的数据是"视觉社会学"一词出现于 1975 年，始于 1970 年代美国社会学会的会议中。1981 年成立"国际视觉社会学学会"（"International Visual Sociology Association"，简称 IVSA），1991 年出版《视觉社会学》（Visual Sociology），1986 ~ 1990 年有非正式的《视觉社会学评述》（Visual Sociology Review）。另外，两种视觉的社会学刊物《美国视觉社会学季刊》（American Visual Sociology Quarterly）及《欧洲视觉社会学简讯》（European Newsletter on Visual Sociology）于 1983 年合并为《国际视觉社会学学报》（International Journal of Visual Sociology），1986 年因出刊不定期而结束（Tomaselli 1999：19-28）。

造之用途：前者称为"行为主义者"（the behaviorists），将照片、电影或录像当作是追求科学的测量工具；后者称为"社会改革者"（the social reformists）或"人文主义者"（the humanists），借着摄影媒介中的信息介入社会行动。视觉社会学强调以影像记录与分析来作为社会分析的主要工作，其界定为：

> 视觉社会学家关心事物的外表，大部分的视觉社会学家企图经由社会学的原则来解释隐藏在外表之后为何物……当事物的表象和社会学的解释连结起来，这个循环就此完成：视觉社会学也就大功告成。（ibid：47）

视觉社会学是外在社会与社会思维的联系，说明社会学研究之"表里如一""内外一致"（或"心眼合一"）的科学立场。撇开透过影像探讨社会议题，视觉社会学广义而言是社会学的视野延伸，因为社会学家研究社会可观察的现象，进而对可见之物进行测量、分析、解释与诠释。另外，视觉社会学经常提出下面的通盘性问题：

> 哪些社会事实影响视觉？哪些影响了我们观看事物的方法及意义？
> 在现实的社会建构中什么是视觉象征的性质、角色与机构组织？
> 透过视觉影像的分析，有哪些对于社会的性质及组织的洞见可以被揭露出来？（ibid：47-48）

以及一些特定的问题：领域的定义、媒体中的社会影像、社会互动中的视觉向度、视觉艺术的社会学、视觉技术与社会组织。视觉社会学也进一步探讨能否透过视觉的研究呈现社会真实、能否因此比统计图表或社会学规则更具人性。以上的讨论发现，社会学处理视觉问题所思考的角度和观点，较偏向于社会学所关心的一些核心议题，如社会事实、社会建构、角色、组织等，但也同时碰触到当今视觉文化的兴趣所在，如权力、象征、消费、影像等，而主题方面也遍及视觉文化的观照范围。Keyan G. Tomaselli。认为视觉社会学提供主流社会学通常所忽略的三种分析技巧：传送讯息——以统计图表或地图记录展示社会事实；探查访问资料，如摄影探查（photo-elicitation）；从影像分类、描述，探索影像的批判社会学脉络如再制或断裂来了解社会事实自身。但他也批评这种方法将正在做观察的学者移出田野，导致观察者与主题（subject）更有距离，成为普遍化的社会学研究之无法知悉的对象（less knowable object）。基于此，他批评视觉社会学是"无家可归的孤儿"（the homeless orphan）。

此外，视觉社会学和社会学的教学联系非常紧密。大学社会学教师希望透过生活化的视觉教材让学生更容易领会社会学的内涵，也就是说主要发挥视觉在解读影像方面的功能，是工具理性倾向的，是应用社会学的一种形式。一本由美国社会学会（The American Sociological Association）为社会学教学而出版的《视觉社会学及社会学课程使用电影/录像》（*Visual Sociology and Using Film/Video in Sociology Courses*）中显示（Papademas ed. 1993），① 以视觉媒材为社会学的教学见于各大学（就笔者所知，台湾社会学教学很少有相关的视觉社会学课程，值得关心）。② 国际视觉社会学学会（International Visual Sociology Association，简称 IVSA）网站中亦有会员的视觉社会学教学大纲，③ 虽然该会会名以社会学为主，该会出版的学刊《视觉研究》（*Visual Studies*）及相关出版物事实上跨越了各领域，这可见于《视觉研究》的七个目标：④

---

① 该书已于 1980 年、1982 年、1987 年有出版记录，先前的书名为《在社会学课程中使用影片》（*Using Film in Sociology Courses*）。

② 例如："用故事电影鼓励批判思考"（Peter A. Remender，Wisconsin-Oshkosh 大学），"用故事电影来帮助社会学思考"（Kathleen A. Tieman，North Dakota 大学），"电影社会学：透过流行电影来培养社会学的想象"（Christopher Prendergast，Illinois Wesleyan 大学），"透过录像教授社会学理论：实验策略的发展"（Eleanor V. Fails，Duquesne 大学），"探讨全球脉络中社会问题的电影"（Paula Dressel，Georgia 州立大学），"从商业动画中探讨老年刻板印象"（Bradley J. Fisher，Southwest Missouri 州立大学），"透过电影教授医疗社会学：理论方法与实际工具"（Bernice A. Pescosolido，Indiana 大学），"借由故事电影教授流行音乐社会学"（Stephen B. Groce，Western Kentucky 大学），"社会学研讨会：摄影与社会"（Cathy Greenblat，Rutgers 大学），"传达与媒体社会学"（Diana Papademas，SUNY Old Westbury），"电影作为一个社会学的研究工具"（Richard Williams，SUNY Stony Brook）等。（以上大学译名省略）

③ 例如 Wheaton 学院的 John Grady 所开设的"视觉社会学"课程目标有四：（1）学习如何使用视觉方法来从事社会研究；（2）学习如何诠释体现于视觉沟通中的社会讯息；（3）学习使用视觉媒介于社会研究之报告；（4）评估视觉方法对文化与社会研究的贡献。葛莱谛的做法是应用社会学取向。http://sjmc. cla. umn. edu/faculty/schwartz/ivsa/files/grady_ vis_ soc_ 04. pdf，取用日期：2005 年 12 月 26 日。

④ http://www. tandf. co. uk/journals/routledge/1472586X. html，取用日期：2005 年 12 月 26 日。

（1）提供发展视觉研究的国际平台；

（2）提倡以影像为基础研究的广泛的方法、取径、典范的接受与了解；

（3）降低社会科学中不对等的视觉与文字的研究；

（4）发展对各种形式的视觉研究方法论的兴趣；

（5）鼓励于研究中使用混合的视觉方法和分析取径；

（6）鼓励实证和象征视觉研究之辩论，以增加相互的理解；

（7）提供一个不同取径（如社会符号学），特殊方法（摄影探查），主题（物质文化），视觉现象（姿态与舞蹈）之深度探索的舞台。

IVSA 广泛邀请社会学、人类学、媒体传达、教育、历史、摄影、新闻摄影、心理学等领域的人士参与，由此可见，视觉社会学虽以社会学为名，其关注焦点亦渐趋与视觉文化合流，不以经典社会学理论架构自居，成为一个综合的、跨域的当代视觉影像现象的探讨领域。

由以上讨论可知，视觉社会学对视觉形构或可视化的根本现象之探讨与批判是比较少的，这是视觉社会学与视觉文化研究的基本差异之一，后者除探讨视觉现象和社会、个体的关系之外，更关切视觉形构的理论探讨；但前者围绕社会学之核心议题，对视觉作为社会行动（the visual as social action）的探讨较有理论上的依据。如果我们承认视觉是社会形构下的产物，那么，社会学就是以应用社会学的姿态分析视觉现象与影像世界。依此而言，视觉的社会形构通过视觉的社会学解释与关照，一方面可以更深入探讨传统社会学主要理论中对视觉的看法；另一方面可以和视觉文化或视觉研究做更好的论述上的对话，甚至接合。Eilean Hooper-Greenhill（2000：14）指出，视觉文化是一种研究典范的转换，所发展的理论其实是"视觉性社会理论"，说明视觉研究和社会学理论可以有更密切的衔接：

视觉文化研究指的是一种视觉性的社会理论。它所关注的是一些如下的问题，例如，是什么东西形塑其可见的面向、是谁在观看、如何观看、认知与权力是如何相互关联等。它所考察的是外部形象、对象与内部思想过程之间的张力下所产生的观看行为。

在众多视觉理论的整合中，学者们指出社会学的观点将有助于视觉研究与视觉社会学的建构。然而，社会学依赖社会观察搜集资料、形成概念与建构理论，和上述期待一个批判、后设的社会学之出现是有一段差距的。值得注意的是，社会研究方法中的"观察"建立了科学数据的基础，和视觉分析的关系最为密切。而其观看（作为一种分析的取径）的问题，和视觉文化研究所探讨的视觉的社会形构问题相遇，是社会学和视觉文化整合的可能关键点。对社会学视觉方法论的批判，有助于厘清这一问题。

视觉方法论批判

（一）社会研究的"观"点及其"盲"点

"察言观色"是视觉的最基本作用，就如同"观察"在社会研究方法中所扮演的角色。人们透过眼睛接收、感知、评估内外关系，并据此提出行动策略，最后形成理论思考。英文"perceptible"指被"察觉"（observed）或"注意"（noticed）的感知状态，因此，观察可以说是进入意义感知世界的入门阶；另一层的意思是：客体必须显明，或"值得"注意，方能被收录为有用的数据并做后续处理。以 Earl Babbie 的《社会研究法》（2005）为例，"实验法""调查研究""质性的实地研究""非介入性研究""评估研究"这五大章均被纳入第三篇"观察的方式"中。他说："科学的观察是一种自觉的活动。更谨慎的观察可以减少错误的发生。"（ibid：8）"观察是科学的基础"（ibid：43）"理论可以合理解释观察到的模式"（ibid：32）。这种科学程序的认定赋予观察重要的使命，规范出社会研究的标准程序。表面为一种瞬息万变的现象，透过观察进入深层的内部世界揭露其秘密成为社会科学研究的重心，和前述视觉社会学"企图经由社会学的原则来解释隐藏在外表之后为何物"（Henny 1986：47）的陈述如出一辙，反映出社会学运用视觉的"表里如一"的基本假设。观察因此和洞见（insight）有着必然的因果关系，"insight"又是以"内视"（in-sight）的方式进行的。从"in-sight"出发到"insight"的获取，视觉的本性可以说是有穿透作用的（所谓"深度访谈"所取得的内容意义，也是建立在"in-depth"的层次上）。

"看穿表面"成为一种启蒙心智的表现，可以说是知识生产过程中的理性化表演。但是，将观看科学化，用以掌握社会世界，在一些学者看来，其操作方式是有问题的。Jenks（1995）指出，所谓"西方之眼"在科学条件的诉求下不断精进、纯粹化观察与推理，以走向中立客观的科学标准，这样的程序应合了孔德式实证主义精神——普遍、化约、纯粹、经验验证（Comte 1996）。① 科学的观察并预设了三种假设：其一，认定社会现象的有限与能见度；其二，理论者的道德与政治秉性，即"清楚的视看"（the "clear sightedness"）的预设；其三，理论家和现象间的可视形式（the manner of "visual" relationship）之直接无误的连接。这些假设的逻辑是：一双受过科学训练的眼睛可以正确地掌握表象，而表象是内在结构的忠实反映，解读表象因此理所当然地可获得内在的意义。到头来，事物的"真实面貌"不在表象，而存在于内容，也就是说不可以"不明就里"。所谓"诚于中，形于外"，外表与内在是一个颇为顺畅的认知流程，这一套科学程序（或游戏规则）的观看保证了信息取得的结果及其随之而来的分析与诠释。Jenks批判：科学的观察其实是"卫生化的方法论形式"（sanitised methodological form），是"纯粹的视觉"（"pure" vision），是"视觉的理性化"（the rationalisation of sight），是"指导的观念"（an instructive concept），总之，是"无懈可击的教条"（the doctrine of immaculate perception）。这一套科学的意识形态反映于"笛卡儿透视主义"（Cartesian perspectivalism）的独断操作，在 Martin Jay（1992）看来这就是"现代性的视觉政体"（scopic regimes of modernity）——透过科学主义操作达到用视觉统一再现自然的目的。透视法（perspective）的发明是典型的例子，事物在观看中进入次序的系统，而隐藏其后的是一套科学观看的意识形态。借由 Martin Jay 的观点，詹克斯批判西方现代科学主义操作法则下视觉的社会理论的主要方法论机制为：选择（分类的方法论）、抽象（异化的操作）与转换（符码化），最终将日常生活多样的讯息单一化甚至窄化为科学的操作与符码系统，并据此视为客观的沟通平台。叶启政认为，视觉的认知模式和社会统计有着类型学思考上的亲近性，都是"以分类的方式对秩序从事表征工作"（2005：8），并获致客观的目的，并以规范的姿态取得大众的信赖，因而"此一强

---

① 孔德说："纯粹的想象便无可挽回地失却从前的精神优势，而必然服从于观察，从而达到完全正常的逻辑状态，不过它依然在实证思辨中发挥关键的永不衰竭的作用，由此而建立或改善永久的或临时的关联手段。简言之，作为我们智能成熟标志的根本革命，主要是在于处处以单纯的规律探求，及研究被观察现象之间存在的恒定关系，来代替无法认识的本义的起因。"（1996：9-10）

调视觉感官经验可认证之属性的研究对象，自然不是、也不可能是人作为一个完整体的自身，而仅能是依附在人身上的一些特定选择的外显特征"（前引：14-15）。由此看来，一方面社会研究依赖观看作为客观的资料搜集；另一方面这个动作隐含着现代主义科学规格要求下的问题。

（二）从表面到内里——层次解读策略

古典社会学钟情观察的态度其来有自，除了孔德的实证主义主张是建立在感官考察之上外，① 涂尔干可为代表。在《社会学研究方法论》（1990）中，他一再强调摆脱既成概念，了解社会的真正方法是观察现象的外表。透过观察外在，"社会事实"因而被客观地取得，这是科学研究的第一步，也是"将社会事实看作客观事物的具体法则"。他说：

> 我们必须将社会现象看作是社会本身的现象，是呈现在我们面前的外部事物，必须摆脱我们自己对它们的主观意识，把它们当作与己无关的外部事物来研究。这种外在性可以使我们从外面观察事物的里面，从而免除一些谬误。（ibid：29）

社会事实的各种表现是在个人意识之外，必须观察外部事物而不必考究个人内部的事物（ibid：31）。

他认为"从事物的外形去观察"（"部分"表象）可以取得一种真正获得信度的社会分析与研究的位置，从而了解事物的"全部"真相：

> 社会学者用这种方法下定义，可以使科学研究从一开始就与事物的真实现象相接触。必须指出，分析事物外形的方法，同样不能靠意

---

① 孔德说："这一段必然的漫长开端最后把我们逐渐获得解放的智慧引导到最终的理性实证状态。……自此以后，人类智慧便放弃追求绝对知识（那只适宜于人类的童年阶段）而把力量放在从此迅速发展起来的真实观察领域，这是真正能被接受而且切合实际需要的各门学识的唯一可能的基础。""我们的实证研究基本上应该归结为在一切方面对存在物做系统评价，并放弃探求其最早来源和终极目的，不仅如此，而且还应该领会到，这种对现象的研究，不能成为任何绝对的东西，而应该始终与我们的身体结构、我们的状况息息相关。……如果说，失去一个重要的感觉器官便足以根本感觉不到整整一类自然现象，反过来，那就很有理由地认为，有时获得一个新的感觉器官就可能令我们发现目前我们全然无知的一系列事物……"（1996：9，10）

念去想象，必须根据事物的自然现象。将事物进行分类所使用的标记，必须公之于众且得到大家的承认，观察者所下的论断必须得到大家的认可。（ibid：36-37）

开始研究事物时，要从事物的外形去观察事物，而不是说在研究中或者研究结束后，可以用外形观察的结果来解释事物的实质。用事物外形去下定义的目的，不是了解事物的实质，而是为了使我们能够与该事物相接触。因为一个事物最容易与我们接触的地方，正是它的外形。观察事物外形的定义，它的效用就在于能够解释事物的外形，并且不必解释事物的全部外形，只要能够为我们着手进行研究提供足够的解释就行了。（ibid：43）

涂尔干将观察作为社会学客观研究的首要条件，无疑强调了视觉所扮演的角色，将视觉作为通往客观研究的第一步。在他看来，视觉的可靠在于它不受"成见"的约束而重新碰触事物，并获得新鲜的观感。透过科学程序检验去选择，据此获得事物的真实数据，而不受刻板框架的影响。外表、视觉、客观、真实因此构成相当稳定的联系。即使如此，视觉仍然不是这讨论中的核心；视觉是方法、工具，事物的内在关系才是最后的真正目的，所谓"自然规律表明的是事物之间的内在关系，而不是事物表现的形式"（ibid：27）。同样的，在《宗教生活的基本形式》（1992）中涂尔干对图腾的探讨亦是以视觉观察为基础的，但他对图腾所带来的神圣化概念或意义之兴趣远远高于图腾自身，也就是说，集体社会的神圣性代表了图腾与物质，而不是相反。抽象的概念是各类物质的核心，表象之下有更"引人注目"的结构，其特质则偏重思考的、理念的，性格上是探掘的、"内"敛的。"将思想翻译成物质"而非"将物质翻译成思想"表明视觉感知的次要地位。他所楬橥"凡事皆可神圣"的看法，将神圣与凡俗区隔开来，作为社会形构的准则，也同时将视觉一分为二，内外有别：影像与观看虽然于过程中不可缺少但并非重点，具有神圣氛围的是背后所带来的集体沸腾。什么样的形式、材质并不重要，要紧的是它们代表什么、象征什么。社会的神圣结构之意义大于社会的表象变化，前者决定后者，后者是前者的反射。同时，涂尔干似乎非常肯定社会中的人们看的方法都相当一致，因而感受也相同的观点。他说：

事物的外形无论如何表面浅显，只要是通过观察方法得出的、与事实符合的，就可以作为一种深入研究事物的途径，做为研究的起点，科学由此继续下去，可以逐步得到详细的解释。（ibid：43-44）

他的精确无误的观看之假设，如同前述实证科学因果一致性的原则下之观察一般，多少有纯化或绝对化视觉操作的意思。

事实上，在时空背景的条件下，观看事物并非一定是透明、因果式的过程，上述的观看逻辑仿佛意味着观察等同于客体内外关系的掌握，引起一些论者的反省。当代社会理论对社会关系之考察有意避开了单一、单向的倾向，而采取更具人文诠释的态度来处理多变多因的社会文化现象。韦伯的社会科学研究强调意义的理解就是这种主张的典型。在《社会学的基本概念》（1997：25-27）中，他区分两种理解方式，并将观察视为"直接观察"，和隐微的动机理解、意义理解尚有一段距离。他主张理解有"直接观察的理解"与"解释性理解"两种。前者"借着直接观察而理解它的意义"，后者则更进一步地"理解到他为什么在这个时候及这些情境下如此做"。他以伐木或瞄枪为例，他认为光靠观察不足以理解其动机并掌握主观意义，而诠释性理解可消除纯粹观察的不足，是一项"额外的成就"（ibid：36）。总之，视觉观察与动机密切搭配方能竟其功，行动方能称为有社会学意义的社会行动：

> 通常我们习称社会学中各式各样的概括性推论为某些"法则"……它们事实上是经由观察在既定情况下、某种社会行动被预期可能发生之典型机会后，所得出的通则，同时这种社会行动又得以透过行动者典型的动机与典型的主观意义而获得理解。（ibid：40-41）

涂尔干对纯粹观察的评价和信赖与韦伯不同。韦伯的社会观察除了借助概念，还借助典型的主观意义来检视、诠释社会行动。韦伯承认观察具有理解客体的积极功能，可达到因果妥当，但直观的理解和以意义诠释为基础的人文理解是两种不同的层次，后者具有意义的妥当性。有因果妥当而无意义妥当的理解，不足以称为社会科学；而有意义妥当而无因果妥当，则不足以称为科学。由此看出，相对于真正的理解，韦伯认为视觉观察之于社会学并不是彻底的、完美的媒介，尚需要其他诠释概念的协助。同时韦伯的诠释方法论中，和涂尔干一样暗示着一种表象与内容的层次关系。对现象的层次阅读意味着理论的态度。事物、客体因着历史承载、文化积累、社会形塑的结果而必然有其结构性，"表象-内在"的二元性因此是方法论上及方法操作中不可忽"视"的参酌架构。既然结构是由内而外，则由外而内的反向解析是理所当然的作法。

透过视觉观察将事物表象穿透而获得事物内在结构的取径，存在着一种深度的形式，并成为人透视自然、见证文化的必经之路。艺术研究方法也有这种视觉阅读的取向。艺术史学家 Erwin Panofsky 的图像学名著《图像学研究——文艺复兴的人文主题》（1972）就是一种深度的、层次的、结构式的视觉解读策略，虽然他更重视诠释与历史的角色，架构也更细致。Panofsky 将阅读图像分为自然主题（事实、表达）、传统主题（故事寓言）、内在意义（象征价值）三个层次。这三层分别对应于三个诠释的行动：描述、分析、诠释，并动用实际经验、文学知识与综合的直觉，以及诠释的控制原则（controlling principle of interpretation）：风格的历史、类型的历史、文化征候或"象征"的历史。潘诺夫斯基以表 1 显示图像的三层次分析内容（ibid：14–15）。

表 1　传统的历史

诠释客体	诠释行动	诠释装备	诠释的控制原则
1. 主要或自然主题（subject matter）：事实的、表现的建构艺术主题（artistic motifs）的世界	前图意学的（Pre-iconographical）描述（及虚假形式 pseudo-formal 分析）	现实的经验（熟悉客体与事件）	风格（forms）史（对方式 manner 的洞见，在变动历史的状况下，客体与事件由形式表达）
2. 第二或传统主题：建构图像、故事与寓言	图像学分析（Iconographical analysis）文字的狭义面	文学来源的知识（熟悉特殊的主题 themes 与观念）	类型（types）史（对方式 manner 的洞见，在变动历史的状况下，特殊的主题 themes 或观念由客体及事件所表达）
3. 内在意义或内容，组成"象征"价值的世界	深层面的图像诠释（图像学的综合 Iconographical synthesis）	合成的（synthetic）直觉（熟悉人类心灵的本质的倾向），由个人的心理与"世界观"（Weltanschauung）的条件所限制	普遍的文化征候或"象征"史（对方式 manner 的洞见，在变动历史的状况下，本质的人类心灵倾向由特殊的主题 themes 和观念来表达）

他举例，当一个熟识的人在街上脱帽向我们招手，我们首先察觉的是他的外表与感受到他所表达的讯息，接着解读脱帽的动作为一种礼貌，最后连接到更深层的意涵：教育背景、生活史所形塑的人格等，也就是可能的文化社会结构形式。Panofsky 因此总结，精确掌握历史传统的象征意义是获得正确诠释的必要条件：

> 当我们希望非常严格地表达我们自己（……），我们必须区别这三种层次（stratum）的主题或意义，最低层通常被形式困扰着，第二层〔及第三层〕狭义的看则是特殊的图像学的范围。不论从那一层次移动，我们的认同与诠释都依靠主观的工具，基于这个理由，是受到对历史过程的洞见的纠正与影响，总的说就是传统。（ibid：16）

这里凸显出来的重点是：逐层（stratum）地由外而内之解读策略可获得相当程序的系统、准确而深刻的意义成果，也就是说愈深入深层（默认了结构与层次关系）愈反映出学科的理论观点与态度。[①] W. J. T. Mitchell（1994）称 Panofsky 是"图画转向"（the pitcural turn）的推动者，是视觉文化研究的起点。Panofsky 的图像解读策略受到曼海姆（Karl Mannheim）1922 年《论世界观的诠释》的影响；另一方面艺术解读方法也得到曼海姆的注意。Jeremy Tanner（2003：10）说：

> 他〔曼海姆 Mannheim〕认为所有的领域都相当合法性地透过由沃尔夫林和潘诺夫斯基展示的各种分析的抽象之操作来形成各领域的目标。然而，他〔Mannheim〕也寻求创造知识架构来整合有相同目标的不同领域的认识，或至少协调不同领域的特殊洞见。

---

① 詹明信说："科学就是穿透、取消感性认知的现实，科学要发现的是表面现象以下更深一层、更真实的现实。"（1990：27-28）这种剥洋葱式的分析方法早在柏拉图倡导穷究宇宙本质时就提出来，并且和三种床（理式的床、现实的床和艺术家绘制的床）的比喻、对画家的批评之概念是相通的。《斐德若篇》记载："无论什么事物，你若想穷究它的本质，是否用这样方法？头一层，对于我们自己想精通又要教导人精通的事物，先要研究它是纯一的还是杂多的；其次，如果这事物是纯一的，就要研究它的自然本质……如果这事物是杂多的，就要把杂多的分析成为若干纯一的……"（2005：224）总之，"分到不可分为止"是穷究事物的法则。

曼海姆发展出来的文化产物的客观意义（objective meaning）、表达意义（expressive meaning）、文件（或证据）意义（documentary or evidential meaning）和艺术作品的三层图像意义雷同，称为"意义层"（stratum of meaning）。他（1971）以施舍为例，首先看到的动作是社会帮助（即社会所鼓励的行为）；第二层表现出来的是怜悯、仁慈、同情，和施舍主体的主观意识（意图）有关；第三层文件意义是将所看见的分析为完全不同的、超越的结果：透过其脸部表情、姿态、步态、说话语调判断其施舍动作是虚伪的行为，这是"文化客体化"（cultural objectification）的行动。值得注意的是，曼海姆的分析层次也是由外而内，从可视的部分出发走向分析、诠释：

> 我们的第一个任务是使相关现象可见，并且保持分离；它必须显示诠释技巧可应用于文化分析，特别是最后诠释的形态〔文件（或证据）意义〕是不可或缺的理解的最佳例证，它不可与前二者混为一谈。（ibid：22）

第三层的诠释因此有结构、集体、抽象的意涵，是主体的"意索"（the ethos of the subject）。

将艺术作品置入社会文化的符号脉络中考察是 20 世纪中叶"新艺术史研究"的新主张，[①] Lewis Coser（1998：148）认为曼海姆肯定这种艺术研究趋势反映出他受到格式塔心理学与反原子论的影响，"企图通过对某一时期的生活和文化环境，综合地去解释和理解一件艺术作品"。同时，这也和德国历史主义的"历史理解的现实条件与相对关系"之见解不谋而合。这里

---

① 新艺术史质疑传统艺术的探究方法与观点，将研究焦点摆在关于艺术品的生产与消费脉络、拥有与收藏、阶级关系与斗争、政经运作、意识形态等议题上，也就是以艺术的社会史取代艺术的作品史的研究取径。其使用的理论不再局限于艺术史学传统如图像研究或形式分析，而是社会理论如马克思主义、女性主义、结构主义、心理分析、符号理论等。克拉克（Timothy James Clark）著于 1973 年的《绝对的布尔乔亚——1848—1851 法国的艺术家与政治》（*The Absolute Bourgeois—Artists and Politics in France 1848–1851*）和《人民的形象——库尔贝和 1848 年的革命》（*Image of the People：Gustave Courbet and the 1848 Revolution*）为代表作（王正华 2001；Rees & Borzello eds. 1986）。根据 Rees & Borzello，新艺术史发展于 1970 年代的英国，因此笔者认为 Coser 将 1940 年代的曼海姆放入新艺术史的脉络看待和一般新艺术史的看法有些许出入。关于新艺术史的评介，参见 Bann（2004）及 Overy（2004）。

牵涉到人如何"看"待历史的双关用语——观点和"观"点，曼海姆综合了视觉与历史态度于知识形构中。换言之，观看此时不仅是对应历史的一种视觉隐喻，也是一种对应历史的认知或价值观。他说：

> "观点"是指某人看待某一客体的方式，从客体看到了什么，以及某人如何思考解释客体。因此，观点不只是由思想所范塑决定，而是还涉及思想结构中的性质要素，这些要素必然为纯粹形式逻辑所忽略。（Mannheim 1998：27）
>
> 关于视觉认知客体的争论（此一例证在性质上，只能视之为观点），并非由建立周遍的观点（这是不可能的）来解决。反之，是要征诸一个人自己的处境决定了其见解，而了解到客体对处境不同的人为何看来不同来解决……就像视觉观点的情况一样，确实最具有包容性与成果最丰硕的观点，也就是卓越的观点。（ibid：79）

"入虎穴，得虎子"似乎成为社会科学与人文研究的途径。同样的，一般人对艺术品的欣赏也朝着这个方向操作，反映了一种假设的事物形成的结构性秩序。艺术品作为文化象征物，布迪厄（1990，1984）认为观察者必须具备一套文化符码的能力方能有所谓解读的能力，因此取得有意义的观察、能发生作用的观察，在艺术世界中完全是象征的。有观察之"眼"而无文化资产之"珠"，有如"文化盲者"（有眼无珠），拥有和使用在文化符码的操作世界中是一体两面、不可切割的。借助于文化象征体系，人的观看由自然进入文化构成的世界，也有由浅入深的层次意涵，所谓"外行看热闹，内行看门道"的品位区隔。表象是外，结构是内；没有外行的专家，只有内行的专家。

上述从表面到深度的层次阅读取径是结构功能式的立体状态，方法论假定每一层次均互相衔接，循序渐进，最后通达现象的核心，即相对于表面假象的真实内在。一个成功的"剖析"有一定的轨迹可循，这可见之于17 世纪笛卡儿理性主义的四个方法规则中（1991：129-130）：

> 第一规则：自明律，即明和晰。……绝不承认任何事物为真，除非我自明地认识它是如此，就是说小心躲避速断和成见，并在我的判断中，不要含有任何多余之物，除非它是明显清晰地呈在我的精神面

前，使我没有质疑的机会。

第二规则：分析律。……将我要检查的每一个难题，尽可能分割成许多小部分，使我能顺利解决这些难题。

第三规则：综合律。……顺序引导我的思想，由最简单，最容易认识的对象开始，一步一步上升，好像登阶一般，直到最复杂的知识，同时对那些本来没有先后秩序者，也假定它们有一定秩序。

第四规则：枚举律。……处处做一很周全的核算和很普遍的检查，直到足以保证我没有遗落为止。

笛卡儿的综合律，也就是层次渐进（升）的看法普遍存在于社会学、人类学与文化研究的理论中。墨顿（Robert King Merton）《社会理论与社会结构》（1968）中显性与隐性功能的分析讨论，也具有层次阅读的意味。透过隐性功能分析，以达到明晰社会内里、发觉潜力领域、避免道德判断下的庸俗结论。这里似乎暗示着，表面的具体现象固然必要，却是不可靠的、多变的，即使以科学的观察获得资料，仍然必须经过心智的判断、辩证、过滤，以"学术之眼"透视客体方能取得"社会学重大的进步"，以及既抽象又可以普遍化的概念结构。在视觉分析上，显性与隐性的概念有两种指涉：其一，形式与内容，前者外显后者隐藏；其二，内容的直接义（外表、一般概念）与间接义（即符号、象征）（Walker & Chaplin，1997）。而诠释人类学者吉尔兹（Clifford Geertz）在《文化的诠释》（1999）中强调找出事物隐晦的文化符号体系与意义是"厚描"（thick description）的伟大目标，融合了观察与抽象界定，也是人文研究的科学风格之保证。他说：

> 所有非常普遍的、在学院内造就的概念和概念系统——"整合""理性化""符号""意识形态""民族精神""革命""本体""比喻""结构""宗教仪式""世界观""角色""功能""神圣"，当然，还有"文化"本身——都被编织进深〔厚〕描式民族志的主要部分之中，以期使单纯的事件具有科学般的雄辩性。……因此，不仅仅是解〔诠〕释要一直落实到最直接的观察层次上，解〔诠〕释在概念上所依赖的理论也要深入到这一层次。（ibid：35–36）

上面引文中的语词概念都具有分析的功能，但都倾向厚度的暗示，潜藏于物体之内。相对于厚描，就是薄描（thin description），只触及表面的现象，也许连贯、合乎日常生活用途，但并不深入，研究者并不视为探讨的终极，也不认为是研究的饱和状态。这就是理论的"厚度"，具有破解文化密码的坚实能力及呈现特有的解题"管道"。社会或文化的表象与符号结构之差异在于：后者的意义远大于前者，前者是进入后者的必要门道。整体来说，文化层次阅读的标准句构是："表面是…，实际上是…。"如同吉尔兹对巴里岛斗鸡的分析："表面上在那里搏斗的只是公鸡，而实际上却是男人。"（ibid：490）总之，人类学家的主要使命是"从内部观察并感觉原始社会是如何运转的……运用了心理分析的洞见：个人或群体会无意之间、不由自主地透露最珍贵的数据"（McLuhan 2004：93）。其他层次分析如索绪尔（Ferdinand Saussure）的语言分析结构（1997）和利瓦伊史陀（Claude Levi-Strauss）的文化心灵结构（1995），都有表里之分，都是一种透析现象的探索。在此，表象可以说是一种挑战；表象作为迷障，吸引着研究者一探究竟。探勘的痕迹或记录即是结构分析。表象隐藏着立体的形式，在拨云见日之后，揭露结构的神秘面纱，但同时也更确认了结构层次的根本特性，仿佛如意识形态般的固定形态。

不同于上述结构式的态度，巴特（Roland Barthes）采取征状式（symptomatic）地探索影像，主要在文化结构体（syntagm）中找寻其裂缝、冲突处并"见缝插针"，批判其文化形构的意识形态。在《影像的修辞》（1972）一文中，他分析广告影像有三层讯息：语言的（linguistic）、指示的（denotational）、内涵的或意识形态的（connotational or ideological）。影像的意涵由浅而深，最后达到理解与批判社会整体的目的，第三个层次也称为"今日神话"（myth today）。所以一幅意大利面的商业广告，不只透露产品的类属（指示的），也强化新鲜、自然的信息（内涵的），更重要的是巩固了意大利的文化与国家认同，即"意大利特性"（Italianicity or Italian-ness）（意识形态的）。同样都是透过分析的理路，巴特标榜视觉解构，一种反阅读的阅读，成为哈贝马斯的"解放自主"的第三个解放旨趣的意味（Habermas 1972）。

巴特所讨论的是资本市场操作下的商品形象。倘若让我们站在马克思主义的立场来看，现代资本主义生产关系下商品逻辑与私有财产制相互增强，而财产的拥有可以表现在感官的联系上，人因而有其自身的感官与为其存在的世界，同时也占有了别人的感官与生命，这构成了一个异化的、片面的世界。"看"清这一层的人必须坚决扬弃这种拥有价值与使用价值。扬弃这种"绝对的贫困"，才能重新找到完整而全面的人之自我——社会的存有状态，进入真正人的状态，真正属于人"类"的眼睛，人"类"的感官，一个丰富的世界才真正地展开。马克思（1993：82-85）详细地剖析了这个状况：

> 人同世界的任何一种人的关系——视觉、听觉、嗅觉、味觉、触觉、思维、直观、情感、愿望、活动、爱——总之，他〔sic〕的个体的一切器官，正像在形式上直接是社会的器官的那些器官一样，是通过自己的对象性关系，即通过自己同对象的关系对对象的占有，对人的现实的占有；这些器官同对象的关系，是人的现实的实现，是人的能动和人的受动，因为按人的方式来理解的受动，是人的一种自我的享受。……因此，一切肉体的和精神的感觉都被这一切感觉的单纯异化即拥有的感觉所替代。……因此，私有财产的扬弃，是人的一切感觉和特性的彻底解放；这种扬弃之所以是这种解放，正是因为这些感觉和特性无论在主体上还是客体上都变成了人的。眼睛变成了人的眼睛，正像眼睛的对象变成了社会的、人的、由人并为了人创造出来的对象一样，因此，感觉通过自己的实践直接变成了理论家。……不言而喻，人的眼睛和野性的、非人的眼睛得到的享受不同，人的耳朵和野性的、非人的耳朵得到的享受不同，如此等等。……所以社会的人的感觉不同于非社会的人的感觉。正是由于人的本质的客观地展开的丰富性，主体的、人的感性的丰富性，如有音乐感的耳朵、能感受形式美的眼睛，总之，那些能成为人的享受的感觉，即确证自己是人的本质力量的感觉，才一部分发展起来，一部分产生出来。因为，不仅五官感觉，而且所谓精神感觉、实践感觉（意志、爱等等），一句话，人的感觉，感觉的人性，都只是由于它的对象的存在，由于人化的自然界，才产生出来的。

上述的说法反映了一种"现代主义的感官苦行僧主义"，企图通过对"表面感官享乐主义"的分析解剖（或克制）获致"深"刻甚至批判的、带着严肃气氛的意义，同时也约制感官走向特定的社会作用。批判、启蒙、除魅的严肃议题通过对表象、感官的"整肃"而被实践着，是现代性计划的关键一步。观看的从自然状态转变成文化状态才有"人化"的可能。这里的假定是，视觉与其他感官如同资本一样被私有化，一种总体结构化的现象，逻辑和层次何其相似：表象接触的底下有复杂的操作。我们不能看穿事物的外表，却可以借着理论（来自视觉意义的延伸）的洞见（insight）进入客体的内部（in-sight）取得结构性的意义，或借着理论之光（enlightening）获得启蒙（enlightenment）的效果。这就是视觉理性的展现。

（三）非深度分析

总结上面的讨论，由表层向深层的方向探索暗示着结构内文化欲力的强度是逐渐增加的，带有启蒙或除魅的色彩。层次阅读因此体现了研究者对事物的洞见，当然也包括一种说服的魔力在其中；视觉与影像的层次分析架构因着影像、视觉的具体接触而成为这种层次分析的代表作。行动见于形体之中，形体也见于行动之中，两者互证。但是，形体与行动如何互相定义，还是被限定在视觉之可见与不可见的框架中，事实上是有讨论的空间的。对于后现代主义者詹明信（1990：211-221）而言，西方科学主义与理性主义主导下的层次思考模式有其历史与结构视野的问题，并据此分析而提出"非深度"的分析模式。首先，他剖析西方的四种深度模式，也是四种分析社会世界的理论。詹明信的分析说明视觉和西方理性科学的建立有绝对的关系，同时，视觉之原初的感官功能则被转化为一种处理知识的"机器"。进一步地，这种科学的观看的文化模式和分析社会世界的深度理论有相互呼应之处，都区分内外两层，并且从外表出发逐渐进入内在的深度解读模式，计有四种：（1）黑格尔/马克思辩证法，认为现象与本质有所区别，经过破解翻译而寻得内在规律。（2）以笛卡儿为基础的存在主义模式，区分确实性可从非确实性的表面下找到，前者才是思想、行动价值的核心。（3）弗洛伊德模式区分明显与隐含（原我、自我与超我），深藏于内的欲望经压抑的作用而转化为他种表现，如升华。解读外在表现以找到内在密码是"解梦者"的能力与责任。（4）由索绪尔的语言学到巴特的记号语言学所发展出来的所指（signified）与能指（signifier），两者的武断（arbitrary）关系隐藏着文化符号、象征与再现的秘密——事物作为一种符号总是能指与所指的辩证现象（1998，1990）。

对于深度结构的层次策略解读有赖于诠释的启动，诠释的能力因此作为一种理解世界的洞见的表现。如前所论，这里预藏着一种假设：表像与内里之分，两者的关系是隐微的，而在两者之间，诠释担负揭秘的角色。诚如他所言"人们一个坚定的信念，就是在表面的现象之下必有某种意义"（1990：213-4）。詹明信认为，这样的信仰与假设在当代理论视野中不复见，因为"所有当代的理论都抨击解释的思想模式，认为解释就是不相信表面的现实和现象，企图走进内在的意义里去"。他（1998）因此总结西方现代主义和后现代主义的进程，其明显的变化是"从深度感走向平面感"。对深度感的质疑，和批判制造幻觉空间、一统视点的透视法（单点透视）有关，也就是对 15 世纪以降人类视觉的科学化过程予以观看点为中心所获得的秩序化、系统化空间的再反省。詹明信将这种状况和笛卡儿哲学中"意识即中心"的看法、自然的统一化、商业以及科学观联系在一起，和前述"笛卡儿透视主义"相呼应。

事实上，詹明信批判地凸显了视觉在西方文明化形构中所扮演的角色。视觉所到之处，新的社会秩序正在成形，也就是新的社会景观的浮现，而主宰着这一切变迁的主要动力就是科学，并意味着对人类身体知觉的信任大多投诸在视觉方面；换言之，将视觉绝对化为接触世界、收集正确可靠资料的途径，虽然，这种信赖从批判的角度来说是有所保留的。透过观察、视觉、表象、层次，似乎也保证了社会世界的结构式存在。

詹明信反对金字塔式的结构逻辑，也就是由某一种基础引向更高或更深的意义体系。在他看来，表面与内容之间并没有这种厚度式的因果关系，表面的现象不是内在结构的一种不可信赖的、片断的信息，表面有其自身更高的意义层次，表面现象本身就可以生产出足够的意义，表面就是结构，因此大胆地提出"最简单的、表面的东西也就是最高级的东西"的看法。结构、深度、层次、关系在此成为西方建构知识体系中的共同分析架构之概念特色（1998）。它既是分析的，也是建构的，既是分，也是合，两者互为表里、互相指涉，但是它不是垂直的或上下的统摄关系，它可以是水平关系，以位置（position）的差异取代阶层（stratum）的从属关系。这样的思考有另类方法论的意涵。齐美尔（George Simmel）（1991：1-2）以桥与门隐喻文化与自然的区别，说明人类整合联系与区分内外的本能，可以作为水平观察的参考。他解释道：

人类以特有的方式进行联系和分离。换言之，联系和分离总是相辅相成，互为前提。假若我们列举两种天然物称之为"分离"，那么，在我们意识中，这两者已经相互联系并互为衬托了。反之，被称为联系的事物，当用任意方法使之分离后，它们正是为了相互联系才分离的。实际正如逻辑一般，联系本来并不分离的事物毫无意义，联系并非在所有情况下均处于分离的事物也无意义。……无论直接的或象征性的，无论肉体的或精神的，人类无时无刻不处于分者必合，合者必分之中。

透过齐美尔的启示，层次阅读的分析结构一方面具有桥的联系功能；另一方面具有门的区隔作用，都是意志（或权力）形塑下的"形式再现"。当我们把层次阅读的观点视为联系的桥时，我们对事物的表象与内在的假设犹如河流的两岸，此时反映联系的重点是桥的形式（造型），而不是抽象的主观意图。因此齐美尔说："形体源于行动，行动趋向形体"（ibid：2），分析的结构是具有形式意义的，是美学的、直观的。因为：

> 桥梁的美学价值在于，它使分者相连，它将意图付诸实施，而且它已直观可见。……奉献于实施架桥意图之纯动力已变成固定的直观形象……包含着整个现实生活的过程。桥梁授予超越一切感性生活的最终感觉以一种个别的未经具体显现的现象，它又将桥梁的目的意图返回自身，视之成为直观形象，仿佛"被塑对象"一样。（ibid：3）

分析结构成为重要的观看对象，而不只是作为连接两岸的目的。换言之，结构形式的使用价值建立在象征价值之上，成为作品的自身价值，是诠释行动的展现。其次，若是层次阅读结构具有门的区隔特性，那么现象被看作是连续的整体，透过门区隔出有限（内）与无限（外）的运作模式，据此"体现了界限意义和价值所在"（ibid：8）。循此，层次阅读始终是一种方法论上的切割方式，体现阅读者的策略位置。因此所谓表象与内在是人为的区隔，并非本质上的认定，可以确认的是，方向是构成门里门外重要的决定因素。扁平化视觉分析的层次观，化为形式关系，视觉表象的意义在于表象自身及其互动关系，神圣与凡俗的严密区隔因此松动。进而言之，表象和具体、内在和抽象的连接与对立之二元观点因此有重新检讨的必要。

齐美尔非常重视视觉的运用。在《面容的美学意义》一文中认为眼睛是表情达意的首要感官，符合一般所谓"眼睛是灵魂之窗"的说法。他（1991：182–183）说：

> 没有任何特别的东西像眼睛那样绝对固定在自己的位置上却又似乎远远超过这个位置而伸展。眼睛能够表示探透、恳求、还愿、迷惘，表示希望得到渴望的事物；这就需要特别的研究，犹如画家为安排画面的空间使之易于理解而运用方位、明暗以及透视那样。面容反映气质的功能尤其集中在眼睛；同时，眼睛又可以执行在只说明现象而毫不知道现象后面不可见的精神世界时所具有的最细腻的纯形式功能。

齐美尔对面容与眼睛的讨论是建立在"社会精神"意涵上，亦即出自群体又超乎群体的统一，和涂尔干所持社会学观点（外在、强迫）相似。

非深度分析虽然强调表面与表面连接的意义，但是完全舍弃结构的诠释方法也令人怀疑。理解现象的过程，总是需要描述、分析、诠释，不论其采取的方式为何，总是一种从某一点出发形成"延伸的""扩展的"或"释放意义的"过程，总而言之，是意图的，即使不使用深度的用词，即使避免固定的结构性看法，仍然具有深度的意味。毋宁说，詹明信的平面化解读，重视形式关系是层次解读策略的反序操作，也就是说，当游离的能指（floating signifier）附着于他处后（所谓"拼贴""混杂"的后现代主义概念），重新生根，建构意义，观察者根据表面的构成"虚拟"其构造，是由表面返回表面的回游，或说找一面可以反照的镜子"暂时"认清自身，和深度分析中企图揭穿事实、解剖早已存在的形构关系的力道不同，但拉开距离的动作是相同的。非深度分析可以是另类深度解读模式，一种抵抗解释的方式。

以上层次解读策略与非深度分析观点，对事物之外貌（physiognomy）及主体解读意义均持重视的态度，但对于处理外貌的态度显然是不同调的，因之其研究目的也有根本的分歧，取得的视觉意义更有所不同。

结　论

察言观色有赖视觉感官的运作，而达成表里如一的观察则有赖正确的观看方法，这个正确的观察之道事实上和实证主义、科学主义与理性主义有关，而这三者的精神，体现与贯彻在透过观察所获取的知识上面。虽然科学的观看带来洞见，批判而论，它反映了科学介入观看后视觉被窄化的隐忧。总的来说，视觉的理性化使视觉沦为选择、抽象与转换的工具，是"观"点，也是"盲"点；是洞见，也是漏洞之见。

检讨社会科学的观看，可从层次解读策略加以了解。涂尔干认为，从事物的部分外形进入观察可以取得一种可靠的数据，从而了解事物的全部真相。对他而言，慧眼可以识（视）英雄，但英雄的内在必须构成英雄的外在特质，这是不容置疑的假设。同样是社会学方法，韦伯提出理解有"直接观察"与"解释性"两种，前者和后者相互搭配成为真正的理解，社会行动的意义在对视觉接触后的诠释才得以成立，诠释性理解可以说是观察的额外成就。由外而内，内在解读因此比外在解读更具有意义关联，更具有社会学意义。韦伯所举伐木工人的例子说明，动机的诠释为观察之本。视觉在两位社会学家的眼中的确受到重视，但不是一个可以独立竟其功的感知感官。从 Panofsky 到曼海姆，观看是对历史与文化层层剥解的方法，"观点"有其双关语——"观"点和观点，既是视觉隐喻也是方法的态度或价值观。值得注意的是观看可以在方法的驱动下进行细腻的拆解程序，视觉此时被纳入层次解读的第一关。第一关意味着视觉无法独立作业，拥有布迪厄所谓文化符码的阶级方能解读文化系统，因此层次阅读的视觉是符码化的视觉，视觉带着符码的工具才能出入该体系。诠释人类学者吉尔兹"厚描"和"浅描"的概念充分反映层次解读的看法：越深厚越有意义。事物被假设为有其厚薄，透过理论的"厚度"解读，文化结构之密码因而被破解。

上述表里如一的看法是属于结构功能式的，看是"看穿""看透""看对"客体，是正阅读。另一种层次阅读是反阅读，其目的不在诠释结构的内在功能与目的，而是找到文化运作的把戏，巴特征状式阅读（语言的、指示的、内涵的或意识形态的）的第三层现代神话，反将了结构一军，因此解读策略获得内在批判的支撑点。特别是巴特专注于图像修辞更凸显层次解读策略在视觉上的特殊角色。可以说，它赋予视觉文化诠释方法更强的合法性地位。

社会学、人类学、艺术史学及符号学的"观"点采取的是层次阅读的路线，在詹明信看来，并不符合跨国资本体系下的文化逻辑。他主张人们必须破除所坚信的表象之下的某种意义的迷思，后现代社会的表象就是终点。詹明信总结了现代主义的四种深度模式并以平面终结了视觉的层层探索。非深度分析并非舍弃分析或根本就不分析，而是强调连接的意义，不是脉络的意义。因此，后现代影像的拼贴、谐拟、历史精神分裂症等特质都显示一种新的视觉隐喻的解读策略。过去强调深刻性，当代认为肤浅也有"可看性"，这是视觉模式、层次阅读与其符应于现代/后现代的最大分野，也是视觉文化研究与社会学的视觉观照的分野，批判社会学如何挪用视觉作为社会论述，则是开启两者间批判对话的可能。视觉文化所企图楬橥的视觉性意涵等批判取径将提供社会学检视视觉在社会学观点形成与理论建构的过程中引带的问题。

参考文献

王正华：《艺术史与文化史的交界：关于视觉文化研究》，《近代中国史研究通讯》32，2001。

吴琼：《视觉性与视觉文化——视觉文化研究的谱系》，收录于吴琼编，《视觉文化的奇观——视觉文化总论》，中国人民大学出版社，2005。

叶启政：《观念巴贝塔：当代社会学的迷思》，群学出版社，2005。

新兴文化研究中心：《国立交通大学"新兴文化研究中心"文化研究国际营》（NSC International Institute of Cultural Studies），《中外文学》2002 年第 12 期。

刘纪蕙：《文化研究的视觉系统》，《中外文学》2002 年第 12 期。

刘纪蕙：《可见性问题与视觉政权》，收录于刘纪蕙主编《文化的视觉系统 I》，麦田出版社，2006。

Babbie, Earl 著《社会研究法》，邱泽奇译，华夏出版社，2005。

Bal, Mieke 著《视觉本质主义与视觉文化的对象》，吴琼译，收录于吴琼编《视觉文化的奇观——视觉文化的总论》，中国人民大学出版社，2005。

Bann, Stephen 著《新艺术史有多革命性？》，常宁生译，收录于常宁生编《艺术史的终结——当代西方艺术史哲学文选》，中国人民大学出版社，2004。

Comte, Auguste 著《论实证精神》（Discours sur L'esprit Positif），黄建华译，商务印书馆，1996。

Coser, Lewis 著《曼海姆思想评介》，张明贵译，收录于曼海姆著《知识社会学导论》（Ideology and Utopia: An Introduction to the Sociology of Knowledge），风云论坛出版社，1998。

Descartes, René 著《我思故我在》，钱志纯编译，志文出版社，1991。

Durkheim, Emile 著《宗教生活的基本形式》（*The Elementary Forms of the Religious Life*），芮传明、赵学元译，桂冠出版社，1992。

Durkheim, Emile 著《社会学研究方法论》（*The Rules of Sociological Method*），黄丘隆译，结构群出版社，1990。

Geertz, Clifford 著《文化的解释》（*The Interpretation of Cultures*），韩莉译，译林出版社，1999。

Jameson, Fredric 著《后现代主义或晚期资本主义的文化逻辑》（*Postmodernism, or, The cultural logic of late capitalism*），吴美真译，时报文化出版社，1998。

Jameson, Fredric 著《后现代主义与文化理论》唐小兵译，合志出版社，1990。

Levi-Strauss, Claude 著《结构人类学》，谢维扬、俞宣孟译，上海译文出版社，1995。

Mannheim, Karl 著《知识社会学导论》（*Ideology and Utopia: An Introduction to the Sociology of Knowledge*），张明贵译，风云论坛出版社，1998。

Marx, Karl 著《1844 年经济学哲学手稿》（*Economic and Philosophical Manuscripts*），伊海宇译，时报文化出版社，1993。

McLuhan, Marshall 著《机器新娘——工业人的民俗》（*The Mechanical Bride - Folklore of Industrial Man*），何道宽译，中国人民大学出版社，2004。

Mirzoeff, Nicholas 著《视觉文化导论》（*An Introduction to Visual Culture*），陈芸芸译，韦伯文化出版社，2004。

Overy, Paul 著《新艺术史与艺术批评》，常宁生译，收录于常宁生编《艺术史的终结——当代西方艺术史哲学文选》，中国人民大学出版社，2004。

Plato 著《柏拉图文艺对话录》，朱光潜译，网络与书出版社，2005。

Saussure, Ferdinand 著《符号与语言》，陈志清译，收录于吴潜诚总编校《文化与社会》，立绪出版社，1997。

Simmel, Georg 著《桥与门——齐美尔随笔集》（*Das Individuum und die Freiheit Essai*）涯鸿、宇声等译，新华书店，1991。

Simmel, Georg 著《社会学——关于社会化形式的研究》（*Soziologie*），林荣远译，华夏出版社，2004。

Weber, Max 著《社会学的基本概念》（*Soziologische Grundbegriffe*），顾忠华译，远流出版社，1997。

Jay, Martin, 1992, "Scopic Regimes of Modernity." pp. 66 – 69 in *The Visual Culture Reader*, edited by Nicholas Mirzoeff. London & New York: Routledge.

Barthes, Roland, 1977, "Rhetoric of the Image." pp. 32 – 51 in *Image, Music, Text*, edited by Stephen Heath. New York: Noonday Press.

Berger, John, 1972, *Ways of Seeing.* London: BBC Publications.

Bourdieu, Pierre, 1984, *Distinction - A Social Critique of the Judgement of Taste.* London: Routledge.

Bourdieu, Pierre, 1990, "Artistic Taste and Cultural Capital." pp. 205 - 215 in*Culture and Society - Contemporary Debates*, edited by Jefrey C. Alexander and Steven Seidman. Cambridge: Cambridge University Press.

Bourdieu, Pierre, 1993, *The Field of Cultural Production: Essays on Art and Literature.* Cambridge: Polity.

Current Sociology, 1986, "Preface," *Current Sociology* 34 (3) .

Elkins, James, 2003, *Visual Studies - A Skeptical Introduction.* New York & London: Routledge.

Habermas, Jurgen, Jeremy J. Shapiro trans. , 1972, *Knowledge and Human Interests* London : Heinemann Educational.

Henny, Leonard M. , 1986, "Theory and Practice of Visual Sociology." *Current Sociology* 34: 1-76.

Hooper-Greenhill, Eilean, 2000, *Museums and the Interpretation of Visual Culture.* London & New York: Routledge.

Jenks, Chris, 1995, "The Centrality of the Eye in Western Culture." pp. 1-25 in*Visual Culture*, edited by Chris Jenks. London: Routledge.

Jonas, Hans, 1953/1954, "The Nobility of Sight - A Study in the Phenomenology of the Senses." *Philosophy and Phenomenological Research* 14: 507-519.

Mannheim, Karl, 1971, *From Karl Mannheim*, edited by Kurt H. Wolff. New York: Oxford University Press.

Merton, Robert King, 1968, *Social Theory and Social Structure.* New York: Free Press.

Mitchell, W. J. T. , 1994, *Picture Theory.* Chicago & London: University of Chicago Press.

October (Editors), 1996, "Visual Culture Questionnaire." *October* 77: 25-70.

Panofsky, Erwin, 1972, *Studies in Iconology - Humanistic Themes in the Art of the Renaissance.* New York & London: Harper & Row, Publishers.

Papademas, Dians, 1993, *Visual Sociology and Using Film/Video in Sociology Courses*, ed. Washington: American Sociological Association.

Rees, A. L. and Frances Borzello eds. , 1986, *The New Art History.* London: Camden Press.

Tanner, Jeremy, 2003, "Introduction: Sociology and Art History." pp. 1 - 26 in*The Sociology of Art - A Reader*, edited by Jeremy Tanner. London: Routledge.

Tomaselli, Keyan G. ., 1999, *Appropriating Images – The Semiotics of Visual Representation*. Denmark: Intervention Press.

Walker, John A. & Sarah Chaplin, 1997, *Visual Culture – An Introduction*. Manchester and New York: Manchester University Press.

其他

论大众传媒时代的审美与日常生活

李 健[*]

摘要：从美学的角度对中国当代文化所做的诸多分析中，"日常生活审美化"是比较值得关注的命题之一。它不仅部分地揭示了中国当代文化在审美层面的基本特征，而且从一个特定视角揭示了大众传媒时代审美活动与日常生活之间的现实关系及其内在文化逻辑。具体而言，从这一命题出发，这种关系至少可以在四个维度得以说明：一是技术向审美活动的渗透；二是消费主义文化的审美价值取向；三是大众传媒在审美维度与各种权力话语的合谋；四是审美活动背后的现代与后现代之争。

关键词：大众传媒 审美活动 日常生活 消费主义 技术逻辑

Abstract：From an aesthetic point of view to analyze the contemporary Chinese culture, the "aestheticization of everyday life" is a more interesting issue. It reveals not only the basic characteristics of contemporary Chinese culture in the aesthetic dimension, but also the relationship between aesthetic activities and everyday life in the era of mass media. In particular, starting from this proposition. And this relationship can at least be explained in the following aspects：first, technological interference with the aesthetic activity；

---

* 李健，南京大学人文社会科学高级研究院驻院学者、艺术研究院副教授，文学博士。本文为教育部哲学社会科学研究重大课题攻关项目"当代中国社会转型中的视觉文化研究"（12JZD019）、教育部人文社会科学研究一般项目"视觉文化语境中的艺术生产理论"（13YJA760025）阶段性成果。

secondly, aesthetic value-orientation of the consumerism culture；again，collusive relationship between mass media and power discourse；finally，the debate of modern and postmodern.

Keywords：mass media aesthetic activity everyday life Consumerism logic of technology

一

技术向审美活动的渗透问题，是伴随着现代工业社会快速发展而逐渐受到关注的现代美学基本问题之一。我们知道，在现代文明的缔造过程中，科学技术扮演着至关重要的角色，人类自现代性进程伊始便逐渐积聚起来的自豪感和自信心，在很大程度上是科学技术突飞猛进所带来的。与此相反相成，科学技术所带来的负面效应也始终受到关注。其中，最能说明这一问题的，莫过于法兰克福学派对工具理性所进行的激烈批判。批判理论对工具理性的批判反思，充分揭示了技术逻辑向日常生活蔓延的必然性和危害性。审美活动作为一种人类精神活动，它走向日常生活的一个重要表征，就是技术逻辑的全面渗透。对于阿多诺和霍克海默而言，这种渗透是通过对文化工业的激进批判呈现出来的；对于马尔库塞而言，则主要是在关于肯定文化的讨论中揭示出来的。以此为依据，所谓日常生活审美化，其实是技术至上的理性逻辑早已为我们设计好的一条文化演进之路。中国当代社会与西方社会的文化相似性及其差异性，都可以通过这样一个美学命题得到必要的说明。

相似性在于，无论以何种方式去理解，技术至上的理性逻辑的确都已经渗透到中国社会结构的各个领域之中。而这种渗透对中国当代文化建构的影响，无论在其积极方面还是消极方面都与西方社会的文化发展保持着极大的相似性。从积极方面来说，技术对审美活动的渗透既是不可避免的，也有其文化上的进步性。比如说，它突破了文化接受方面的等级限制，丰富了审美活动的疆域。在此意义上，技术的渗透也可能具有解放的潜能，而这也正是本雅明试图通过其文化理论传达给我们的信息。从消极方面来说，批判理论通过对工具理性、文化工业等的批判反思所揭示的种种弊病，同样在中国当代文化中有所反映：

当文化活动中技术以其特有的自律的本体论地位向审美的表现理性挑战时，结果是严重的。由于技术的自律性，它非但不会受到传统的主体原则和审美表现理性的制约，而是相反，技术的工具理性反过来制约甚至压制着审美的表现理性。在审美活动中，我们失去了传统意义上那种主体的自由和想象力的游戏性，我们更多的是被技术在暗中操纵着控制着。①

透过中国当代文化，我们不仅可以清楚地发现代表技术逻辑的工具理性与代表审美逻辑的表现理性之间的矛盾，而且能够感知前者对后者的制约、破坏甚至僭越。与之相适应的是，审美文化活动在其深层结构中表现出一种对技术逻辑的崇拜心理。关于这一点，我们可以将第29届奥运会的开幕式演出作为一个个案进行简要分析。很显然，在这场规模宏大、气势磅礴的精彩演出中，最令人瞩目的现象之一就是它使用了大量高科技手段来制造特有的审美效果。在一定程度上可以说，它在技术与艺术的结合上，几乎达到了一种出神入化的境地。由于演出性质的特殊性、技术投入的超高难度等因素，技术手段在这里表现出明显的不可复制性。于是，借助技术手段实现的宏大场面中所营造出来的审美氛围，也因此具有了艺术表达上的唯一性。看上去，通过一定的技术手段，同样可以制造出一种带有特定"灵韵"的审美效果。但是问题恰恰在于，当艺术的"灵韵"需要通过技术手段来实现的时候，技术与审美的关系也悄然发生了变化。在这场奥林匹克的盛装演出中，技术因素才是最值得大书特书的。一方面，审美因素是"仁者见仁，智者见智"的，如何判断一场演出在审美层面的成与败，是非常困难的；另一方面，与此相反，技术因素不仅是可以直观乃至量化的，而且在特定环境中更是不可复制的环节。正因为如此，无论抽去技术因素之后剩下什么，其实都无关紧要，重要的是保证技术环节不出现任何偏差。最终，在一场看似唯美的视觉盛宴中，隐匿的却是对技术逻辑的极端崇拜。这绝非是对一场精彩演出的刻薄否定，而只是对日常生活实践各个层面都受到技术逻辑操控这一事实所做的一个特别注脚。

差异性不仅在于这一特征在中国社会的形成时间与西方存在着明显的差距，更在于主导中国社会文化生态的政治格局、经济环境等都与西方社

---

① 周宪：《中国当代审美文化研究》，北京大学出版社，1997，第296页。

会有很显著的差异。众所周知，中国社会的政治格局早已随改革开放的进程发生显著变化。以中国当代社会结构的转型为依据，分化则是最能体现这种变化的一种理论概括。尽管如此，政治话语仍然对于当代中国的文化生态具有举足轻重的影响力。从技术逻辑对日常生活实践的操控角度来说，政治话语加剧了这一逻辑在中国社会存在的复杂性。具体而言，一方面，在一个极端低分化的时代，围绕着政治生活而展开的一切活动，都不可避免成为服务于政治的工具或手段。在这个过程中，政治话语所依赖的内在逻辑恰恰是工具性的；另一方面，自近代以来，中国社会通过科学技术进步实现现代转型的努力一直就没有停止过。即使是在改革开放前的数十年间，科学技术始终都是政治话语充分利用的对象之一。进入新时期之后，经济生活对科学技术的追求其实也首先是通过政治话语才得到充分表达的。在一定意义上，政治话语不仅在客观上强化了技术逻辑对日常生活实践的控制，而且这一逻辑本身就是显示其自身存在的重要途径。而从经济环境的角度来说，中国社会的复杂性也远远超过了西方社会。尽管中国社会在一定程度上已经进入消费社会，但是从经济结构上说，它与西方社会仍然有着很大的区别。经济领域的中国特色同样带来文化生态的不稳定性。表现在对技术逻辑的认同问题上，就是代表不同利益群体的话语形态总会有各自不同的理解。因此，我们必须特别关注不同话语形态背后所包含的文化立场。尤其是从消费社会的角度展开讨论的话，我们将更容易理解当代文化的基本特征，以及由各种话语形态相互纠结所造成的文化生态的复杂性。

二

为了更容易地理解审美与日常生活的现实关系，我们还应该从消费社会的角度进一步展开讨论。站在美学的立场上，这一问题的重点就在于要对消费主义文化的审美价值取向有一个基本的认识。我们知道，当代中国已经不可逆转地走在一个从生产型社会向消费型社会过渡的道路上。在一个由经济话语主导的消费至上的社会生活之中，对消费品、消费符号直至消费主义的顶礼膜拜，正在成为日常生活中最具有代表性的文化逻辑。这一逻辑对当代审美活动的价值取向起到了至关重要的影响。在这里，我们不妨以广告这种最具有日常生活实践意味的艺术创意活动为例，简要地说明其中所包含的审美价值取向问题。

我们知道，自20世纪80年代开始，中国的广告业发展开始进入一个突飞猛进的历史时期。30年间，广告不仅成为中国各种传媒形式的宠儿，更以其特有的符号体系记录了时代的变迁，参与到中国当代文化的建构之中。在这个过程中，广告越来越倚重各种充满"诗意"的话语符号，推销着自己的商品、刺激着大众的消费，最终营造出一个属于当代中国的"消费神话"。而诗意广告的大量出现，不仅提升了广告的艺术水准，也为我们审视当代文化的审美价值取向提供了绝佳的研究对象。具体而言，在广告活动中，非常明显地遵循着消费至上的文化逻辑。

首先，诗意广告不仅将话语符号的意义生产过程及其随意性生动地揭示了出来，而且将经济话语对物质欲望的片面追求反映了出来。在这个过程中，经济话语借助诗意广告推销着中国当代"消费神话"最基本的文化逻辑，这就是对"消费品"的顶礼膜拜。比如大量的房地产广告，都习惯性地将作为商品的住宅在"能指"层面置换为"旷世华宅""名门公馆""顶级住宅""首席富人区"等，在"所指"层面又将之暗示为一种幸福生活、品质生活和高人一等的尊贵生活。最终，通过诗意化的广告手段，我们被告知：优越的物质条件才是一个人体现自身价值、过上幸福生活的标志。曾有人开玩笑地说，这个时代再也没有诗人了，因为诗人都写房地产广告词去了。笑话的背后隐藏着这样的真理：越来越唯美的广告词，只是商品拜物教的"华丽"的遮羞布而已。从这个意义上完全可以说，拜物教化正是当代审美最显著的价值取向。其次，诗意广告还刻意通过各种审美方式，充分表达其对"消费符号"的顶礼膜拜。与对"消费品"本身的追逐相比，对"消费符号"的追逐更加凸显了当代消费社会的本质特征。为了推销这样一种文化逻辑，广告不仅肆意进行话语符号的意义生产，还不断采取其他各种手段消耗着一切可以利用的文化资源。商品以"品牌"形式所传达的符号价值，则成为诗意广告倾力推销的内容。所谓"品牌"，不仅是某种商品的注册标志，而且也是特定文化价值的社会符号。广告不厌其烦地告诉大众：选择一个品牌，除了表示你挑选了一件适用的商品之外，同时也表示你对这个品牌所包含的特定文化价值乃至审美价值的认同。因此，在消费过程中，买何种品牌的商品比买商品本身更重要。在这里，商品脱离了产品状态，作为一种包含特定文化意义和审美价值的社会符号被人消费。这样，通过对"消费符号"的顶礼膜拜，"消费品"以品牌现身，全面俘获了生活在消费社会中的男男女女。最后，诗意广告最终需要实现的，则是对当代消费神话"文化逻辑"的核心内容——"消费主义"的顶礼膜拜。它通过推销一种新的消费观念，宣扬一种新的生活方式，已经成为最能反映当代中国经济状况的新意识形态诉求。于是，当代社会对物质欲望的追逐，通过广告不厌其烦地"唯美"表达，奇妙地与有意义的幸福生活画上了等号。

只要我们稍微熟悉霍克海默和阿多诺在《启蒙辩证法》中对文化工业的反思，就不难发现上述关于诗意广告的描述，早已存在于法兰克福学派第一代理论家的批判视野之中了。所谓广告是现代社会最具有代表性的艺术形态，不仅是对他们所经历时代的绝妙讽刺，对于我们这个时代也同样有效。对于审美在日常生活实践中所扮演的这一角色，可以用"审美殖民化"来认知。当然，关于这一点，可以有这样两种不同的表述策略：一是日常生活的审美化，也就是审美活动对日常生活实践的"殖民"；二是审美的日常生活化，也就是日常生活实践对审美活动的"殖民"。毫无疑问，这的确是两种有所区别的理论立场。有人也据此指出，应该在"日常生活审美化"与"审美日常生活化"之间做一个必要的区分。不过本文无意对此展开讨论，因为无论是何种意义上的"殖民化"，审美价值取向的拜物教化，都已然成为当代社会表现在文化层面的基本特征之一。立足于此，我们就能从两种看上去有所不同的理论立场中，同时看到日常生活实践与审美活动之间的暧昧关系。关于这一点，我们还可以从大众传媒与权力话语之间的合谋关系出发继续展开讨论。

三

大众传媒在审美维度与各种权力话语的合谋关系，是一个复杂的问题。这些权力话语，包括始终出现在当代文化建构之中并起到关键性作用的政治话语；既努力保持着独立精神、自由意识，又不断融合于各种文化实践当中的精英话语；直接推动大众文化发展、当代消费社会的主导话语形态——经济话语。就其现实形态而言，我们要想准确梳理出这些权力话语如何复杂纠结、多元共生，的确是一件极其困难的事情。尽管如此，我们仍然能够在宏观上考察并理解这些错综复杂的关系，尤其当这种考察是从大众传媒的角度来审视的时候。的确，在中国当代文化的建构过程中，大众传媒已经成为文化建构的基本方式，成为左右日常生活的主要途径。以此为依据，我们可以将隐匿于其中的权力话语关系及其对审美活动的影响逐一揭示出来。

具体而言，其一，大众传媒借助技术逻辑将审美活动改造为对文化符号的消费、对时尚生活的追逐和对娱乐人生的认同。这种改造的背后，包含着经济话语强烈的商业主义诉求。换句话说，审美活动是作为大众传媒的一个组成部分而存在，并不断遭到传媒的改造和制约。站在传媒的立场上，审美活动的传统观念已经被打破。这一点可以借助上面关于广告的文化分析得到印证。宽泛地说，广告恰恰是当代大众传媒最重要的表现形态之一，审美活动在大众传媒中所受到的经济话语的制约，通过广告可以被淋漓尽致地表现出来。不仅如此，为了最大限度地实现经济话语所追求的商业利益，大众传媒——尤其是电视传媒还不遗余力地通过各种手段将审美活动"娱乐化"。目前电视节目中大量的选秀活动就是最典型的例子。比如前几年的"超级女声"就已经成为文化研究的典型案例之一。本文无意对此再做深入剖析，但是这些节目所标榜的一切，的确与传统的艺术活动毫无瓜葛。在各式各样的"秀场"当中，其实是经济话语扮演了掌控一切的统治者角色。

其二，大众传媒作为政治话语的喉舌，不仅受经济话语的利益驱动，而且还隐藏着丰富的官方意识形态内容。在这一维度上，审美活动仍然没有完全摆脱政治话语的隐性控制，并作为大众传媒活动的一个特定内容而存在。这里，我们不妨以体育传媒文化这一特定的文化现象为例，做一点简要的分析。当代中国，围绕着体育运动已经形成一个潜力巨大的文化产业链，传媒作为其中最重要的环节之一，不仅直接促进了中国体育的快速发展，而且形成了具有中国特色的体育传媒文化。大众传媒在不断将体育"娱乐化"的同时，还充分地利用了政治话语对体育的意识形态诉求。政治话语在此不仅与经济话语构成了一种暧昧的亲和关系，而且通过一种英雄叙事策略确立了一种体育文化中的崇高美学。看上去，这种美学尤其关注日常生活实践中所缺乏的崇高感，与审美活动的传统观念密不可分。但问题是，这种崇高感只不过是实现体育意识形态诉求的一种手段而已。它所指向的终极意义无不与国家形象的塑造、民族身份的认同直接相关。在这里，大众作为传媒的对象，在这个过程中所扮演的角色是非常有趣的，其中就包含着审美与政治之间早已为人所熟知的复杂关系。这种关系，用法兰克福学派的理解来说明是最合适不过的了：

> 必须把审美的政治化（这一点本雅明也已经预感到了）和政治的审美化（法西斯主义的创造）严格地区分开来：后者意味着通过剥夺大众从而摧毁政治，大众在一场由人导演的玩世不恭的闹剧中降格为微不足道的小角色；与此相对，前者（根据其潜力）意味着借助世故圆滑的大众而获得政治。以理想类型的眼光看来，这是一种极端的对立。在具体现象中，对立的双方会偶尔发生接触，这属于社会状况的一种特征面貌，其中既包含着政治退化的可能，又蕴涵着自由的潜力。①

由此可见，在对待审美与政治之间关系的问题上，不仅存在着巨大的差异性，而且大众的存在也成为判断各自立场的重要依据。但是无论如何，对于审美活动而言，这两种极端对立的"理想类型"都带有过于强烈的非审美企图，大众传媒对政治话语的臣服，则使得这种企图远远压倒了审美的要求。

其三，大众传媒还特别借用知识分子的专家身份，与精英话语形成某种"共谋"关系。作为精英阶层，后者不仅可以为大众传媒出谋划策，而且可以直接通过传媒引导大众的审美趣味、文化品位。而大众传媒则可以借此丰富自己利用审美活动来获取经济利益的手段。事实上，大众传媒作为一个现实存在的文化领域，本身就聚集了一大批知识精英。在一定意义上，当代消费文化的潮流，就是由他们引领的。随着大众传媒与专家之间的关系越来越密切，两者相互依赖的趋势也越来越明显。以"百家讲坛"为代表的专家讲学式电视节目的盛行，就是一个很能说明问题的媒体文化现象。从积极的方面看，知识分子话语的参与，有可能提升大众传媒文化表达的深度和力度；从消极的方面看，它也在某种程度上暗示了精英话语所标榜的独立精神和自由意识正在蜕化。尤其是从公共领域的角度来考察，问题的确是比较突出的。哈贝马斯关于"舆论管理技术"的发展与公共领域"衰竭"问题的探讨，可以给我们一定的启示。由于商业法则对公共领域的入侵、大众传播媒介对公众的直接制约，以及公共领域中个体性的丧

---

① 维尔默：《论现代和后现代的辩证法》，钦文译，商务印书馆，2003，第 43~44 页。

失等因素，都在不同程度上导致了公共领域的变迁。① 而在这个过程中，知识分子作为某个领域专家的身份越来越被凸显出来，与此相反，公共领域所需要的公共知识分子形象却一再遭到解构。公共领域的衰竭是伴随着大众传媒的权力渗透而产生的。在这个过程中，包括精英话语、政治话语和经济话语在内的各种话语形态都起到了纠结不清的作用。因此，究竟应该如何理解大众传媒中各种话语形态所扮演的角色，的确是一个棘手的问题。不过总体上说，以上简要讨论的这三种话语形态，在大众传媒中始终存在着某种潜在的对抗和妥协关系。而这些通过大众传媒反映出来的"合谋"或"对抗"关系，又共同影响了当代审美活动的价值取向。已经"日常生活化"了的审美活动所包含的消费主义、商品拜物教、意识形态话语、技术主义等诸多内容，都可以从大众传媒所推动的审美"殖民化"进程之中找到依据。

四

"日常生活审美化"背后的现代与后现代之争问题，也是非常具有现实针对性的重要理论问题。只有从这个角度再进一步审视审美与日常生活之间的现实关系，我们的认识才有可能更加完整。在一个全球化的时代背景中，最近30年间中国社会发生了翻天覆地的变化。具体来说，当代中国实际上处于一个前现代、现代与后现代文化共存的时空当中。不过在一个时期内，当代中国究竟身处于现代还是后现代的问题，却成为人们争议的焦点。这实际上也说明了一个问题，就是现代与后现代之争再也不只是西方社会需要探讨的话题。

关于现代与后现代问题，一方面，如沃林所担忧的那样：在所谓后现代的情感平面化的景观中，人们被剥夺了感受自身异化的能力。在这样的社会中，到处都是顺应和协调的形象。因为在相当程度上，追求文化他性或多元价值已经被体制化了，这种追求向我们提供了解放的无所不在的幻象，为的只是更有效地否定它的实现②；另一方面，则如卡林内斯库所言，后现代主义只是现代性的一副面孔。借助这副面孔，人们可以就存在于多重化身中的现代性提出某些问题。因为在现代性的诸面孔中，后现代主义

---

① 参见周宪《中国当代审美文化研究》，北京大学出版社，1997，第170页。

② 沃林：《文化战争：现代与后现代的论争》，见周宪编译《激进的美学锋芒》，中国人民大学出版社，2003，第13~18页。

也许是最好探询的：自我怀疑却好奇，不相信却求索，友善却冷嘲。① 利奥塔关于后现代的讨论，为此做了一个很好的概括：一部作品只有首先是后现代的才能是现代的。这样理解之后，后现代主义就不是穷途末路的现代主义，而是现代主义的新生状态，而这一状态是一再出现的。② 如此而言，审美现代性不但没有因为后现代状况的出现而走向没落，相反却与之保持了某种本质上的一致性，并为之提供了丰富的养料。

　　事实上，中国当代文化的发展，也恰恰在这一点上是很值得探讨的。沃林所担忧的那样一个后现代景观，或多或少也正是我们的真实写照。这里，我们还是以一个特别的体育事件做一点实际的分析。在第 29 届奥运会上，寄托了国人巨大希望的刘翔最终因伤退赛，成为本届比赛最意外的事件之一。作为一名运动员，因伤退赛是再平常不过的事情了。但是对于已经由大众传媒塑造成超级民族英雄的刘翔而言，这却是一个无比艰难的选择。于是，不仅政治话语用最快的速度为这一选择定下了一个积极的基调，人们也愿意用"这是一次伟大的转身，这是一次伟大的超越"之类的语言来描述这一突发事件。在一定意义上，这仍然体现了一种政治话语所要求的崇高美学。与此同时，贯穿于这一届奥运会始终的，还有另一种被传媒反复宣扬的崇高感。比如严重受伤却坚持到底的跆拳道运动员，比如身患绝症仍坚持参赛的游泳运动员。两种完全不同的选择，在传媒那里实现了奇妙的统一。我们当然可以说，崇高感可以有很多种形式来表现，这并不矛盾。但是不是可以有另一种解读呢：所谓崇高，背后隐藏着的其实只不过是"怎么都行"的后现代主义文化逻辑？

　　在这里举这样一个例子无非是想强调，在大众传媒与各种权力话语的纠结过程中，人们真的有可能"被剥夺了感受自身异化的能力"。在现代与后现代的纠结中，这种可能性也在中国当代文化的发展过程中表现得越来越明晰。而审美活动在这个过程中原本所追求的各种审美价值，也显得越来越微不足道。从这个意义上说，那些审美现代性所持守的颠覆性力量，在我们的文化发展中，正遭到越来越多其他因素的侵蚀。中国当代艺术在现代与后现代的纠结中表现出的各种矛盾态度，既是对社会现实的一种直接反映，也构成了当代社会最令人迷惑的一道文化景观。

---

① 卡林内斯库：《现代性的五副面孔》，顾爱彬等译，商务印书馆，2002，第 299 页。
② 利奥塔：《后现代性与公正游戏》，谈瀛洲译，上海人民出版社，1997，第 138 页。

福特制、电子媒介与现代性

李三达[*]

摘要：福特制开启了20世纪的大规模生产，这为紧随其后的大规模消费提供了基础。法国调节学派在研究福特制所造成的标准化商品生产时只涉及标准化住房和汽车，实际上，这一生产模式还推动了电子媒介设备的大规模生产和消费，正是在此基础上以电视为代表、以广告为推动力的电子传媒体系才得以巩固。如果说标准化住房和汽车只是对社会空间造成了剧烈震荡的话，那么电子媒介则全面开启了时间、空间的双重压缩。被电子媒介持续推动的全球化进程与差异化生产联手埋葬了福特制，并开启了后福特制社会，或曰"流动的"现代社会。然而，在当代中国，福特制的幽灵却始终在徘徊。

关键词：福特制　后福特制　电子媒介　现代性

Abstract：Fordism had resulted in the mass production and mass consumption in the twentieth century, and in the research of the prosperity of the commodities resulting from fordism, the French Regulation School finds the connections among standardized houses, cars and fordism. In fact, they had neglected the mass production and consumption of the electronic media devices resulting from fordism, only on which, the electronic communication system that is characteristic of TV and lies on the foundation of Ads could be set up. It standardized housing and cars just caused wild swings to social

---

* 李三达，南京大学文学院博士候选人。本文系教育部人文社会科学基金青年项目"大众传媒与文艺理论的创新"（10YJC750002）阶段性成果。

space, then the electronic media is fully opens the double compression of time and space. And then, the progress of globalization continually propelled by the electronic media and the differentiating production as well had buried the fordism together, so as to inaugurate the post-fordism society, or the liquid modern society, while the contemporary China is still haunted by the ghost of fordism.

Keywords: Fordism post-fordism electronic media modernity

福特制（fordism）是对美国著名的汽车制造厂商福特汽车公司在 20 世纪初推行的一系列管理措施的总称，其标志性的产品就是亨利·福特 1908 年在密歇根的汽车生产厂所推出的第一台 T 型车。到 1929 年 T 型车停止生产为止，这种车共计产出 1500 万辆。[1] 这无疑标志着大规模生产的开始，大规模生产为后来的大规模消费提供了物质基础。因此，这也使得有些学者将福特制视为消费社会的开端。[2] 实际上，虽然福特制导致了大规模生产，但消费社会与福特制之间的关系却是间接的，中间还有一个重要的中介性因素——电子媒介的诞生和普及。由于福特制的研究者们（以法国调节学派为代表）主要是从经济学和管理学角度进行研究，所以福特制与电子媒介（尤其是电视）的关系很少被提及，但实际上这两者之间的关系不但复杂而且还有着深厚的关系。

福特制的特点

20 世纪初，意大利共产党领袖葛兰西（Antonio Gramsci）在《狱中札记》中第一次使用"福特制"这个词来指称当时在美国兴起的一种企业管理模式。因此，他对福特制的论述不但是最早的，也最接近当时的感觉结构，但也使得福特制从一开始就成为马克思主义者对资本主义进行批判的一个文化政治标靶。葛兰西对福特制的论述主要集中在三个方面：第一，福特制以泰勒制（Taylorism）的科学管理为基础造成了工人的机械化；第二，福特制提供的高工资和短工时是工人对资本家妥协的结果；第三，福

---

① 〔英〕安东尼·吉登斯：《社会学》（第五版），李康译，北京大学出版社，2005，第 612 页。
② 罗岗：《消费文化读本》，中国社会科学出版社，2003，第 2 页。

特制导致了资本家对工人私生活的干预。① 虽然葛兰西的目的是为了批判，但是也从侧面总结出了福特制的特点。

首先，福特制是以科学管理的鼻祖弗里德里克·泰勒（Frederic Taylor）所创立的泰勒制为基础发展起来的。泰勒制强调的是减少每个工人不必要的动作，在合理化的工作流程设计中将工人的劳动效率最大化。亨利·福特（Henry Ford）则是将泰勒制运用于实际生产管理中的人，并且他还在此基础上进行了一系列改良。第一，福特在芝加哥屠宰场的生产线的启发下，在其工厂中建立了标准化作业的生产流水线，每个工人被固定在流水线上以均匀速度进行生产，这样就将工序的协调性和生产效率提高到了最大；第二，福特将零件生产和生产程序标准化，因此，所有的 T 型车采用的都是同样的零件和结构，从而最大限度地节约了生产成本，便于适应流水线作业。正是这些举措开创了大规模生产的先河。但是，泰勒制的运用在提高了生产效率的同时，也意味着最大限度地剥削工人。工人原本在工作中的休息时间被削减到最低，这也造成了巨大的问题：工人们"身体被毁了，精神上也遭受了摧残"②。正是因为工人对高强度的工作无法适应才造成大量的旷工和辞工现象，例如，1913 年，福特公司的一间工厂原本平均只需要 13000 名到 14000 名工人，可这一年的辞工人数却高达 50000 人，③ 可见福特公司的工作人员几乎都是临时性质的。这又与福特制的另一特点有关：福特制的标准化生产拆分了工作的步骤，导致一名工人总是重复地进行非常简单的劳动，因此大大降低了对熟练工的需求，工人几乎都是由半熟练工和新手来充当，因此一旦工人辞工，福特公司总会立刻去寻找大量的备用工人。

其次，福特汽车公司于 1913 年第一次提出"一天工作八小时，挣五美元"。这两项创举与第一个特点息息相关，正是这两项措施被葛兰西看作是工人阶级对资本家妥协的主要原因。即便工作让工人们筋疲力尽，但是比行业平均水平高出两到三倍的工资给了工人们巨大的诱惑。而且，根据加耳布雷斯（John Galbraith）的研究：1850 年左右，工厂的平均工作时间是

①　Antonio Gramsci, *Antonio Gramsci Reader Selected Writings: 1916 - 1935*, ed., David Forgacs, New York: New York University Press, 2000, pp. 277 - 294.

②　Hew Benyon, *Working for Ford*, London: Penguine, 1973, p. 188.

③　Hew Benyon, *Working for Ford*, London: Penguine, 1973, p. 19.

每天十小时，一周七天。① 虽然在福特制推行之前社会的平均工作时间已经接近九小时，但是毫无疑问，福特又将此推进了一步。这一措施的执行给工人们带来了更多的休息时间，其主要目的也是为了缓解工作中所造成的疲劳。显然，这一举措获得了不错的成效，"补缺工降低到 5% 以下，而且旷工现象也跟着下降了"②。这项举措不但影响了福特公司，也影响了全球的经济走向。工人们拥有了更多可以支配的收入，因此开始进行大规模的消费，这也是福特汽车产品销售的重要动力。因此，产量的不断提高以及边际成本的不断降低导致了以福特制为核心的经济繁荣景象逐渐成形，福特制正是在这样的背景中被逐渐推广的。

再次，葛兰西所谓的雇主对工人阶级私生活的干预，主要体现在雇主企图使工人在八小时工作制以外规范地使用时间。由于工作的劳累造成了工人烦躁不安的心情，他们更愿意通过"酗酒"来释放自己的压力，可是毫无疑问，酗酒的工人不但会出现治安上的种种隐患，还会造成第二天工作过程中错误率的提高，因此，美国在 1920 年出台了宪法第十八条修正案（即禁酒法案），此法案被提出时的主题就是"经济、效率和道德"。这并非只有美国才有，全世界范围内许多发达国家都出台了禁酒令，但同时也遭到了各国工人的集体反对。工人们认为："酒能止渴抑欲，滋补营养，促进社交。"③ 如果说禁酒还有防止工人酒后闹事的政治原因的话，那雇主对工人性生活的干预则完全是为了保证工人第二天工作时有足够的精力。葛兰西对此的描述是："要在生产和工作理性化中培养新人类，必须使性本能被合理地规范化以及理性化。"④ 为了将性和酗酒对工人身体造成的危害缩减到最小，雇主开始关心起工人的私生活。因此，福特公司的工人若要保住他的工作，必须生活得有节制，有良好的品行，不抽烟，不喝酒，清洁而谨慎。⑤ 这无疑给工人们提出了严格的要求。

总之，葛兰西在概括性地批判福特制的同时也较为详细而准确地描述

---

① 〔美〕加耳布雷斯：《丰裕社会》，徐世平译，上海人民出版社，1965，第 280 页。
② 〔法〕米歇尔·博德：《资本主义史：1500—1980》，吴埃美等译，东方出版社，1986，第 304 页。
③ 〔英〕克里斯·希林：《文化、技术与社会中的身体》，李康译，北京大学出版社，2011，第 99 页。
④ Antonio Gramsci, *Antonio Gramsci Reader Selected Writings: 1916–1935*, ed., David Forgacs, New York: New York University Press, 2000, p. 282.
⑤ 米歇尔·博德：《资本主义史：1500—1980》，吴埃美等译，东方出版社，1986，第 205 页。

了福特制的特点,这些特点用葛兰西自己的话来说就是:"工业主义是对人类兽性的持续不断的斗争。"① 换句话说,就是福柯(Foucault)所说的规训(discipline)。福柯在《规训与惩罚》中指出,工厂的管理手段正是与监狱、学校、军营一同发展起来的,即以边沁的"全景敞视监狱"为基本模型所发展出来的身体规训技术。但是,这一系列的管理或曰规训手段在创造大规模生产方式的同时,也创造了大规模的消费方式,这一消费方式的兴起并非简单地兴起于生产效率的提高和工人消费能力的提高,电子媒介在其中起到了重要作用。

福特制与电子媒介的普及

法国调节学派(regulation school)的代表人物米歇尔·阿格列塔(Michel Aglietta)在非常有名的福特制研究著作《资本主义调节理论:美国经验》中提到福特制对商品生产的主要影响是造成了两样重要商品边际成本的降低与普及,即标准化住房和汽车,而这两样商品的普及关系又十分紧密,正是因为标准化住房一般设在偏远的郊区,使得购买汽车来缩短空间上的距离成为必须。② 但是,他没有注意到福特制还直接地促进了电子媒介设备(包括电话、收音机、电视机等)的普及,由于电子媒介设备在20世纪初期均处于刚刚发明并投入市场的阶段,因此生产成本和价格均居高不下,其中最重要的是能够提供图像传输功能的电视机。而这些电子媒介的普及造成的是以时间为主要对象的更大规模的时空压缩。这些大众传播媒介要造成必要的影响必须以终端的大规模持有为基本条件,因此若不能降低这些终端的生产成本,促成更多的家庭持有相应的媒介终端,那么20世纪后半叶典型的消费社会形态就会延迟浮现,同样以个性化生产和消费为特点的后福特制社会也会延迟到来。

---

① Antonio Gramsci , *Antonio Gramsci Reader Selected Writings*:*1916-1935*,ed.,David Forgacs, New York:New York University Press,2000,p. 286.

② 参见 Mitchel Aglietta, *A Theory of Capitalist Regulation*:*The US Experience*,London:Verso, 1979,p. 159.关于此点,大卫·哈维提供了更为详细的解释,他认为:"赖特的'布罗达克雷城'使人口和工业郊区化与分散化(而不是其自助化)的思想,将成为1945年之后战后长期繁荣中刺激对于福特产品的有效需求的一个主要因素。"——〔英〕大卫·哈维《后现代的状况》,商务印书馆,2003,第168页。

首先，福特制的推广使电子媒介设备（尤其是电视机）生产的边际成本以及传输机构运营的边际成本下降。例如，20 世纪初期电视机技术就已经成熟，虽然只能传输低清晰度（low-definition）信号，但是已经能够达到实用的程度。1928 年 7 月 3 日，美国《电视杂志》宣布，新泽西州纽瓦克市达文公司推出美国制造的第一台电视机，在当时的历史背景下，全球范围内也只有福特公司的工人才有可能购买如此昂贵的设备。第二次世界大战期间，未受战争影响的美国经济在军事工业的带动下得到不断发展，福特公司的管理模式在汽车生产行业也被另外两大巨头——即通用公司和克莱斯勒公司——所借鉴，因此这一管理模式终于走向了更广阔的天地。这也将大大提高其他领域工人的购买力。但是，遗憾的是，这一推广过程在欧洲进行得十分缓慢，因此英国的主要电视机构（BBC）从一开始就倾向于作为公共服务机构而存在，[①] 这也就意味着国家财政必须承担电视台的运营成本。但是，在福特制的推广下，电视机设备生产能力更为强大的美国发展出了新的运营模式：大规模生产与大规模消费相结合，导致了电视机拥有者的数量迅速增长，也就是说美国的电视台采用的是以广告盈利为主要手段的运营方式。[②] BECHS（Buffalo &Erie County Historical Society）博物馆提供的数据显示 1950 年美国人电视机拥有总量为 3880000 台，电视机拥有户占全国总户数的 9.0%，而 10 年之后，美国人电视机拥有总量为 45750000 台，电视机拥有户占全国总户数的 87.1%。这一增速十分惊人，同时也反映出福特制及战后经济繁荣影响下美国人巨大的购买力。

其次，福特制的推广还在工人私生活领域造成了革命性的变革。葛兰西曾经描述的情况是工作十分劳累、几乎精疲力竭的工人们私生活十分不节制，将酒精和性看作是减压的主要方式，而这些不健康的生活方式却遭到了雇主们的非人道干预。可是，令亨利·福特也未能想到的是，他开创的福特制所引发的电视的大量生产和广泛应用为此提供了新的解决方案。随着电视的普及，工人们在开着汽车回到郊区的住宅之后，有了新的娱乐方式。1970 年代的美国电视机拥有率达到总户数的 95%，看电视已经变成

---

① Raymond Williams, *Television：Technology and Cultural Form*，London：Routledge，2005，p. 25.

② Raymond Williams, *Television：Technology and Cultural Form*，London：Routledge，2005，p. 27.

了主要的休闲方式。加州大学伯克利分校研究员莉莲·鲁宾（Lilian B. Rubin）博士在 1970 年代初的访问调查显示：工人们下班后最主要的娱乐方式就是看电视。她在《沉默的大多数：美国工人阶级的家庭生活》中写道：工人家庭晚上的休闲"通常是看电视。女人可能做些针线活。对男人来讲，'只是看电视'……我回到家，就渴望坐在电视前……并且忘掉一切。假如是个坏天，或者该死的工头对我粗暴，或者琳娜惹我发火，我只是忘掉它"①。或者说，工人们在酗酒之外找到了能更好的发泄工作中造成的紧张和压抑情绪的方法。正是通过这些电视节目，观众们享受到了一种彻底放松的感觉。而且正是对这种感觉的盲目追求，导致了尼尔·波兹曼（Neil Postman）所谓的"娱乐至死"情况的出现，波兹曼讽刺地说："一个好的电视节目所希望得到的是掌声，而不是反思。"② 如果把这句话放入工人阶级的实际生活中，不难发现，以工人们的工作情况来看，看电视还需要反思势必会引起所有工人的厌烦，超强劳动强度下的他们更需要的就是不用脑子的放松。这也在某些学者的研究中体现出来：电视普及之初，受教育程度越高的人看电视越少，通常看电视的都是高中文化程度的工人。③ 虽然波兹曼的批判是值得肯定的，但是他完全脱离了历史主义的视角，这也就片面地否定了电视娱乐节目在历史发展过程中的合理效用，而根本性的问题存在于整个社会的生产体制中，如果整个社会所依赖的生产体制（或用马克思主义术语则是生产关系）不能得到变革，那么这种"娱乐至死"的情况会一直延续下去。

再次，福特制本身与大规模消费市场紧密相连，因此电子媒介的兴起对福特制造成的最大影响在于以广告为依托最大限度地开掘了大众消费市场，这也就形成了鲍德里亚所说的"消费社会"。某些学者甚至认为，美国的电视产业甚至"从一开始就被设计为以广告为支撑"④。很难想象，没有

---

① 〔美〕莉莲·鲁宾：《沉默的大多数：美国工人阶级的家庭生活》，汪泽青译，北京国际文化出版公司，2001，第 207 页。

② 〔美〕尼尔·波兹曼：《娱乐至死》，章艳译，广西师范大学出版社，2011，第 119 页。针对电视的这种批判并非仅仅在好莱坞文化大行其道的美国存在，布尔迪厄在《关于电视》中对法国社会也作出了类似的批判，他认为电视被"快思手"所统治，完全不给观众反应的时间。

③ John Robinson, 'Television and Leisure Time: Yesterday, Today, and (maybe) Tomorrow', in *The Public Opinion Quarterly*, Vol33, No. 2, 1969, p. 217.

④ Matthew P. McAllister, 'Television Advertising as Textual and Economic Systems', in *A Companion to Television*, ed., Janet Wasko, Blackwell Publishing Ltd. 2005, p. 217.

电视机的普及，以及电视广告的发展，消费品市场会出现井喷式发展。电视媒介在此时扮演了以光速传递商品信息的重要角色。根据日本学者的调查，电视机在家庭耐用品消费中占据首要位置，而电视机的普及带动了洗衣机、电冰箱和吸尘器等其他耐用消费品的普及。① 换句话说，电视机的普及促进了消费社会的不断发展，越来越多的生活用品被用于增加家庭主妇以及工人们的休闲时间，而更多的休闲时间又被投入到观看电视的家庭活动之中。福特制的本质在于引导了大规模消费利润增长，因此，没有强有力的大众媒介的介入，福特制的生产力也无法得到完全的发挥。电视广告以最为全面的手段，全方位地通过声音和图像对观众进行轰炸，以制造需求和欲望，"个人商品消费成为一天当中在较短时间内最有效地使身体和精神疲惫得到恢复的方式"②，消费不再是为了需要而消费，而是被整合进了生产，成为再生产体系的重要组成部分。

虽然，福特制与电子媒介的普及关系密切，这主要体现在福特制为电子媒介设备的大规模生产提供了可能的条件，因此也造成了消费社会的产生。但是，消费社会的发展并未停止不前。可以说，消费社会与电子媒介的继续发展所引发的"时空压缩"以及全球化的兴起为埋葬福特制起到了推波助澜的作用。

电子媒介与福特制的葬礼

如果真如加拿大传播学家麦克卢汉所说的"媒介是人的延伸"，那么，电子媒介制造的效果就是我们人类正在以光速延伸，这也就是麦克卢汉所谓"地球村"形成的依据。法国学者维利里奥（Paul Virilio）所谓的"解放的速度"在联通世界的同时也在引起巨大的"时空压缩"，生活的节奏越来越快，空间距离被不断缩短。正是在这样的背景下，福特制盛极而衰，最终迎来了自己的葬礼。如果说福特制自 1950 年代确立了在美国工业生产的统治地位以来，一直拉动美国经济高速发展的话，那么黄金时代的结束很难不引起经济学家们的关注。对福特制的消亡原因存在多种解释，其中

① 〔日〕藤竹晓：《电视社会学》，蔡林海译，安徽文艺出版社，1987，第 52～54 页。
② Mitchel Aglietta, *A Theory of Capitalist Regulation：The US Experience*, London：Verso, 1979, p. 159.

包括强调以技术创新为主要动力的熊彼得主义观点、以电子技术为基础强调灵活生产的丰田主义观点。① 此外，大卫·哈维（David Harvey）还在《后现代的状况》中从金融市场的结构性变化角度对之进行了解释。但是，所有这些观点都主要从经济学角度来解释福特制的失败，而忽略了电子媒介设备的普及所奠定的福特制衰亡的条件。具体来说，电子媒介从三个方面引起了福特制的衰亡。

第一，电子媒介加速了全球领域的信息传播，生产被扩大到全球领域。大卫·哈维在分析后福特制世界的状况时指出，当今世界正在经历着"时空压缩"。他还说："我使用'压缩'这个词语是因为可以提出有力的事例证明，资本主义的历史具有在生活步伐方面加速的特征，而同时又克服了空间上的各种障碍，以至世界有时显得是内在地朝着我们崩溃了。"② 他所描述的这种"压缩"的场景形成的原因，一方面是电子媒介造成的信息的快速传递；另一方面则是交通运输系统的快速发展，也就是维利里奥所谓的"地理学的终结"。这两者造成了时间节奏和空间节奏的彻底混乱，这也是后现代社会的主要特征之一。以电报和电话为基础的电子传播手段的兴起加速了生产和管理信息的流通，从而使得产品外包生产成为可能。因此，工业生产不再是集中在某个地域之中，而是被放大到整个世界。换句话说，跨国企业将低端零件的生产转移到劳动力成本更加低廉的发展中国家，业务被拆分。然而，在面临着哈维所谓"灵活积累"的体制转型过程中，以集中化大生产为主要特征的福特制逐渐式微。另外，以小批量生产为主要特征的灵活积累制生产与福特制生产的主要区别还在于生产周期的转变。哈维认为："典型的福特主义产品的半排出期是 5 到 7 年，但灵活积累在某些部门（如纺织和制衣业）中已经把这个时间削减了一半以上，而在另一些部门——如所谓'思想商品'工业（如电子游戏和计算机软件程序）——半排出期减少到了不足 18 个月。"③ 劳动力成本的下降和生产周期的缩短使得福特制遭遇了空前的危机，在这一危机中不少企业转向了灵活生产的丰田主义，这也是战后日本经济腾飞的主要动力。

---

① Mark Elam, 'Puzzling out the Post-Fordist Debate: Technology, Markets and Institutions', in *Post-Fordism: A Reader*, 1990, pp. 43–49.

② 〔英〕大卫·哈维：《后现代的状况》，阎嘉译，商务印书馆，2003，第 300 页。

③ 大卫·哈维：《后现代的状况》，阎嘉译，商务印书馆，2003，第 201 页。

第二，以电视为代表的电子媒介通过广告加速了符号区分的形成，从而促成了"消费社会"的极大发展，也为个性化的商品生产提供了条件。麦克卢汉曾经在讨论印刷术时说过："活字印刷术诞生后的头200年的主要推动力，是渴望看古代和中世纪的书籍，而不是需要读新书、写新书。1700年之前，50%以上的印刷书籍是古代和中世纪的书籍，印刷术把古代的和中世纪的东西提供给了印刷词语的首批读者。"① 在麦克卢汉看来，正是这一原因使得"民族主义"成为印刷术的主要产物之一。而面对着以不断更新和快速传播为特征的电子媒介，民族主义则产生了反方向发展，换句话说，全球化得到了长足进步。消费社会中的人们被不间断更新的电子媒介形象制造出各种"欲望"，并且不停地为自己的欲望埋单。实现这一目标的主要手段就是广告，"广告通过他人来激起每个人对物化社会的神话产生欲望"② 也就是说，在满足了基本的生活需求之后，追求与他人的差异以凸显自身的价值和地位，这已成为消费社会的普遍规律。而这一差异逻辑使得购买商品已经脱离了需要的范畴，而变为一种规训的手段，大众丧失了最基本的判断能力。追求与他人的不同或差异成为拉动生产发展的主要动力，同时也形成了巨大的浪费。对此，鲍德里亚悲哀地嘲讽道："正是与另一个团体的差异造成了团体成员们之间（有别于雷同）的相同。"③ 这句话深刻地揭示了一个现实，看似个性化的商品和服务在全球化的今天实际上不过是更广大范围内的趋同。也许购买路易·威登的皮包在某个特定地域内显得有品位、与众不同，甚至成为区隔的符号。但是，全球化的生产模式导致全球各地的高雅和富贵都在用路易·威登来体现，而这一点之所以实现正是电子媒介所造成的信息快速传递。在电视普及之后，电脑、网络的迅速普及使得这一加速过程越来越超乎想象，法国刚刚发布的巴黎时装周信息会立刻以影像形式传遍全球。因此，小规模的个性化服务（即鲍德里亚所说的差异化生产）在全球范围内获取的利润仍然可以维持其成本。实际上，所谓的差异化生产和个性化订制只不过是相对于福特制的大规模集中化生产而言，是一种虚幻的区隔符号的全球化生产策略。

---

① 〔加〕马歇尔·麦克卢汉：《理解媒介：论人的延伸》，何道宽译，商务印书馆，2000，第217~218页。
② 〔法〕让·鲍德里亚：《消费社会》，刘成富译，南京大学出版社，2001，第53页。
③ 〔法〕让·鲍德里亚：《消费社会》，刘成富译，南京大学出版社，2001，第88页。

　　第三，电子媒介的广泛应用在金融市场引起了投资的全球化，这一影响为投资在世界市场范围内的灵活转变提供了基础。电子媒介从一开始就与金融结下了不解之缘，金融市场是电报产生初期的最主要客户，而纽约之所以能够成为美国的金融中心，全靠电报在传递费城等地的交易信息过程中的重要作用。① 哈维在《后现代的状况》中就曾提道："金融服务和市场（通过计算机交易的帮助）同样也加快了，正如俗话说的，为的是在全球股票市场上使'24 个小时变成非常长的时间'。"② 实际上，由于电子媒介的作用，全球范围内的金融市场几乎形成了"日不落"的状况，纽约、伦敦、香港的各大交易所在不同的时间段连续、频繁地进行着资本交易，资本在全球范围内以电子信息的形式不停地流动，这一金融交易系统的建立也预示了僵死的福特制寿终正寝，资本会以极快的速度奔向能获取更多利润的地方，从而最终形成了鲍曼所谓的"流动的""液体状的""轻快的"现代性。

"流动的现代性"与福特制的幽灵

　　马尔科姆·沃特斯（Malcom Waters）在其所著的《全球化》（*Globalization*）一书中总结出全球化经济的四个特点。第一是生产的流动性；第二是消费者的流动性和消费产品的电子化、信息化和图像化；第三是资本和信用以及交易手段的电子化；第四是人性和个体成为社会化的中枢。其中三项都与电子媒介的兴起息息相关，沃特斯还以表格的形式分别展示了福特制和后福特制的特点，最终得出结论："全球化经济与后福特制更相适应"，或者说"经济全球化"与"后福特制"是完全相等的两种表达。③ 这也说明电子媒介所带来的全球化经济最终埋葬了福特制，而这一制度曾经促成电子媒介设备的大规模生产和普及。而沃特斯所提到的"流动性"特点在鲍曼看来是一种新的现代性的主要特征。

　　鲍曼在《个体化社会》和《流动的现代性》这两部著作中都对这种现代性进行了分析，而其分析的主要范本则是福特制。他认为，福特制所代

---

①　〔美〕约翰·戈登：《伟大的博弈：华尔街金融帝国的崛起》，祁斌译，中信出版社，2005，第 75~76 页。

②　〔英〕大卫·哈维：《后现代的状况》，阎嘉译，商务印书馆，2003，第 356 页。

③　Malcom Waters, *Globalization*, London：Routledge, 1995, p. 216.

表的正是一种"沉重的""凝固的"现代性，它的特点在于大规模的生产工厂、大量的生产工人、资本处于凝固的状态被地域所羁绊。此时的资本家希望自己的工人能够数十年如一日地在自己的工厂工作，建立稳定的雇佣关系，甚至建立起符合资本家利益的职业伦理。但是，事与愿违，正如上文所言，以泰勒制为基础的福特公司对工人精神和身体的摧残是不言而喻的，日复一日的不需要智力参与的重复劳动导致大量工人的流失，正是这一原因才导致了福特有名的"一天工作八小时，挣五美元"的口号产生。在鲍曼看来，福特所谓的通过给员工高工资来刺激 T 型车消费的说法根本是天方夜谭，真正的原因在于："福特面临的可怕的劳动力的转移，他决定给工人暴涨工资是为了把工人固定在这一链条上。"① 而这种管理的思想正是"沉重的"现代性的集中体现。鲍曼说："'福特主义的工厂'是一个面对面的相见的场所，但也是一个在资方和劳方之间有着'白头偕老、相伴终生'的婚姻誓言的地方。"② 此时，无论雇佣者还是被雇佣者都希望这种关系能够地久天长，因此，无论是资本还是劳动力都陷入了凝固状态。

然而，也许鲍曼所说的让工人凭借那点工资去购买 T 型车属于天方夜谭，但是如果用之购买刚刚发明尚未投入大规模生产的电子媒介终端则是非常可能的，因此在某种层面上促进了大众传媒的飞速发展也是必然的，而且随着上文所述的电子媒介在全球各个领域的发展，沉重的现代性最终与福特制一起盛极而衰、行将就木。鲍曼认为，原本在福特制中建立的资本与劳动力之间的固定关系逐渐被资本的单方面流动所取代，资本逐渐解除了与劳动力的固定契约关系，这也是其所谓"流动的现代性"的一个重要方面。③ 鲍曼最巧妙的一点正是采用了"流动的""液体的"等类比的方法来指涉一种新的现代性，而这一特征几乎就是对"电子媒介"的描述，电流从物理学角度被描述为流体正是基于其无所不在、随处赋形的特性，而这一特性与鲍曼的现代性特色之间的相似并非只是巧合。实际上，在很大程度上正是因为电子媒介的流动特性才导致了现代社会的流动性，也许交通的发达为劳动力的流动提供了可能性，但是资本的流动则主要得益于

---

① 〔英〕齐格蒙特·鲍曼：《流动的现代性》，欧阳景根译，上海三联出版社，2002，第 89 页。

② 齐格蒙特·鲍曼：《流动的现代性》，欧阳景根译，上海三联出版社，2002，第 181 页。

③ 齐格蒙特·鲍曼：《个体化社会》，范祥涛译，上海三联出版社，2002，第 29~30 页。

信息技术的不断发展。换句话说，正是电子媒介的普及使得资本与劳动力之间的海誓山盟最终破碎，随之而来的则是鲍曼意义上的个体化社会，而电子媒介从家庭电视开始就在不断地促成这种社会的形成。例如，鲍曼所说的个体化社会中"公共领域"被"私人空间"侵占就是因为电视的发展，而他所举出的例子也正是在电视上播放的脱口秀（talk show）①。显而易见，鲍曼虽然没有直接分析电子媒介对福特制的影响，但是，他仍然敏锐地捕捉到了电子媒介在"流动的"现代性中不可取代的重要作用。②

从调节学派到哈维和鲍曼都秉持这样一种观念：福特制的兴起和推广极大地推动了电子媒介设备在美国乃至全球家庭中的普及，而这又造成了广播、电视等更为高效，传播范围更广泛的广告手段的崛起，从而加速了消费社会的产生和发展。高度发达的消费社会渐渐不能适应福特制的标准化生产模式，而转向了灵活积累的小规模生产方式，电子媒介再次在生产、消费和金融三个方面驱逐了福特制，从而正式宣告福特制的消亡。

但是，如果我们从中国当下现实所带有的沉重烙印来看，这些理论家的解释不但过时且带有强烈的地域局限性。从他们的眼睛所看到的福特制已然是寿终正寝。然而，中国当下的现状却在提出质疑：福特制不但没有应声走进坟墓，反而像耶稣一样浮现在维罗妮卡的面巾上，只是存活于新的时空之中而已，福特制的幽灵从西方飘荡到了古老的中国大地上。以富士康为代表的企业巨无霸在当下中国成为各地招商引资的样板，其庞大的生产规模，夸张的工厂面积，动辄超过 10 万的企业人数，甚至包括工厂工人的巨大流动性等特点完全符合福特制最初诞生时的特点。更为巧合的是，这样的福特制工厂刚好将主要业务着眼于电子媒介终端的代加工，或者说福特制的幽灵正如 20 世纪初新生的福特制婴儿一样仍然与电子媒介终端的生产密切相连，例如改变 21 世纪人机交互（HCI）体验模式的苹果系列电子设备，其全球主要的代工厂商即富士康。从某种程度上来说，像苹果系列手机和平板电脑之所以能够在研发之后在较短时间内得到产业化并迅速扩大生产，正是因为福特制企业的大规模生产效应，低廉的硬件生产成本维护了高昂的软

① 齐格蒙特·鲍曼：《流动的现代性》，欧阳景根译，上海三联出版社，2002，第 106～107 页。
② 在鲍曼最近的著作中，甚至连互联网、脸谱（facebook）、推特（twitter）都变成了他的分析对象。参见齐格蒙特·鲍曼《来自液态现代世界的 44 封信》，鲍磊译，漓江出版社，2013。

件研发成本。而且与当年的电视一样，新一代的电子媒介终端也在为大众消除重复劳动带来的疲惫、寻求刺激和娱乐甚至将大众整合进再生产体系，同时更广泛地来说，新型电子终端设备又带动了以即时通信（微博、微信、推特）等为代表的时空压缩新模式的广泛散播，人们沉溺于更为急剧的时空压缩之中，历史仿佛是以更为激进的姿态得以重演。

值得反思的是，在后福特制社会中，福特制企业之所以没有应声倒地，一方面，因为国家间贫富差距导致历史进程的时差现象出现；另一方面，每一种看似应该更适合小规模灵活生产体制的文化产品，在庞大的全球化背景下都会蜕变为实质上的大规模消费品，只是将数量庞大的消费者分散到了世界的各个角落而已。以苹果手机为例，如果将之放到局限的地域之内，它的确可以扮演布尔迪厄式"文化区隔"的物质手段，但是放到全球范围内，它无非是一种稀松平常的大众文化快餐。而且，就其本质来说，苹果手机和电脑毕竟属于新型高科技大众文化产品，苹果公司在前期研发上投入了巨额的人力和财力，远非当年的电视生产研发可比，这既包括硬件设计的物理层面也包括用户界面（UI）设计等软件层面，因此其注定变成大规模消费产品以缓解持续研发的压力，但如果高昂的成本不能降低，那么这一愿望几乎无法实现，所以必然采用福特制这一古老的、依托廉价劳动力的管理体制幽灵来通过标准化生产降低硬件制造的成本。正是基于此种缘由，电子媒介才再一次地选择与福特制的幽灵结盟。而这一次新的结盟所导致的苹果设备的大规模生产和普及，又促进了一系列虚拟和现实世界的变革，例如终端应用程序的自主研发、新的广告模式和消费模式的出现（如手机电子商务）以及新的社会伦理问题（如鲍曼所说的"对于面对面互动技能的遗忘"①）等。或许，电子媒介作为大众传媒手段天然需要依靠大规模的生产，因此天然与福特制相互关联，也正因此才能在不同时代的电子媒介革新中看见福特制的背影。但应当时刻铭记的是，福特制本身是对人的身体的野蛮摧残，是不应当继续存在的生产方式，更为人道的后福特制社会才应该是当下中国效仿的策略。这一点也可以体现在频繁见诸媒体报道的富士康工人跳楼事件，以及其他有关富士康的负面新闻。复杂的中国现实已经不是简单的一个现代或后现代社会的范畴划分所能囊括，具体的问题还有待更多更深入的研究方能得到澄清。

① 齐格蒙特·鲍曼：《来自液态现代世界的44封信》，鲍磊译，漓江出版社，2013，第9页。

艺术之死与大众文化间的张力

——后现代语境中艺术的死亡与重生

张驭茜[*]

摘要：现实世界中缺席的美通过艺术将自身的在场呈现出来并被抛掷向受众，闯入受众的世界。艺术的闯入给它带来了存在价值，同样也可能在其过度扩张中使受众沦陷。在后现代语境当中，伴随大众文化的兴起，经典作品愈发无法安息，它在自身与受众的呼唤中不断重生，并在重生中将其无限外显的能力分别以教化与暴力的形式呈现。受众刚刚从过度阐释中将自己解放出来，又掉入了无限膨胀的艺术世界。现代艺术潜在的暴力倾向给大众意识带来了冲击，艺术的新生不仅仅是美的复兴，还可能是对大众的精神奴役。

关键词：艺术　闯入　死亡　重生

Abstract：The beauty who is absent in the real world presents the presence of its absence and throws itself to the audiences by art, which also intrudes upon the world of its receivers. It produces existence value on art itself, also likely to lead the audiences fallen by its overexpansion at the same time during the process of the intruding. In the context of postmodernism, with the rise of mass culture, increasingly, the classic works cannot rest in peace, it is endlessly reborn under the calling of itself and the audiences. In addition, during the period of rebirth, it presents the ability of endlessly expose in the forms of cultivation and violence respectively. The audiences im-

---

* 张驭茜，南京大学文学院博士候选人。

mediately fell into the world of infinite art as soon as they liberated from the overinterpretation. Since the underlying violence of contemporary art has already made an impact on public consciousness, the rebirth of art can not only be a renaissance, but also may be a spiritual enslavement to the public.

Keywords：art　intrude/l'intrus　death　reborn

面对终结之后的艺术必须面对具有两种艺术内涵的死亡，一种是作为艺术主题的死亡；另一种则是作为艺术主体的死亡。对于前者的论述，在众多文艺评论家那里数不胜数，而对于后者，则始于黑格尔。艺术与死亡的关系问题在布朗肖（Blanchot）和让－吕克·南希（Jean-Luc Nancy，1940–）的话语当中反复出现，并多以类比于死亡的艺术终结的认识的方式呈现出来。从黑格尔出发，终结并不代表着一种完全意义上的结束，而是一个全新的开始。南希将布朗肖与黑格尔的观念结合，发展出了无限的终结观，简单来说，它是一种对于艺术作品在形式上或物理上的终结与艺术作品在受众那里的无限"闯入"（l'intrus）的结合。大众艺术时代的来临为艺术对外在世界的闯入提供了有效途径，也为在后现代语境当中呈现多样化的艺术独一性提供了展示，重生的艺术伴随着自身潜在的暴力进入了现实世界。

闯入与过度闯入的艺术

什么是"闯入"？南希的话语结合他个人的特殊生命经验，言说了这一问题，南希的心脏移植手术使得他从基本的物理性的身体被闯入出发。[①] 器官的置换面临两个问题，一个是生理层面上被闯入之后要面临的排斥与接受；另一个是心理层面上对原初自我认识的怀疑，南希将这两个问题归为一篇文章名：《我的胸膛里，跳动着两颗心脏》。"闯入"是先作用于身体而后作用于精神的，它与斥力共存。用艺术作品作为示例，面对《美杜莎之筏》，首先观者的眼睛接受到了光投射到画面上反射出来的光线，这是一种物理性的对色彩的感知，光线投射于眼底并形成画面，受众结合自己的知识结构，即审美判断力从精神上"观看"这一闯入到我们身体当中的作品，

---

① Jean-Luc Nancy, *L'Intrus*, Paris：Paris：Éditions Galilée, 2010, pp. 25–34.

南希将从作品中反射出来的光线视为作品的"凝视"（le regard），① 作品与接受者的目光交错，呈现相望的状态。它在南希的话语中被表达为"回响"（la résonance），这事实上是一种理想的状态。所以在观看中，人们会说，"我看见了这幅画，我看见了画家想要表达的情感，我看见了……"，这些都是"回响"过程中所产生的结果，是两个封闭世界通过各自的敞开而达到的交响效果。从根本上说，南希希望达到的是一种作品闯入受众，与受众闯入作品之间的平衡，传统上后者所占比重较大，但在今天前者以一种隐形的方式麻痹受众成为了占上风的那一种状态。当今社会，大众处于图像以及信息的不断膨胀之中，甚至暴力之中，人们很难躲避不断从图像中投射到他们身上的目光，原本对于作品的欣赏，渐渐演变成了作品的暴力闯入。

艺术对于外在世界的过分闯入，这种情形的出现是因为受众对于艺术的过分推崇。"对艺术所产生的狂热的激情是一种吞噬无余的溃疡"②，狂热导致了判断力的丧失，一旦艺术没有了公正和真实就等于没有了艺术。狂热也让受众不再是作为艺术的受众且独立的人，而成为了被艺术或者被"美"所奴役的奴隶。"一种才能过分的专门化导致虚无"③，这一虚无并非是南希所认为的向外延展的艺术的内核，而是通过理性对艺术的扼杀，是一种被忽略。从现象学的角度出发，艺术在此时是实存的，但是实际上却被受众所漠视，受众看到的不再是作为艺术的它，而是一个被赋予了过多主观情感的事物，它不能成为一种艺术存在，作为艺术的它是不存在的，这种不存在说明了美与感知美的人之间的关系既是抗争的又是依赖的，需要通过两者的相互依存的平衡，来承认以及保证双方的共在（l'être-avec）。④

传统上，人们对美的认识常常建立在视觉基础之上，随着现象学的兴起，西方的视觉中心主义更加繁盛了起来。借用南希的话语，视觉是一种

①　Jean-Luc Nancy, *Le Regard du Portrait*, Paris：Éditions Galilée, 2000, p. 71.

②　〔法〕波德莱尔：《1846 年的沙龙：波德莱尔美学论文选》，郭宏安译，广西师范大学出版社，2009，第 43 页。

③　波德莱尔：《1846 年的沙龙：波德莱尔美学论文选》，郭宏安译，广西师范大学出版社，2009，第 43 页。

④　在法语当中，海德格尔的"Mitsein"被译为"l'être-avec"，在中文中对应翻译为"共在"，但在南希的话语当中强调了"avec"的内涵，即一种"与……一起"的含义，所以在南希的话语体系当中，可以将"l'être-avec"译为"与——在"。

通过眼睛的"触摸"（le toucher）① 而获得的知觉力，当我们从这一动作的根本点出发时会发现动作的发出者是复数，也就是说它本身带有了双方相伴存在的内涵，在人触摸某物的同时，某物也在触摸着人。动作发生在双方的边界上，当然边界也可以被理解为"终结"，人类身体的终结是由皮肤所划定的，绘画的终结是由存在或隐形的画框所划定的，音乐的终结是由声音所引起的空气振动的终止而划定的……边界的作用不仅仅在于划定界限，还在于区别他者的同时也保护了自身，对于自身的保护划归了从边界指向于自身的回撤，也就是说事实上触摸是与回撤（le retrait）共存的，理想型的触摸是在触摸的同时未被触摸，发出触摸动作的双方所触及的并非对方，而是两者之间的边界，这一边界被分享。"触摸"本身是在不断闯入又不断回撤中进行的，这一闯入并非是暴力，因为它无法得偿所愿，但却是一种本身带有侵略性的潜在的暴力意图。将 noli me tangere（别摸我）放置在文化语境中，它变成了认同问题，② 它让"我"变成了"我们"，独一的个体性消隐，共通体显现。

在当今社会，作为接受者的大众被各种各样的"艺术"暴力所侵袭。睁开眼睛，无论自愿与否都能够看到大量的图像。值得庆幸的是：看是可选择的，这个动作本身的特性决定它具有一定的主动性：不想看的时候，我们可以让眼睑发挥作用，闭上眼睛。但是听与触摸却属于在某种意义上无法躲避的、被动的知觉力。当我们戏谑地说 2012 年 PSY 的《江南 Style》红遍世界的时候，这背后隐藏着无奈，我们无法选择不去听他的作品，我们似乎被迫地听着那些我们并不想听的声音，却无法如同闭上眼睛一般，那么轻易地将耳朵塞起来。听而不闻成了另一种理想的境界，听不等于倾听，倾听的本身带上了主动性，也伴随着发出动作之人的精神活动，也具有了分有（methexis）的内涵。③ 论及触摸，则更加无奈，看似我们没有触摸任何东西，但是就如同物理学当中的一个常识：如果我们的生活当中没有摩擦力的存在，我们是无法进行基本生活的，需要摩擦力让衣服留在我们的身上，让食物能够被我们的餐具送到我们的嘴里。我们需要触摸来穿衣、吃饭、喝水，甚至在我们呈现最原初状态时，依然无法躲避空气对我

---

① Jean-Luc Nancy, *Touching Art*, www. youtube. com/watch? v = zJmS6AmxDrk.

② Ginette Michaud, "Le désir des formes: Entretien avec Jean-Luc Nancy", dans *Europe*, No. 960, avril 2009, pp. 207–219.

③ Jean-Luc Nancy, *À l' écoute*, Paris: Éditions Galilée, 2002, p. 18.

们身体的触摸。只是由于它的过于平常的存在，我们常常会忽略触摸的存在。

20世纪，面对作品的过度阐释，桑塔格提出了反对阐释，而几乎在同时或者更早，南希呼唤我们正视艺术不断扩张所带来的负面结果，今日过度扩张的艺术依然常常包裹着正面的外衣出现在大众面前，接受大众的顶礼膜拜。艺术与文化非凡的相似性，让我们不得不承认它们都具有习得、传播、共享的特性。① 从追求单一的现代性到碎片化的后现代语境当中，艺术从单一性的枷锁中解放出来，它的多样性受到普遍承认，再加上艺术被有效地运用在道德、政治、经济宣传当中，这更容易让受众陷入对艺术如迷失般的过分推崇。有心之人将艺术当作了一种养料饲养着在"养殖场"中的受众，或是任受众自取，或是不提供足够的饲料，或是填鸭式地猛塞，三种情形所引发的是不同的结果，但并不代表某些是正面的或是负面的，它们所提供的仅仅是效果，而这些效果只有被置于具体的文化语境当中才能被考察，才能够被评判。

自恋艺术家的自杀

当我们说事物是"美的"（beau）的时候，并不一定是说事物是美的，而是加上了完全主观的判断，此时"美"等于"好看"（joli）②，它无法与绝对的美画上等号。为了将美与好看的差异具体化，艺术家从普通人当中脱颖而出。能够被称为艺术家，是因为他无论从自身还是从他者那里都获得了他可以作为艺术家的身份认同。这一认同从根本上是由艺术家自己所赋予的，是无法在不同的主体之间发生的，虽然它在历史之中，但它仍然必须发生在同一个体的身上。③ 所有来自外界的压力或者影响，都是自身所引起的，即身份的划归也是由隐藏在他者背后的自身所进行的，而并非是萨特所认为的那个纯然的他者作用。真正的艺术家"只应该根据他所看到的、他所感到的来描绘"④。判断力的提升，也是源于主体自身，这一事实

---

① 〔美〕托比·米勒：《文化研究指南》，王晓路译，南京大学出版社，2009，第55页。

② Jean-Luc Nancy, *La Beauté*, Paris: Bayard Éditions, 2011, pp. 14-16.

③ Jean-Luc Nancy, *The Birth of Presence*, Stanford: Stanford University Press, 1993, p. 10.

④ 波德莱尔：《1846年的沙龙：波德莱尔美学论文选》，郭宏安译，广西师范大学出版社，2009，第354页。

如何来验证，以审美判断力来说，在同时接受教育的艺术工作者当中，一些人成为被大众所追捧的大师，而另一些人成为了默默无闻者，这并不仅仅源于大众的审美导向，还源于艺术家自身，我们会常常使用"灵气""天赋"这样的语词来表达艺术家自身的那种无法被夺走的、独一的感知能力及表现能力。波德莱尔就大卫画派所作的论述是，大卫的学生能够学习他的绘画方式，但是却无法复制他的理念，这一理念是无法习得的，它是源于自身的、不可见的、不可触摸的、不可理解的。

每一个艺术家的独创性都带有主观以及时代的特性，他应该完全地毫无保留地忠实于自己的感觉，"应该像逃避死亡一样避免借用别人的眼睛和感觉"①，只有这样他才能够在尘世中展现独创性的美。我们会在艺术作品中看到一些并不属于美的特性，它们是属于作为中介的艺术家的，它们存在于时间之中，并会随着时间的推移以及艺术家的消弭而逝去，马上又被其他艺术家的特性所填充，让艺术呈现出了不断演进的表象。

对艺术家来说，创作是一个残忍的"自杀"② 过程，这个过程并不像真实的自杀那样充满了血腥，它从精神上慢慢瓦解艺术家，迫使艺术家成为精神上无比强大的人。残忍首先体现在对敏感性的折磨上：相对于大众，艺术家能够从更细微的层面出发来感知美，但在呈现的过程中，却需要艺术家不断克制自己对美所保持的冲动。然而一旦艺术家从感性转向理性，他将面临更大的困境，艺术越是想从理性出发而获得明晰，"就愈是倒退，倒退到幼稚的象形阶段"③。艺术家的困境带给受众的是对于艺术作品的界限的再思考，当艺术家无动于衷地讲述激情时，他是客观的没有个性的，此时他的作品还能够被视为艺术作品么？南希借用杜尚的《泉》回答了这

---

① Charles Beaudelaire, *Curiosité esthétique-IX*, *Salon de 1859*: *Lettre à M. le directeur de la Revue Française*, http://fr. wikisource. org/wiki/Salon_ de_ 1859_ （Curiosités_ esthétiques）.

② 乔治-布莱指出，对马拉美来说，诗歌只有通过诗人所面临的牺牲和紧张，死亡在诗人身上成为能力和可能性时，诗歌才是可能的。"死亡是唯一的可能的行为。我们被挤压在一个真实的物质世界（这个世界的偶或的结合在没有我们的情况中发生在我们身上）和一个虚假的理想世界（这个世界的谎言使我们麻木和着魔）之间，我们只有一种手段使我们不再被虚无和偶或所支配。这唯一的手段，这唯一的行为就是死亡，自愿地死亡。通过自愿地死亡，我们取消自身，但也是通过它我们在建树自身……马拉美所做出的正是这种自愿地死亡这种行为。"——莫里斯·布朗肖《文学空间》，顾嘉琛译，商务印书馆，2003，第26 页。

③ 波德莱尔：《1846 年的沙龙：波德莱尔美学论文选》，郭宏安译，广西师范大学出版社，2009，第 337 页。

个问题，它之所以能够被视为艺术作品的原因在于艺术家摆出了它是艺术作品的"姿态"（le geste），①那么也就是说到了现代社会根据什么来论断"姿态"。但如今被我们视为艺术作品的事物，可能它们被创造出来的时候，完全是为了实用的功用，"当它们被放置在艺术馆当中的时候，它们所有的实用功能被剥夺，而被赋予了艺术的名称"②。只能说"姿态"观念的引入，将我们带入了另一个迷雾。我们对于艺术的理解、阐释，只不过是将在艺术作品中呈现的缺席的美，带入了另一个新的缺席当中，而这些新的缺席就是作品新生的条件。

　　另一种残忍则要从艺术家对自己的崇拜或者"自恋"（le narcissisme）谈起。艺术是否应该只表现对自身的崇拜？应该从两个角度来理解崇拜，其一，是艺术家对自己的崇拜，更确切地说是艺术家对自己所感知到的美的崇拜，这种美看似源于外界，却与艺术家本身密不可分，绝对不能脱离艺术家个人而存在，艺术作品则作为一种对自身崇拜的产物而存在；其二，源于南希对落水的纳喀西斯自恋情结的探讨，他将自恋从传统上所认为的源于纳喀西斯对水中自己的倒影的迷恋所导致的悲剧中解放出来，并认为纳喀西斯所看到的并不是自己的影子。③虽然从第三者的角度来看，他面对的是他自己的影子，但是纳喀西斯本人并不知道，这就给另一种自身崇拜提供了可能。换言之，这种自恋是基于不认识自己的情况下产生的。艺术家将作品创作出来，再次面对这一作品的时候，已经不再是创作者，其身份转变为接受者，此时他与作品所形成的关系，看似是他自己的封闭艺术世界，但事实上它已经转移。我们总是希望在一些作品中找到相似的可理解性，这种企图透露出了受众试图在作品中寻找到自我的渴望，如果得偿所愿，那么就觉得这作品是好的、美的、符合自身审美的，这便是第二种自身崇拜的体现。事实上，这一自身崇拜常常被误认为是一种对他者的崇拜。

　　作品的创作过程就如同一个向死而生④的过程，在艺术品被创造出来

---

① Jean-Luc Nancy, "Art Today", in *Journal of Visual Culture*, April 2010, vol. 9, pp. 91–99.

② Jean-Luc Nancy, *Les Muses*, Paris: Éditions Galilée, 2001, pp. 46–57.

③ Jean-Luc Nancy, *Dieu. La justice. L' amour. La beauté*, Paris: Bayard Éditions, 2009, pp. 132–134.

④ Charles Lapicque "L' art et la mort", dans *Revue de Métaphisique et de Morale*, 64e année, No. 3 (Juillet-Septembre 1959), pp. 293–309.

的那一刹那，艺术家在同一时刻"死去"。他挥别了旧的自己，从作品的终结出发，开始新一轮面向重生的死亡之路。在作为现实的物理世界中，人们可以经历物理的死亡，并通过物理性的消亡而遗忘。但是在艺术世界，或者更确切地说是美的世界，在那里人们找不到死亡，能够找到的只是概念性的或者是被替换了的抽象的非实在性的死亡。人们在寻找的过程当中对自我产生无限怀疑，也就是在这种怀疑中忘却了自我本身的存在，遗忘了自我的遗忘。人为了找回自我遗忘，即不在场的自我，而进行一种徒劳的或者说是非物理性的或精神性的自我保护，这种自我保护最终转化为回忆，并通过艺术作品而留存。艺术作品对于创作者是自我遗忘与自我追寻的结合体；对于接受者则是在对作品的触摸中重新认识自我。

不能"安息"的经典艺术作品

在《文学空间》中，布朗肖将里尔克的观点进行延伸，总结出了艺术所具有的两重性，即，如欧律狄克那样忧伤地死去，或如俄狄浦斯般光荣地活下去。相较于经典的艺术作品，那些非经典的被后人所抛弃的作品反而具有了更多的独创性，这种独创性即为波德莱尔所谓的现代性①当中的一部分特性，它是一种暂时性的存在，平添了许多时代的意味在其中。面对非经典作品，受众的态度可能是刻意的忽视或者是某种程度上的视而不见。这些在历史长河当中渐渐退出舞台的作品，正因为它们具有独特的时效性而成为了一类较为特殊的艺术存在，它们如同大多数普通人一样，诞生又死去，埋葬在后人渐渐遗忘的地方，而那些经典作品则如同名人，不断地从坟墓中被挖出，一遍又一遍地被研究，一遍又一遍地将他们的人生重新解读，深入探索。后人的想象，在某种程度上赋予他们新的生命的同时，

---

① "现代性就是过渡、短暂、偶然，就是艺术的一半，另一半是永恒和不变。每个古代画家都有一种现代性，古代留下来的大部分美丽的肖像都穿着当时的衣服。他们是完全协调的，因为服装、发型、举止、目光和微笑（每个时代都有自己的仪态和微笑）构成了全部生命力的整体。这种过渡的、短暂的，其变化如此频繁的成分，你们没有权利蔑视和忽略。如果取消它，你们势必要跌进一种抽象的、不可确定的美的虚无之中，这种美就像原罪之前的唯一的女人的那种美一样。"——波德莱尔《1846 年的沙龙：波德莱尔美学论文选》，郭宏安译，广西师范大学出版社，2009，第 424 页。

也摧毁了他们的存在"本身"①。那些不再被大众所把玩的作品反而是更质朴的，因为它们在短时间内被抛弃、遗弃，那些被不断赋予新的生命力的作品，只是在这个复兴以及重生的过程当中一次又一次地经历着"分娩"之痛，一次又一次地经历着向死而生的考验，如同波伏娃的小说《人都是要死的》当中的主人翁一样，一直活下去，却在似是而非的终结中又一次重生。② 非经典的艺术作品更能够在接受过程当中保留其原初的相较于经典不是那么高超的审美趣味，这并不能否认它作为美的现实形式的本性，甚至由于经典作品在现实世界中的过度闯入以及过度阐释，其原初特性更容易被遮盖，它更易于被文化指向自身之外的能指，成为文化符号。面对受众，经典之所以成为经典，根本在于它所传达的艺术理念是非凡的，这一理念经受时间的勘验，在一次又一次的文化流变中接受清洗，最终留存下来，这就意味着经典要面临更多更严苛的考验，并且这些考验还在继续当中，没有丝毫要停歇的意思。

因为波德莱尔对艺术现代性的思考在法国哲学当中的深远影响，让南希不得不去思考并承认在同一性当中存在的终将消失的或者说总有一死的独一性，"在死亡中，除了'直接独一性'没有东西是完全终有一死的"③。这种独一性即暂时的、迎合风尚的，或者用法语短语"à la mode"来表达则更贴切，即时髦的。它具有时效性，在南希的话语中独一性被赋予了另一个限定的成分——"即时的、直接的"。具有这一内涵的独一性首先闯入到大众的审美生活当中，也在大众的审美生活当中接受考验，或者如拉波特所提出的那般，在历史中接受"清洗"④，最终真正具有独创性的东西被抛弃，而留下了永恒的独一性。被抛弃的独创性是不断被构建的，它是一个过程，一个无开端、无结尾的发展过程，这也是为什么我们给那些时髦的艺术另一个名字："先锋艺术"。先锋暗含的意味就是被杀死的，它类似于敢死队，

①　此处"本身"并不是指传统意义上的艺术作品本身，而是物理意义上的作品实存，也就是我们可以通过物理性作用而保护、损坏、销毁的艺术作品。

②　"拉斯考克岩洞向我们展示的是艺术的真正诞生以及它们的艺术诞生是能够被无限改变以及更新的，但不能够改进——这是使我们惊讶的、满意的及受引诱的，正为此，我们似乎期望艺术：从诞生开始便能够维护自身，并且应该每时每刻维护自身，维护它的永恒诞生。"——Maurice Blanchot, *Friendship*, trans., Elizabeth Rottenberg, Stanford：Stanford University Press, 1997, p. 1。

③　Jean-Luc Nancy, *The Birth of Presence*, Stanford：Stanford University Press, 1993, p. 12.

④　Dominique Laporte, *L' histoire de la Merde*, Paris：Christian Bourgois éditeur, 2003, pp. 16–27.

是为着那些并不是那么"革命的"艺术打头阵的，由此我们可以理解为什么常常发现原本被划归在先锋艺术家阵营的艺术工作者，在不久的将来总是回归到了所谓主流的艺术阵营当中，他们用先锋的牺牲换取了主流的演化，力求将先锋思想的一部分融入主流，渐渐转变传统上对永恒缺席在场的美的表现形式，此时所强调的艺术理念的转变，具体体现为艺术形式的转变，理念在行使中被具形，改变的是对美的感知能力，美则是永恒不变的。

反观南希对于有限及终结的认识，我们发现它是一种对艺术和美的辩证认识。在很大程度上，这种认识基于他本人对现代艺术的思考，或者说他继承并发展了扎根于现代艺术的美学思想。

对于"有限性"（le fini）的思考必然给艺术或者美带来更强大的生命力，也必然要面对另一种危险——即对于美的无法定义性的侧面肯定；或者说在对美的展示的过程当中，可能会因为这种无限的延伸，导致了一种相对主义，一切都是具有合法性的。我们从否定的视角来观看艺术品的有限，其结果是"有限"失去了决定的断然性和否定的能力，这将造成与美的彻底隔绝，将美抛入模糊不清、模棱两可和不确定当中。正如南希所认为的艺术作品是作为对美的"缺席在场的呈现"① 的终极到达，艺术作品切实地到达了无或内在亲密性的此处，并在那里具有了重新开始的切实性。作品并不是持续的，即连续性的存在，而是始终处于存在的状态中，这种存在开启了新的连续性，并不断呼唤开始，在对作品的接受中，每一次阅读，作品都总是第一次出现，"那是独一无二的阅读，每次是第一次，每次是惟一的一次"②。

"无限的有限性"（l'in-fini du fini）与"复数的独一性"（la singularité plurielle）具有一定的相似性，我们从这个角度出发可以发现南希的观点大多具有这种辩证意味，这两个观点可以用一个身体当中的词汇"peau"（皮肤）来简单说明。从身体的角度出发，我们对于外界的感知以及对于外界的作用都是通过皮肤而进行的，它使得我们的身体构成了一个闭合的整体，并通过这种闭合在生理上保证我们的生命安全，也就是从生理角度对"回撤"③ 进行

---

① Jean-Luc Nancy, *Le Regard du Portrait*, Paris: Éditions Galilée, 2000, p. 53.

② 〔法〕莫里斯·布朗肖：《文学空间》，顾嘉琛译，商务印书馆，2003，第206页。

③ 就艺术作品而言，"作品存在但不给出。或者更准确的说，作品是通过它的回撤来给出的。"——Jean-Philippe Miraux, *Maurice Blanchot: Quiètude et Inqiètude de la Littérature*, Paris: Éditions Nathan, 1998, p. 5; Jean-Luc Nancy, *Au fond des images*, Paris: Éditions Galilée, 2003, p. 12, p. 18.

解释，这种闭合起到了保留以及保障的作用，它就如同完全天然的"洞穴"将人包裹在其中。在闭合的整体上，首先，人们通过触感，生命体感知外界的压力，并通过"回撤"与压力的共同作用，将人抛掷在物理世界当中；其次通过眼睛的触觉、耳朵的触觉感知光的衍变与空气的振动。它们是作为闭合的敞开而存在的，这样就能够更好地解释何为"闯入"。首先，人通过被皮肤所包裹而被抛掷到物理世界当中成为一个闯入者，然后人通过触觉、视觉、听觉三种基本的知觉能力承受外部世界对人的闯入，呈现出了人与世界的相互闯入，但是闯入必须是在合理的氛围之内发生的，一旦过度，无论哪一方占上风都会带来相对不良的后果，以外界对人的过度闯入为例，可能会导致身体的物理性损伤甚至消失。将这样的观念置于后现代语境当中的艺术研究领域，越发验证了经典作品重生的合法性，证实了作品自身所具有的延展性，然而这种延展性在大众的作用下愈演愈烈，一旦走向过度就将演变成为一把双刃剑，将艺术与受众置于新的困境之中。

无限重生的艺术

以绘画艺术为例，作品在创作的过程当中所呈现的是一种对业已终结的发展。换句话说，画笔所落下的每一次都代表着一次终结，[①] 但是这种终结并非是在美学当中的，艺术家所做的是将一种想象的真实抛掷到现实世界当中，也就是将在现实世界中缺席的某种东西呈现出来。这一事实在艺术作品中体现了"美"所面临的风险，因为在现实世界当中存在着排斥美的在场，它总是被隐藏。或者更准确地说，因为艺术家本人对于美的感知能力，在某种程度上是一种对美的否定，原因在于美就是一种缺席，而艺术家却否定这种缺席，一定以某种方式将其呈现出来，对于艺术家这种行为的否定，即对艺术作品的审视，是对美的保护。一直以来，隐藏起来的美显露在作为其表象的艺术作品的深处，这一"被否定的东西成为了过剩的肯定"[②]，艺术作品甚至可以说并没有呈现美，它呈现的总是一种缺席的状态，一种不稳定地由艺术家运用的方式所局限的模糊状态，在艺术家以

---

① Bernard Teyssèdre，'L'art après la mort de l'art'，dans *Les études philosophiques*，No. 2 AVANT-GARDE ET ESTHÉTQUE（AVRIL-JUIN），1975，pp. 185–196.

② 〔法〕莫里斯·布朗肖：《文学空间》，顾嘉琛译，商务印书馆，2003，第246页。

及艺术作品那里，美"并不来临，而且也不发生，也从不曾被超过，它不停地到来和返回，它是永恒重复的恐怖、混杂和不确定"[1]。

从一种极端的角度出发，对艺术家而言，一切作品都是失败的，这一失败并不代表它是消极的存在，而是艺术家总用失败的方式将美展现出来，这种失败只是展现的一种方式，或者说是对于美的成功的展现方式，这种成功就是以失败的方式存在的。艺术家对美的感知能力在不断演进，但是美却是那个不受这种演进所影响的存在，这一存在是纯粹的，它的纯粹就来自它永恒的缺席，它以缺席的在场展现它的纯粹在场。我们所谓的艺术是一种衍射到人类总体或个体中的客观的存在，而这种客观存在是相对的，它依赖于人类的存在，然而美并不是这样一种客观的、相对的存在，它一直在，并且以一种无法言明的、不可见的形式存在。人们通过艺术家对美的些微的感知、具形化，成为一个又一个"失败"[2] 的美的呈现，这种呈现是对艺术家内在的呈现，也就是从艺术家出发的一种外显，艺术家在这里如同化学实验当中的催化剂，它帮助了美的外显，而实际上，我们对美的认识，总是基于相对客观的观点，但却带上了主观的印记。所以说，我们的艺术作品，是失败的，这一失败并不是对于受众，而是对于美本身而言。

当艺术家的身份由创作者转变为接受者，此时艺术作品与作为接受者的艺术家之间的关系处于建构中的状态，除非在艺术作品闯入艺术家的感知之时，两者之间形成了一个新的闭合的空间，这一闭合的空间是从闭合的艺术作品那里开始的，从艺术作品对受众的凝视开始的，通过这一凝视，艺术作品将自身敞开，与受众进行一种交互的观看，得益于作为受众的艺术家本身的审美判断力，他对于艺术作品的肯定与解读将成为一种一般意义上的标杆。但事实上，那种将艺术家的解读视为标准的观点不过是一种主观上的约定俗成[3]而已。

绘画作品的"皮肤"即其画框，它可以是具有具体形态的，当然也可

---

① 〔法〕莫里斯·布朗肖：《文学空间》，顾嘉琛译，商务印书馆，2003，第 245 页。

② "对于俄耳普斯来说，一切都是失败无疑，在失败中，作为补偿仅仅是作品的不确定性存在，因为作品是否曾经存在过呢？在闪耀着起始的光芒和决定的最可靠的杰作面前，有时我们也会面对熄灭的东西，即突然变得看不见的作品，它已不再存在，它从不曾存在过。"——莫里斯·布朗肖《文学空间》，顾嘉琛译，商务印书馆，2003，第 176～177 页。

③ 此处"约定俗成"指向了索绪尔在《普通语言学教程》当中所强调的语言的约定俗成。说明了艺术家的艺术语言具有一种约定俗成性，并且这种性质适用于艺术家与艺术作品所构成的世界当中。

以是隐形的，它昭示着作品内在世界的闭合，起到了一种界限的作用。通过画框，作品肯定了外在世界实存的合理性，也通过它开始了对外在世界的凝视与受众投向它的目光一起赋予艺术作品新的生命。"肖像画内的光是从其内部发射出来的"①，我们不去深思这句话，而从字面去理解，则会发现光是从不发光的内在发出的，也就是说美是从无（le nihil）的内在出发的，艺术作品是从不曾开始的东西开始的。根据艺术作品的概念，它那里没有任何实在的东西出现，出现的仅仅是对缺席的呈现，"它具有永恒不变的外表"②，却在与受众所形成的闭合世界当中通过受众的想象，使受众进入了一个黑暗的空间当中，在这里人们所面对的是一个悖论——被呈现的事物同时也是被否定呈现的事物。③ 由于艺术作品与受众之间的这一闭合空间本身使得美的回撤再次回撤，也就让美的不确定性愈发不确定，这也就给过度阐释提供了机会，同时让受众遇到了更大的风险：迷失在作为美在现实中的实存的艺术作品中。

在传播过程中，艺术作品面临的另一种风险是：人们"面对不熟悉的艺术作品，可以大大方方地说：我不懂。""我不懂"的背后隐藏的是对于某一艺术语言的无法理解，当我们开始使用"艺术语言"一词的时候，不可避免地要面对"语言"的不可翻译性，④ 这一不可翻译性甚至可以作为多样艺术存在的根本原因。极端地看，在翻译学当中，学者们不止一次地提及巴别塔，也不止一次地给翻译正名，但却依然是基于翻译的不可行来阐述的。从这个角度来看，美是单一的或独一的，是不容置疑的。为什么要进行翻译？为了交流么？翻译的存在不仅仅为交流提供了方便，也为表达提供了可能，因为我们需要一种工具将我们内心的想法表达出来，这一过程就是一种翻译的过程。体现在话语中，我们用语言作为工具；体现在艺术领域中，我们可以通过线条、光影、声音、色彩等的运用将对美的感知分别表现为文学作品、绘画作品、雕塑作品、舞蹈作品、音乐作品……此

① Jean-Luc Nancy, *Le Regard du Portrait*, Paris：Éditions Galilée, 2000, pp. 53–55.
② 莫里斯·布朗肖：《文学空间》，顾嘉琛译，商务印书馆，2003，第 244 页。
③ 布朗肖在论述艺术作品与死亡之间的关系时指出："任何艺术作品和文学作品都似超出了理解范围，又似乎没达到理解，以至在设计艺术作品和文学作品时，应说人们理解它们总太过头和总太欠缺。"——莫里斯·布朗肖《文学空间》，顾嘉琛译，商务印书馆，2003，第 247 页。
④ 这是一种极端的说法，当然我们在很多语言当中都在不断地进行翻译工作，但是归根到底翻译总是一个"不忠的美人"。

时我们肯定了作为实存的美的多样性存在。也正如法国批评家梅纳日评论翻译家佩罗·德·阿布朗古尔的翻译时所谓的"不忠的美人"①（la belle infidèle）一般，艺术作品对于美的缺席在场的呈现并不能使美成为在场，并且也不能将美的整体抛掷到现实世界当中，它只能不断靠近创作者所感知到的美，作为必然不忠于美的却又同时渴求忠于美的实存而存在。艺术作品对美的不忠也分为主动的与被动的两种。从更深层次来说，主动的不忠不过是通过一种对美的渴求而进行的以退为进的策略而已，其目的都是为了达到对美的呈现。这便是南希所提出的"为什么有好些个艺术"② 问题的另一种解释方法。

里尔克曾说："艺术作品始终是所经历的某种危险的产物，是进行到底的，直至人不再可能继续下去指出的体验的产物。"③ 其中就暗含了美是一种极端体验的意味。这一极端体验与艺术作品在物理形式上的终结密切相关，又通过它的心理层面上/接受层面上的非终结而获得重生，之后又通过对审美趣味的培养使得独一的艺术发展成为多样的艺术形式。南希继承了里尔克的观点，认为艺术是事物的不在场，同时也是事物的在场，是存在之物的内在深处的展现，在此处汇聚着通过"静悄悄的、静止的和无终了的坠落向着中心跌落的欲望"④。这一欲望是向外展示的欲望，即对不在场的对抗，一种对不在场的在场的承认的欲望。美是不可见的，而正因为它的不可见，它永无停歇地使自己被看到，并通过这个客体的具体形式，将自己展示出来。它的侵占性就是它无形中侵占了观者的直觉器官，然后借由观者无法克制的冲动，将自己"具形化"。在"具形化"的过程中，某些自身所固有的特性保留下来，将客体的独创性放置在时间之中，将自己抛掷并回到时间之外。不在场是作为最纯粹的在场而存在的。⑤ 艺术的形式所展现的也就是那不纯粹的美，总是会含有这样或那样的杂质在其中。

在传播中，艺术作品面对的风险还有对经典的祛魅，这一情况大多发

---

① 许均：《"不忠的美人"辨识》，《译林》1997 年第四期。
② 南希在 Être Singulier Pluriel 及 Les Muses 中都就这一问题论述过。
③ 转引莫里斯·布朗肖《文学空间》，顾嘉琛译，商务印书馆，2003，第 242 页。
④ 莫里斯·布朗肖：《文学空间》，顾嘉琛译，商务印书馆，2003，第 159 页。
⑤ 马拉美："普遍的不在场成为纯净的在场，而当一切在消亡时，消亡在显现，它是显眼的纯净的光辉，是透过黑暗的光线和黑夜中的明亮的惟一之处。"——莫里斯·布朗肖《文学空间》，顾嘉琛译，商务印书馆，2003，第 160 页。

生在非影视作品当中。机械复制时代的到来，对经典艺术作品的祛魅，使得原本独一性存在的某些艺术作品在闯入受众世界的同时，也为其独一性存在的本质带来了巨大的冲击。当然不能否认它也为作品的重生提供了更大的可能性空间，可以将复制品视为作品独一性的延伸，成为原作的变体。即便复制品为原作带来了祛魅的危险，但是当人们收藏这些复制品的时候，复制品成为了一个符号，并作为能指而存在，它们的所指都是原作。也就是说，复数的复制品背后是单数独一存在的原作。与此同时，艺术作品指向所指的能指，又因接受个体的差异而变成了更加广泛的多样存在。因此，艺术作品的呈现是原作者与受众共同作用的结果，并且在受众那里一直处于"发生中"（happening）的状态，即便受众明确表达他们并没有理解也不懂作品，此时他们不过是处于"睡眠状态"（hypnosis），处于"被唤醒"（be awaken）的过程当中。① 事实上，可以将"祛魅"理解为一种去神秘化，当人们描述某种看不见的可见之物的时候，常常会为它加上一点神秘感，而这种神秘感在不断的口耳相传中愈演愈烈，也就是说"魅"本身就是由受众自己附加给作品的，"祛魅"在某种意义上来说不过是恢复艺术作品的原貌。

结　语

在历史的长河中，艺术常常被赋予教化的功能，这并没有将艺术的本质从它的自身当中剥离出去，而是给它披上了外衣，使它呈现为自身的变体。艺术的新生总是带有这样或那样的时代感，但这并不能从根本上损伤它分毫，它是自为的，并且是自足的，只是因为人具有一种特殊的才能，将它置于"虚假的体裁"当中成为为某种目的服务的工具。在艺术家的创作过程中，个人的灵魂与集体的意识共同发挥着作用，艺术作品不可避免地包含了它原初所排除在自身之外的某些元素，如道德、政治与宗教等。这些元素成为了艺术的调味品，但不一定能够使艺术作品变得更加"美味"，正因为如此，不能对它们在艺术中的介入视而不见，它们并不是作为目的而进入艺术的，而是像融入生活一般与艺术交织在一起。艺术家因为自身敏锐、丰富且饱满的天性而成为了无意识且非自愿的道德家、政治家

① Jean-Luc Nancy, *The Birth of Presence*, Stanford: Stanford University Press, 1993, pp. 14-31.

或宗教家。

无论面对的是古代的还是现代的艺术，美的规律都是永恒的和不变的，处于变化之中的是美的形式，它是多种多样的，既符合美的规律又具有自己独特的样貌。19 世纪晚期，从法国发端的"为艺术而艺术"，将纯粹的美视为永恒的乌托邦来追寻；自 20 世纪至今，伴随着大众艺术的兴起，迫使关注艺术的人们重视在为纯美而奋斗的艺术中还存在着某些功能性的元素，这需要用更加宽容的态度来面对那些并非美的特性的部分。无论何时，在艺术中，作为主题的死亡，总是与死者无关，成就的是他者的故事。在创作中艺术家面对的并非美/艺术，美是由艺术家的创作而被抛掷到现实当中的；作为死亡主体的艺术，则不仅仅是在黑格尔意义上的终结，更是南希意义上的艺术复数独一性存在的开端。审美判断力为艺术的重生提供养料，并担负着助产士的责任，促使着艺术不断新生。

艺术家的目的绝不是准确地再现自然，而是通过那些可以被我们的身体所触摸到的实体将他所感知到的美呈现出来。无论是德拉克洛瓦还是波德莱尔，或者是南希，他们所希望的都是将艺术家和艺术从模仿中解放出来，强调与外在世界以及美的交流，达到艺术与外在世界对美的共享。现代艺术对于受众的心灵闯入所带来的不只是积极影响，随着信息传播技术的发展，不单艺术品被祛魅，受众在艺术暴力的冲击下也会转向于对艺术在某种程度上的"恐惧"，人们羞于表达在某一艺术领域中的无知，但大众艺术却给人这样一条"生路"，日常生活对艺术的介入让所有人都看似有话可说，与此同时这让艺术的特性消隐在受众的"七嘴八舌"之中。

政治图像的艺术空间与视觉语言
——以政治宣传画《毛主席万岁》为例

黄 健[*]

摘要: 政治宣传画在传播中国共产党的政策、方针和指示方面发挥了重要作用,并作为对敌斗争的武器而存在,一直到20世纪90年代这种艺术形式才基本结束。政治宣传画有其独特的视觉语言结构和艺术阐释空间,它们在不同的时期因为政治背景的变化而发生变化。本文以著名宣传画《毛主席万岁》为例,分析宣传画的视觉语言形式和艺术阐释方法,并梳理这幅宣传画的历史遭遇及其给作者的影响。这幅宣传画在"十七年"文艺政策左右摇摆的缝隙中出现,备受喜爱,然而在"文革"激进的文艺政策中,受到大量的批判。它本身结合了浪漫主义和现实主义的革命美学观,同时也留下了多重阐释空间,成为对单一艺术理念无声的抗议。

关键词: 政治宣传画 十七年 革命浪漫主义 革命现实主义

Abstract: Political propaganda poster has very important function in advocating the policy line and instruction of Chinese Communist Party, as a weapon to struggle against enemies it lasted for decades until 1990s. Political propaganda poster has its special structure of visual linguistics and artistic interpretation space, and they change in different background of politics. This paper analyses the visual linguistics and method of interpretation of propaganda poster on case studies of the famous poster *Long Live Chairman Mao*, as well discusses the impact to the author Ha Qiongwen in Cultural

---

* 黄健,华中科技大学社会学系博士研究生。主要研究方向:文化研究、意识形态理论。

Revolution. This poster created in 1959, which was a year that in the crack of left and right artic policies of CCP from 1949–1966, was warm welcomed before 1964 but strictly criticized in Cultural Revolution. It was a combined work of revolutionary romanticism and revolutionary realism, but there still has multi-level spaces for interpretation, thus made it be a kind of resistance of artist in the extremely simple and single artistic idea and surroundings.

Keywords：political propaganda posters   17 years   revolutionary romanticism   revolutionary realism

引　言

政治宣传画（Political Propaganda Poster）是一种独特的视觉艺术形式，始于 20 世纪 30 年代，盛于 20 世纪五六十年代，① 衰于 80 年代。② 政治宣传画在 20 世纪中国共产党夺取全国政权进而进行社会主义改造和 "文化大革命" 中发挥了极为重要的作用。政治宣传画不同于一般的招贴、海报，它主要是为了政治目的而设计的，如宣传政治口号、传达政治理念、弘扬

---

① 姜兰花：《视觉与说服的统一体——中国政治宣传画传播艺术论》，《东南传播》2009 年第 3 期。
② 刘秉礼：《为宣传画讲几句话》，《美术》1983 年第 5 期。

典型人物、表达美好愿景等。[①] 政治宣传画由图像和文字标题共同组成，具有强烈的视觉冲击力，有效地发挥了宣传作用。

在中国政治宣传画发展史上，哈琼文是最著名的宣传画艺术家。在中华人民共和国成立后，哈琼文创作了一百多幅宣传画，[②] 其中印数最大的是1959 年创作的《毛主席万岁》，这幅宣传画"堪称中国画坛最出色的宣传画佳作"[③]，在 1959 年至 1964 年间总计印刷 250 万张，[④] 除此之外还大量被涂刷到墙壁之上，以各种形式传播开来。然而，正是这幅著名的宣传画，却在"文化大革命"期间几乎给作者本人带来毁灭性的打击，几乎使作者丧失性命。"文化大革命"结束后，这幅宣传画又获得声望，直到 1980 年代宣传画逐渐退出历史舞台。哈琼文一生绘就大量宣传画，他的一生即是中国宣传画的典型历史缩影。本文不打算概述中国宣传画的发展史，而是将目光聚焦在哈琼文的成名作宣传画《毛主席万岁》上，希望从这幅画入手，重新梳理这幅画的命运及其带给作者的声誉和打击，深入理解革命意识形态下的政治和视觉艺术的关系问题。

宣传画《毛主席万岁》创作及其后

1959 年，适逢新中国成立十周年。此时已在上海人民美术出版社工作的哈琼文应社里要求，创作一幅宣传画"毛主席万岁"，供庆祝新中国成立十周年之用。此前，哈琼文已经创作了不少宣传画，如《庆祝国庆》（1953）、《一定要解放全中国》（1953）、《一定要把五星红旗插遍台湾》（1954）等，积累了一定的宣传画创作经验，并且开始形成自己的风格，"这一时期的作品基本由写实主义手法绘制完成"，与当时"提倡苏联'老大哥'的风气也是一致的"[⑤]。在接下为国庆十周年创作宣传画的任务后，哈琼文画了十多张样稿，但都不甚满意。有的因为构图太复杂，有的则因为中心太多不够凝练，等等。考虑到新中国建立，人民翻身得解放，哈琼

---

① 姜兰花：《视觉与说服的统一体——中国政治宣传画传播艺术论》，《东南传播》2009 年第3 期。

② 哈思阳：《哈琼文》，上海人民美术出版社，2009，第 1 页。

③ 林炜：《记宣传画家哈琼文》，《上海艺术家》2000 年第 6 期。

④ 华逸龙：《哈琼文与他的宣传画》，《检察风云》2011 年第 19 期。

⑤ 朱海辰：《哈琼文的宣传画艺术》，《哈琼文》，上海人民美术出版社，2009，第 67 页。

文认为，妇女和儿童才是感受最深刻的人，因此他决定以妇女儿童为主来创作宣传画《毛主席万岁》。哈琼文多次参加"五一""十一"等大型庆祝游行活动，对游行场面印象深刻，最后他决定以游行场面为主背景，"以妇女儿童为画面主要人物，在她们的周围则表现一片花的海洋，而把举花的群众隐去"①。哈琼文以此创作了初样，并在放大画稿的时候，在画面的左上角画上毛主席的黑白头像。然而，这似乎打乱了这个画面粉红色为主的基调，以及画面的人物布局和构图，"背后的毛主席黑白画像很抢眼，使画面出现两个中心，分散了看画的注意力，同时也使画面色彩缺少节日气氛"②，哈琼文此时拿不准是否要抹去已经画上去的毛主席像。送审之后，出版社领导以商量口吻询问哈琼文"画中的毛主席像是否不画为好"③，这恰好符合了哈琼文的心意，于是他欣然抹去了画面左上角的毛主席头像，并代之以一个华表，哈琼文认为"沿着妇女儿童的视线，通过华表必然会使人'看见'天安门上的毛主席"④。这幅宣传画再次送审时获得了一致通过，并迅速付印出版发行，而且"一下子印了几百万张，人们争相购买，到处张贴"⑤。

这幅宣传画的出版发行，为作者哈琼文带来了前所未有的声誉，并让他一跃成为中国最著名的宣传画家。著名作家冰心在《北京晚报》撰文，高度赞扬这幅宣传画：

"这幅以《毛主席万岁》为题的宣传画却表现了一个截然不同的内心生活，它的整个气氛反映了今天中国人民在伟大的毛主席领导下，所过的和平幸福的生活！画上的人物，栩栩如生，我们不但觉得这个年轻的母亲和她的可爱的孩子，都是我们所极其熟识的人，而且我们还能看到画中所没有画出的，站在天安门城楼前，满面含笑，向着下面欢呼的群众招手的，我们最敬爱的领袖毛主席。"冰心建议："这幅宣传画可以印成美术明信片，逢年过节，当我们在这上面给国外朋友们写上三言两语的贺词的时候，也让人家欢喜地感染到我们生活里和平幸福的气氛。"⑥《文汇报》等也发表了评论文章，而且"无论走到哪里，商店、工厂、部队、学校到处都能看到

---

① 哈思阳：《哈琼文》，上海人民美术出版社，2009，第 28 页。
② 哈琼文：《宣传画〈毛主席万岁！〉创作追忆》，《档案春秋》2007 年第 3 期。
③ 哈琼文：《宣传画〈毛主席万岁！〉创作追忆》，《档案春秋》2007 年第 3 期。
④ 哈思阳：《哈琼文》，上海人民美术出版社，2009，第 29 页。
⑤ 冯乔：《哈琼文宣传画浮沉记》，2010 年 7 月 9 日《联合时报》。
⑥ 冰心：《用画来歌颂》，1960 年 1 月 16 日《北京晚报》。

这幅画"，当时上海中百一店大楼以几层楼高的空间，悬挂巨幅《毛主席万岁》宣传画。① 这让哈琼文十分欣喜，哈琼文从此声名远播。

此后哈琼文又创作了大量的人物题材的政治宣传画。然而，在"文化大革命"开始后，已经有相当大名气的哈琼文却瞬间像许多其他文艺界人士一样被打倒在地，并受尽苦痛。这幅宣传画被称为"黑画"、充满资产阶级情调的"美人画"，文艺战线的红卫兵以各种方式解读《毛主席万岁》，最后认为无论是从艺术上还是政治上，哈琼文的这幅宣传画都是充满资产阶级情调的、反对毛主席、攻击和诅咒社会主义的反动宣传画。1971 年，哈琼文即受到文艺战线的大批判，并在万人大会上蒙羞。② 在几乎忍受不了批判和侮辱之后，哈琼文试图用煤气自杀，但幸运地被救活，然而其左眼几乎失明。③ 在"文革"十年间，哈琼文很少再有自主的创作，大多数按照上级分派的任务来画，但这些宣传画极少被保留下来，今天只能看到《大干促大变，普及大寨县》（1975）、《万岁！伟大的社会主义祖国》（1976）、《纪念鲁迅，学习鲁迅》（1976）等少量几幅作品。在"文革"结束后，哈琼文又恢复了宣传画的创作，陆续创作了大量反映新时代、新气象、新风貌和新希望的作品，一直到 1992 年封笔。④

"文革"期间，哈琼文因为这幅宣传画而受到批判则表明了此画被以另一种方式所解读。笔者将在后面详细分析哈琼文的这幅宣传画《毛主席万岁》在不同政治环境下不同的艺术解读。

"文革"前后的不同解读与阐释

《毛主席万岁》以粉红色为基调色彩，展示的是游行场面的局部，在花的海洋中，母亲举着孩子高兴地看着远方，孩子手中拿着一朵鲜花，正向华表所在的方向挥舞。画的上部，用紫红色书写"毛主席万岁"五个大字。画中母亲穿着传统丝绒旗袍，哈琼文以此表现典型的中华民族妇女形象。就是这样一幅看起来喜气洋洋、充满活力的宣传画，受到冰心等人大力赞

---

① 哈思阳：《哈琼文》，上海人民美术出版社，2009，第 73 页。
② Shen Kuiyi, 'Publishing Posters Before the Cultural Revolution', *Modern Chinese Literature and Culture*, 2000（2），pp. 177–202.
③ 冯乔：《哈琼文宣传画浮沉记》，2010 年 7 月 9 日《联合时报》。
④ 朱海辰：《哈琼文的宣传画艺术》，《哈琼文》，上海人民美术出版社，2009，第 84 页。

美，然而却在"文革"期间，被做了另一番解读。

"文革"爆发后，上海美术界哈琼文的批判者搜集整理了大量文章和读者来信，编辑一本专门用来批判哈琼文宣传画的册子《把"全民文艺"的黑样板宣传画〈万岁〉揪出来示众》（以下简称"小册子"）。这个"小册子"，对哈琼文《毛主席万岁》宣传画的解读完全不同了。

"文革"前以冰心为代表，画中母亲身穿"深色的素静的衣服，绿玉的别针和耳环"，是"节日的装饰，让她显得更加精神、更加俏丽"①。然而在"文革"期间，这一形象却被解读为"十足的资产阶级少奶奶"②。"小册子"指出，哈琼文的创作过程并非想象的那样简单，而是"当权派把作者安置在高楼深院，多方提供方便，并为作者雇佣了一名旧社会的舞女作为'模特儿'"③，而出版社领导和哈琼文抹去原先画在左上角的毛主席头像，原本是考虑到构图出现多中心、黑白的毛主席头像不符合整个画面的色调，现在却被认为是"连这一点都不能为党内一小撮走资本主义道路当权派所不容"，"以歌颂领袖为幌子，而实质上是贩卖修正主义黑货，美化资产阶级的大毒草"④。

画面中代表传统中国妇女形象的母亲，此时却成为"资产阶级少奶奶"形象，画中女人"手指甲尖细，手臂娇嫩，领子高"⑤，完全是在塑造"珠光宝气、风骚妖艳的资产阶级贵妇人形象"⑥，是"戴着绿宝石别针与晶亮耳环的妖形妇女"⑦。人民群众不会带绿玉别针，更不会穿丝绒旗袍，而所有这一切都证明，母亲的形象实际上是资产阶级少妇形象，这幅宣传画就是一副资产阶级"美人图"。哈琼文的批判者反问道："这是颠倒黑白，混淆是非……如果说一个浑身散发着铜臭的资产阶级贵妇人也能喊出'毛主席万岁！'那么，资产阶级和无产阶级岂不是'合二而一'？还有什么阶级斗争？还有什么无产阶级专政？"⑧ 这显示了画中母亲的形象被重新解读为

---

① 冰心：《用画来歌颂》，1960 年 1 月 16 日《北京晚报》。
② 《把"全民文艺"的黑样板宣传画〈万岁〉揪出来示众》，上海上艺司美术战线指挥部、上海美术界革命造反派批黑线联络站，1966。
③ 《把"全民文艺"的黑样板宣传画〈万岁〉揪出来示众》，1966。
④ 《把"全民文艺"的黑样板宣传画〈万岁〉揪出来示众》，1966。
⑤ 《把"全民文艺"的黑样板宣传画〈万岁〉揪出来示众》，1966。
⑥ 《把"全民文艺"的黑样板宣传画〈万岁〉揪出来示众》，1966。
⑦ 《把"全民文艺"的黑样板宣传画〈万岁〉揪出来示众》，1966。
⑧ 《把"全民文艺"的黑样板宣传画〈万岁〉揪出来示众》，1966。

反动形象的代表。

　　而画中的孩子，原本看起来是充满朝气的象征，是希望的象征，在"文革"时期却被认为是在配合母亲形象宣扬"母爱"和"人性论"，是脱离阶级斗争的；"小孩儿的装饰，并非无产阶级接班人，是同她妈一个货色"，隐喻画的作者和"当权派"希望"共产党下台，资产阶级代代相传"，是典型的复辟企图。① 这些恐怕都是哈琼文在创作的时候从未想到的。

　　至于色彩方面，整幅画的基调是粉红色花的海洋，象征着喜庆、殷实。但在"文革"期间，这种色彩则被认为是消磨意志的表现："整个画面上，节日欢腾的红色海洋被一片虚无茫然的玫瑰花丛所取代，沉郁的紫灰和粉红色铺成画面的基调，加上远处虚淡的处理和绸带的飘拂，使人有一种恍惚迷离的感觉。"② 一位复员军人认为："如果是在天安门广场上喊毛主席万岁，那一定是一片红旗的海洋，但却画这么多的桃花，作者的用心何在？"③在这个粉红而不是鲜红的基调下，美丽的女性形象被认为是"软刀子"，容易令年轻人"想入非非"，"叫人去追求女人"，用"美女、和平、幸福来麻痹工人阶级，使我们忘记阶级斗争"，"把我们引向资本主义道路上去！"④完全不符合当时革命女性的基本形象标准。

　　这幅画还存在另外一个问题，即宣传画所表达的目的并不明确。这幅宣传画原题是"毛主席万岁"，是为庆祝新中国成立十周年而画，以表达对毛主席的无限热爱和对新生活的赞美，但在后来却被多次改题而另作他用。1960年，全国妇联将该宣传画改名为《和平万岁》送往哥本哈根国际"三八妇女节"大会，并以多种语言向国外发行，丹麦等国因此要求大量订购此幅宣传画⑤；而上海妇联曾在游行时遮去华表，并将此宣传画改名为"我们孕育生命，我们保卫和平"⑥，这些都被解释为修正主义者"用鲜花、妇女、草茵、鸽群组成虚伪的和平言词，排斥武装斗争"，让人成为"不要政治、不要枪杆子、不要革命的糊涂人"，从而达到和平演变的目的。⑦ 至于喊的是"毛

① 《把"全民文艺"的黑样板宣传画〈万岁〉揪出来示众》，1966。
② 《把"全民文艺"的黑样板宣传画〈万岁〉揪出来示众》，1966。
③ 《把"全民文艺"的黑样板宣传画〈万岁〉揪出来示众》，1966。
④ 《把"全民文艺"的黑样板宣传画〈万岁〉揪出来示众》，1966。
⑤ 朱海辰：《哈琼文的宣传画艺术》，《哈琼文》，上海人民美术出版社，2009，第73页。
⑥ 陈映芳：《图像中的孩子：社会学的分析》，山东画报出版社，2003，第103页。
⑦ 《把"全民文艺"的黑样板宣传画〈万岁〉揪出来示众》，1966。

主席万岁"却不画毛主席，是因为"他们就是害怕毛主席的光辉形象"①。

"文革"期间哈琼文的批判者还认为，在"文革"前，许多工人、农民、军人等将这幅画挂在自己的卧室、客厅等，是因为他们不知道其中的险恶用心。哈琼文的批判者认为这幅画劳动人民看不懂，因为它是资产阶级赏心悦目的玩物，向人们宣传的是"色情的、资产阶级式的生活方式和思想情感"，目的是"偷换阶级斗争内容，麻痹斗志，用资产阶级观点潜移默化无产阶级品德，为资产阶级政治复辟效劳"，因而是"文艺战线上资产阶级向党进攻的一支冷箭"②。

由此可见，哈琼文为庆祝新中国成立十周年而创作的宣传画，充满了多种解读的空间。这幅宣传画给哈琼文带来巨大荣誉，也带给他巨大的灾难。这幅宣传画由政治目的开始，通过艺术手法创作，又以政治斗争结束。哈琼文的作品毫无疑问，是革命年代政治图像带给作者本人奇幻般遭遇的一个典型缩影。

"十七年"文艺路线再审视

为什么同样一副政治宣传画，在"文革"前后的遭遇如此不同呢？我们需要了解新中国成立到"文革"爆发前这"十七年"的文艺路线与"文革"文艺的差别，特别是这幅宣传画在 1959 年出现后为什么会广受欢迎并创下巨大的发行纪录。

"十七年"（1949～1966）时期，文艺基本是按照毛泽东 1942 年《在延安文艺座谈会上的讲话》精神来发展的。毛泽东在"讲话"中明确了文艺为政治服务、文艺创作中政治标准第一、艺术标准第二，以及文艺作品必须为工农兵服务等多项文艺领域的"基本原则"。③ 然而，实际上"十七年"的文艺发展，并非是一以贯之的。

1950 年代，文艺界对公式化、概念化的文艺创作和教条主义的文艺批评展开了批评，但这在反右开始后中断，反右带来的一股"左"的文艺评论的风气甚为高涨，并迅速成为主流话语模式，1950 年代早期的批

---

① 《把"全民文艺"的黑样板宣传画〈万岁〉揪出来示众》，1966。
② 《把"全民文艺"的黑样板宣传画〈万岁〉揪出来示众》，1966。
③ 毛泽东：《在延安文艺座谈会上的讲话》，《毛泽东选集》第三卷，人民出版社，1991，第 869 页。

评后来却被反批评；进入到 1960 年代，这种"左"的思潮相对缓和，而文艺评论又逐渐自由和活跃起来，这恰好是哈琼文创作《毛主席万岁》后较多被好评的时期。但在 1964 年之后，文艺评论的风向再度大幅度"左"转，延续到"文革"时期，"左"的文艺评论一直有增无减，并且逐渐走向极端。①

其中，从 1956 年至 1960 年间，文艺政策的核心内容为"双百"方针，文艺人士的创作也因此逐渐稍显自由开放，并且在很多层面上文艺创作者的个性得以表现。1958 年，周扬提出"革命现实主义和革命浪漫主义相结合"的口号，在此指引下，中国文艺创作其实是以逐渐提高民族特色的导向性意义的方式来力图摆脱苏联的影响。② 时代形势以及文艺思潮对哈琼文的影响是不言而喻的。

哈琼文曾受到法国绘画的影响，1959 年在创作《毛主席万岁》的过程中，他倾向于使用一些表现艺术的手法，从而让宣传画看起来更具有"艺术性"。在 1956 年之前，文艺界"已经是政治权威主导文艺体制系统"，形成了颂歌创作的基本模式，③ 但在 1959 年，在一幅立意是歌颂和赞扬毛主席的宣传画中，哈琼文仍然以使用华表来引起观看者联想的方式来表达——虽然是在社领导的支持下，但这已是相当大的自由和冒险。在设计母亲的形象时，哈琼文也并没有按照当时已经十分流行的女性形象标准——"一根皮带一杆枪，一条毛巾鼓腮帮；七情六欲全不顾，天天面朝红太阳"④ ——来绘制，反而是用民族服装、发型等"民族元素"来塑造中华民族母亲这个代表性的形象。从整个文艺政策和文艺思潮上来讲，1959 年的哈琼文在创作上是相对自由的，他试图在绘画上显示艺术的风格，并顺应当时文艺创作重视民族风格和民族元素的潮流，来创作宣传画《毛主席万岁》。同时，1958 年开始的"大跃进"，1959 年的"庐山会议"，已经表现出灾难性后果，此时中国共产党非常需要乐观积极的图像

---

① 于正心：《十七年文艺评论的几个问题》，《吉林大学学报》（社会科学版）1979 年第 5 期。
② 乔东义：《一次"夹生"的视域融合——"十七年"马克思主义文艺美学中国化历程与反思》，《上海交通大学学报》（哲学社会科学版）2011 年第 3 期。
③ 刘东玲：《论"十七年"的文艺政策》，《江苏师范大学学报》（哲学社会科学版）2013 年第 1 期。
④ 韩敏：《"十七年"女性政治身体书写的美学批判》，《西南民族大学学报》（人文社科版）2012 年第 11 期。

来振奋人心并继续推进其政治进程。① 在其后的 1960 年代初，哈琼文的创作之所以得到广泛的好评，同样也是因为这一时期，再一次激进的"左"的文艺评论风尚未完全吹起来。在这样一种政治需求和文艺政策的大背景下，哈琼文的创作可以说是在一个缝隙中诞生的，同样也是幸运的。

然而，1962 年东欧一系列事件之后，中国文艺政策开始收紧，文艺思考趋向激进。② 随着政治风气的转变，特别是在中苏论战后，文艺政策重回激进路线，文艺评论大为"左"转，哈琼文就不再幸运了。直到 1972 年，"文革"的高潮基本过后，文艺界激进的思潮和政策重新出现缓和，挺过最困难时期的哈琼文才得以幸存下来。

"十七年"的文艺，政治的影响是逐渐增强的，文艺创作的自由度也被逐渐削减。③ "文革"则接续了这个收紧的过程，并走向极端。然而，也正是在这样一个过程中，以"革命现实主义和革命浪漫主义相结合"为代表的文艺思潮，实际上是包含张力的。"当'革命'和'现实主义'这二者被连接到一起的时候，就天然地具有了两面性：对待革命和社会主义采取浪漫主义的颂扬的态度；而对待封建主义和资本主义则采取批判的态度"④。哈琼文的这幅宣传画可以说集中呈现了"革命浪漫主义"和"革命现实主义"的张力。"浪漫主义"要求颂扬，要求更多地体现理想，体现愿景，以艺术的手法，表达一种美好的想象。哈琼文则以母亲和小孩的方式，来承载这种理念，让美丽的母亲形象来表现新中国成立带来的天翻地覆的变化，让小孩表现希望，表现社会主义事业后继有人。从这个角度来说，哈琼文的创作，当时更多的是以浪漫主义的方式来发挥，将现实描摹成美好的图像，将对毛主席无限爱戴之情盛放在人们的想象世界里。哈琼文的浪漫主义是有限度的，他的创作思路和创作过程同样反映出，这种浪漫的手法和想象是与现实联系在一起的。哈琼文创作的《毛主席万岁》，准确地说，集中反映了在当时他对浪漫主义有限度的使用和对现实主义不放弃的坚持。

---

① Shen Kuiyi, 'Publishing Posters Before the Cultural Revolution', *Modern Chinese Literature and Culture*, 2000（2）, pp. 177-202.

② 刘东玲：《论"十七年"的文艺政策》，《江苏师范大学学报》（哲学社会科学版）2013 年第 1 期。

③ 乔东义：《一次"夹生"的视域融合——"十七年"马克思主义文艺美学中国化历程与反思》，《上海交通大学学报》（哲学社会科学版）2011 年第 3 期。

④ 方维保：《原旨的缝隙与阐释的苦难——论十七年时期的文艺论争和批判》，《文艺理论研究》2006 年第 2 期。

然而，这种理念下的艺术手法，却在 1960 年代中后期，逐渐失去支持。在"文革"狂热的政治运动和乌托邦梦幻的刺激下，哈琼文式的有限度的浪漫主义却成为落后甚至反动的表现，

"文革"时期的宣传画，"为了配合史无前例的无产阶级文化大革命，艺术家们在创作宣传画中，几乎千篇一律地采用'红光亮'，让观者一看就能融入到这场轰轰烈烈的运动中去"①。因而，"文革"时期的宣传画都形成了一个统一的模式，在视觉上"红、光、亮"，在形象上"高、大、全"，并且形成了统一的构图模式，其中最典型的是放射线式构图，以集中体现伟大领袖高大伟岸的形象。② 哈琼文曾经在创作中担心可能因为画面出现两个中心，而在上级支持下最终抹去毛主席的头像。这在"文革"期间绝不可能发生，所有的宣传画中基本上都只有一个中心——毛主席。

自 1968 年毛主席写下"妇女能顶半边天"的口号后，女性的形象在绘画中也发生了很大变化。在政治宣传画中，女性不再是柔弱的形象，也不再以配角出现在角落或者背景中，大量的宣传画以女性为主题，画面中女性通常斗志昂扬，无所畏惧，拥有和男性一样的身板和力量，那些飘飘长发、曲线身材，都毫无例外地被改写，大量的军装遮蔽了女性身体特征，而战天斗地的豪情壮志，将女性塑造成一个个无畏战士，形象直接地表达了"不爱红装爱武装"的理念。

"十七年"期间，上映了大量革命红色歌剧和电影，比如《江姐》《刘胡兰》《洪湖赤卫队》等，塑造了女性革命英雄的形象，她们多是"没有女性线条、没有女性声音特点、没有女性情感特征"，而是更具有男子气概。③正是这些女性革命英雄确立了当时女性的"身体美学"④ ——消灭女性身体特征，削弱女性意识。⑤ 女性形象的塑造和改写到"文革"期间在革命样板戏中到达高潮，"'革命样板戏电影'中的女性大多衣着朴素、身材健壮、

① 一俊：《漫话文革宣传画》，2004 年 5 月 14 日《中华工商时报》。

② 胡潇文：《"文革"时期宣传画的宣传研究》，辽宁大学 2012 年硕士学位论文，第 23 ~ 28 页。

③ 王保华：《十七年中红色歌剧女性形象塑造的特征分析》，《中国音乐学》2006 年第 4 期；柳迪善：《性别的建构——"十七年"时期中苏影片中的女性形象比较》，《当代电影》2008 年第 9 期。

④ 梅琼林：《囚禁与解放：视觉文化中的身体叙事》，《哲学研究》2006 年第 3 期。

⑤ 柳迪善：《上命差遣 身不由己——"十七年"时期国产片中的女性形象》，《当代电影》2012 年第 8 期。

浓眉大眼、孔武有力，与传统女性美截然相反，表现出向中性化或男性化靠拢的趋势，其极端形态是对女性气质的彻底改写"①。女性的革命形象已经逐渐确立起来，并成为一个模式，特别是在视觉图像中，无一例外都是最有代表性的女性。

新中国成立后，毛泽东及中国共产党十分注重对女性社会地位的提高，毛泽东认为妇女能顶半边天，也恰好符合了在封建社会中饱受压迫的女性翻身的愿望，这也成为女性在新中国争取更大社会地位以从事与男性同样的工作的契机。② 因此，女性的形象，在图像中也逐渐强壮起来，新社会的女性不再像以往那些处于幕后的家庭妇女，她们走到了前台，展示自己的能力，而这种展示大多以坚毅的眼神、无畏的气概和劳动的魄力来表现——简而言之，即一种强烈的"战斗性"和"鼓舞性"。③ 相比这种革命女性形象，1959 年哈琼文笔下的母亲形象，的确显得"小资"、高贵而又柔弱，几乎没有革命气息，这显然不符合政治标准的无产阶级女性身体形象。

诸如此类，宣传画艺术在"文革"期间走向了极端。"十七年"时期，宣传画还大量"融合了国画、油画、年画、漫画、木版画等多种绘画手法"，并常使用"夸张、象征等艺术手法"④，在"文革"期间则被简单的"大红色"所替代——大红色象征着流血的革命、战斗的激情，而不是粉红色所代表的委靡和情调，简单、粗粝、直接成为此时宣传画的特征。每一幅宣传画，都有明确的宣传目的，与宣传口号紧密结合，不再留有大量可供阐释和欣赏的空间。宣传画的政治功效在"文革"期间发挥到极致，以至于所有的宣传画都是一个模式。虽然"这一时期的宣传画因其政治的要求，没有丝毫的名利思想和商业气息，是一种非功利性的、非商业目的的、纯粹的政治宣传工具"，但它的艺术性也丧失殆尽。⑤ 甚为讽刺的是，在"西方的视野中它却成了一朵'中国化''本土化''后现代'的艺术奇葩"⑥。

---

① 宋光瑛：《银幕中心的他者："革命样板戏电影"中的女性形象》，《文艺研究》2007 年第 4 期。

② 郭姿含：《欧美第二次大战期间战争海报的历史内涵研究（1939—1945）》，《历史教育》（台湾）2010 年第 17 期。

③ 马克：《重视群众意见改进政治宣传画创作》，《美术》1955 年第 7 期。

④ 郝莉颖：《哈琼文的宣传画研究》，华东师范大学 2010 年硕士学位论文，第 24～25 页。

⑤ 姜兰花：《视觉与说服的统一体——中国政治宣传画传播艺术论》，《东南传播》2009 年第 3 期。

⑥ 朱富贵：《"文革"宣传画 一个时代的"奇葩"》，《青年作家》2006 年第 2 期。

政治图像的功能与表达方式

现在讨论一个基础问题，即作为政治图像的宣传画的作用和功能。倘若没有这么多的政治功能和目的，哈琼文的宣传画不会产生这么大的影响，同样也不会给他带来灾难。

毛泽东在延安文艺座谈会上指出，要使"文艺很好地成为整个革命机器的组成部分，作为团结人民、教育人民、打击敌人、消灭敌人的有力武器"①，而在新中国成立后，虽然脱离了国内战争的环境，但政治宣传画依然作为"墙壁上的武器"② 继续发挥战斗作用。哈琼文创作《毛主席万岁》，本意并非仅仅为了表现美丽的母亲和充满希望的小孩形象，首要目的即是政治性的：歌颂新中国，歌颂毛主席。这表明，作为艺术的政治宣传画，在当时是重要的阶级斗争工具。

回溯中国政治宣传画的渊源，仍然与苏联紧密相关。苏联"第一张政治宣传画出现于 1918 年"，此后逐渐在战争中发展起来，并被作为有效的政治和战争动员工具，在"1931 年，所有宣传画生产第一次被置于直属中央委员会的国家出版艺术局的监督指导之下"③。苏联的经验深刻影响中国，艺术家们开始根据中国共产党的需要和要求，创作宣传画等艺术作品，以帮助动员民众，促进革命胜利。新中国成立后，苏联政治宣传画的创作理念、手法、技巧等都逐渐深入影响了中国的政治宣传画创作者。

在苏联，"政治宣传画是苏联最群众化的造型艺术，是布尔什维克党鼓动工作中最易为群众接受的形式中的一种"，它在"伟大的卫国战争时期起到了巨大的动员作用"，因此"印行宣传画是重要的政治工作"。《真理报》曾发表文章指出"艺术宣传画的使命是提高劳动群众的毅力、英勇和热情"，"它配合文字向观众作直接的号召"④。政治宣传画的功能定位，在苏

① 毛泽东：《在延安文艺座谈会上的讲话》，载《毛泽东选集》（第三卷），人民出版社，1991，第 848 页。

② 桑木、徐沛、周丹：《战争海报："墙壁上的武器"》，《西南民族大学学报》（人文社科版）2005 年第 3 期。

③ 〔美〕V. E. 波奈尔：《政治图像志——苏联时期的宣传画艺术》，《新美术》2005 年第 4 期。

④ 〔苏〕维·伊凡诺夫：《谈政治宣传画》，乌蓝汉译，朝华美术出版社，1954，第 5 页。

联已经相当清晰，同样在中国，它的位置很快被确立下来，并在新中国成立后的文艺政策中连同其他文艺形式一道被强制为政治的工具。

这并不意味着宣传画的创作和解释都完全丧失了空间。作为一种政治的艺术，宣传画"目的在于提供一种视觉原作，一种符咒，以虚幻出新的思维和行为方式，并规劝人们，现在和将来是不可分的"①，这在"文革"期间得到最鲜明的证明。但在哈琼文创作《毛主席万岁》的时候，他一方面明确表现了新中国后生活的美好，以及对领袖的敬爱之情，但同时以艺术的手法，在画作必须承载的政治功能之外，开辟了另一个空间。在这个空间里，更多解释得以有效的存在。

波奈尔"把形象视为视觉语言（具有专用语和句法），其中所有的成分互为依存"②，这种认识暗示了观看者可以在哈琼文的《毛主席万岁》的画面中找到那种语言的结构，并解读出意义之外的含义。

很明显，哈琼文的创作，必须起到歌颂的功能，否则不可能通过审查并广泛发行。哈琼文作到了这一点，采取的是以华表隐喻毛主席的手法，这一点在"文革"中成为哈琼文的批判者指责哈琼文的关键"证据"——哈琼文及支持他的领导等'走资派'被认为是害怕毛主席的光辉形象才不画毛主席。因此，在华表隐喻毛主席的存在，和标题直接打出"毛主席万岁"之间，存在巨大的张力，正是这个张力，让广大群众和评论家喜欢，也同样在"文革"期间，被狂热的艺术界所谴责。这种张力，源自艺术本身的追求，与它在当时不得不承载的某种政治功能之间产生了摩擦。

苏联政治宣传画理念中，宣传画"必须能够深刻的表现形象，具有说服力的行动、鲜明的构图和画面、有力的色调。在宣传画上必须有简练而令人难忘的口号，这个口号必须和被表现的事物有机地相联系。保持这些因素的一致，即形式与内容的一致，这就是创作各方面都是完整的宣传画"③。哈琼文正是在这个"形式与内容的一致"问题上产生了偏差，从而最终导致整个宣传画的表意和解释存在更大的反差。这给后来发动大批判运动的组织者留下了发挥的空间。后来，这幅宣传画被改名为"和平万岁""我们孕育生命，我们保卫和平"等，也表明这幅宣传画的观看者和

---

① 波奈尔：《政治图像志——苏联时期的宣传画艺术》，《新美术》2005 年第 4 期。
② 波奈尔：《政治图像志——苏联时期的宣传画艺术》，《新美术》2005 年第 4 期。
③ 维·伊凡诺夫：《谈政治宣传画》，乌蓝汉译，朝华美术出版社，1954，第 14 页。

批判者，都在以不同的方式解读或利用它。哈琼文的批判者和批判运动的组织者，无疑是在以各种方式从各个层面和角度来寻找批判的可能，但现实是，他们最终只能以含沙射影的方式将某些罪名和问题强加在宣传画的创作者身上，并以组织的方式强化它。

在一个文化程度低下的农民占据大多数的中国，视觉宣传的作用一直受到重视。延安时期，已经大量采取版画、壁画等形式来宣传和动员革命，在新中国成立后，随着社会稳定和必要材料的充实，政治宣传画创作的条件越来越好，其作用也越来越大。但图像视觉艺术不同于文字，因为载体有限，视觉表现必须集中和凝练。宣传画仅是一张纸，"在这张纸上，思想必须表现得绝对突出和生动"[1]。在这个标准之下，哈琼文的《毛主席万岁》是具有生动性的，但却缺乏了"突出的中心"，即表意的焦点丧失或者被创作者有意隐藏起来。隐去"毛主席万岁"的标题，并不损害这幅图像的观看意义，而替换标题却能增添其他观看意义。在1955年这种标题和内容不一致的现象已经受到过批评，[2] 但此时哈琼文仍然坚持以这种方式创作。对于这幅画来说，观看者替换上一个新的文字标题，这幅画就具有了新的意义。简而言之，哈琼文并没有恪守规矩："每一幅画必须讲述一个故事，说明一个主题"[3]，在几乎全部艺术的表达都是为政治服务的时代里，他以图像语言绘制了一个故事框架，同时也留下了演绎和阐释的空间。

结　论

本文以哈琼文的政治宣传画《毛主席万岁》为例，梳理了一幅宣传画及其作者在过去几十年间在政治与艺术的双重语境中不断变幻的命运。作为艺术创作的宣传画，在中国共产党从革命到执政的几十年间，一直负载着各种政治使命和政治作用。而中国政治风向的变幻，通过革命的文艺政策，直接影响着整个中国的艺术评价和创作的理念及手法的发展。

毛泽东《在延安文艺座谈会上的讲话》中体现的政治主导艺术的精神，

---

① 维·伊凡诺夫：《谈政治宣传画》，乌兰汉译，朝华美术出版社，1954，第19页。
② 马克：《重视群众意见改进政治宣传画创作》，《美术》1955年第7期。
③ 〔美〕迈克尔·苏立文：《20世纪中国艺术与艺术家》，陈卫和、钱岗南译，上海人民出版社，2013，第238页。

在新中国成立后成为一种具有广泛基础和实力后盾的文化权力，并深入渗透到文艺界。这种文化权力作为政治权力和军事力量在文化艺术领域的延伸，逐渐在文艺界乃至整个社会中产生了巨大而深入的影响。就政治宣传画来说，平面图像艺术在政治和文化权力的笼罩性影响下，毫无例外地成为政治的工具，用以宣扬政治理念，作为斗争工具，最终被"彻底政治化"①。

---

① 迈克尔·苏立文：《20 世纪中国艺术与艺术家》，陈卫和、钱岗南译，上海人民出版社，2013，第 261 页。

身体是权力斗争的据点

——约翰·菲斯克的身体观述略

章 辉[*]

摘要：在当代文化研究看来，整个社会都是权力控制和抵抗的场所，权力斗争必将展开在权力技术的终端即身体层面。在看似远离意识形态的身体中，菲斯克发现了压制和抵抗，进而发掘身体愉悦的政治意义，赋予大众层理以能动性，为社会变革寻找力量的源泉。

关键词：身体 帝国权力 在地权力

Abstract：In contemporary cultural studies, the whole society is deemed as the field of power struggle, which is bound to exist in the terminal of power technology—the human body. For Fiske, there are both repression and resistance in the seemingly non-ideological human body. Thus he tries to explore the political significance of physical happiness and the activity of mass sphere as the agent for social reform.

Keywords：human body imperializing power localizing power

在当代身体美学话语中，理性与感性、身体与意识、灵魂与肉体的关系是关注的焦点，而菲斯克的独特之处，是把控制和抵抗引入身体话语之中，这一点既区别于福柯对权力控制身体的强调，不同于布尔迪厄的身体是社会养成的从属性的又具有能动性的看法，也区别于巴赫金的在自然状

---

* 章辉，三峡大学文学与传媒学院"楚天学者"特聘教授，文学博士，主要从事美学和文艺学研究。本文为教育部课题"伯明翰学派与媒介文化研究"（09XJC751004）的相关成果。

态的身体中寻找反抗力量的思路。① 在引入葛兰西的霸权理论之后，在当代文化研究看来，整个社会都是权力控制和抵抗的场所。权力控制除了在显在的政治经济领域，也展开在伦理、法律、仪式、审美以及日常生活实践之中，身体也是社会权力控制和抵抗之所，是各种权力抢占的据点。菲斯克把社会权力分为自上而下的控制性的帝国权力（imperializing power）和自下而上的抵抗性的在地权力（localizing power），身体就是这两种权力的交汇之地。因为，权力不是以整体化的系统存在着，而是通过特殊技术撒播在整个社会秩序中的应用之点，因此，权力制度的变化必将发生在所有层面，最后必将发生在最微观的层面即身体中。

在当代，权力成为文化理论的焦点。菲斯克身体理论的高明之处，是在看似远离意识形态的身体中，发现了压制和抵抗，进而发掘身体愉悦的政治意义，从而赋予大众层理（popular formations）② 以能动性。在早期的《理解大众文化》《电视文化》中，菲斯克已对身体问题有所论述，在后期的《权力运作·权力操演》和《媒介事件》中，菲斯克分析了运动观看、猫王现象、影视暴力等大众文化现象，提出了系统的身体理论。本文以文本细读方法呈现菲斯克的身体观，为当代身体话语增添新的理论视野。

一

首先，菲斯克分析了运动观看这一当代大众文化现象中的权力运作。菲斯克指出，人民大众未必会挑战宰制他们的体系，他们常常是在体系之内扩大自己的空间，延伸自己操练的在地（locals）。③ 运动奇观是一个案例：它基本不挑战权力的监控，但它能够颠倒其运转的齿轮。足球场是从内部反转的圆形监狱，数以万计的人监控了中心的少数几个

---

① 福柯早期和后期对身体与权力的看法有所变化，但总体来说，福柯早期强调的是权力对身体的控制性，其对权力的抵抗的论述流于空泛，这正是菲斯克所不满意的。布尔迪厄一方面认为是社会习性构造了身体的从属性，另一方面认为被认知结构了的身体能够创造新的世界。菲斯克也吸收了巴赫金的许多观点，但不赞同巴赫金在自然状态的身体中寻找反抗力量的思路。

② 大众层理是菲斯克后期文化理论的独特概念，指的是在当代资本主义民主制社会中，人民因具体问题和利益而结成的社会联盟，与按照多重轴线如阶级、性别、种族、年龄、宗教、性倾向等分布的权力阶层进行斗争。

③ 在地是菲斯克后期文化理论的重要概念，指与控制性的权力相对的，人民大众在历史、意识、身体、地理空间等领域构造的抵抗性的文化领地。

人的行为。现代运动之所以流行，在菲斯克看来，其原因之一是，作为观看，它颠倒了工作世界中的权力知识机制，改变了观看者在权力知识体系中的位置。

在运动观看中，统计学扮演了重要角色。统计学具有调节性（tuned），它以高度的精确性行使着个体化、检测、分类、秩序化等功能，在广度上，其数据范围能够延伸至于无限，在强度上，它能深入到日常生活。足球运动是在类似方格子式的球场里的游戏。草皮上的格栅和记分板上的数字钟把这个世界分割为空间性的和临时性的场地，每一场游戏和每一个游戏者都被精确地图绘，输入计算机。球队和战术、游戏和游戏者被摄像机、慢镜头、定格重放和计算机数据库多重控制。统计的内容包括有关球员和球队的知识、球员的年龄、身高体重，他们的表现被统计为带球、过人、拦人，这些数字常常与其他球员相比较，而且被放在更大的数据系统中，如球队的平均数、联队的平均数、一般足球的平均数等。整个历史上的足球赛都被简化为两位数的统计规则，这些规则把运动重新定位在一个抽象的帝国知识（imperial knowledge）[①] 的系统之中。

球员的制服也按统计学运作，它把球员镶嵌进物质性的身体之中，这样他就被定位在粉丝和教练的知识里。他背后的数字和名字个体化了他的身体，这里，名字行使着个体化（individuate）而非个性化（individualize）功能。在在地知识（local knowledge）中，名字负载个人身份和家庭历史而被个性化，但在帝国知识，如数据库、护照和工作打卡表中，它们则是个体化的。自下而上的个性化的身份是独特的，是抽象的知识系统无从得知的，它们存在于帝国权力之外。菲斯克认为，粉丝在工作场所是被监控被认知的，但在运动观看中则变成了控制者。足球场如颠倒的圆形监狱，控制板和数字钟给粉丝以信息和知识。电视转播延伸了这种看和知的权力，照相机和慢镜头重播加强了知的权力。照相机类似教练的眼睛，给粉丝提供了"管理"方面的知识。重播的镜头不仅给予粉丝与监视器（monitors）同样的知识，也提供了关于监视器本身的知识。在运动场所，运动员、教

---

① 帝国知识是菲斯克后期文化理论的概念。菲斯克认为，权力沿着社会轴线如性别、阶级、年龄、种族等分布，在此控制性的帝国权力和抵抗性的在地权力相对，而帝国权力生产知识，它也被帝国主义知识所生产。与在地知识相对，帝国知识是宰制性的知识（controlling knowledge），它致力于规训，产生"规范"（discipline），命令其客体。

练和裁判作出决定的过程暴露给粉丝，他们都变成了粉丝的知识客体，而粉丝在工作中的认知意愿是被挫败的。颠倒了的圆形监狱松懈了强加给个体的帝国权力。与其他粉丝一起观看球赛加强了共同体中的水平关系，这个共同体中的身体表达和经验是高度愉快的，体育观看中的人浪（the wave）就是与其他参与者所组成的共同体的经验表达。

延续布尔迪厄的相关论述，菲斯克指出，教育机构通过官方的运作，把知识变成职业能力，因此就在经济和文化资本之间形成了相互的转换。教育体制通过持续的对每一身体的每个行为的排序把学生个体化入精确的统计性的等级制中，这一制度合法化了经济和政治的不平等。教育体制中的考试、排序、造册是自上而下的权力技术，如资本主义的经济机制那样精确地运转。粉丝都是自学成才者，其知识与被教育和文化机构合法化的知识不同，也与占有这些文化资本的阶级权力相对立，因为粉丝知识不是机构化的，不能转变为经济资本，它的经济属于黑市，它在每一方面投射了（shadows）官方经济。棒球卡在球迷的影子经济（shadow economy）中是一个有趣的商品，它是知识的物质性象征，占有和收集卡片是获得和积累知识的证据：收藏就是粉丝的数据库，是为粉丝所控制的知识而非控制粉丝的知识。通过卡片认知球员是拥有球员的方式，粉丝互相交换卡片，其方式就如球队的东家交换球员。影子经济类似物质经济，较好球员的卡片更有价值。在卡片的交换中，粉丝知识的资本能够变成经济资本，这就投射了真实的世界，但与真实的经济不同，因为粉丝贸易的目的是改进收藏和增加文化资本，其目的是提升粉丝在共同体中的地位而不是产生经济效益。那些从其文化资本中获取金钱的粉丝不被认同，常常被驱逐出粉丝团体。那些从影子经济中获利的人，如卡片的生产者和商人处在粉丝团体之外，团体看重的是其文化资本。

运动观看的愉悦还在于，它常常暴露了官方控制运动和其控制方式的局限。在运动观看中，粉丝从规则中释放出来的力量常常被体验为"奇妙"（magic），这是粉丝用来描述其体验的词语。粉丝的"奇妙"体验超越了规则，为主导的认知方式的颠覆打开了裂隙，在地的、具体化的经验能够嵌入其中。对于粉丝来说，关键的是激情，是那种失去了控制感的高峰体验，它根植于经验中的身体的在场，它不同于抽象的、统计学式的知识。在强烈的经验中，身体感官和热情完全投入到游戏和体育馆的环境中，这种身体与其环境的完全的契合非常重要，它几乎不可能在日常被控制的环境中获得。工厂、家庭和学校的规训从外面控制了我们的身体，它需要我们按照他们的标准认同我们自身，"这是一个我们想我们是谁［内在的或我们的个性化（individualized）的身份］和我们知道他们需要我们是谁［外在的或个体化（individuated）的身份］之间的分裂"①。

在菲斯克看来，大众文化对于人民很重要的原因之一，是在身体从外在认同和控制中解放出来的时候，它有能力提供高峰体验，其强度常常被粉丝经验为一种释放感，一种失去控制的感觉。当我们的身体和当下的环境被体验为一体的时候，我们就感到了自由。我们之所以感到自由，是因为这个统一体是一个标志，它表明我们已经摆脱了他们的控制，自由地移居到我们的在地。这些在地虽然可能是临时的，但最终是属于我们的。粉丝常常用"疯狂"这个隐喻描述这种自由。疯狂，如福柯所说的，存在于文明和控制的边界之外。这种高峰体验如此强烈，是因为它把身份结合于身体：它是意义（significance）而非意指（signification），其中，粉丝生活和记忆之中的其他经验被组织起来。在许多国家，政府发展体育，试图把其意义结合于民族主义，构建民族主义情感，以消除权力集团和人民之间的利益差异。差异的消除是为了否定大众的知识，因为民族常常是通过权力集团也是为了权力集团而构造的，而在体育中，权力集团的利益和人民的利益常常结合在一起。但是，经常出现的情况是，体育的强烈的意义服务于在地而非民族关系和民族身份。家庭成员的关系通过分享运动经验得到促进，运动提升了父子的亲密感，这是大男子主义表达不出来的。运动甚至能够重建破裂的家庭，能够连接过去和现在，回忆其童年时候的时间和地点的成人常常围绕运动经验组织这些记忆。运动识别地点（identifies place），给予它一种意义，这种意义只有那些生活于其中的人才能拥有。运动的经验性知识存储在身体之中并通过身体被认知，它的强度提供了生动的经验，围绕这种经验，粉丝能够组织他们的个人历史。

二

猫王是当代美国流行文化的标志性人物，在生前或死去之后，他的身体一直是权力集团和大众斗争的领地，是帝国权力和在地权力面对面的据

---

① John Fiske, *Power Plays Power Works*, (london and New York: Verso, 1993), p. 88.

点。菲斯克从社会轴线如年龄、性别、种族等方面分析了围绕猫王身体的权力控制和斗争。

1956 年，当年轻的艾尔维斯火爆登场的时候，美国公众的注意力立刻集中在他用身体做了什么和如何阻止他这么做上面。他的小名"艾尔维斯（elvis the pelvis：盆骨）"标明了制造麻烦的身体部位。猫王 1956 年 6 月 5 日在米尔顿·伯利的表演（Milton Berle Show）超过了美国成人能够忍受的极限，愤怒无关于那首歌，而是关系到歌手的身体，他扭动的屁股被视为冒犯了性禁忌，身体放纵被视为道德放纵的标志。

表演当然没有失去控制，因为排练如猫王那样的放松的身体动作不仅需要身体的控制，而且他的身体和歌曲是通过编舞紧密地结合在一起的。赋予身体/歌曲的规则来自权力集团的控制之外，它构造了一种他们所不知道的秩序。因为不知道这个秩序，权力集团视之为失序，但猫王和粉丝知道他的身体在做什么，以及为什么这么做。猫王的身体是一个据点，它逃避社会秩序，生产"大众歇斯底里"（mass hysteria），它是臣属性的大众层理对抗宰制的据点。

在一般观众看来，表演者和粉丝的身体是歇斯底里的、不由自主的，而对于猫王，他的身体在他的控制之中，他用身体表达了他的所感。歇斯底里这个词是艾尔维斯恐慌症的性别政治的一部分。福柯考证，歇斯底里这一概念产生于 19 世纪，是把妇女的性欲通过权力话语和医学实践置于父权制控制之下的方式。[①] 美国 1950 年代的电视摄像机继续了这种话语控制：摇滚粉丝几乎都是十几岁的女孩。男性表演者和歇斯底里的女性粉丝成为美国成人社会对摇滚乐表征的常规形象。艾尔维斯恐惧症表达了那一时期主要的社会焦虑：未成年人犯罪问题。在公众的想象中，它采取了男性犯罪行为被女性歇斯底里所支持的形式。歇斯底里粉丝的身体失去了控制，猫王放纵的身体放纵了他的粉丝的身体，最终威胁到社会的身体。

但是，菲斯克指出，这些十几岁年轻人的身体并没有失去控制，她们打破了规训体系，她们的歇斯底里不是一种失序的放纵，而是一种自下而上的对抗规则限制的力量。猫王表演的秩序与粉丝的"失序"和谐一致，粉丝的身体和猫王的身体共同参与了狂欢式的逃避，他们的放纵形成了一

[①] 米歇尔·福柯：《性经验史》，余碧平译，上海世纪出版集团，2002，第 77～78 页。

种社会关系，一个社会层理（social formations）①，其联系是水平的，被从属者所控制，它超越了垂直的规训范围。这样的社会层理不可避免地刺激了权力集团。在娱乐界，批评家首先发难，他们说猫王没有才能，既不会唱歌也不会跳舞，只是迎合了短命的流行时尚；另一方面，年轻人搞了个18000人的请愿签名和大型游行示威，给权力集团内部的商业机构施压，要求重播猫王。基于保守派与卫道士的联盟，电视还是严格地控制了猫王的表演。但电视机构 NBC 考虑自己的利润，拒绝屈服于压力，没有取消他的演出；另一方面 NBC 考虑公众需求，要求猫王不得有颠和磨（bump and grind）等动作。权力集团把社会失序与摇滚乐联系起来，有时法律也参与规训，佛罗里达的一个法官发出了一道禁令，禁止猫王在他的演唱会上出现"冒犯性的旋转（offensive gyrations）"。但是，在舞台上，猫王抖动他的小指嘲讽秩序，他的粉丝就陷入疯狂。

控制猫王的斗争是权力集团和人民之间的斗争，或者说是各种联盟之间的斗争。这些联盟的形成不是通过有组织的群体或个人，而是通过共同利益的再确认。那些传教士、政客和法官并不相识，他们没有共同的策略，但他们的社会利益是交叠的，他们形成了利益同盟。类似的，整个国家的年轻人没有组织起来，但存在着年轻人的利益，年轻人具有共同的信念、趣味和行为模式。这些联盟超越了个人，而且穿越阶级或社会群体，引发了不同社会层理之间的斗争，比如电视生产商形成了经济同盟以从猫王处获利，这就与社会道德联盟相对立。权力集团比人民更少混杂性，但它也不是一个完全同质性的层理，它的内部充满了冲突，它的权力是通过以问题为基础（issue-based）而非阶级为基础的联盟而得到伸张。

除了分析围绕性别和年龄轴线的斗争，菲斯克还追溯了产生这种斗争的社会文化背景。20 世纪 50 年代是美国二战后重塑自我的时期，男性劳动力的重新回归把妇女推回家庭中，不断增长的繁荣把家庭移居到郊区，新的城市风景重构了居住其中的人的社会关系。郊区的家庭设置了一个领地，其中核心家庭在重建自身并规训其成员。联邦居住委员会（Federal Housing Authority）通过划分区域、贷款政策和"保护性的"契约，致力于生产"和谐的、有吸引力的邻里关系"，它排除了单身或离婚者、白人工人阶级、

---

① 菲斯克的"社会层理"是一描述性概念，有时指大众层理，有时指权力层理，指的是因具体问题和利益而结成联盟的集团。

老年人或少数族裔，邻里的和谐指的是富裕的白人中产阶级家庭之间的关系。电视变成了支持家庭的力量，广告声明电视要教育小孩，而且要把他们留在家里看电视进而控制他们。电视节目契合日常生活，确保了中产阶级的价值观和生活方式的稳定。可以想象，当"盆骨"失序冲入家庭，父母的愤怒是当然的。愤怒之余是深深的焦虑：在家庭之外究竟发生了什么。家庭中有一个危险性的社会力量即年轻人，这个新的社会范畴具有新的存在方式，他们拥有在学校、工作和家庭控制之外的时间。除了时间，郊区大农场的物质繁荣给年轻人提供了新的空间诸如个人卧室和储藏室。繁荣也把较大些的年轻人置于汽车之中。汽车播放着摇滚乐，不仅是年轻人的在地，也适合社会和性的交往。

年轻人的身体是其领地的核心，时尚、发型、化妆、手势、姿态是年轻人用来控制他们的即刻的社会条件的东西，这些文化商品为权力集团生产经济效益，为人民生产文化利益。经济上的权力群体常常利用文化上流行的东西，他们很少与权力集团中的卫道士结盟。摇滚是最具争议和矛盾性的文化商品。1950 年代的年轻人被摇滚包围着，他们通过性和毒品增强和延伸其身体。性、毒品和摇滚在成人社会导致了深刻的焦虑，"青少年犯罪"就是这种表征，猫王的臀部嵌入年轻人的身体和心灵，对于未来社会是一个威胁，因此必须坚决反对。猫王的流行与社会变革同步发生，他的身体是被压抑的社会力量，是体验活跃和乐趣的场所。

1977 年 8 月 16 日，猫王死了。作为一个物质的身体，他躺在刻有他的名字的棺材中，但作为具有争议性的身体，作为知识的身体，他仍然存在于我们中间，菲斯克的分析延续到今天猫王粉丝与官方知识的斗争。

猫王今天的粉丝与 1950 年代不同，他们更年长，更少威胁性，更少能见度。围绕猫王身体的斗争仍在继续，只是社会层理变了，斗争本身变了，但仍然是为了控制而斗争。现在的斗争不是因为行为，而是关于他是否死了的争论，以及如果他没有死，如何认识他"死亡"之后的生活。这牵涉到在地的大众知识与官方知识之间的斗争，认知其死亡的方式是操演社会差异的据点。

围绕着猫王的身体，所有事实都被质疑，所有信念都被摧毁。真理相互繁殖，充满争议，不存在客观的或确凿的真理，每一个真理都依赖于言说它的人的权力。猫王的死是一个文本，镶嵌于社会斗争之中。阅读这个文本牵涉到生产一种知识的身体，这个身体不是一堆了无生气的事实或数据，而是昭示了一种活跃的认知方式，它常常与其他方式相互竞争。没有转变成为信念（belief）的知识还停留在其疏远和懈怠的状态，还没有渗入生活之中。信念是活跃的、生产性的在地知识，它昭示着某种生活方式。同样的，信念也是一种策略，通过它，在地得以对抗帝国"真理"。

官方的科学知识合法地流通在权力集团中，它知道猫王死了。许多粉丝以超常的热情相信他没有死。有关猫王身体的解剖报告被科学工具和程序所产生并合法化，这种知识隔离于大众知识。对于许多粉丝来说，官方的解剖知识不足信，不仅由于其所说的，而且基于其生产和合法化的模式。粉丝的知识来自其经验性的看、听和感受猫王的方式。大众的认知方式是活跃的、语境性的和信念式的，它不同于抽象的、理论化的、客观的知识。粉丝认为，猫王最终控制了他的身体和生命而伪造了自杀。至于匣子里是谁的身体有两个流行的说法，一个说是蜡制的人体模型，另一个说这是长得很像猫王的一个粉丝，他死于癌症，因此，猫王的身体进入了多重的身体中，后者为粉丝所控制，以便用他去再现猫王和其他粉丝的关系。这种身体的多重性提供了追查猫王到底是谁这一问题的线索。一种说法是，猫王最后的音乐会表演的是一个身体的双重影像，他的复制被他的多毛的胸部暴露了，因为真实的猫王胸部是没有毛的。另一个知识增加了猫王真身的不确定性，即猫王的双胞胎兄弟泽西（Jesse）仍然活着，这给他的身体问题增加了混乱。猫王还活着，大众想象出两种不相容的生活。一种是他过着普通的生活，可能在密歇根的卡拉马祖（Kalamazoo），另一种是在南美过着治疗者和传教士的绚烂生活，并有各种记载说，有人看到过并与他打过交道。他在两种生活中的形象都是仁慈的关心别人的人。

在"真实世界"中，人民经验规训，从属于秩序，它是一个为帝国权力控制的"现实"。在地则逃避了秩序，其中人民能够构造水平的社会关系和个性（individualities）。猫王为被压迫的南美印第安人工作的故事，他帮助生病、遇到麻烦的白人粉丝的故事并非不真实，这些故事告知了关于猫王的真理，一个不仅被相信而且体现在社会行为之中的真理。他的粉丝成立俱乐部并投入大量的精力作慈善事业，他们把关于他的身份和社会关系的知识放置在实践中。他们通过表演猫王，水平地构造了他们自己的社会身份和关系。他们除了是猫王粉丝之外，相互之间所知甚少，在猫王社区（communitas）之外几乎从不接触，但在这个社区内，他们的关系是亲密的、愉悦的：他们一起旅行、交谈、唱歌、跳舞。身体在在地的愉悦中规避了社会控制。有时，在地似乎是让人民忍受、驯服而润滑了机制，这是机制通畅运作所需要的，但是它们把沙子掺入其中，它们磨损了齿轮，松懈了契合，打开了裂隙。这样，在地就有潜力变成摩擦，进而扰乱机制。粉丝构造了一个可选择的社会现实，对于他们来说，这里更为真实，而规训的工厂是不真实的。

三

身体冲突最典型的表现为暴力，社会现实中的暴力是社会斗争的形式之一，菲斯克对暴力这一文化现象做了个案分析。

暴力通过多种方式运作，男性无家可归者生活中的暴力不同于殴打妻子的暴力，不同于殴打同性恋者的暴力，也不同于纽约街头的种族暴力，或者华盛顿特区里的团伙暴力，所有这些又不同于足球场上的暴力。但是，暴力就是暴力，无论它采取何种形式，暴力都牵涉到社会身体在特殊场地里的冲突，它是以身体展示冲突性的社会关系。无家可归者生活中的暴力一般来说是象征性的，他们选择观看暴力电影，在电影中，他们对暴力镜头投以关注并获得愉悦。在美国，总有人不断地呼吁要取消对暴力的表征，而一些社会层理却在象征性暴力中获得快乐，对暴力的兴趣本身就是一个冲突的据点。

菲斯克指出，电视中流行的暴力直接与资本主义社会相关。象征性暴力是不平等的社会关系的化身，它的结构原则和动力机制是社会的，而不是个人的。暴力形象可用于构建社会身份以及与社会秩序的对抗性关系，似乎无家可归者有了权力去反对制服他们的社会秩序。除了被排除于社会关系之外，无家可归者也被剥夺了男子气概，因为男子气概是社会历史的结构之物，象征性暴力、赌博、色情等则是他们能够找到的构造其在地的东西。权力集团中的社会层理以规训权力去控制其在地，他们观看《虎胆龙威》（Die Hard）的方式与无家可归者不同，在电影结束之前不会关掉录像机，因为他们的社会利益有赖于法律和秩序的恢复。身份不限于意识，它们常常体现和表演在时空之中。意识和社会关系之间具有连续性，即我们的社会关系产生了我们的意识，如同我们的意识产生了我们的社会关系。

当代资本主义是性别主义、种族主义、年龄主义（ageist）组成的系统，它沿着多重轴线散布权力。无家可归者的暴力趣味来源于他们对社会的怨恨。暴力趣味不是存在于攻击性的本能中，研究表明，暴力趣味虽然存在于所有社会阶层之中，但它不成比例地集中在低收入和低教育水平的群体中，特别在男性的美国黑人层理中，这种比例会增加。当从属群体的经济、教育和种族轴线与男性接合，构成了冲突性关系的时候，暴力就会泛滥。常识认为，暴力的吸引力起源于本能，这一观点除了暗示社会的被剥夺者更具有动物性之外，还能解释为什么对暴力的兴趣在从属和被压迫的社会层理之中更浓厚。暴力形象的广泛流行，不是因为普遍的攻击性本能，而是因为普遍的从属性条件的存在。澳大利亚年轻人在看美国西部片的时候获得了极大的愉悦，他们愉悦的顶峰在印第安人胜利的时刻；伦敦的工人阶级男性把香港功夫片纳入自己的流行文化之中。因此，"象征性暴力是社会不平等的征兆，它的流行表明，它能够提供给从属群体表征他们自己的斗争的能力"①。暴力是权力斗争被表征的方式，因为如果被剥夺者要获得胜利，胜利只能通过仅有的资源来表征，这个仅有的资源是不可剥夺的，这就是他们的身体、他们的忍耐力和他们的智谋。

在父权制体系中，两种形式的权力都结合着男子气概。在影片《虎胆龙威》中，帝国权力展示为大公司会议室里的男性，它被其镜像（mirror image）即有组织的入侵团伙的权力所挑战。那些没有渠道通往帝国权力的男人，可能把他们的能量投入到在地权力之中，这是他们能够实现的种类。无家可归者把他们的愉悦投向冲突中的男性身体的奇观——在地的权力斗争。父权制社会期望男子气概表达在在地层面上是自我完满的和独立的，即能够控制自己和当下的状况。在帝国权力层面，男子气概被期望表现为借助领导权去控制他人和社会关系。社会给予男人这种意识，然后把他们安置在被剥夺状况中而无法获得男子气概的时候，对暴力的兴趣，无论是现实的还是象征的都泛滥开来了。

消除暴力形象很少能够保护弱势者不被自上而下的权力所侵害，事实上，消除这种形象保护了权力集团不受来自底层的挑战。取消暴力也取消了反对父权秩序的斗争形象，而暴力就起源于这种秩序，这样也就无法保护妇女不受父权制伤害。表征的暴力可能帮助妇女彻底思考现实的暴力问题，它也会提醒男人要注意其他男人的暴力行为。菲斯克援引菲利普·施莱辛格（Philip Schlesinger）和同事对妇女观看暴力电视和录像带的研究，

① John Fiske, *Power Plays Power Works*, (london and New York: Verso, 1993), p. 128.

这一研究表明，电视暴力不是娱乐性的，而是教育性的、搅扰性的（disturbing），其重要性不是提供愉悦、逃避或幻想，而是传递性别关系的社会意义。① 压制言论、消弭多元的声音或形象保护的是维持现状者的利益。因此，最好的减少象征性暴力的方法是去改变产生暴力趣味的社会环境，而不是压制形象，因为关键的问题不是形象，而是滋生暴力趣味的社会环境。

菲斯克指出："社会暴力为暴力形象所引起"这一观点是个借口，它回避了这一现实，即当权者的权力自身是社会环境的最重要部分，就是这个社会环境滋生了对象征暴力的趣味和现实暴力的发生，而当把暴力问题追溯到历史时，它就遮蔽了当下的社会问题。② 象征暴力使得社会冲突公开化，因此被权力集团所禁止，因为其利益是通过压制社会冲突而获得的，但它被从属男性和妇女吸收进他们的文化之中。无论社会秩序如何剥夺男人，都不能剥夺他们的身体。身体是帝国权力遭遇其局限的地方：身体常常是在地化的（localized）。为了效果，帝国权力必须在所有层面规训人民，而在地权力需要在意识、在关系、在地点、在社会秩序中建立自身。两个方向的权力是不平等的：权力集团的权力入侵比在地权力的抵抗更有效，但在自己的领地，人民的在地权力难以被打败，它能够抵抗似乎是势不可当的任何东西。

四

以上菲斯克以运动、猫王和暴力等文化现象为个案，以这些文化现象中的身体为焦点，分析了其中的权力控制和斗争。很显然，菲斯克是站在权力抵抗的一端，维护弱势者的抵抗空间。那么，这几种斗争形式的差异何在呢？菲斯克对此进行了深入分析。猫王粉丝的逃避性的在地是非直接性的威胁，粉丝构建着他们自己的身份和关系，而非挑战自上而下的控制。但是，规避的能量（evasive agency）同样具有生产性，在很多时候更有吸引力，因为它操演得更为愉快，而无对抗的尖锐性。它没有采取直接的针对规训的行动，不仅是因为它更少威胁，而且是因为它更少可见度。权力

---

① See John Fiske, *Power Plays Power Works*, (london and New York: Verso, 1993), pp. 132-3.
② See John Fiske, *Power Plays Power Works*, (london and New York: Verso, 1993), p. 134.

层理不知道猫王粉丝在干什么，但他们蔑视这些粉丝，他们的蔑视是矮化对象的策略。规避本身就是一个威胁，规训体制的有效性依赖于其监控的权力，在它发现有不可见的东西存在时，它的权力就弱化了。逃避的权力和抵抗的权力是一体化的，而非相互排斥的。

运动粉丝不必逃避规训体制，他们具有高度的可见性和社会接受性。运动观看可能颠覆圆形监狱，但它很少挑战监视的权力。实际上，它很容易与权力结盟。运动粉丝能够无碍地吸纳那些参与到权力中的人，因为运动谜的具体知识补偿了监控知识的局限，结果是既没有挑战也没有逃避。运动迷没有如猫王粉丝构造社区那样发展可选择的观看方式，它也没有生产无家可归者那样的对抗性的暴力趣味，它的自下而上的知识构建了大众可知的领地，权力集团也鼓励这种行为，因为它并无威胁，而且能够很容易地被商业化。概而言之，"对全景式权力（panoptic power）的颠覆是一个镜像（mirroring），它的运作是补偿（compensate）而非批判（critique）"①。

运动迷的高度可见的在地没有对社会秩序提出挑战；不可见的、逃避的猫王粉丝的在地对社会保持着潜在的挑战；而无家可归者，既是高度可见的，也是高度威胁性的，他们的在地被不断地压制。不像猫王粉丝和运动迷，无家可归者是一个不可忽视的表征，表明社会的某个地方出错了，它存在于最富裕的国度里本身就是一个刺眼的社会讽刺。权力集团可能满意于把猫王粉丝标签为糊涂，但无家可归者的存在激起了更严厉的规训措施。如果缺乏场地去集中地施展其权力，压制的措施就是无效的。对付无家可归者的方式之一是建立有效的福利体系，但那需要钱，规训就是花钱的买卖。当权者的经济利益限制了福利的实施，悖论的是，它也限制了规训本身。控制无家可归者流动的不可能性意味着不可能控制他们的内在的社会空间。

从属者与权力集团的关系是多样的。运动粉丝在大多数时候似乎与自上而下的权力是共谋的，而猫王粉丝是逃避的。无家可归者则完全不同，逃避可能在某些无家可归者那里存在，某些人可能装作同谋以获得庇护所和食物，但一般来说，他们的社会关系是对抗性的。对抗采取多种形式，可能是象征性的，即通过冲突中的身体形象传达对抗性的社会关系，但它也可能是实质性的对抗，暴力是社会对抗的最高形式。如福柯所言，关键

①　John Fiske, *Power Plays Power Works*, (london and New York: Verso, 1993), p. 121.

的战场是身体，因为它是承担多重轴线的力量的焦点。身体经验产生于权力被暂时逃避的时刻。猫王粉丝的歇斯底里症，无家可归者的欢呼、口哨都是愉悦的时刻，愉悦的强度牵涉到控制和释放。

因此，菲斯克总结，在地可分为三种不同类型：无家可归者是抵抗的或对抗式的；猫王粉丝是躲避式的和他择性的（alternative）；运动观看是颠倒的圆形监视，① 运动自身映射了官方知识，它没有产生新的看世界的方式，虽然它的确重新定位了观看者。运动迷、猫王迷和无家可归者以不同的方式经验资本主义，他们生产了不同的经验世界，这些世界被菲斯克称为"似乎的世界"（worlds of the as if），它们不是独立的，而是对抗性地联系于权力集团所生产和控制的世界。猫王粉丝构造了一个想象的世界，规训体系似乎失去了力量。在无家可归者的世界里，他们似乎有能力去维护自己的利益，而不是权力集团仁慈地在关心他们。但是"似乎的世界"从来不是充足的，人民生活在物质条件所限的世界中。"似乎的世界"如果能够在日常生活的当下环境中被具体化或现实化，它才值得去想象，一个纯粹的想象世界是不值得为之努力的，菲斯克说："一个在地是一个有价值的'似乎'能够被现实化的场所，一个条件性的（conditional）能够变成指示性的（indicative）场所。它是在身份和社会关系之间的被不同地想象的连续性得以操演的社会行为和关系之中的场所。它是通过被给予空间和临时的维度，能够被物质化（materialized）进而可以转化为经验的场所。在地是一个概念，它去掉了内在和外在、想象和现实、精神和物质之间的惯常区分。作为一个概念，在地不允许身份和想象分离于它们的身体的在场的表演、行为和关系，以及分离于表演的时间和空间。人民的在地的产品常常操演着反对或者远离社会性的安置（station），权力集团就是试图以这种安置去定位他们。"② 比如，婚姻把夫妇安置在父权制社会秩序提供的性别身份和关系之中，但是，在这种安置中，个别夫妇或者个体成员可能产生在地，其中他们形成了不同的身份和婚姻关系。猫王粉丝的"似乎的世界"构建了与社会安置相冲突的在地，比如，一些猫王粉丝离开了她们的丈夫，因为她们实际的婚姻关系不允许她们发展在地，这一在地在她们与猫王的"似乎"关系中是能够获得的。"似乎"是一种资源，依靠它在地权力能够

---

① John Fiske, *Power Plays Power Works*, (london and New York：Verso, 1993), p. 137.

② John Fiske, *Power Plays Power Works*, (london and New York：Verso, 1993), p. 138.

改变其即刻的社会环境。

　　躲避性的和抵抗性的在地与社会秩序建立了批判性关系，但其关系是不同的，差异在于它们表面上具有的威胁程度。20 世纪 50 年代十几岁的猫王粉丝产生的在地以青少年犯罪的形式扰乱了社会秩序，这种扰乱性在他们的身份中是可见的，表现在他们的发型、衣着、身体姿势上。今天的猫王粉丝的躲避式的在地就更为私人化，他们不需要公开展示他们的身份。这作为文化策略，在不可见的时候，躲避操演得更好。模糊的轮廓对帝国权力而言是难以感知的威胁，对在地权力而言则可获得操演和游戏的空间。"在后台"的东西并非因为不可见而不重要，实际上，游戏者比在公众眼皮底下的表演更重要、更现实、更真切。这种后台文化对于社会是很重要的，在他们的在地中，猫王粉丝发展了可选择的社会价值、身份和行为，这些都是为规训机器所压制的。这种可选择的生活，这种为权力制度所边缘化的社区，是新形式的权力机制成长的种子。

　　短期看，抵抗性的在地，比如那些无家可归者的，是为了给权力阶层施加直接的压力。在这种冲突性的关系中，对抗可能达到一个点，最后以暴力维护利益而收场。暴力能够弥漫在所有的在地维度：它操演在其想象的身份中，体现在其即刻的关系中，昭示在其公开的表达中。他们对《虎胆龙威》欢呼，侵犯路人的空间，在擅自占据的房屋中与警察作对，无家可归者行使着他们的权利。这些暴力延伸了他们的在地，这就改变了他们的社会关系。从属群体在在地和结构层面受到侵犯，严酷的帝国权力对差异的不宽容就把抵制推向暴力，把多元化推向分裂主义。这时，从属群体受到被过分地排斥，这种"过分"在被剥夺者的感知中而非客观的社会关系中，但它是非常重要的底线，因为一旦越过这条线，躲避的在地就变成分裂主义的暴力。暴力导致了种族隔离和社会分裂，这是社会的悲剧状态。

　　近年来西方文化理论中的行动者理论（agency）和主体理论（subjectivity）争论不休。主体理论把重点放置在宰制性力量的运作，阿尔都塞的意识形态理论、法兰克福学派的物化理论（commodity）、拉康的精神分析理论是其要者，而行动者理论则把焦点集中在人们如何对付这些力量上。因为宰制和规训的力量是相当同质化的，主体理论倾向于强调特定社会秩序中的所有主体的共同的东西，特别是其意识和无意识。但是，生活于其中的人们的物质条件是非常多样化的，行动者理论倾向于强调多元性。行动者理论和主体理论都认识到，社会中存在着冲突性的利益群体。主体理论集中在宰制性力量，其极端形式暗示从属群体被剥夺了任何抵抗的能力。而行动者理论则强调，从属群体的抵抗使得控制性的实践需要不断运作以获得其宰制性，他们强调，必须消弭从属群体的不妥协的反抗、颠覆或规避宰制性的权力直至这种权力显得无效。文化研究的政治性就表现在消解日常生活中的抵抗力量，重新塑造社会行动者（agents）。权力的规训深入到大众的日常意识，其力量之强大足以让人把违反这一规则体验为一种罪恶感，相反的是，解放性的大众文化对规则的违反则体验为一种解放感、自由感，这种幻想中的解放性的体验是社会变革的积极力量。菲斯克的身体理论的独特性在于，通过分析身体中的权力控制和斗争，把身体所构成的领地视为人民抵抗权力控制的最后据点。菲斯克试图以葛兰西补充福柯，以德塞都补充巴赫金，在后结构主义社会寻找新的政治主体以便推动社会变革，身体就是这一主体的最后根据地。

图书在版编目(CIP)数据

文化研究. 第16辑,2013年·秋/周宪,陶东风主编.
—北京:社会科学文献出版社,2014.5
ISBN 978-7-5097-5921-9

Ⅰ.①文… Ⅱ.①周…②陶… Ⅲ.①文化研究-丛刊
Ⅳ.①G0-55

中国版本图书馆 CIP 数据核字(2014)第 073342 号

文化研究 (第 16 辑)(2013 年·秋)

主　　编 / 周　宪(执行)　陶东风
副 主 编 / 周计武　胡疆锋

出 版 人 / 谢寿光
出 版 者 / 社会科学文献出版社
地　　址 / 北京市西城区北三环中路甲 29 号院 3 号楼华龙大厦
邮政编码 / 100029

责任部门 / 人文分社 (010) 59367215　　　　　责任编辑 / 刘　丹
电子信箱 / renwen@ ssap. cn　　　　　　　　　责任校对 / 张　羡
项目统筹 / 宋月华　吴　超　　　　　　　　　　责任印制 / 岳　阳
经　　销 / 社会科学文献出版社市场营销中心 (010) 59367081　59367089
读者服务 / 读者服务中心 (010) 59367028

印　　装 / 北京季蜂印刷有限公司
开　　本 / 787mm×1092mm　1/16　　　　　　　印　张 / 23.5
版　　次 / 2014 年 5 月第 1 版　　　　　　　　 字　数 / 388 千字
印　　次 / 2014 年 5 月第 1 次印刷
书　　号 / ISBN 978-7-5097-5921-9
定　　价 / 89.00 元